湛庐文化
Cheers Publishing
a mindstyle business
与 思 想 有 关

Natural
天生是英雄
Born

How a Daring Band of
Misfits Mastered
the Lost Secrets of
Strength and Endurance

Heroes

[美] 克里斯托弗·麦克杜格尔◎著
(Christopher McDougall)
麦敏烽◎译

浙江人民出版社
ZHEJIANG PEOPLE'S PUBLISHING HOUSE

Natural Born **Heroes** 测试题

对于运动，对于健康，你的观念是否符合人类的自然状态？请做以下单选题，一起来开启这段解锁人体“英雄基因”的旅程。

1. 以下哪种动物能用投掷武器杀死猎物？

   A. 黑猩猩　B. 大猩猩　C. 人类　D. 长臂猿

2. 你认为一个枪手要在慌乱中或生死打斗时射中目标，主要靠什么？

   A. 平时勤奋练习枪法

   B. 高质量的瞄准器

   C. 本能反应

   D. 标准的握抢姿势

3. 如果与人徒手搏斗，为了保命，你必须确保以下哪一点？

   A. 拥有娴熟的地面格斗技术

   B. 不摔倒在地，哪怕摔倒，也要努力爬起来

   C. 拳头够硬

   D. 肌肉力量足够强

4. 咏春拳作为由女性开创的武学，主要依靠什么来发力？

A. 筋膜　B. 肌肉　C. 骨骼

5. 你认为练习跑酷最大的障碍是什么？

A. 肌肉力量不够

B. 对自己的身体没有足够的信心

C. 心里不认为跑酷是一项正经的运动

D. 周围的人不认同跑酷文化

6. 你认为以下哪一种人体能量来源最持久高效？

A. 碳水化合物　B. 脂肪　C. ATP

7. 什么样的运动方式才会带来古希腊英雄般的健壮？

A. 在健身房里挥汗如雨，练就大块肌肉

B. 刻苦训练跑步速度，确保随时都能冲刺

C. 训练拳击或摔跤，成为格斗专家

D. 做有用的训练，打造健康的身体

8. 如果要减脂，什么样的饮食会更加有效，同时又健康？

A. 无油、少盐的饮食

B. 只吃水果蔬菜，不沾荤腥

C. 大量摄入粗粮，比如玉米、红薯等

D. 尽量不吃白面包等精制碳水化合物，以肉类和蔬菜为主

献给我的父母，约翰和琼·麦克杜格尔

正如霍华德·休斯所说：

“任何我所做的你认为很棒的事情，都可能是因为

继承了我父亲的天赋才华。”

AEGEAN SEA
爱琴海
哈尼亚
CHANIA
Maleme Airfield
马莱迈机场
雷西姆农
RETHIMNON
沃萨克修道院
Vossakou Monastery
阿诺吉
ANOGIA
怀特山脉
WHITE MOUNTAINS
艾西哥尼亚村
ASI GONIA
阿马里山谷
AMARI VALLEY
SAMARIA GORGE
撒玛利亚峡谷
Preveli Monastery
普雷维利修道院
MOUNT IDA
艾达山
地中海
MEDITERRANEAN SEA

N
伊拉克利翁
HERAKLION
阿里阿德涅庄园
Villa Ariadne
KNOSSOS
克诺索斯
狄克提山脉
DIKTI MOUNTAINS
梅萨拉山谷
ESSARA VALLEY
CRETE
克里特岛
0
15
30
MILES

认识你自己

我是从《天生就会跑》开始知道克里斯托弗・麦克杜格尔的。在那本书中，他描述了自己爱好跑步，但频受脚痛之苦，偶然得知在墨西哥的铜峡谷隐居着史上最强的长跑族群塔拉乌马拉人。于是他穿越峡谷，寻找和族人颇有交情的奇人卡巴洛，一睹这支与世隔绝的部族的真面貌，探得跑步真谛。其间，他学习塔拉乌马拉人的跑法，脚伤不治自愈。

从铜峡谷归来，麦克杜格尔在地中海克里特岛找到了新的耐力运动故事。这次，他给我们带来新书《天生是英雄》。这本书以第二次世界大战期间一次传奇的间谍行动为引子，贯穿着希腊神话传说以及跑酷和自然训练等现代话题，将爆发力、耐力、越野跑、铁人三项、饮食补给、低心率训练等精彩而广泛的内容整合成“究竟何为英雄”的一桌饕餮盛宴。

第二次世界大战期间，为了抵抗纳粹势力的侵略，英国向克里特岛派遣了一支特工小分队，其队友由穷困潦倒的艺术家、年轻的牧羊人、风流的诗人组成。这群并不强壮却胆大包天的家伙，竟然成功地绑架了一名德军将军，并且顽强地逃过数千名纳粹士兵的追击，翻越雪线之上的高山，把将军带到埃及。他们是如何做到的？他们哪里来的力量和勇气？作家带着一系列的疑问，亲自追溯当年这队战士的足迹，走在他们曾经穿梭过的街头巷尾，体验他们曾经经历过的一切，追寻流传已久的有关终极英雄的奥秘。

放胆去试，英雄就在我们身体之中

人类有很多能力和潜能尚未被我们正确地认识和了解，就如同有很多未被拆开解封的天赐礼物从一出生就伴随着我们；但同时，我们并不清楚礼物盒子里有什么宝贝，其中一些甚至可能到死也没有被打开过。这本《天生是英雄》带领着我们尝试打开其中一些天赐礼物的盒子，关于耐力，关于自然训练。在本书中，麦克杜格尔试图解读来自古老传说的神谕，他就一系列主题展开讨论，包括：自然训练、超群的耐力、高效的营养补给。这些“终极奥秘”不仅揭示了人类身体本能的巨大威力，更有助于帮助你我打开思维的局限，以此激励着一拨又一拨的耐力运动爱好者。在这些获益良多的耐力运动爱好者中也包括我。

2014—2015年期间，我正好在运动训练中实践本书中提到的MAF训练法，在翻译过程中，再遇当时尚未在中国流行的MAF训练法，那份感觉就像不久前刚认识了一位新朋友，然后在陌生的地方意外重逢一样，分外亲切。本书的翻译工作让我对菲尔·马费通博士的主张和经历更加好奇，同时也激励我反复阅读原版《耐力》(*The Big Book of Endurance Training and Racing*)，并且按照里面的方法认真训练。喜欢铁人三项的我，当然会对史上最伟大的铁人三项运动员马克·艾伦的训练方法深感兴趣。

潜力无限，源于强烈的动机和坚定的意志

“认识你自己”，这是几千年前就刻在古希腊德尔菲神庙门楣上的箴言，先哲苏格拉底更将其作为自己哲学原则的宣言。《天生是英雄》这本书带来了很多新鲜的观点：遗传带来的人体先天的生理结构，人类后天的学习能力，碳水化合物和脂肪为耐力运动供能的方式等。你无须急着认同或者否定作者的观点，因为无论你是属于哪一种情况，我都深深地相信，这些观点应会就“认识你自己”这一主题给你带来各种可能的启发。

谈到启发，我喜欢耐力运动的原因之一，就是耐力运动能对认识自己带来帮助和启发。耐力运动不仅能在体能层面帮助“认识自己”，而且也有助于在心智和情绪层面“认识自己”，它是我在人世间修行的趁手工具和方便法门。我一直同意并且深信：在我们身体和心灵里面蕴藏着巨大的潜能；成长，意味着去了解自己的能力边界在哪里，并去扩展它。参加长距离的耐力运动就是其中的最佳实践之一。所谓修行，最重要的是知之而行之，知行合一。有时不能仅仅靠思辨去辨别哪些是“真知”，还需要用自己的实践行动来切身体悟，来验证。

专注目标，去探索更多的可能

本书给我的另一个启发是对食物补给的探索和实践。不吃饱哪里有力气减肥？在参加马拉松，甚至需要 10 多个小时完赛、全长 226 公里的大铁的过程中，要吃什么、怎么吃才算科学呢？除了比赛，平时要吃什么？坊间的素食者和肉食者说得好像都挺有道理，那么“真知”在哪里？从 2007 年开始，我开始断断续续尝试素食，甚至在 2011 年连续 8 个多月保持全素。至今，“吃”对我而言仍然是一个“谜”，我会继续探索最适合自己的进食方式，在这个过程里，我完全乐在其中。本书内容还涉及许多关于长时间、长距离的耐力运动的能量供给方式，也许你会怀疑书中阐述的逻辑是否严密，也许你未必同意书中的观点，但让人无法否定的是，这个议题的确非常值得进一步探索。特别是在书中得知 NBA 职业篮球运动员在饮食方面的实践后，我的好奇心再次被强烈地勾起。我相信每个人都是特别的一个（the special one），每个人在运动和工作中的能量消耗及相应的需求不同，所以个人不需要也不应该盲从其他人的食谱，只有找到适合自己身体需要的，才是最好的。这样，我们就又绕回那个永恒的主题：认识你自己。

“认识你自己”也包括：专注于目标，不自我设限。我们要尽可能用开放的心态，带着好奇来看待自己和周围的世界；而且我们不仅要看，更加要做，提升行动力，去探索更多的可能性。耐力运动就是实践这些生活态度的好机会，“并不强壮却胆大包天”的我正是通过耐力运动去探索自己体能和心理能力的边界。跑了好几年的马拉松之后，我开始尝试铁人三项。2015 年 4 月，在台湾垦丁完成了自己的首次 226 公里的大铁赛事，其中包括 3.8 公里的游泳、180 公里的骑行和 42.2 公里的跑步，这些都要在一天内连续完成。2016 年 9 月，我甚至更进一步，连续两个周末背靠背挑战并完成了两个大铁，即英国韦茅斯大铁（IRONMAN Weymouth）和威尔士大铁（IRONMAN Wales）。本书中提到的耐力营养学以及训练方法等内容，提醒我训练方法的重要性，只有系统地提升训练水平，才能更有效率地提升耐力。于是我开始一项支线任务，在 2016 年报读了铁人大学（IRONMAN University）的教练认证课程，并在 2017 年初获得教练资格认证（IRONMAN Certified Coach）。自己的目标和情况自己最了解，解锁铁人教练技能后，我随时给自己优化和微调训练计划，大大提升了训练效率。

现在回想起来，书里的故事给我带来的启发和鼓舞实在是太多了，我的生命也因此呈现出一些新的可能性。我期待有更多的人一起探索和认识我们这具地球人类的神奇躯体，这实在是一件太好玩的事情了。值得一提的是，中文版特别设计了些许机关，供大家觅迹寻踪：比如那张人物图，上面除了几个重要角色的英伟形象，还有书中各色人物的关系，并且载有这个真实传奇的几个关键时刻和事件；目录里各章节以及内文每章的页眉处均藏着两种机巧，你可以先选择跟随一种纵览全书，这也是阅读本书的第二种方式。当然，你也可以跟随作者从头开始一气呵成，抓住他的奇思妙想，在山间、墙垣的穿梭和跳跃中寻找新的线索，发现新的可能……

最后，我想借此机会感谢湛庐文化给中国的跑者带来这么多有关跑步的经典书籍。特别感谢张伟晶女士在本书翻译过程中给予的支持、信任和鼓励。翻译本书的过程让我对文字翻译工作有了全新的理解和认识。诚惶诚恐之余，觉得翻译《天生是英雄》不仅是一份光荣和幸运，而且是一份责任。能有机会将这本有启发性的书带给更多的中文读者，服务大家，我觉得这非常有意义。尽管本人的英文理解能力和中文驾驭水平有限，仍然希望你能感受到麦克杜格尔在书中带来的一些让人“脑洞大开”的观点。这也是我努力翻译本书的最大动力。

我们像豹子的那一刻，就是我们最棒的时候

传统带着恐怖的冲击力。

海伍德·布朗（Heywood Broun）
记者
来自 1922 年他看着老拳击手击败年轻挑战者时所说的话

2014 年，挪威滑雪运动员阿斯特丽德·乌仁霍特·雅各布森（Astrid Uhrenholdt Jacobsen）在刚抵达俄罗斯准备参加冬季奥运会时，听说她的哥哥在回家途中失踪了，她非常担心。她的担心出自一个特殊的理由：她和哥哥平时一起训练，她知道他的实力有多强，他可以靠自己的双腿走出任何地方，所以哥哥的失踪很不正常。雅各布森说，哥哥斯滕（Sten）可以连续滑雪 24 小时而无须停歇。然而，人们在第二天找到了他的尸体，他的家人对其死因一直守口如瓶。

凯利·斯塔雷特博士（Dr. Kelly Starrett）是一名运动专家，也是 CorssFit 交叉健身训练的先驱者之一。他在旧金山的家中听到了有关搜索斯滕的新闻，其中一个细节引起了他的注意。斯塔雷特想："他可以整天整夜地连续滑雪？我的天啊，这真的可能吗？"斯塔雷特本人曾获得过皮划艇项目的全美冠军，是一名拥有充足的训练经验和高素质身体条件的运动员。他现在专注于奥运会举重项目和 CrossFit 交叉健身的训练。但是，哪怕是连续走路 24 小时，

像斯塔雷特这样的冠军级选手都觉得够呛,更不用说在积雪里开辟道路走出来了。这有可能吗?实在令人怀疑。也许他应该更新“豹子列表”了。

从孩童时期开始，斯塔雷特手里就有一份类似于清单的列表。他出生于美国，在两岁的时候跟随母亲搬到德国的加米施（Garmisch），因为母亲在当地的美军驻地从事教导工作。接下来，斯塔雷特在阿尔卑斯山下的巴伐利亚长大，就此度过了13年，直到要上高中时才回到美国。他是当下美国最受欢迎的体育康复专家之一，而他治疗的许多运动员对自己的运动项目只是知其然而不知其所以然，因此斯塔雷特的挑战就在于，他只能自己去找出那些运动损伤的答案。他说过:“我是一个单亲妈妈抚养长大的独生子，而且还是在国外长大的。”在他的成长岁月里，身边没有爸爸陪他玩抛球游戏，也没有棒球小联盟的队友。为了弥补这种缺憾，他通过观察来学习。他黏着他的德国邻居，仿佛和他们是一家人，在周末跟着他们长途跋涉到阿尔卑斯山去滑雪、划皮艇和攀岩。

他解释说，“在巴伐利亚，他们什么都做”，男孩女孩都一样。若干年之后，他从中领悟到一个简单的真相，并且总结成他在专业领域的金句:“**我们像豹子的那一刻，就是我们最棒的时候。**”豹子和人类都可以在最严酷的条件下生存，从雪山到沙漠，在任何地方都可以赤手空拳地追捕从鹿到鳄鱼等一切猎物。人类就像丛林里的山猫一样，几乎无所不能:只要有需要，我们可以游泳、攀登、奔跑，被逼急了，还可以战斗。人类并不是身形最巨大的物种，也谈不上最强壮，但我们有适应能力，而且男性和女性都善于使用技巧。

斯塔雷特说:“肩膀就是肩膀，无关性别，它们的功能都是一样的。”但是，正是这一点让事情变得复杂。豹子并没有偏离他们祖先的道路，所以它们仍然如同一万年前那样发挥着同样的能力。而另一方面，人类已经迷失得太久，我们几乎已经不记得从前到底是什么样子了。确切地说，我们几乎已经不记得人类这种动物应该如何移动，我们在石器时代的特殊技能是什么。我们也不知道跑步到底是有益，还是对我们的膝盖和心脏有害;为了训练举重，是否要继续使用机器，或是尝试疯狂的CrossFit交叉健身训练，从而使你的肌肉强健起来;还有身体延展拉伸的能力，这到底是一项重要的技能，还是仅仅是那些练习瑜伽的家伙用来炫耀的能力。豹子扑向食物的时候不假思索，但我们人类拿起食物咬一小口后，就开始左思右想:自己是否搞错了，是否应该选择素食主义或原始人饮食法（Paleo）?

解决这些未解之谜已经变成斯塔雷特毕生的工作，尽管他发现自己至少晚了1 000年才开始玩这个游戏。就在不久前，他偶然发现了一张古钱币的照片，在古币上，有一个人端坐在怒放的荷花上。他说:“在古代，人们就已经很严肃认真地关注姿势的问题了。怒放的荷花表示脊柱稳定的完美状态。”古币上没有出现象征王权的国王的脸或者女神，而是放上了一个健身提示的图案，这个现象绝非偶然。对斯塔雷特来说，它是过去对当下的劝导：**能否连通身体内在的“豹子”是一件生死攸关之事**。如果无法迅速移动，你就完蛋了。你必须像山猫一样时刻做好准备，在一眨眼的工夫之内就能够一跃而起，为继续生存而战斗或逃跑。在那之前，你根本没有机会在椭圆机上做热身运动。

因此，这就是“豹子列表”的由来。每当斯塔雷特听到一些超人的壮举，他就想知道这些完成者是否只是普通人，其不同之处是否只在于这些人掌握了一些其他人已经忘记了的技能。古代维京人的力量测试就是如此，很久以前，古代斯堪的纳维亚人（Scandinavian）争先恐后地尝试用肩膀扛着帆船的主桅杆，比赛谁能走得最远。相传在 1 000 年前，奥姆·斯托乌夫森（Orm Storulfsson）背负着超过 635 公斤重的原木走了 3 步。近 1 000 年来，无人能及。直到 2015 年，美剧《权力的游戏》中“魔山”的扮演者、冰岛强人哈夫托·布扬松(Hafthor Bjornsson)才创下新的纪录——他走了 5 步。

为什么这么长时间后，才有人打破纪录？**答案并不是因为人们缺少肌肉，而是因为缺乏技能。**

斯塔雷特说：“我们遗失了一些重要技能的诀窍。我们现在痴迷于那些影响我们外貌的训练方法，而不重视运动方式。”能肩负重物其实是一项非常有用的技能，比如说，一位朋友受伤了，就需要你发挥这项能力；但是，二头肌的负重曲臂训练、仰卧起坐或动感单车都无法让你训练出这项技能。斯塔雷特继续说：“如果想发泄精力，你可以去索尔单车训练房(SoulCycle)。在那里，你的教练能把你虐得眼球出血。但这不算是技能训练。”那些只不过是空洞、无意义的能量燃烧过程而已，甚至都不能算是在骑自行车。

所以，当听说挪威的超级耐力滑雪者时，斯塔雷特感到很好奇，并渴望了解更多，无论他自己是否喜欢跑步，超长距离跑都值得在“豹子列表”上拥有一席之地。斯塔雷特讨厌跑步，他是个肌肉型大块头，体重达 104 公斤，像个格斗士。他的肌肉来自以前“豹子列表”上的一些项目，比如爬绳和奥运会举重项目。坦白说，如果长距离跑被“豹子列表”剔除的话，他会更加开心。不过，为了找出答案，他对此进行了一系列考察，以便确定这项活动是否具有普遍性，它是否为一种可获取的能力，并且是否为一种可以持续掌握的能力。在以上问题上通过了考核，它才能被称作“祖传技能”。这就意味着这项运动必须要在以下问题上有肯定的回答：

○ 是否每个人都能做到；

○是否是出于一个高尚或有意义的目的；

○是否能持续一生。

真正适合人类的技能应该可以适用于所有人，无论男女，而且这项技能不会损害身体。斯塔雷特说:“人类身体的组织器官被设计成可使用 110 年。如果你学会自如地移动，就会发现那种‘毫不费力’的状态，而且你在尽力发挥的时候不会为身体带来任何物理冲击伤害，哪怕一辈子这么干都不会受伤。”你的身体不仅会变得更强壮、更有用，而且会更耐用。

斯塔雷特怀疑自己跑步的真正问题在于技术。在那之前，他曾科学地研究人在跑步以外的每个姿态，甚至包括在自己放松时的微调方式。当他就那么站着的时候，他会在踩向地面时扭动他的脚，以帮助获得更协调的姿势。第一次，斯塔雷特将跑步看作一门艺术，有意识地把背拱起，将膝盖向前移动，同时注意脚落地的方式。在几个月后，他终于到达奎德·迪普斯越野赛（Quad Dipsea）的终点。他用“毫不费力”的方式前进，跌跌撞撞地跑过 45.7 公里，攀上塔马普莱斯山（Mt. Tamaplais）里数以百计的台阶。于是，“豹子列表”上增加和补充了一项新的技能。

我的这本《天生是英雄》也在传递着同样的精神。这个野外冒险故事来自第二次世界大战期间最奇怪的事件之一。在希腊的克里特岛上，一队衣衫褴褛的抵抗战士拟定了一个计划，他们希望这个行动可以打击希特勒，甚至一拳正中他的眉心。对我来说，这次逃亡行动是对“豹子列表”理论的终极考验。当战争开始时，这些人不是战士，而是普通民众。勇气无法拯救他们，野蛮的力量或手中的武器也不行。他们唯一的希望是学会身体内在的古代智慧，几个世纪中，就是这些古老智慧让我们的祖先能够生存下来。当时，他们可以依靠的唯一武器只有自己的力量、敏捷度和耐力。

如果你在群山中被人类历史上最致命的杀手追击，如何才能生存下来呢？为了找到答案，我会带你进入研究实验室、古代训练营，以及被遗忘的天才的头脑。我将会和你一起用新的视角来探索古老的神话，并且看看最近的一些有关“天生是英雄”的例子，其中包括一位小学校长，她徒手击退了入侵学校的暴徒。对过去了解得越多，我越意识到一场新的革命正在开始，引领这场革命的革命家们正是那些回忆起人类作为动物是如何在野外蓬勃发展的人。当凯利·斯塔雷特找不到可以训练“豹子列表”中的项目的健身中心时，他在旧金山一个户外停车场创建了一个。原始的快感促成了障碍赛跑项目的蓬勃发展，血淋淋的膝盖和棘手的绳子会让你感到兴奋。像泥巴强人挑战赛（Tough Mudder）和斯巴达越野挑战赛（Spartan）这类活动开始越来越受到欢迎,甚至启发出一些更加精力充沛和原始古朴的东西,比如“11月项目”(November Project)。一位前大学划船选手在某年11月决心开始减肥，让自己的身材恢复到当年的样子，于是他启动了“11月项目”。这个项目对所有人开放，而且是免费的，它把Corssfit交叉健身训练“要实用”的理念进一步推进，如在暴风雪期间，“11月项目”的参加者们分散到各个社区，帮他们的邻居在积雪中挖出一条通路，这就是他们的训练科目。

《天生是英雄》访问了许多这样的反叛者。这是一段欢笑嬉闹的旅程，但它总会返回故事的核心：一个像你我一样的普通人，最终发现自己可以做出如此非凡的事情。

Natural Born Heroes

目录

PART 4

绑架“魔术团”：唤醒天生的优势

Natural

Born

HEROES

Part 1

『屠夫』的谜团：英雄岛上的疯狂计划

HOW A DARING BAND OF MISFITS MASTERED

THE LOST SECRETS OF

STRENGTH AND ENDURANCE

01 万军之中

德军统帅神秘失踪

现在，请你把自己当作“屠夫”。

你是弗里德里克 – 威廉·缪勒（Friedrich-Wilhelm Müller）将军，德军驻希腊克里特岛的两名统帅之一。尽管希特勒有不好的预感，认为一些麻烦事很可能将在你的眼皮底下发生，它们将严重拖累德军的进攻态势；不过，你认为一切尽在自己掌握之中。在这个小岛上，你手握 10 万精兵：山区有侦察机盘旋，近海有巡逻艇游弋，盖世太保的间谍网也为你服务。那些对你的残暴心有余悸的人都称呼你为“屠夫”。在这种情况下，似乎应该没有人敢来惹你。

1944 年 4 月 27 日清晨，你醒来后，却被告知自己的搭档海因里希·克莱佩（Heinrich Kreipe）将军失踪了，没有枪声，没有流血，连扭打迹象都没有。太奇怪了，克莱佩将军失踪在沿海城市伊拉克利翁（Herak Lion）附近，可以说就发生在德军眼皮底下，这里可是整个岛上戒备最森严的地方。克莱佩将军刚刚从苏联前线调动到这里，他绝不是只会花拳绣腿的文弱书生，而是一名真正的军人。这位获得铁十字勋章的英勇战士经过战火的洗礼，依靠战斗赢得了如今的一切，包括将军的军衔和地位。在岛上，他身边有贴身卫队和全副武装的司机，他的官邸被军犬、铁丝网和机关枪重重保护着。

可是，他现在到底在哪里？

“屠夫”了解到的情况是这样的：昨天晚上 9 点之后，克莱佩将军离开大本营，开车经过市中心。因为边防要塞的驻军会在星期六被组织到镇上看电影，所以街上的人流量比平日更大。当时，电影刚好散场，街上挤满了步行的士兵。“屠夫”收到数百名士兵的目击报告：一辆黑色轿车的保险杠上挂着将军旗，它在拥挤的街道上像乌龟一样缓慢挪动。克莱佩将军的司机被迫不停地按喇叭，并摇下车窗大喊：“这是将军的车！”克莱佩将军坐在副驾驶，不停地向街上的士兵点头和回礼。城里无论是通往哪个方向的路，每隔 0.8 公里（半英里）就设有一个重兵把守的检查站。将军的座驾经过盖世太保总部门前，并通过了漏斗状的卡纳城门（Canae Gate）的狭窄开口，这是城内最后一道哨卡。司机用德语道过“晚安”后，轿车从检查站的横梁下方滑过，离开了城市。

第二天一大早，座驾被发现停在城外沙滩的土堆边，可是将军本人和他的司机都不见了，前保险杠上老鹰标志的将军旗也不翼而飞。一些奇怪的垃圾被遗留在汽车周围：一部阿加莎·克里斯蒂（Agatha Christie）的小说、一些吉百利牛奶巧克力的包装纸、一簇英国产普莱尔香烟（Player's）的烟头，以及一顶英国突击队的绿色贝雷帽。仪表盘上留着一封信，上面写着“致克里特岛德国当局”。信里说，克莱佩将军已被英国突击队抓获，并被带离克里特岛。信封用红蜡密封，并且用戒指打上了戳记。信中用手写体扬扬得意地写道：

> 带不走这辆漂亮的轿车太令人遗憾了！

整个过程还有一些细节不太清楚。将军一定是离开城市之后被抓的，而且其座驾被发现的地方离城只有一二十分钟的车程。也就是说，这些神秘绑匪只用了很短的时间就制服了将军和司机两个人并解除了他们的武装，然后悠然自得地抽了一包烟，吃了一些零食，丢下一顶帽子；接着熔蜡，留下一封信，还有……读一本平装小说？这到底是绑架，还是家庭度假？附近的海岸线在探射灯的照射下暴露无遗，天空还有飞机在不停巡逻。这些经验老到的突击队，为何会选择岛上最容易暴露的地方作为行动地点？即使他们侥幸得手，想从这个海滩离开小岛也绝非易事。因为这些绑匪必须向北通过数百公里的德军占领水域，而一旦太阳升起，他们会像水里的蠢鸭子一样暴露无疑。

无论是谁干了这件事，这些家伙显然在尽力让自己看起来非常英国化。他们很冷静，从容地执行计划并稳步推进。但是“屠夫”也绝非等闲之辈。他已经是第二次参加世界大战了，从来没听说过“将军被绑架”这样的事。绑匪显然没有成熟的行动策略可供借鉴，他们必须边策划边执行。这意味着绑匪迟早会犯错误，并且最终会落入他手。目前，他们已经犯了一个大错：严重低估对手。“屠夫”透过这些假动作，已经认清了两件事情：这帮人仍然在自己的小岛上，而且他们正在逃命。

02 诱捕计划

亡命之徒人间蒸发

勇于敢则杀，勇于不敢则活。

老子

《道德经》

2012年春天的一个早晨，我站在当年发现将军座驾的地方，想着“屠夫”当时在琢磨的事情：他们能去哪里呢？

我的身后是爱琴海，身前则是齐胸高的荆棘丛。荆棘后是陡峭的悬崖，再远处就是覆盖着白雪的艾达山（Mount Ida）。它是希腊境内海拔最高的山，它崎岖的雪线像一排巨大的铁丝网，把整个克里特岛隔成两半。唯一可能的逃生线路必定在南部海岸。但是，通往南边的路要翻越2 400多米高的山峰。一个人翻山越岭已经困难重重，何况还要押解一个不听话的“猎物”，此外，还必须随时准备应对身后的大规模追捕！这是不可能完成的任务。

“哎！”荆棘丛里有人像叫出租车一样挥手喊道，“到我这里来。”

克里斯·怀特（Chris White）高举着手臂，示意着自己的位置，同时目不转睛地盯着他刚刚找到的东西。我把背包举过肩膀，向他走过去，衣服则被荆棘不断地撕扯。当今世上，应该没有第二个人比克里斯更清楚，当时在克莱佩将军身上发生的事情了。这很奇怪，因为克里斯没有理由知道这些，他既不是学者，也不是军事史专家；既不会希腊语，也不会德语。作为和平主义者，他对战争故事毫无兴趣。白天，克里斯是一位社会工作者，在安静的英国小城牛津市照顾老人和智障人士。但在晚上和周末，他会待在乡村小屋后面的一个木头窝棚里，埋头于一堆地形测量图、绝版书籍之中。如何让一名德国将军在挤满德国军队的小岛凭空消失？凭借英国业余爱好者的执着，克里斯花了 10 年时间，为这个问题拼凑出了一个答案，也就是 1944 年 4 月 27 日上午，“屠夫”急切想知道的答案。

这个绑架行动非常完美，不掺杂任何暴力元素，这使它看起来更像魔术，克里斯正是因为这一点，才对它如此痴迷。没有动用子弹，没有造成流血，没有平民牵连其中，这个行动的巧妙和优雅让希特勒十分困惑。杀死将军，只会使战争多一个牺牲品；不杀他，则将颠覆整个游戏规则。这将使那些正在蹂躏整个欧洲的纳粹士兵的内心充满恐惧：如果在克里特岛受到最严密保护的情况下，一名将军都会被这些幽灵般的绑匪绑架，那么还有谁能确保自己的安全呢？

显然，绑匪劫走将军仅仅是个开始。“屠夫”倾其所有进行搜捕，以期早日平息绑架事件造成的人心震荡。他让部队地毯式搜索每一片树林，用军犬辨别每种可能的气味；侦察飞机则无死角地巡视山地，拍摄地面每条羊肠小道，协助地面部队的抓捕行动。盖世太保提供了高额悬赏，并大规模发动当地的内奸网络。“屠夫”用每 4 名平民配置 1 名士兵的比例，强化这个岛的安全级别。这个比例已经超过了监狱的水平。实际上，克里特岛本身就是一座巨型监狱，深蓝的海水把它和世界其他地方隔绝开来。然而，克里特岛绝对不是一座普通小岛，至少在希特勒眼里不是。元首把克里特岛当作进攻苏联的运输中转站，用于为前线运送德国士兵和军需物资，他需要克里特岛像银行金库一样稳如磐石。希特勒曾下令，可以对克里特的抵抗力量稍微“粗鲁一点”。

为了清楚地表达“粗鲁一点”的含义，希特勒把克里特岛交给他的爱将弗里德里克－威廉·缪勒将军。缪勒是一名从军 17 年的老兵，曾荣获骑士十字勋章。他没花多长时间，就以极端残酷的作风为自己赢得了“屠夫”的绰号。“屠夫”的首席帮凶是盖世太保弗里茨·舒伯特（Fritz Schubert）军士，外号“土耳其人”，一个出生在中东的德国人。“土耳其人”凭借他的棕色皮肤和流利的希腊语、英语，经常把自己伪装成牧羊人，每天去咖啡馆和村庄广场闲逛，搜集各种可疑信息。“土耳其人”还喜欢身穿英国制服，从地牢里拉出一个克里特死囚，用自由做诱饵，把他作为英国突击队成员介绍给村子周边可能是抵抗战士的人。一位幸存者后来回忆说：“他们在欺骗老实人方面，技术非常纯熟。”

但是，这次也许该“屠夫”倒霉了。绑匪可能刻意布置了将军座驾周围的垃圾，因为他们想戏弄一下缪勒，让他不知道克莱佩是否还在岛上。然后，缪勒必须派出他所有的军队，把克里特岛的沟沟坎坎翻个底朝天……折腾半天后才发现盟军部队将突袭海滩。如果真是这样，好样的，连“屠夫”也不得不为绑匪的诡计鼓掌。

偏僻的克里特岛虽然不大，却是希特勒无法不为其担忧的心头之痛。“从 1943 年 1 月开始，对克里特岛即将被入侵的担忧开始如阴云般笼罩在人们心头，”英国军事史学家安东尼·比弗（Antony Beevor）解释说，“德国人最深层的恐惧是克里特岛在他们后方起义。”由于德军同时占领了十几个国家，再加上苏联和北非如血盆大口不断吞噬士兵的生命，希特勒当时的兵力其实已经捉襟见肘。如果这时候，在后方的克里特岛再来“捅一竿子”，德国人必将方寸大乱。克莱佩失踪的时间越长，“屠夫”看起来就越虚弱无能；无论对“屠夫”的敌人，还是对自己人而言，情况都是如此。

因此，“屠夫”在开始抓捕计划的第一天中午，就派飞机在伊拉克利翁的上空不断盘旋。不一会儿，雪片般的传单开始纷纷落入这个后来成为克里特岛首府的城市中，上面写着：

> 如果在三日内不把将军送回来，伊拉克利翁地区的所有村庄将被夷为平地，平民将被“连坐”，承受最严厉的报复。

时间一分一秒地过去。“屠夫”有足够多的士兵去恐吓平民。一旦岛上的所有人都转而反对那些参与绑架的人，那么这些“强盗”必将寸步难行。

克里斯分开荆棘，指着地面。在泥土中，可以看到一层很薄的摩擦痕迹，应该是有人路过时留下的。这些痕迹并不清晰，不过它已经是整个上午我们唯一能够辨识出来的“路”了。

“他们走的是这条路，”克里斯说，“我们走吧！”

03 天生英雄

能量、筋膜、不确定性

克里斯找到了方向。荆棘像网一样布满整个步道，每个下脚处都是松散的乱石堆。克里斯在杂草丛生的水沟里不断被划伤，但他根本无暇顾及。每当线索似乎要断了，克里斯就会消失在一团杂乱的荆棘丛中，直到他拍手喊：

“这里！”

不对，我的直觉不停地提醒自己，这完全不对。为什么会有人在碎石里闯出一条路；在沟壑中进进出出，而不是沿其边沿行走？我不停提醒自己，在克里特岛，别忘记山羊逻辑。在这里，通常是由山羊先走出一条路，然后牧羊人跟着走，人们必须按照动物对地形的感觉来寻路。一旦我不再怀疑山羊逻辑，光滑的石头就会让我联想起别的东西：水流只会朝一个方向前进。因此，无论冲刷痕迹多么古怪扭曲，多么让人晕头转向，我们也一定是在不断提升自己所处的海拔高度，并在不知不觉中翻越悬崖。

“喘不过气了吧，”克里斯说，“被德国占领后，可能再也没有人来过这里了，我们现在简直就像进入古墓探险一样。”

不久，克里斯和我就快速开出了一条小路。好吧，其实是克里斯在开路，我只不过紧随其后而已。他在前方找到蛛丝马迹后就继续前进，而我只有全神贯注才能勉强跟上他的脚步。我比克里斯整整年轻 10 岁，而且体形保持得还算不错；但令人震撼的是，我本以为这个看起来从不锻炼的 60 岁社工只会坐在躺椅上读读周末小报，现在他却用耐力、敏捷度、上坡能力狠狠地羞辱了我。

“他们一定是这么自然而然地过来的。”克里斯耸了耸肩。

真是这样吗？这就是我在克里特岛想要探究的问题的答案吗？

当你所坐的飞机即将着陆克里特岛时，你就会明白为什么古人把克里特岛叫作

“碎片”了，因为你几乎看不到可以降落的平地；当你以为要飞过岛屿、坠入大海时，飞行员开始侧飞转向，克里特岛就会重新映入眼帘。岸边翻滚的泡沫让整个岛好像刚从大海深处冒上来的一样。机场背后是港口，再远一些的地方，一个灰暗的石堡若隐若现。这是一个 16 世纪威尼斯人的遗迹，现在看上去就像通往过去的时光隧道的入口。

我意外发现，克里特岛还有另一个昵称“英雄岛”。现代马拉松比赛的举办很大程度上是为了纪念古希腊马拉松战役中的信使菲迪皮德斯（Pheidippides），而在克里特岛，有一个现代“菲迪皮德斯”，他叫乔治·塞科达克斯（George Psychoundakis），大家管他叫“活宝”（the Clown）。希特勒的军队入侵克里特岛后，这位令人敬畏的“活宝”乔治从牧羊人一夜之间变成信使，不断翻山越岭为抵抗力量传递消息。不知什么原因，乔治能够应付让奥运会选手都望而却步的挑战。他能背负 27 公斤重的背包，攀爬覆盖着皑皑白雪的悬崖；饿着肚子在黑夜里负重跑 80 多公里；与此同时躲避盖世太保天罗地网般的追捕。乔治甚至连士兵都不算，他没有受过专门的训练，只是一个牧羊人，在德国伞兵突然闯进他的家门之前，一直过着平静乏味的生活。

我本来以为像菲迪皮德斯这样传奇的古代英雄，要么是虚构的神话，要么只在古代才存在。但在克里特岛，我发现普通人在 2 500 多年后也可以完成同样的壮举，而且还不止一个人。乔治亲口讲述了牧羊人如何单枪匹马将全村妇孺老少从德军的大屠杀中拯救出来的故事。

> 当时，德国人来搜查武器，发现所有男人都失踪了，而所有妇女都不愿意透露任何消息。于是，德军指挥官让全体妇女排成一排，准备对她们执行枪决。在他刚要说“开枪”的紧要关头，却被一颗子弹击中头部。原来是牧羊人科斯提·帕特拉基斯（Costi Paterakis）穿过树林跑来救人，他到达时，只来得及从 400 米外瞄准目标。指挥官倒下后，其余的德国士兵连忙散开并各自寻找掩体，但很快就被随后赶到的其他抵抗力量的战士逐一解决。

一位抵抗力量的英国军官说：“直到现在，我仍然觉得这是战争中最惊心动魄的时刻。”这名军官的性命就是被那些沉默而勇敢的村姑拯救的。这个激动人心的故事很容易让我们忽略其中必要的基本元素：科斯提必须放弃自我保护，把自己置身于险境；他要在野外连续高速奔跑好几公里，同时要保证自己不被发现；他还必须迅速控制自己的愤怒、恐慌、疲惫，然后降低心率，以便稳住手里的枪。这一连串行为可绝非是有勇气就足够的，还需要一些与生俱来的英雄技能，以及对体能的绝对自控。

我对克里特岛抵抗运动的研究越深入，发现的类似故事及其带给我的问题就越多。真的有一位美国高中生在德军后方和抵抗力量一起并肩作战吗？谁是那个逃出战俘营的饥饿囚徒，那个把自己变成外号“狮子”的复仇天使？而我最在意的一个问题是：一队临时拼凑起来的并不健壮的敢死队如何潜入克里特岛，偷偷绑架德军指挥官？甚至纳粹也意识到登陆克里特岛后，等待他们的是一场完全不同的战斗。希特勒的参谋长威廉·凯特尔（Wilhelm Keitel）因为战争罪行被判处死刑的那天，没有怪罪负责纽伦堡审判的法官们，没有怪罪打败仗的军队，也没有怪罪使自己陷入今日困境的元首，他将原因归于英雄的克里特岛。

“希腊抵抗组织顽强得令人难以置信，他们导致德军进攻苏联的行动至少延迟了两个月，甚至更久。那绝对是一段生死攸关的时间，”威廉·凯特尔被绞死前感叹，“如果我们没有在克里特岛上拖延那么久，战争结果肯定会有所不同……今天就会有其他人坐在审判席上。”

在希腊的各种抵抗运动中，克里特岛上的应该算是最巧妙、最直接、最持久的。那么，究竟是什么把德军困住了呢？

曾几何时，这根本不算一个问题。在大部分人类历史中，英雄并不是凭运气产生的。英雄是一系列有意识训练的结果，包括营养优化、体能管理、自我心理调节等。英雄本领被研究、实践和完善，然后在父母与孩子、老师与学生之间代代相传。**英雄本领其实与能力而不是勇气密切相关，勇气与能力相比不值一提。**你不应该为“被打败”找各种借口，而是应该想办法，让自己不会被打败。阿喀琉斯、奥德修斯[①]和其他古代英雄都讨厌“死”这个想法，所以他们为了多活哪怕一秒钟而不停奋斗。要成为不朽的英雄，首先要成为的是一名胜利者，胜利者当然不会呆头呆脑地死掉。这一切都取决于一种能力，那就是将自己身体中很多人并没有意识到的力量、耐力和敏捷度的源泉挖掘出来。

英雄知道如何使用身体里的脂肪为自己提供能量，而不像大多数人几乎所有活

① 奥德修斯，希腊神话传说中的人物，《荷马史诗》中的《奥德赛》的主人公。——编者注

动都靠强力燃烧糖原来获取能量。你的身体有大约五分之一是用来储存脂肪的，这些全是高级卡路里，只要点火发动就行。

如果你知道如何利用脂肪供能，不需要吃一口食物，这些能量就足够你翻山越岭了。如何燃烧脂肪来获取能量对耐力运动员而言是一个失传已久的秘方。一旦找回它，结果将会令人吃惊。马克·艾伦（Mark Allen）是史上最伟大的铁人三项运动员。他找到了一种方法，可以通过燃烧体内脂肪而非碳水化合物来获取能量，结果其运动生涯取得了重大突破。他革命性地改变了从事这项运动的方式，最终获得6次夏威夷铁人三项赛冠军。在其职业生涯里，他几乎每场铁人三项赛都进入了前三名。1997年，他被公认为“世界上最健美人士”。

英雄不靠一身横肉；相反，他们主要依靠身体里纤细而高效的筋膜组织。筋膜组织如同套在身体上的橡胶带一样，是强有力的结缔组织。李小龙在迷上咏春拳以前，只不过是一个普通的武师而已。咏春拳是唯一由女性创造的格斗术，主要借助筋膜控制的快速弹击，而不是肌肉的力量。李小龙可以通过仅仅一寸的发力距离，一拳将一个体重是他两倍的男人打飞到房间另一边。筋膜的力量是一种人人平等，而且几乎无损耗的资源。马赛族（Masai）武士在他们的宗教仪式中不停跳跃，一直可以跳到人的头部那么高。希腊潘克拉辛格斗术①和巴西柔术的精华也在于此，它们都是有史以来最致命的格斗自卫术。

英雄是处理不确定性的大师。他们通过自然运动（natural movement）训练脑中的杏仁核②。纵观历史，自然运动曾经是我们所知的唯一运动方式。为了生存，人类必须能够更好地适应环境、弯曲身体、飞越或绕过道路上的各种障碍、大胆跳跃，以及精确落地。早在20世纪初，法国海军军官乔治·赫伯特（Georges Hébert）就投身于自然运动的研究，他观察孩子们奔跑和攀爬的玩耍方式，开始欣赏并体会到自发性和即兴的重要性。后来，赫伯特的自然运动门徒在力量、速度、敏捷度、耐力方面进行测试，其得分相当于世界级十项全能运动员的水准。

这就是为什么希腊人没有坐等英雄出现，而是自己训练了一批英雄。他们不断完善自身饮食，并学着抑制饥饿、提高效率、把身体脂肪转换为高效能燃料。他们

---

① 潘克拉辛（pankration）是古希腊格斗术。通常认为，潘克拉辛格斗术基本上已经失传，目前人们对它的了解主要来自历史与考古资料。——译者注

② 杏仁核（amygdaloid）是大脑颞叶内侧左右对称分布的两个形似杏仁的神经元聚集组织。杏仁核在人的各种情绪反应中，例如愤怒、焦躁、惊恐等，充当了指挥所的角色。——译者注

研发控制因恐惧而激增的肾上腺素的技术，学习利用身体筋膜组织的弹性，那里隐藏的力量远比肌肉更强大和有效。早在 2 000 多年前，他们就懂得如何解放身体内在的英雄本领，但现在，这个秘密失传了。

或者，还没有完全失传。得克萨斯州圣安东尼奥（San Antonio）的中学教师雷克·莱尔顿[①]在思考如何管教课堂上的“捣蛋鬼”时，脑海中闪过一个颠覆性想法。也许这些“捣蛋鬼”并不是得了多动症，他们很可能是生不逢时的英雄。毕竟，现在被纪律惩罚和扼杀的行为在另一个时代很可能会被认作冠军潜能的真正标志。莱尔顿天马行空地想象着各种“如果”：如果强壮、武断的孩子重新被肯定，而不是被打击得气馁，结果会如何呢？如果他们有一个类似操场的训练营地，在那里孩子们能充分释放天性，用天生的本能来奔跑、摔跤、攀爬、游泳和探索，结果又会如何呢？你可以把这个营地称作“混血营地”（Camp Half-Blood），因为莱尔顿认为，人类实际上就是半文明半动物性的，只是我们不知道如何在两者之间保持平衡。于是，莱尔顿开始写书，创作“波西·杰克逊”系列（Percy Jackson）小说。故事主人公是一个来自破碎家庭的问题儿童，他在树林中的营地里接受训练，当他体内蕴藏的奥林匹斯诸神的神性被重新发现、磨炼以及引导出来后，他开始发生转变。

莱尔顿幻想中的英雄学校真实存在，不过它们都散布在世界各地。我们只要试着搜索，就可以找回这些本领的所有碎片，并拼凑成整体。

> 在布鲁克林的一个公共公园，有一个前芭蕾舞演员扎进灌木丛，然后带回一大袋超级食物，就是那些被古希腊人依靠的无与伦比的食物。
>
> 在巴西，有一个海滩小贩恢复了失传已久的自然运动。
>
> 在人迹稀少的亚利桑那州荒凉的沙漠盆地，一个叫“神殿”（Orack）的地方，有个天才，在他悄无声息地隐退入沙漠之前，训练出了几个伟大的运动员，他们学会了使用身体脂肪作为燃料，得到这个失传秘方的徒弟还有约翰尼·卡什[②]和红辣椒乐队[③]。

---

① 雷克·莱尔顿（Rick Riordan），当今世界最知名的儿童文学作家之一，超级畅销书“39 条线索”系列（The 39 Clues）的作者之一。——译者注

② 约翰尼·卡什（Johnny Cash，1932—2003），美国乡村音乐创作歌手，多次获得格莱美奖。——译者注

③ 红辣椒乐队（Red Hot Chili Peppers），1983 年成立的美国另类摇滚乐团，音乐风格主要是在传统放克音乐中融合另类摇滚、朋克摇滚、迷幻摇滚等元素。——译者注

不过，最好的实验室其实是在第二次世界大战期间敌后的一个山洞里。当时，希腊牧羊人和年轻的英国业余军人在那里商议如何与10万多名德军周旋。他们天生并不健壮，没有受过专业训练，也不以勇气著称。他们是被贴上“立即就地枪决”标签的通缉要犯，但他们即使挨饿，仍保持着充沛的活力。尽管因不停被追捕而逃亡，但他们的身体反而变得更强健。最后，他们决定跟随最伟大的英雄奥德修斯的脚步，尝试去打造自己的特洛伊木马，成为天生英雄。

对任何人来说，如果不掌握一些古代本领，像他们那么做就等于自杀。

Natural

Born

HEROES

丘吉尔的梦幻军：身为英雄的标记

Part 2

HOW A DARING BAND OF MISFITS MASTERED

THE LOST SECRETS OF

STRENGTH AND ENDURANCE

04 学者特工

文弱书生的“野蛮”蜕变

对于希特勒的上台，丘吉尔根本不用判断，只用他的深刻的洞察力……那正是我们所需要的。

查尔斯·珀西·斯诺（C. P. Snow）
科学家和战时谍报大师
摘自他 1961 年在哈佛大学的演讲《科学与政府》

从 4 年前的 1936 年开始，英国就已经处于不断衰退之中。这也是丘吉尔在 1940 年接任英国首相时，必须面对的现实。

“我们得知希特勒已经计划要入侵不列颠群岛。”丘吉尔这样宣布。事实上，恰恰在那个时刻，隆美尔与他传奇的“魔鬼之师”正在海峡对岸虎视眈眈。这支部队能够在敌境内每天高速推进 300 公里，一旦他们在英国海岸登陆成功，就有可能在 24 小时内兵临伦敦城下。

局面似乎已经很明朗了，投降几乎是英国的唯一出路。双方家底根本不在一个层面上，希特勒的飞机比英国多三倍，士兵则多两倍。德国 U 型潜艇被布署在英吉利海峡，它们的狼群战术和磁性水雷已经把那里变成了死亡陷阱。整个英国皇家海军的 40 艘驱逐舰在军港里几乎被“一锅端”，最终只有 11 艘侥幸逃脱。英国军队当时被打得丢盔弃甲，数万军队被俘或被灭；而德国军队则纪律严明、士气高昂，在战场上一路高歌猛进。希特勒甚至希望他们放慢一些，不要因进军太快而把战线拉得过长。

希特勒视察华沙时说道：“先生们，试图保卫这座城市简直就是愚蠢的犯罪。我真心希望其他国家的政治家们能来这里目睹一下战争的真正含义。如果某些人不懂变通的话，在华沙就能看见整个欧洲的未来。”当时，整个华沙被炸得支离破碎，断壁残垣上到处是腐烂的尸体，市长也被拖到达豪集中营关押了起来。

但丘吉尔知道希特勒的真正想法。在纳粹本性还没完全暴露的时候，很少有人能够如丘吉尔般迅速透过第三帝国华丽壮观的硝烟，洞察这一切背后之人的内在。丘吉尔警告英国议会，如果以为和自己打交道的是一个政治家或帝国的开国元勋，抑或是一个自大狂，那绝对是愚蠢至极的想法。对希特勒来说，战争根本不是他所说的更严厉的手段，而是他最喜欢的事情。

丘吉尔说：“纳粹的权力源自对力量的充分彰显，这决定了他们以‘迫害’为乐趣所在。”制造恐惧和痛苦是“这些最邪恶的人”追求感官刺激的方式。希特勒自己亲口说过，人类历史上最黑暗的一天是他年轻时最美好的一天：当听到第一次世界大战爆发时，他“努力压抑自己心中的狂喜”，情不自禁地下跪，从内心深处感谢天堂的降临。作为一名军人，希特勒下士崇拜残忍的前线战斗；当被弹片击中大腿时，他仍然拒绝从战壕里撤离。在伤好归队后的第一个晚上，他兴奋得睡不着，拿着手电筒整夜巡逻，用刺刀杀死老鼠，直到被人踢倒在地才停下来。

丘吉尔警告说：“敌人恶毒的本性已经昭然若揭，其侵略行动已箭在弦上。我们当然需要以牙还牙，准备新战略，包括各种残酷的花招。”

所以，丘吉尔行动了。他需要新型战士来适应新型战斗，这些人是拥有创造性和生存能力的孤胆英雄。他们会试验战争中的所有潜规则，如丘吉尔所说：“任何能想出来的破坏行动，他们都可以实施。”尽管英国军队武器落后，数量上又处下风，但靠这样的花招或许可以赌一把。这些新型战士能单枪匹马纵横敌后，从而牵制和吸引德军的一个团。丘吉尔希望，德国士兵会因这些挥之不去的幽灵而困扰，寝食难安。

他无法派出经验丰富的士兵来执行这样的行动，因为稍微强壮的人都需要被派去前线厮杀。所以，丘吉尔的新机构开始招募诗人、大学教授、考古学家，不论男女，只要稍微有点旅行经验，在国外能够找到方向就行。丘吉尔的计划使两个中年教授热血沸腾，他们决定不再做一个谨慎的反对者，而是用真刀真枪去跟德军讲道理。对这些英国学者来说，幻想正在逐渐变为现实。他们自幼浸泡在经典的普鲁塔克[①]的作品之中，伴随他们成长的都是能够翻江倒海的英雄人物：奥德修斯、“狮心王”理

① 普鲁塔克（Plutarch），罗马帝国早期的希腊传记作家和伦理学家，著有《希腊罗马名人传》（*The Live of The Noble Grecians and Romans*）。这本书被爱默生誉为“英雄的圣经”。——译者注

查一世和屠龙者西格德（Sigurd）。他们知道，在古希腊，整场战争的走向可以被一两个非凡的家伙所扭转。

不过很显然，英国最高指挥部被丘吉尔的突发奇想吓坏了。丘吉尔真的要用这些手无缚鸡之力的怪胎来对付地球上最凶悍的杀手吗？纳粹军队刚刚践踏了9个欧洲国家，这就是丘吉尔为此准备的报复吗？他们既不是特种兵，也不是突击队员，丘吉尔的将军们一致认为：这简直是杯水车薪式的自杀行径。哪怕他们的假护照和可笑口音没有暴露自己，村民也会出卖他们；一旦这些“娇滴滴”的家伙被投放到敌后，就只能依赖别人提供食物和藏身之处，这将使德军捉拿起他们来易如反掌。当被黑漆漆的冲锋枪口抵在脑袋上时，农民没有理由为一个英国佬葬送性命。面对德国人的紧逼，丘吉尔的冒险家们最终将无处可逃，一旦被捕就彻底完蛋。按照战场上的惯例，不穿军服就意味着不会被当作战俘。他们不会像其他被俘士兵一样被送进难民营，由红十字会照顾；取而代之的将是不间断的殴打、折磨，直到他们尖叫着说出知道的全部秘密，然后被处决。

但丘吉尔很难被说服。几乎没有人知道，丘吉尔自己早年就是一个这样的“祸头子”，他全身上下几乎没有一个地方是顶用的。作家威廉·曼彻斯特（William Manchester）在《最后的狮子》（*The Last Lion*）一书中这样描述：“丘吉尔曾经体弱多病，身体软绵绵的，毫无协调性，双手苍白得像女孩的手，说话含混不清，还有点口吃。其他人一直殴打他、嘲笑他、向他扔板球，而他被羞辱后，通常会颤抖着躲到附近的树林里。”年轻的丘吉尔还不能穿任何有皱折的纺织品，他敏感的皮肤只可以忍受真丝内衣，以致冬天也只能裹在丝绸床单里裸睡。“我的身体如此虚弱，一定是因为被诅咒了，”他抱怨说，“我几乎连一天的工作都扛不下来。”但随着时间推移，那个弱不禁风、受尽欺凌的丘吉尔却成长为一个英俊潇洒的战地记者和陆军军官，这个喜欢叼着雪茄的大英帝国自由斗士强壮得像牛头犬一样。丘吉尔非常肯定，既然他能做到，那帮不太健壮的伙计应该也可以。

那帮怪人也相信丘吉尔，因为他们亲眼见识过真正活着的超级英雄。托马斯·爱德华·劳伦斯（Thomas Edward Lawrence）会在他们的窗外经过。他能在匕首格斗中取胜，能击败恶棍，他是沙漠强盗的头目；他喜欢骑着布拉夫高级摩托车，咆哮着穿梭在多塞特郡（Dorset）乡间。阿拉伯的劳伦斯不仅是他们的偶像，而且是他们进化的路线图、转型的领路人。在第一次世界大战开始时，劳伦斯曾经和现在的他们一样，是个无能的书呆子。这个牛津学者像未成年小女生一样，反感所有激烈的体育项目，更别提和别人争吵斗殴了。劳伦斯最初在部队负责绘制地图和军事邮票，但他在战场上完全不合群。最后，他的上司把他遣退了，理由是“这个年轻人狂妄傲慢，人人都想狠狠地教训他”。

然后，事情就这么发生了。劳伦斯骑着马杀进沙漠，回来时变成了另一个人。劳伦斯曾形容以前的自己是个“穿绸衫的小男人”，现在他变成了一个战士。他戴着花头巾，臀部挂着弯刀，胸口有子弹伤疤。他总是背着一把老旧的步枪，每当他击毙一个人，就会在枪托上刻一个凹槽。没有人想到他还能活着回来，而且还独自一人指挥着一队阿拉伯突击骑兵。劳伦斯带领这支由游牧部落的骆驼骑手组成的攻击小分队，用“打了就跑”的游击战术对付奥斯曼帝国的军队。这个牛津研究生现在可以纵身跃上骆驼背，一路狂奔地向追兵投掷燃烧的炸药，然后消失在沙尘暴里。他在千里之外再次现身时，一列火车被破坏成扭曲的废铁。以前，他的上司由于劳伦斯的傲慢，想要踢他屁股；现在，则惊讶于他的“英勇和刚毅”。劳伦斯的敌人用不同的方式表达对他的“恭维”：土耳其为他的人头悬赏 15 000 英镑，这相当于今天的 50 万美元。

劳伦斯及时赶到了旷野中的某个地方，并发现了一个秘密。在那个地方，英雄并不是另一个物种，他们只不过是被另一种方式教育和培养长大的。

英雄是一群掌握不寻常本领的普通人，他们了解一些身体的根本知识，并拥有非凡的耐力、力量、胆量和灵活性。

古希腊人掌握了这些知识，整个古希腊文明是建立在人和神联结的前提基础上的。如果你想成为英雄，就必须学习如何使自己的一举一动都像英雄，包括思考、奔跑、打斗、交谈，甚至吃饭、睡觉和爬行。

对有的人来说，这绝对是天大的好消息，他们包括独眼考古学家约翰·彭德尔伯里（John Pendlebury），身无分文的年轻艺术家赞·菲尔丁（Xan Fielding），以及花花公子、流浪诗人帕特里克·利·弗莫尔（Patrick Leigh Fermor）。这三个人的命运将和克里特岛交织在一起。对许多人来说，丘吉尔实际上是在让这些不太健壮的家伙去送死；但同时，他也为他们的生存提供了崭新的可能性。如果阿拉伯的劳伦斯可以学会英雄的本领，他们当然也可以。

现在，他们的机会来了。

05 行为之锁
神奇的大脑杏仁核

合适的人出现在合适的地方，就是毁灭性的武器。

美国特种部队座右铭

我有自己的“阿拉伯的劳伦斯”，那是一位戴大圆框眼镜的中年女士。她叫诺瑞娜·班希尔（Norina Bentzel），是宾夕法尼亚州一所乡村小学的校长。

英雄之所以是英雄，个人品德仅是一个方面，他们的技艺可能更重要一些。诺瑞娜·班希尔让我第一次意识到这一点。

2001 年 2 月 2 日，诺瑞娜如常上班时，一个男人手持大刀闯进了学校。我听说这件事的结局，已经是 10 年之后了；但直到现在，我才开始更透彻地理解这一事件，并能给下面这个问题找到答案。

她当时为什么不逃跑？

这位 42 岁的小学校长身高仅在 1 米 6 左右，此前从未有过任何格斗经验，却能够不屈不挠地与发狂的歹徒徒手搏斗，她是怎么做到的？暴徒手中持有的大刀可以轻松砍断手腕粗的树枝。在面对暴徒时，诺瑞娜所展现的顽强意志固然让人钦佩，不过最核心的问题是：当她很快意识到自己与对手之间的力量差距过于悬殊时，她是如何扛下来的？真正英雄的试金石就是这样，**危险不会在你准备好了才出现，也不会在你疲累之时喊停**。没有局间休息，没有热身活动，更不会准许你去上厕所。你可能当天刚好头痛或穿错了裤子，或者发现自己跟诺瑞娜那天一样，穿着一条裙子和平底鞋，身处满地鲜血的学校走廊里，而且那是你自己的血。

迈克尔·斯坦科维兹（Michael Stankewicz）原来是巴尔的摩一位教社会学课程的高中老师。这个偏执狂在第三次婚姻失败、妻子离他而去之后，逐渐失去了对愤怒情绪的控制，结果因其暴力倾向而被解雇。在住院接受治疗之后，他被判入狱服刑。刑满释放后，斯坦科维兹携带一把大刀，开车前往宾夕法尼亚州约克县北霍普威尔的温特斯敦小学，他的继子继女曾经在那里就读。快到午饭时间时，诺瑞娜偶然朝窗外瞟了一眼，看到在前门，一位有两个孩子的母亲的身后，有个人鬼鬼祟祟走了进来。她走出去想看看自己是否认识这个人，却发现那个陌生人盯着老师和孩子们的眼中充满了恶意。

诺瑞娜说道："打扰了，先生！请问你是想找人吗？"

斯坦科维兹转过身，顺手从左边裤腿里迅速抽出大刀，砍向诺瑞娜的喉咙。刀锋贴着诺瑞娜的喉咙划了过去，切断了挂在她脖子上的塑料员工名牌。这时，一个令人绝望的想法涌进她的脑海，她清楚地知道："这里没有人可以帮助我。"是的，她必须独自应对当前的险境。在接下来的几秒内，她的所作所为将会对结果有决定性影响——到底谁可以从这所学校幸存下来。

其实，诺瑞娜可以选择尖叫着逃跑，也可以听天由命地蜷缩在角落里，或者硬碰硬地扑向斯坦科维兹。但是，她选择了交叉双臂挡在身前，慢慢后退。斯坦科维兹不停挥刀乱砍，但诺瑞娜却总能翻滚着躲开。她的眼睛一直盯着斯坦科维兹，不让他缩小两人之间的距离，也防止他在地板上控制住自己。诺瑞娜引着对方远离教室，穿过大厅一路退向自己的办公室，斯坦科维兹则紧追不放。她迅速溜进自己的办公室，然后把门反锁，并用流血不止的手按响了报警器。

然而，她还是晚了一秒钟。当警报响起时，一些老师和孩子刚好走出他们的教室。斯坦科维兹于是掉头去追赶他们。他砍伤了一位老师的胳膊，切掉了一个女孩的马尾辫，摔断了一个小男孩的胳膊。孩子们逃向办公室，在那里，诺瑞娜再次面对斯坦科维兹。刀刃深深地砍进了她的手，她的两根手指严重受伤。诺瑞娜看上去已经被解决掉了，于是斯坦科维兹开始寻找下一个目标。就在这时，诺瑞娜跳了起来，用她最后的力气死死抱住斯坦科维兹不放。

"咣当！"

斯坦科维兹手中的大刀掉到了地上。学校的一名护士迅速跑过来捡起刀，然后跑到大厅里，把它藏了起来。斯坦科维兹摇摇晃晃地走到办公桌前，诺瑞娜仍死死地从身后抱着他。不久，警笛声和急促的脚步声响起，斯坦科维兹最终投降了。诺瑞娜被及时送往医院，尽管全身血液流失过半，但所幸救回了性命。

在袭击发生后，“运气”和“勇气”经常被提及，但如果考虑所有相关因素，运气和勇气并非其中最重要的。勇气让你敢于深入险境，但并不一定能帮你安全抽身。除非凶徒自己滑倒摔跤，否则，与手持大刀向你冲来的男子徒手搏斗，其中根本毫无运气可言。诺瑞娜之所以能幸存下来，是因为当她面临前所未有的压力时，立即做出了一连串决定，这些决定是否成功将直接导致生死异路。

当她本能地交叉着双臂不断撤退时，冥冥中完美展示了潘克拉辛格斗术的要点。绰号“天堂双胞胎”（Heavenly Twins）的比尔·赛克斯（Bill Sykes）和威廉·费尔贝恩（William Fairbairn）在第二次世界大战期间，再度复兴了这种格斗术，并将其发扬光大。直到今天，各国特种部队仍然采用这种格斗术来对付近身的敌人。当时，诺瑞娜没有被吓呆或躲进死胡同，而是有策略和目的地退后。如果当时她的肾上腺素激增并超过警戒线，那么她的能量将被浪费殆尽，于事无补。相反，正是斯坦科维兹首先把能量耗尽了，诺瑞娜才有可能等到机会出现并牢牢抓住它。

如果在力量、块头或野蛮程度上进行比较，诺瑞娜根本毫无胜算。然而，她找到了比用肌肉对付肌肉更好的办法。**她依靠的是筋膜组织，也就是在皮肤底下把我们的身体捆扎结实的纤维性结缔组织。**人类上半身有一条带状筋膜贯穿整个胸部，从一只手延伸到另一只手。诺瑞娜用双手抱住斯坦科维兹时，带状筋膜就形成了一个闭环。她把自己的身体制作成一个套索，当她抱住对方时，实际上相当于用很粗的尼龙绳绑住了斯坦科维兹的双手，从而解除了他的武装。

不过，面对这种突发情况，诺瑞娜必须首先控制好自己的大脑杏仁核这个管理恐惧功能的神经中枢。

杏仁核会对照当下你正要尝试的事情，调取你的长期记忆，以便确定过去是否有过类似的经历。如果有符合的情况，杏仁核就亮绿灯，你的肌肉会放松，心率逐步平稳，怀疑慢慢消失。如果它发现，没有任何证据表明你曾经干过这档子事，比如说从树上爬下来，它就会影响你的中枢神经系统，从而锁住你的身体，不让相关动作发生。

杏仁核的这一反应机制可以用来解释，为什么火灾发生时，有人因无法走到消防梯而被烧死；或为什么溺水者会死死掐着救生员的脖子，拒绝松手。通过对它的进一步理解，你就能明白为什么自己 5 岁学骑自行车时困难重重，但一旦学会了，即使 5 年不碰车，对骑自行车还是不会生疏。你的杏仁核负责识别行为，并决定是否对你的身体放行。它不是行动的原因，而仅仅是对行动的响应。它无法被欺骗，只能被训练。

对我们大多数人来说，无论多么强壮和勇敢，“一把大刀突然向自己砍过来”都属于极少遇见的情况。杏仁核会因为缺乏类似记忆而阻止我们及时做出反应，从而使我们呆若木鸡。诺瑞娜成功激发出身体内在的潜能，从而使她找到了能充分运用自己能力的最合适的策略：她疏于格斗，但擅长拥抱。用手臂抱着一个人的动作对她来说实在再熟悉不过了，这使来自她感觉系统的阻力几乎降到了零。诺瑞娜之所以做出拥抱动作，是因为在那一瞬间她洞察到：她无法征服斯坦科维兹的愤怒，但也许可以安抚它。

在斯坦科维兹被审判的那天，诺瑞娜在证人席上告诉他：“那天，我之所以用双臂抱住你，其实不过是想安慰你。”

斯坦科维兹注视着她，嘴里默默地说了声“谢谢”，然后就被带走了。他被判入狱服刑 264 年。

当一个疯子用大刀攻击你时，你准备如何对付？

当我向诺瑞娜问出这个问题时，觉得自己实在太蠢了，而且还很粗鲁，根本没有设身处地考虑过当时的情况。我去诺瑞娜的学校时，那次袭击几乎已经发生了一年。私下里，诺瑞娜也对自己当时的行为感到很惊奇。

她建议说：“让我们到外面聊吧！”诺瑞娜和蔼风趣，非常喜欢孩子，即使已经在儿童教育领域工作了 17 年，她还是很愿意抽空观看孩子们在课间嬉戏打闹。现在，诺瑞娜的手臂上留下了闪电状伤疤。经过 4 次修复手术，她的双手已经恢复了部分功能，不过再也达不到灵活自如的程度了；即使在温暖的秋季午后，这双手的主人也会感到它们冰冷、麻木，甚至需要握着发热包。不过，她可以和自己的丈夫以及孩子们握手；可以在宾夕法尼亚州立大学蓝色仪仗队（Penn State Blue Band）重聚时表演中音萨克斯；当孩子们在操场上冲到我们身边时，她还可以用手揉乱他们的头发。

诺瑞娜说，这听上去很奇怪，她那天就像是早有准备一样。她当然是早有准备的！她表现得如此镇定、理性、有力量，完全没有恐慌或听天由命。她遵从自己的决定果断行动，仿佛早已计划好下一步该怎么做。显然，她的行为并不是随机的，而是出自本能的深思熟虑。事实上，能够盘算得如此周到，她自己也觉得不可思议。她觉得这一定是“上天的指引”。但事实上，她听从的只是身体内在的指引：她知道需要做什么，而她的身体知道如何去做。

“如果因为我爱惜这些孩子们，所以你把我称作英雄，这当然很好，不过我每一天的工作其实都充满着对他们的爱。”诺瑞娜说。这是一条非常有趣的线索。她能在面对袭击时保持冷静，难道不是因为漫长教师生涯的历练吗？在碰到乱七八糟的麻烦事儿时，她必须学会平复心情。诺瑞娜能始终保持与斯坦科维兹目光接触，显然是因为她平时就以这种方式工作，特别是面对发脾气的孩子和激动的父母之时。另外，几十年来，她一直练习萨克斯，练习时双手会放到相同的位置，而且左右手同样灵巧。一切真是太巧合了，难道你不觉得吗？

只是跟她一起在操场上待了几分钟，我就能感受到她对孩子的爱，也就能理解为什么她愿意为这些孩子拼死搏斗。但始终令人费解，也是让诺瑞娜本人迷惑的地方就是，为什么最后她居然赢了。

“直到今天，那些英雄都很难完全理解自己的所作所为，我觉得这一点很有意思！”厄尔·芭比（Earl Babbie）博士说。芭比是加利福尼亚州奥兰治县查普曼大学（Chapman University）的荣誉教授，专注于行为科学的研究，在英雄主义行为领域是绝对权威。“我敢打赌，你绝对找不到一个自认是英雄的人。几年前，发生过一起劫机事件。有个劫机者用枪指着一名乘客，空乘人员急忙挺身站到枪与乘客之间说，‘你得先杀了我才行’。事后，这个乘务员却说，‘不，不，我不是英雄’。看在老天的分儿上，我想，如果这都不算英雄，那要怎样才算，”芭比说，“我不认为这出于谦逊，我认为是因为当事人自己也迷糊不清。”

芭比非常渴望能遇到一些特殊的机会。“那些为了保护他人而置自身安危于不顾的人，我做梦都希望自己能在他们的英雄行为发生的前一天采访他们，”他说，“我敢打赌没人能告诉你，在千钧一发之际，他一定会怎么做。”事实上，芭比发现，英雄主义正越来越遭到人们的漠视，而且对这个话题的讨论会让很多人感觉不舒服。芭比自己很喜欢在课堂上，一边大声朗读童子军誓言和规章，一边观察学生的反应。当他读到“可靠、忠诚、互助、友善”的部分时，学生的表情和行为会透露出明显的不安情绪。

“现在，社会已经不推崇美德了。或许是因为人们见过太多虚伪的‘道德权威’，那些人往往嘴上说一套，实际上干的是另一套，”芭比接着说，“但从更深层次而言，英雄不会轻易离场。尽管我们声称‘事不关己’，但还是会下意识地崇拜英雄行为；尽管我们否认自己会‘犯傻’，但潜藏在身体内的‘英雄冲动’还是会让我们情不自禁地出手。”

英雄行为也深深困扰着达尔文。达尔文对科学界最伟大的贡献是，他从纷繁复杂的生命形态中提炼出了一个简洁的定律：地球上的每种生物，其存在的全部意义就是繁殖。你所做的一切，你的每个本能反应，归根结底是为了进化，即生更多的孩子，留下尽可能多的后代。根据这个理论，英雄行为严重违背逻辑。如果从生物学角度不能获得回报，那为何要为别人冒“死”的风险？如果是为拯救自己的孩子而死，那还说得过去；但是，为别人而死？从遗传的角度看，这就是自杀。

无论健康、刚健的英雄有多少，其血脉都是脆弱的，一个性欲强烈的自私鬼就能彻底摧毁它。因为自私鬼的孩子将会茁壮成长，并不断繁殖；而英雄的孩子最终将效仿他们的父亲，牺牲自己，走向灭亡。所以，达尔文的结论是：“因为英雄时刻准备牺牲自己的生命，所以英雄往往会没有后代来继承其高贵的品质；而许多野蛮人宁可出卖同伴，也要保住自己的性命。”

可是，如果自然选择会淘汰掉天生的英雄，为什么英雄到今天依然存在？

与达尔文一样，安德鲁·卡内基也被难倒了。这位 19 世纪的钢铁大王依靠对人性的精准把握，变得富可敌国，但他无法破译英雄的奇怪性格。

卡内基从苏格兰抵达美国时只有 13 岁，他身无分文，而且几乎没有接受过任何教育；不过，他很幸运地找到了一份火车站的工作。卡内基凭借其出色的谋略和技巧，破解了“大鳄们”的剿杀，包括恶名昭著、“吃人不吐骨头”的 J. P. 摩根，这让他迅速崛起并坐上了钢铁工业的头把交椅。卡内基想要赚钱，为此他废寝忘食地工作并敢于孤注一掷。“一分耕耘，一分收获”，这里面没有任何巫术可用。但是，有些人义无反顾地在九死一生的困境之中苦苦挣扎，却全然不求回报，这似乎有些说不通。

这些笼罩在英雄身上的谜团始终困扰着卡内基，也让他着迷，于是他决定“猎捕”英雄。1904 年，他成立了卡内基英雄基金会（Carnegie Hero Fund），与其说这是个颁发奖励的机构，还不如说是个研究机构。只有纯粹的利他主义者才具备资格获得奖金，消防员、警务人员或者抢救自己孩子的父母都不在此列。该基金会每年会在全国范围内搜集英雄事迹，并按性别、地区、年龄，把这些事件分门别类，这些英雄或其遗属会得到现金奖励。不久之后，卡内基听说了特尔玛·麦克尼（Thelma McNee）的故事。

> 特尔玛·麦克尼是个十几岁的小女孩，她发现邻居家失火之后，勇敢地从自家公寓的屋顶跳到隔壁，从中成功救出了两名被困的儿童。
>
> 另一个英雄是新墨西哥州71岁高龄的威瓦·坎皮顿（Wava Campredon），为救出邻居，她手握锄头和两只凶犬对抗，虽然被抓伤，仍然坚持到底。还有玛丽·布莱克（Mary Black），这位俄勒冈州的25岁家庭主妇，尽管“穿着4条裙子”，还是两度跳进洪水泛滥的河里，把一对溺水的姐妹救上了岸。

是否存在某种行为模式，可以解释这些英雄行为？这个模式要能保证此类行为可以重复发生，可惜卡内基没能从中提炼出来。或许，这些只是一连串让人高兴的巧合：合适的人出现在正确的时间，甚至恰巧手中拿着一把锄头。如果有人真能够发现英雄行为的公式或配方，谢天谢地，他就会成为最伟大的世界和平缔造者，甚至可以和耶稣相提并论。如果人人都变成保护者，还有谁会无人照顾？每个教室里都会有一个诺瑞娜一般的英雄，每个家庭都会有麦克尼，每个河岸都会有布莱克。尽管卡内基被称作“身穿黄铜盔甲的斗士”，但实际上他是一个和平主义者。他认为，暴力是一种可以被治愈的疾病，施救者甚至可能就是卡内基本人。

但到最后，他放弃了。尽管卡内基没办法解释英雄行为，但他还是继续奖励英雄。他承认：“我确实不打算靠这个基金激活或创造更多的英雄，因为我发现英雄行为不过是出于一时冲动。”

冲动？卡内基错了。

卡内基和达尔文都精通科学，但他们却采用像诗人一样的方法来处理这个问题。牺牲……背叛……高尚……冲动……

这些都是意图的判断，而不是对行为的描述。卡内基和达尔文关注想法和感受，关注“为什么”这个动机。但实际上，他们应该聚焦于行为本身，去解析这些铁一般的事实到底是“怎么样”发生的。警探们在破案时不会由动机入手，否则就会像剥洋葱一样没完没了，最终却一无所有。他们首先会把犯罪事实搞清楚，然后去分析犯罪分子是如何做到的，随后也许会发现这些人为什么这样做。

古希腊人就是这样分辨英雄的。他们把英雄放在神学的中心，尽管古希腊神话里充满了诸神之间的争斗和魔法般的变身，但在世界各种宗教里仍算是最务实的。古希腊人并不随随便便就拜倒在圣人或神迹之下，他们崇拜那些能够解决问题的人和方法。为了区别英雄行为和一时冲动，他们设计了一个简易的测试，只需两步。

1. 你会再做一次同样的事情吗?
2. 如果要你再做一次，你能做到吗?

赫拉克勒斯（Hercules）不是凭运气取得了一次偶然成功，他完成了十二大伟业，并且还有很多其他小成就。奥德修斯的成就贯穿他的一生。他先是想出办法打赢特洛伊战争，然后在回家的路上又摆平了各种障碍；这期间，他战胜了台风、武士、魔女、海妖、独眼巨人，还抵挡住了冥界、女人及权力的诱惑。古希腊罕见的女英雄阿塔兰忒（Atalanta）同样干成了很多事情；她痛殴两个堕落的马人，击败传奇的摔跤手，帮助伊阿宋（Jason）夺取金羊毛，并四处搜捕卡吕冬野猪。另一位希腊英雄珀尔修斯（Perseus）可以熟练使用从渔船到刀剑等各种工具；他对付美杜莎（Medusa）时，不但想办法避免了自己被变成石头，还成功砍下了她的头，然后从海怪那里救出了被捆绑的赤裸身体的公主。

幸运的是，有人把这些激动人心的疯狂故事，整理总结为准确、清晰的行动准则。希腊的普鲁塔克就是这样一位所有英雄故事的裁定人。如同原子能科学家对铀着迷，普鲁塔克则对英雄主义着迷，他认为那是神奇的天生超级燃料，很强大、很丰富，一直在等待着被使用。普鲁塔克涉猎甚广，终其一生都在研究和分析各种英雄。他相信，就算是幻想故事里的英雄，也扎根于现实生活的实践。因此，他钻研的对象既有真人真事，也有神话传说；既包括罗马历史，也包括希腊神话。在准备写他的旷世巨作《希腊罗马名人传》的时候，他就已经洞悉一切，所以不会晕头转向。即使是普鲁塔克自己最喜爱的英雄，一旦行为太出格，也难逃他毫无保留的批评。

普鲁塔克重新梳理了亚历山大大帝和恺撒大帝的生平。他揭露了伯里克利（Pericles）的弱点，并强调伯里克利尽管错误地使雅典卷进了伯罗奔尼撒战争，仍不失为一位卓越的战略家。他还指出了皮洛士（Pyrrhus）的致命缺陷，当这位“满怀希望的傻瓜”痴心妄想超越自己的能力时，往往将导致巨大的损失。他钦佩罗慕路斯（Romulus）这个被狼哺育长大的罗马奠基人，后者能够始终铭记自己卑微的出身并且善待自己的800个情妇。他用挖苦的方式责备忒修斯（Theseus），尽管这个雅典拯救者打败了米诺斯迷宫里的牛头怪，但这并不意味着可以在性的问题上为所欲为。普鲁塔克责骂道：“忒修斯承认自己强奸妇女，而且没有合理地辩解，所以有理由怀疑他做这些事情是出于放荡和肉欲。”

普鲁塔克的《希腊罗马名人传》实在太出色了，这部书后来成为现代英雄人物人手一册的枕边书。法国亨利四世评论说：“它如同我的良知，对我的行为和政府事务提了许多好建议。”美国前总统林肯也是这部作品的忠实读者，此外，这本书的拥趸还有西奥多·罗斯福（Teddy Roosevelt）、乔治·巴顿（George Patton）和约翰·昆西·亚当斯（John Quincy Adams）。这部英雄圣经甚至还指导了英国的战后恢复和重建。C. S. 刘易斯（C. S. Lewis）表示：“伊丽莎白时代的英雄理想根植于普鲁塔克的《希腊罗马名人传》。”

普鲁塔克教导大家的核心内容是：**英雄懂得关怀他人**。真正的英雄主义，正如古人所理解的，它的种子埋在人的同情心之中。不论是力量、胆气，甚至勇气，都构不成它的真正来源。

当希腊人创造英雄这个词的时候，所选用的词根并没有“牺牲性命去完成”或“杀死坏人”这样的意思。他们用了“ἥρως”（或hērōs），意思是“保护者”。英雄并不完美，他们的父母一个是天神，另一个是凡人，他永远在“神”和“人”两种命运之间摇摆。亲密的伙伴显然在英雄的生涯中扮演着重要的角色，正是因为能够与人类不断交流，所以催生了他们的同情心，从而开启了能量源泉的龙头。希腊人相信同情心并不是软弱的表现，相反它是力量之源。你越是深入他人的内心，就越能清晰地认识自己；越是愿意在内心分担他人的苦难，就能调动越多的耐力、智慧、计谋和决断力。

坚不可摧的阿喀琉斯有忠实的朋友帕特洛克罗斯（Patroclus），奥德修斯则领着两个牧人发起了最终决战。就连科幻电影中的超人，哪怕他根本不能算人类，也有吉米·奥尔森（Jimmy Olsen）不离左右。赫拉克勒斯身边有形影不离的兄弟和对他顶礼膜拜的侄子，而每当陷入最黑暗的时刻，其死党忒修斯总会在他身边。

英雄通常能够通过搭档找到自己的灵魂，也能从自身最弱而不是最强的地方获取能量。显然，他知道即使自己身体里流淌着神的血液，却还怀揣着人类之心。他不是为了保住权力而吞食小孩的泰坦巨人，也不是永生的神；他只有通过一种方式才能够变得不朽，那就是被写进荣耀无比、激动人心的故事之中，从而牢牢占据人们的记忆，并被广为传颂。

英雄一定要非常关心人性，从而引出神性的一面。

你可以寄希望于"冲动"或"崇高本性"，等待它们自发地激发出各式各样的英雄本领。当然，你也可以效仿斯巴达人，直接到这些英雄的发源地去寻找。斯巴达政体建立者吕库古（Lycurgus）曾经到英雄的故乡克里特岛取经，然后他被震撼到了。后来，吕库古偷偷带了一个克里特人回斯巴达，他对外宣称自己请的是一位克里特诗人，暗中却不断向其求教。他所学到的东西，后来大部分变成了斯巴达律法，吕库古也因此名垂青史。斯巴达的社会守则"对克里特岛借鉴良多"，亚里士多德在《政治学》（*Politics*）中曾提到过这一点。克里特的精神后来为希腊神学与西方民主打下了坚实的基础，它的核心观点就是，**普通公民应时刻准备去干不普通的事情。**

希腊神话中不断出现关于身体技能的寓言，它们为弱者全面展示了如何用英雄本领去对付危险状况。

> 如果需要驯服野蛮的公牛，要怎么办呢？等它喝水的时候，摁住它的角就能将其放倒。如果需要清理有毒马厩，要怎么办呢？用洪水冲洗它。如果需要对付半人半牛的巨兽、三头地狱犬，或一头有刀枪不入毛皮的狮子，要怎么办呢？躲在它们身后，想办法掐其脖子让它们窒息。

这些格斗技术可不只是神话里的幻想，有些动作甚至很到位，今天仍然应用在潘克拉辛格斗术里。如果你要和一个可以揪掉你脑袋的家伙打架，就可以跟奥德修斯学上一两招。荷马在《伊利亚特》中这样描述道："奥德修斯用了两招，他狠狠地踢埃阿斯（Ajax）膝盖的后方，再在对方重心不稳之时猛推一把，然后重重地压住对手的胸口。"

作为希腊人，如果他的孩子身处险境，他有两个选择：要么希望诺瑞娜来搭救他们，要么自己站出来搏斗。"蛮干"肯定不是正确选项，脊柱康复治疗病房里住满了蛮干的冒失鬼，无所畏惧有时真的没有用处。举个例子，如果你的车坏了，你肯定不想听到修车工说：“我没处理过这个情况，不过我愿意大胆地尝试一下。”你希望听到的是：“别担心，修理这种问题是我最拿手的。”

希腊人相信，“英雄主义”并不是一些神秘的内在品性，而是每个人都可以掌握的一系列技艺。在紧要关头，每个人都可以依靠这些技艺变成一个“保护者”。长久以来，希腊人一直擅长此道，并且繁荣了好几个世纪。但随着古希腊的灭亡，希腊文化的影响力日渐萎缩，英雄技艺也被封锁在一个个小圈子里，并最终湮没于历史长河之中……

幸运的是，这些技艺仍然完整地保存在克里特岛，并在荒山野岭之中世代传承。第二次世界大战期间，一小队英国抵抗力量闯入深山，借助这些源于古代的智慧，完成了英雄般的壮举。

06 狩猎游戏

掣肘“巴巴罗萨”的诡异反击

> 以前，我们说希腊人像英雄一样战斗。从今天起，我们会说英雄像希腊人一样战斗。
>
> **丘吉尔**
>
> 1941 年所说

让我们把目光转向 1940 年，希特勒正在秘密地处理一个问题。他准备把全部赌注压在“巴巴罗萨计划”上，他要倾尽全力征服苏联。如果他失算，那么德国将一败涂地。但假如希特勒赌赢了，降服了这头熊，地球上就再也没有力量能阻止他了。

一旦德国控制了苏联的油田，再加上广阔的农场、庞大的坦克群及充沛的兵源，第三帝国就会拥有有史以来数量最庞大、行动最迅速、装备最精良的战斗力。考虑到这个因素，罗斯福只能匆匆地全盘接受英国的求助。希特勒对美国暂时还算不上威胁，因为他必须全神贯注图谋欧洲大陆；但如果被逼急了，他也能立即给美国施以颜色。他在南美的那些朋友们正随时待命，巴西和阿根廷当时都是由亲法西斯派主政；墨西哥显然很愿意插上一脚，只要德国允诺归还加利福尼亚州、新墨西哥州和亚利桑那州。所以，在美国的经济后院点火，其实并不难。另外，日本海军和德国 U 型潜艇可以扼杀美国航运；德国的亚美利加远程轰炸机尽管仍在测试阶段，但很快就能用于实战，这种飞机可以在轰炸华盛顿特区后，直接飞回慕尼黑而无须中途加油。

然而，希特勒的动作必须要快，拿破仑在这点上曾经有过惨痛教训。进攻苏联深受气候影响，每年只有夏天可以进行大规模作战，这段时间稍纵即逝。1812 年，拿破仑在几乎占领了整个欧洲之后，亲率 50 万大军开进俄国，结果，只剩下万余名骨瘦如柴的残兵败将回家，最终，他连自己的“老巢”法国也丢了。苏联领土过于辽阔，气候条件又非常恶劣，而且苏联人还特别能征善战。面对这种情况，德军必须严密地执行既定行动，确保没有任何差池。如果足够幸运的话，希特勒会有 4 个月的行动时间：他要在早春积雪刚刚解冻的时候就尽快动手，并在秋季到来之前完全控制局面。一旦秋天的雨季开始，苏联泥泞的道路会把车轮牢牢吸住，使军队寸步难行。拿破仑并不是被子弹击败的，时间窗口关闭的那一刻，其命运已经注定，他的部队完全是被冻伤、疲惫和饥饿打垮的。

希特勒对可能的风险早已了然于胸，不过他还是觉得值得赌一把。德国当时有欧洲最好的军队，而苏联红军中很多人出身于贫苦农民，他们在参军之前或许连枪都没碰过。战场上，红军的武器不仅稀缺，而且陈旧；有些幸运的部队虽然有火炮，但由于缺乏足够的炮弹，所以士兵们疏于训练。

11 月 13 日深夜，希特勒终于横下一条心：迈向“不可战胜”这个目标的最后一步的时刻到了。4 个月的狂轰滥炸未能让英国屈服，这多少有点让人扫兴；不过没关系，他打算搞定苏联之后再回啃这块硬骨头。希特勒告诉他的将军们：“德军的全体官兵必须做好充分准备，在彻底征服英国人之前，我们可能要速战速决地推翻苏联。”希特勒敲定“巴巴罗萨”作为行动代号，这个名字来源于一位 12 世纪传奇的德国皇帝,他有个绰号叫“红胡子”。直到今天,这位皇帝仍熟睡在巴伐利亚的洞穴里，在乌鸦的陪伴下，等待德意志恢复先人的荣耀。

1941 年 5 月 15 日，巴巴罗萨计划将正式启动。希特勒期待到当年圣诞节时，纳粹旗帜能飘扬在伦敦和莫斯科的上空；美国甚至还没回过神来，战争已经结束。这样就万无一失了。

占领克里特岛是迈向最终胜利的第一步，也是最关键的一步。“是否能掌握地中海东部的战局，取决于克里特岛的战局。”希特勒的战略顾问之一弗朗茨·哈尔德（Franz Halder）将军这么说。作为希腊最大的岛屿，克里特岛是德国东部战线的完美跳板。但希特勒有点为难，因为墨索里尼的部队尾随在德军之后，试图自己拿下希腊。墨索里尼吹嘘说:“如果不能击败希腊人，我就不算意大利人。”他向希特勒保证，爱琴海边上的弹丸小国将在 1940 年 12 月被完全占领，到时他将把希腊当作圣诞礼物献给希特勒。

然而事与愿违，希腊正逐渐变成意大利人的坟场。

希腊平民纷纷跑到山上投奔前线部队，他们集合起来，想办法把意大利人赶到了绝境之中。克里特岛抽出第5山地师，跨海投放到了希腊大陆地区。克里特人世代生活在崇山峻岭中，这使他们夜间也可以在悬崖峭壁上进退自如，无论是用刀还是枪，杀起敌人来都能得心应手。意大利人原以为胜利唾手可得，但事实上，他们竭尽全力却举步维艰。神出鬼没的克里特人会从峭壁上发出夺命一击，让意大利人防不胜防。这些衣衫褴褛的牧羊人，时常扛着枪谈笑风生，严寒对于他们似乎不值一提。欢乐的克里特人很快就成为希腊大反攻的急先锋。在一次战斗中，克里特军的一个团以一当十，追得一个意大利整编师团团乱转。

希特勒在远方注视着战况一步步发展，他被惊呆了。难道德军要在雨季中段，翻过群山进攻希腊？如果冬季到来时被困在路上，那该怎么办呢？还是先让意大利人在泥浆中折腾吧，德军的一切行动都必须等到下完雪再说。希特勒有些怒火中烧，第三帝国本应该用武力让全世界闻风丧胆，但墨索里尼的笨拙表现却让轴心国颜面扫地。圣诞节过去了，意大利人不但没能兑现进军雅典的承诺，反而败退到了阿尔巴尼亚。为了挽回面子并报仇雪恨，德军不得不前去收拾这个烂摊子！

希特勒并不着急。他不打算重复墨索里尼的失误，被天气玩得团团转。在那个20世纪以来最严酷的冬季里，他把希腊人和意大利人留在崇山峻岭的大雪中，他甚至没有试图阻止英国援军进入希腊。他一直等到天气转暖，等到4月6号，然后放眼未来，将宝押在了苏联。

“数以百计的轰炸机铺天盖地向你俯冲过来，而你对它们毫无办法，我的老天，当时真是太让人崩溃了，”在德国入侵希腊之后，一名参战的澳大利亚中士在给妻子的信中写道，“哪怕最强壮的人都会感觉到像婴儿般无助。”德军飞机不放过地面上任何移动的目标，要么是用重机枪追着扫射，要么是一顿狂轰滥炸。德军装甲部队则冲进山口，不断冲击希腊人的防御阵地。与此同时，希腊人坚守在战壕中，他们实在太英勇了；有一队希腊守军因弹尽粮绝而被击败后，德军自发地向对手立正敬礼以表达军人间的敬意。然而，漫长的冬季作战已经让希腊人精疲力竭，不久后，他们被迫认输。大约5万名大英帝国的军队上演了希腊版本的敦刻尔克大撤退，他们扔掉重型武器，然后在混乱中上船撤往克里特岛。

仅用24天，希特勒就扫平了希腊大陆地区，还顺手拿下了南斯拉夫。历史的聚光灯开始转向海上的最后堡垒：克里特岛。

事情显然需要从长计议。墨索里尼在希腊的拙劣表现打乱了巴巴罗萨计划的推进节奏，当前的进度相比原计划已经落后太多了，但仓促闯入克里特岛可能会面临大麻烦。显然，如果希特勒要动用大量地面力量，那么他就必须重新部署，在那些前往苏联的部队中抽调一部分回来。而且，如果进驻克里特岛的人手太少，德军很可能就会重蹈墨索里尼的覆辙，也许那些神出鬼没的山民会把克里特岛搅和得鸡犬不宁。希特勒把手下的将军们召集到一起，详细说明了德军面临的“两难”处境。

“这种局面一点都不难处理，它其实是一个千载难逢的机会。”库特·斯图登特（Kurt Student）将军对自己的说法很坚持，他是德军王牌第 11 航空大队的司令官。

至少对斯图登特自己来说，这确实是个难得的机会。这位出身贫寒的司令官，完全是依靠在连番恶战中出生入死，才取得了现在的军衔和地位。他的军旅生涯始于第一次世界大战，先是在步兵战壕里浴血奋战，在接受相关飞行训练之后，转入了空军。他还自告奋勇，加入到俄国前线的近距离空战队中。他曾击落过一架以神出鬼没享誉世界的法国飞机，然后把一挺德国机枪焊接到这架飞机的机头，驾驶着它重返战场，这段经历使他成为传奇人物。作为参加过第一次世界大战的空军幸存者，他被秘密招募到一个地下机构重建德国空军。这其实严重违反了《凡尔赛条约》。

空军的震慑力是德国的“杀手锏”，也是对手的噩梦！斯图登特对此深信不疑，并且愿意用自己的满身伤疤来证明这一点。尽管在第二次世界大战开始时，他已经是高级军官，而且从未学过跳伞，但 50 岁高龄的斯图登特仍然亲自指挥了入侵荷兰的战斗。在那次战斗中，他通过水上飞机见缝插针地穿过弹片横飞的战场，顺利到达前线。斯图登特几乎所向披靡，即使自己的前额被部下的流弹误伤，也不能让他停下脚步。当希特勒正在为克里特岛心烦意乱的时候，斯图登特康复了。他的身体结实，足以保证他能够带领部队完成自己设计的惊人方案。

> 克里特岛为希特勒提供了一个大好机会：通过有史以来最大规模的空降入侵行动，德军可以在实战环境中检验一下全新的空军作战能力，即证明那是一支会飞的军队！这项创新的作战方式必定能震惊全世界，并使对手陷入深度恐惧之中，第三帝国因而将赢得更多的“敬畏”。军事史上从来

> 没有人尝试过完全依靠空中投送来发动大规模战斗，也就是全部作战人员都从天而降，一点也不借助其他地面部队或海上增援部队的配合。德军将每 10 个风暴突击队员（类似于敢死队）编为一个小队，他们搭乘在滑翔机上，由容克战机负责拖拽这些滑翔机飞行。容克战机的动力足够强劲，完全能够做到这一点。因为滑翔机没有动力机制，所以在适当的时候将其在空中释放，就可以悄无声息地着陆；假如从耀眼的日出方向解开牵引索，几乎没人能看见它们。这是终极偷袭战术：战斗部队可能随时随地在你头顶出现，而你没有丝毫的预警时间。

希特勒默默听斯图登特讲完……然后拒绝了。把这么多人暴露在敌人枪口前？风险太大了。

但斯图登特坚持说，他们不是普通人，而是空降猎兵（Fallschirmjäger）。顾名思义，空降猎兵就是“从天而降的猎手”，他们是伞兵部队中的精英。仅仅是获得空降猎兵的申请资格，就已经是异常困难的事情了，你必须格外凶猛、强韧、机灵、善于运动。即使得到了申请资格，还会面临三分之二淘汰率的考验。为了加入德国伞兵部队，你必须通过以下一系列训练和测试：

> 在真枪实弹的攻击中完成障碍跑；夜间在森林上空实施空降；在以时速 56 公里的降落过程中，用半自动步枪进行精准射击；能够靠空降服在野外独立生存，它的 47 个口袋里装有各种工具和给养；还有，你必须能够空手夺取敌人的武器，并且会使用这些武器去对付他们。

无论白天黑夜，空降猎兵都可以实施空降，并能在敌人回过神来准备之前，就开始战斗。有一次，80 名空降猎兵出其不意地出现，成功迫使 1 500 名比利时士兵投降。空降猎兵还配备有纳粹最新的秘密武器：在跳伞之前，他们会分发脱氧麻黄碱药片。这实际上就是冰毒的初级版本。

在斯图登特的坚持下，希特勒的决心动摇了。尽管还有些疑虑，不过，他喜欢斯图登特计划里面的瓦格纳风格[①]。没有发出“铿、铿、铿”之声的坦克，也没有普

---

① 瓦格纳，全名“威尔海姆·理查德·瓦格纳”，德国作曲家。希特勒非常喜欢瓦格纳的音乐。——编者注

通陆军士兵的脚步声，只有凶猛的德国突击队一波又一波如雨点般从天而降，像天启预言中的恶魔一样。它不仅是战争，简直是《圣经》中提及的末日浩劫。为了让这次入侵更富戏剧效果，希特勒坚持让马克斯·施梅林（Max Schmeling）参加空降攻击。施梅林是德国最伟大的运动明星之一，曾经因击倒乔·路易斯（Joe Louis）而成为重量级世界拳王。让施梅林在敌后跳伞，绝对是一项让人吃惊的命令，而且它确实能达到一箭双雕的效果。

从私人关系上讲，它解决了元首和著名拳王之间的个人恩怨。施梅林一直拒绝加入纳粹党，而且还有谣传，为了报答犹太教练的栽培，拳王将教练的两个儿子藏了起来，然后帮助他们安全逃到了美国。在公众层面，纳粹的宣传栏里又将添加另一张令人不寒而栗的海报：满身横肉的德国巨人穿着大靴子，踩碎了克里特岛。这个极具冲击力的画面能清晰传递出这样的信息：巨人出马，无人能敌！第三帝国陶醉于骷髅头骨、血红色的旗帜，以及万字符“卐”，这个符号象征着两个交叉互锁的躯体，从中可以看出其最原始的意义：强暴。希特勒显然正是看中了它的原始含义，他坚信雅利安人注定要完成对全世界的征服，就如同德国拳王迈步走进古希腊世界一样。克里特岛是现代文明的发源地，文明社会的每一项伟大成就都能在这里找到根脉，希特勒想向全世界证明：只需短短几小时，他就可以把它抢到手。

此外，纳粹这一次或许会在欢呼声中享受英雄般的待遇！显然，德军并不认为自己在入侵克里特岛，斯图登特将军曾指出，我们是去解放它的。克里特岛的居民正忍受着希腊国王糟糕的统治，如果他们意识到德国人的到来将宣告君主制的结束，希特勒就会成为他们的偶像。事实上，斯图登特的情报部门得到的秘密情报显示，隐藏起来的克里特岛反政府武装正急切地期待着德国朋友的到来，而且已经制定了接头暗号。德国人呼叫“天狗”，克里特岛的反政府武装则答复“大鹿”，接下来就可以开香槟庆祝了！

最终，希特勒心动了。斯图登特的行动计划被他命名为“墨丘利行动”，即“水星行动”。墨丘利（Mercury）是罗马神话里的偷窃之神，有着闪电般的速度。行动日期定在1941年5月20日。希特勒花了24天扫平希腊内陆地区，但他希望只用24小时就拿下克里特岛。

一天搞定克里特岛，然后继续对付苏联。

1941 年 5 月 20 日，美丽的黎明时分，新西兰第 10 旅的霍华德·基彭伯格（Howard Kippenberger）上校端起一碗粥，到室外欣赏爱琴海初升的太阳。奇怪，他怎么会觉得自己好像待在树荫下？太阳是怎么了？就在一分钟之前，天空中还万里无云，但现在，他突然发现自己坐在阴影中。等等……他猛地抬起头，惊呆了。

头顶上，德国滑翔机默默地飞近，像蝗虫一样，遮蔽了整个天空。基彭伯格试图举起步枪，但他把枪留在房间里了。他从未见过这样的情景，这些滑翔机里肯定有成百上千名突击队员。在运输机群构成的背景上，一拨拨精锐伞兵正涌出舱门，跳下来。

"进入战斗状态！"基彭伯格大喊着，并在内心祈祷他的士兵在这一刻最好没有太多人在海里裸泳。当他拿到步枪的时候，德国人已经着陆，并开始了争夺有利地形的战斗：橄榄树被子弹打得开裂；狙击手也已经到位，用瞄准镜对准了基彭伯格的指挥部小屋。天空中全是忙碌的人和机器，一个惊呆的士兵觉得自己正在亲眼目睹火星人占领地球。这一幕只在威尔斯（H. G. Wells）的《星际战争》（*War of the Worlds*）里出现过。

基彭伯格的许多手下只是机械师和司机，并没参加过前线战斗。他们后退，同时拼命地射击。基彭伯格匆忙赶到山顶，想看清楚情况到底有多糟糕。

他发现，情况真的非常糟糕。

现在克里特岛上的盟军军队就是一盘散沙，当士兵如逃难一样纷纷从希腊内陆地区撤退到克里特后，这里成了一锅"大杂烩"，澳大利亚人、新西兰人、英国人和希腊人混杂在一起。前往克里特岛的过程中，这些人按照指示放弃了重型武器。在岛上驻扎下来后，他们开始等待高层在下述两个选项中选择：要么大规模加固防御工事，要么迅速撤退。这些人战斗力太弱，稍微遇到一点麻烦，就能演变为一场屠杀。有一个营，里面的士兵甚至没有靴子可穿，因为他们的船在开往克里特岛的半路上遭到鱼雷袭击，于是他们不得不扔掉步枪，脱下靴子，游泳上岸。

"面对进攻，我手下的队伍没有丝毫的抵抗能力。"新西兰的伯纳德·弗赖伯格（Bernard Freyberg）少将在接过克里特岛盟军指挥权后说道。克里特岛显然是地中海上最重要的战略要地之一，不过，弗赖伯格被派到这里来的目的，难道真的是守住这座岛屿吗？他又能拿什么来防守呢？难道依靠他手中的部队吗？这支杂牌军正如他所言，"炮兵没有大炮，工兵没有工具，运输车司机没有汽车"。他不知道希特勒在心中打的是什么算盘；不过，只要从横扫希腊内陆的军事力量中抽调一小部分，用来进攻克里特岛，英国人就完蛋了。

如果连弗赖伯格这样的狂人都开始担忧的话，那他的担忧就不得不被认真对待了。丘吉尔喜欢弗赖伯格，还给他起了一个绰号“蝾螈”，因为在神话里蝾螈由火而生。弗赖伯格年轻时离开新西兰前往墨西哥，加入了潘丘·维拉（Pancho Villa）的军队。事实上，他穿越半个地球投入一场战争的原因，只不过是因为渴望参加战斗。他不太清楚自己加入了一场什么样的战争，只是模糊地学到了一点当地语言。第一次世界大战爆发时，年轻的弗赖伯格恰巧在洛杉矶参加一系列游泳比赛。他通过游泳赢得的奖金，凑齐了去英国的路费。弗赖伯格在英国入伍后，由于赤身裸体地完成了一次九死一生的任务，得以迅速出名。

> 那是在加里波利战役期间，为了分散土耳其军队的注意力，他在周身涂满油脂后，从军舰上跳入大海。弗赖伯格凭借自己的游泳特长，在冰冷刺骨的海水中前行了三公里，顺利通过萨罗斯湾。最终，他成功登上敌人阵地的后方海滩，随即点燃火堆，从而使敌人产生了腹背受敌的错觉。

弗赖伯格多次英勇负伤，28 岁时就已经晋升为英国最年轻的将军。丘吉尔在宴会上最喜欢表演的节目之一就是，剥下他的衬衫，让其他客人去数弗赖伯格身上 27 处因战斗遗留下来的疤痕。

但即便对“蝾螈”来说，克里特岛的问题也实在太多了，或者说，能够得到的支持着实太少了。弗赖伯格至少应该有一些熟悉地形的当地军队，可如今甚至在利用“地利”这一点上，他都比对手吃亏。克里特的当地军队至今仍滞留于希腊内陆。

服用过兴奋剂的空降猎兵着陆了。他们的一系列动作充分展现出过硬的素质，他们用很短的时间就摆脱了伞包，然后迅速砸开空投到附近的板条箱，取出武器。仅几分钟时间，这些伞兵的武器装备就已经远超盟军。除了摩托车和外科手术设备，板条箱里还有特别设计的野战炮，其威力强大到足以在坦克上炸开一个洞。德国人在快速完成集结分组后，开始组成攻击阵形向前推进。在此期间，通向英国指挥部的电话线已经被他们剪断了。

但是，那边发生了什么？基彭伯格在山顶上发现，有一个德国连队似乎搞错了方向。他们没有向前推进,好像反而在后退。接着这些德国士兵开始逃跑、摔倒、叫嚷,原来是希腊第 8 团在追击。

基彭伯格不太相信眼前的情况是真的。他记得自己第一次看到第 8 团时，曾经在心里很不厚道地认为，这支部队想不当炮灰都难。因为他们的阵地根本无险可守，敌人很容易就能占领。他甚至觉得：把部队布置在这里简直就是谋杀。但现在，看看他们！尽管武器、人数都处于下风，可是他们随机应变，不再待在阵地里被动挨打，反而“边打边跑”地主动反击。过于凶险的地理位置条件迫使他们只能彻底依靠自己。希腊人只有老式步枪和少量子弹，但这就足够了。德国人刚被打退，他们就跑到垂死的德国伞兵那里，夺走德军武器为己所用。

没过多久，第 8 团就扭转了人数上的劣势，一群手持镰刀和斧头的村民，跑过来加入了他们的行列。一位农民在猎枪枪管上，安装了一把小刀当作刺刀；另一位老人在自家后院，用手杖打死了两个落地遇到麻烦的德国伞兵。斯蒂利亚诺斯·法兰斯卡其斯（Stylianos Frantzeskakis）神父敲响教堂的钟声召集教区居民，然后抓起他叔叔留下的猎枪，带领大家投入战斗。一个十几岁的男孩在地上拖着一柄比自己还高的老式土耳其长剑，走在神父的队伍中。他说：“是妈妈送我来的。”还有一位僧侣手握一杆步枪、腰别一把手斧，加入了战斗；不久，他手中挥舞的短柄小斧就换成了德制冲锋枪，估计是从被消灭的德军士兵那里缴获的。

年轻的英国军官迈克尔·福里斯特（Michael Forrester）始终都冲在最前线，但是他看不清楚这场战斗会向何方发展，他管这场战斗叫“奇怪的反攻”。一开始，他和自己的部队走散了，然后遇到一群没有将领的希腊士兵，他们正遭到一个排的德军的攻击。希腊人被逼到海边，背后已无退路。于是，福里斯特决定肩负起指挥的重任，尽管当时他只懂得一句希腊语——“上子弹”。他心想，也许他可以用哨子来指挥战斗？当然可以，为什么不呢！福里斯特迅速完成了对他新部队的训练，帮助他们熟悉了一些简单的命令：吹一声哨子是准备，吹两声是移动。他固定好刺刀，准备拼死突破德军的包围圈。

“当突围时机到来的时候，我就用哨声提醒部队一起冲出战壕，”福里斯特后来说，“不过没走多远，我才发现我们实际上有援军，而且战斗力不弱。那是一群人数可观的克里特岛居民，有男有女，武装着老猎枪、园艺工具、棍棒、扫帚。有些棍棒的底端还绑着菜刀。”每当福里斯特嘹亮的哨声响起，这些武装村民就会包围过来，德国人最后只能放下武器，举手投降。

在雅典的德军指挥部，斯图登特将军每分钟都通过收音机获取最新战报。他将手枪从皮套中取出。“手枪就在身边，”他说，“如果局面最后无法收拾，我就给自己来一枪。”

07 地球引力

克里特人的跑步法

法国 5 天就投降了，为什么克里特岛还在反抗？

希特勒

致斯图登特将军的信件

斯图登特将军正逐渐察觉到，在克里特岛，英雄的存在并不是偶然的。不过，这似乎为时已晚。

数千年来，无论是在真实历史中，还是在神话故事里，克里特岛一直是战场。暴君和起义军、众神和怪兽，各方势力在这里不停战斗。克里特岛既是宙斯的诞生地，又是牛头怪弥诺陶洛斯的老巢。代达罗斯和伊卡洛斯[①]曾从这里飞向天空，机智的林区人曾经在这里挫败了土耳其和威尼斯的入侵。从这些神话和历史记录里，我们不仅能看到生动鲜活的英雄故事，更能够了解到那些帮助英雄完成丰功伟绩的技艺。这些有关头脑和身体的民间科学自古有之，且被代代相传，流传至今。

“他们是很优秀的弓箭手，几乎每个人都背着弓箭，另外还配有剑和匕首。这些克里特人一般穿靴子和衬衫，头发蓄得很长，几乎能够及腰。”一个 16 世纪的英国商人说。他被这里“跟打仗一样”的过节方式吓坏了，他还说：“他们喝起酒来就像不要命一样。”

德国入侵期间，幸亏有身怀绝技的克里特人施以援手，面包师杰克·史密斯－休斯（Jack Smith-Hughes）才得以死里逃生。杰克是个脸色红润、身体略微发福的

---

① 代达罗斯（Daeda lus）与伊卡洛斯（Icarus）是一对父子，为了离开克里特岛，代达罗斯用羽毛制作了两对翅膀，但伊卡洛斯因太过接近太阳，翅膀上的蜡被熔化，羽毛随即四散。失去翅膀的伊卡洛斯堕入海洋。代达罗斯痛失爱子。——译者注

人。这不奇怪，因为他对战争的大部分贡献，源于自己经营的战地面包店，他会为前线战士输送面包。杰克因为担心路上遭遇敌人伏击而失去运货卡车，决定改道走水路。这一天，在为远方的海岸驻军送食品时，他发现自己遇到了盟军司令。

弗赖伯格将军刚刚得到消息，澳大利亚特遣小分队正被德军围攻，由于没有可用的无线电台，因此他派信使乘船去下达撤退命令。接着，弗赖伯格开始在海滨踱步，而不是立即去处理其他紧急事务，看起来就像岛上其他地方的激烈战斗已经停止，重要事务只剩下这支被包围的澳大利亚小分队了一样。于是，面包师与忧郁的指挥官并排走在了码头上，感觉自己有些手足无措。弗赖伯格会在压力下崩溃吗？在加里波利战役和索姆河战役期间，他都以冷静著称，那可是第一次世界大战中最恐怖的两场战役；而现在，他即将大获全胜，反而看起来心烦意乱，像是被打败了一样。

“我们快要打败希特勒最精锐的部队了，不是吗？”杰克奇怪地想着。

当德军从天而降时，弗赖伯格的杂牌军确实有些惊慌失措。不过，随着部队逐渐克服心中的恐惧，他们开始重新集结起来。新西兰士兵们逐渐发现这种作战方式很符合自己的胃口，他们的信心开始不断高涨。这些人多半来自乡村，对他们来说，伞兵从天而降，野猪从灌木丛冲进他们凯库拉（Kaikoura）的老家，两者之间没什么不同。因此，基彭伯格的运输队迅速调整了开火方式，因为他们发现，按照伞兵每秒 4 米的下降速度，瞄准其脚就能一枪打中胸部。

他们的枪法如此犀利，以致德军空降兵以为自己被送进了特种兵老巢。“特别值得注意的是，在我们的伤亡中，有非常大的比例是头部中弹，”一名德军空降兵军士长报告说，“鉴于敌人高超的枪法和严格的纪律，我们相信自己所遭遇的是由精挑细选的狙击手组成的特种部队。”仅仅两名新西兰士兵就在一座小山西侧，牢牢坚守了整整 6 天。

克里特岛的春天炎热而干燥，而德国伞兵却穿着羊毛制服。因此，没过多久，克里特牧羊人就不再与德军面对面厮杀，而是埋伏到石墙后面，因为那里正好可以监视到清凉的泉水。“那是我们唯一的水源，”伞兵塞巴斯蒂安·克鲁格（Sebastian Krug）回忆道，“我们整天都在那里挨枪子儿。”新西兰士兵也依照同样的思路消灭敌人，他们埋伏在伞兵的补给箱附近，喊声不停从橄榄树丛里响起：

捉住那些混蛋！

对德军来说，这根本就不能算是打仗，而是一个“自残”仪式。时间早已过了午夜，斯图登特将军仍然待在指挥部里，阅读最新的战况汇报。烟灰缸里早就塞满了烟蒂，他的手也一直没离开鲁格尔手枪，随时准备自我了断。

因为他的建议和战术，第三帝国最优秀的士兵正在遭受来自牧羊人和野猪猎人的大屠杀。斯图登特派出10 000名精锐伞兵入侵克里特岛，此时的损失已过半数，不是被打死、打伤，就是已经成了俘虏；剩下的则失去了联络，或刻意藏了起来。传奇的布吕歇尔家族族长曾经带领普鲁士军队顽强抵抗拿破仑大军，然而现在，来自这个家族的三兄弟很不幸地出现在了阵亡名单里。马克斯·施梅林也差点阵亡，他从飞机上跳下来，闯过严密的火力网，因背部受伤而导致当场昏迷；醒来之后，他不得不躲到天黑，然后爬回自己的部队。这场惨败该如何收场？斯图登特完全看不到希望。

终于，有些东西吸引了他的注意力。在一大堆坏消息中，他发现实际情况似乎还没有到最糟的时刻。为什么英国人没有炸毁位于克里特岛西北海岸的马莱迈机场（Maleme）？如果由他来负责守卫克里特岛，当看到有伞兵空降之后，第一反应就是把机场炸个稀巴烂。

克里特岛大致上是一个矩形，沿其北部海岸有两个大型机场。只要控制住机场，就控制了整座岛屿。英国人靠着皇家海军能从海上进进出出，但德国海军并不足够强大。如果没有地方可供飞机起降，空降到岛上的伞兵将会进退两难。

岛屿中部的伊拉克利翁机场防守严密，但西部的马莱迈机场的情况则完全不同。斯图登特决定全力出击，他投入50架滑翔机进攻马莱迈机场。这是一场可怕的战斗，空中密密麻麻挤满空投下来的三个连的伞兵。“滑翔机和伞兵像冰雹一样掉进高射炮的密集火力区域里，许多人被炸得血肉横飞。幸存者到达地面的时候，可以看见树上挂满他们同伴的尸体，有些身上还挂着降落伞，”伞兵赫尔穆特·文策尔（Helmut Wenzel）有幸活了下来，他在当时的日记中写道，“到处是流血，到处是伤员和垂死士兵的哭喊。”

在这关键时刻，德国伞兵们用行动证明了自己。他们在一片噩梦般的呻吟声中完成集结，并强行推进。开始时，他们只能用手枪和手榴弹反击，随后设法从空投的装备箱中，拿到了重型武器。文策尔身上有两处严重的伤口，虽然只有一把手枪，但还是摇摇晃晃地站起来加入到队伍中。一队人马冲去抢占俯瞰整个机场的制高点，同时其他伞兵则不停地向高射炮阵地冲锋。直到傍晚时分，德国人才成功占领高射炮阵地，并夺取了山上的制高点，但也为此付出了惨重代价。德军军官全部战死，弹药几乎耗尽，只剩下 57 人活着，而且其中大多数人几乎因为受伤和过度虚弱而无法站立。德国人已经准备鱼死网破了，因为他们知道已经不可能抵挡住对手下一轮的冲锋反攻。

除非……对方不再反攻。

克里特岛的盟军指挥官之所以最后会咽下战役失利的苦果，是因为他们自己都没有意识到己方已经快赢了。如果没有马莱迈机场，德军就失去了返回欧洲大陆的生命线。盟军只需要再坚持几天，甚至可能是几个小时，侵略者的食物和子弹就会完全耗尽。但由于电话线和无线电的联络全部都中断了，盟军后方指挥官和前线战士之间产生了误会：指挥官们以为阵地已经被德军占领了。守卫马莱迈机场的盟军上校请求增援之后没收到总部回复，于是误以为总部命令他们撤退；当指挥部得知机场驻军开始撤退，以为马莱迈机场已经失守，于是也撤回了增援部队。

但是，如果你给了斯图登特第二次机会，就很难击再败他了。

第二天天亮前，德军的飞机一架接一架出发，咆哮着冲向马莱迈机场。斯图登特已经决定孤注一掷，为了完全占领机场，他还压上了第 5 山地师和最后的伞兵预备队。要么赢，要么彻底输，成败在此一举。

当听到容克战机的轰鸣声时，只有少数新西兰部队的武器可以覆盖到跑道的东端。尽管他们连番射击，但是飞机还是盘旋着空投下山地师的 40 名士兵，然后消失在地中海上空。于是，新西兰士兵开始专心对付被空投下来后快速奔跑的德军。很多德军被干掉了，其中一些都已经冲到了离跑道只有几步之遥的地方；个别德军还跳进战壕，开火还击，为下一次空投扫除障碍。更多德军士兵降落下来，然后急速冲进战壕，然后第三架飞机再飞近，接着是第四架……

新西兰士兵目瞪口呆。10 分钟前，他们还觉得一切尽在自己的掌握之中。如果面对的是精疲力尽的敌人，他们能选择的余地就很多，既可以再度夺回跑道，也可以从容撤退。而刹那间，他们就变得无助起来，弹药所剩无几，德军人数已变成自己的两三倍。不过，盟军仍有时间优势，但已经不多了。他们必须立刻发动攻击，完成昨天就应该完成的事情——抢回山上的制高点，并在德军空投更多部队前，守住停机坪。这样的话，他们还有机会。

新西兰士兵上好刺刀，准备好手榴弹，但这时，后方却命令：撤退！

在盟军总部，弗赖伯格仍然坚信，德军的真正进攻将从海上发起。所有这些飞机和伞兵，只是佯攻！为的是吸引盟军部队进山，弱化海岸的防御力量。“绝对正确！”詹姆斯·哈吉斯特（James Hargest）准将完全同意这个判断。与弗赖伯格一样，这位身体壮实的老准将是第一次世界大战的幸存者，他认为战斗远未结束，甚至根本还没正式开始。哈吉斯特在来克里特岛的船上，特意花时间读了《战争与和平》，想从俄国人那里学点东西。哈吉斯特说：“在战争中，稳健和耐力比战略嗅觉更重要。”他劝告弗赖伯格，克里特岛的关键在于谨慎以及守住海岸线。

这就能解释为什么弗赖伯格和年轻的面包师一起走在海边时，会显得心神不宁了。当时，战争的黄金时机早已错失，而指挥官还在等候着绝对不会出现的敌军舰队。

“他们是勇士，但是还不够大胆，”英国军事史学家安东尼·比弗在对这场战役深入研究后得出了最终结论，“克里特岛战役揭示了现代战争中的重大变革，这是一场有关快速反应、清晰思路和果断决策的竞赛。”弗赖伯格的靴子还陷在索姆河战役的淤泥中，而斯图登特却热衷于新发明的战术。斯图登特曾利用德国零件修复被击落的法国飞机，然后驾驶它直接飞回战场继续战斗。对于德国曾经被打败的作战方式，他根本没有兴趣再玩一次。

即使使用陈旧的战术，盟军一度还是有机会占上风的，因为壕沟战术可以挡住刚降落的德军，直到他们投降。但当德军准备要投降的时候，弗赖伯格反而退缩了。比弗总结说：“如果有一个排，甚至只要有一挺布朗式轻机枪留在飞机场，都可能会左右整个战役的进程。”

随着一拨又一拨德军从马莱迈散开，面包师杰克也加入到争先恐后撤退的行列中，他不仅要比他的朋友们快一步，而且要比敌人快两步。皇家海军不会冒险动用很多船来帮助撤退，以免再来一次敦刻尔克大撤退。所以，如果不能及时赶到克里特岛南部，就会无法离开。一名中士说：“我们接到的命令就是自己照顾好自己。”数千名盟军士兵疯狂地翻过怀特山脉。“在道路的一边是近乎垂直的峭壁，另一边则是几百米的深渊，”英国步兵爱德华·弗雷德里克·特林（Edward Frederic Telling）回忆说，“整条路都阴森森的。”

面包师杰克双脚疼痛、饥肠辘辘，当他一瘸一拐跨进斯法基亚（Sfakiá）的港口时，却被告知自己不需要马上排队撤退。有一名军官承诺第二天会安排更多的船来疏散大家，然后爬上自己的小艇走了。第二天早上，杰克刚一睁眼，就看到了德国步枪的枪口。就这样，他和数以千计被遗弃在克里特岛上的盟军士兵一起变成了俘虏。在德军枪口下，杰克被迫步履蹒跚地再次翻越刚刚翻过的群山。当监狱的大门在他身后关上时，杰克知道他有两个选择：要么冒着被枪杀的风险逃跑，要么留在通电的铁丝网后耗费生命。他身边的那些伤病人员，由于缺乏必要的救治，已经开始大量死亡。

好吧，干脆地给我来一枪，那也比慢慢被拖死要好。一天晚上，杰克跟着一名克里特囚犯穿过电网，一起逃往山中。在被德军发现之前，杰克先被村民们发现了。他们将杰克藏好，并按时接济他食物，从此，他在德军巡逻队的视线中消失了。在克里特乡亲的调养下，杰克逐步恢复了健康。在此期间，他与村民经常吃的食物，包括野菜、硬黑面包，以及当地的豆子焖山羊肉。黑面包必须被浸泡在酒里，才能嚼碎。

杰克的身体太过虚弱，并不适合一直躲在山里，于是他的新朋友们开始实施第二套方案：把这个又矮又胖的金发英国佬装扮成克里特人。村民们给他改名为雅尼（Yanni），并教会了他当地方言的发音特点。**在克里特岛，“成人”这个词被称为“dromeus”，意思就是“跑步者”。**想要被当作一个成熟的克里特人，你就得足够强壮，能跑到某些人那里寻求帮助。在那之前，年轻的克里特人被叫作“apodromos”，意思是“还不是跑步者”。成为跑步者前必须接受成年礼，而其庆祝仪式当然就是跑步。

杰克逐渐恢复了力气。当然，这是按他自己标准的“力气”来说的，想要追上一个成年“跑步者”就是另外一回事了。负责照顾杰克的是一个秃头的蓝眼睛克里特人，50多岁，性格活泼开朗，而且生命力非常旺盛，所以英国人给他起了个外号“贝奥武夫”。贝奥武夫肺部曾中过一枪，但“没有留下明显的后遗症”。贝奥武夫把杰克领到新的藏身之处，使他能躲过德国搜捕人员。就是在这时候，杰克第一次体验到跟着老克里特人进山时，自尊心被狠狠“碾压”的感觉。克里特人爬山时看上去毫不费力，他们能够在岩石上健步如飞，简直就像“地球引力是向上的”。他们还能这样连续保持好几个小时，尽管动作看起来会有点怪，但是似乎很轻松。不仅是男人，克里特妇女同样可以携带又大又重的包袱到达非常远的地方。克里特人在大雪和黑暗中也不会迷路，为了保持体力，他们还能随处找到食物。

只用力气是无法解释这一切的，克里特人像是从其他地方得到了神力，比如一本训练体能的武功秘籍。似乎身体或精神上负担的压力越大，他们反而变得越柔软，越有韧性。

例如，就在杰克藏身之处的附近，有一个十几岁的男孩把引燃的破布塞进油箱，炸毁了一架德国飞机。当德国人威胁要杀害他家人时，他毅然自首了。这个男孩叫乔治·弗纳达克斯（George Vernadakis），在德国人的手中备受折磨，在反复遭到毒打以及没有饭吃的情况下，他头晕眼花、浑身无力。随后，德国人扒光了他的衣服，并把他拖到村里的广场，准备执行枪决。这时，他提出一个最后的请求：可否要一杯酒润一下嘴唇，然后唱一首歌道别？酒斟好后，德国人给乔治松了绑。他喝完酒，忽然跳了起来，赤身裸体顺着乡间小路飞奔而去。乔治不仅就这样逃走了，还一直在战斗。他的家人再次看到他的时候，他身上正穿着一套空军制服。

躲藏5个月后，杰克认识了年轻的牧羊人乔治·塞科达克斯，他有一头乱发和一双顽皮的眼睛。乔治认为他有办法让杰克安全离开克里特岛到达埃及。这当然是有风险的，但杰克愿意信任他，他们可以试一试。杰克本来以为他们可能会偷偷溜到后方，然后在一个隐秘海湾与一些爱国渔夫会合。事实则刚好相反，他发现整件事情看起来像一场盛大的游行，而自己则成了其中最引人注目的人物。15个全副武装的牧羊人组成了护送队伍，他们每经过一个村庄，就有更多热情的人冲出来，要求加入他们的行列。

“村民们见我们携带武器，都热血沸腾起来，”乔治之后回忆说，“我们所到之处，每个人都认为重要的事情即将发生，他们拿起枪就要跟我们走。我们则尽力安抚，让他们冷静下来，并向他们保证，如果反攻的时候到了，我们一定会来通知的。”

尽管几乎煽动了一场暴动，杰克和他的伙伴们还是设法避开了德国巡逻队，并向普雷维利修道院（Preveli Monastery）进发。这是一座建在悬崖上的石头圣殿，自中世纪以来就由修士照看。几个星期前，修士们在做大弥撒的时候，一位戴着海盗黄金耳环的英国潜艇艇长突然破门而入。这位艇长一直指挥着潜艇沿着海岸徘徊，寻找受困的盟军士兵。当发现修道院旁的峭壁上闪烁着求救信号（SOS）时，他决定上岸亲自看看。消息很快就在克里特人的消息网里悄悄传开：正在逃跑的英国人如果能想办法迅速到达普雷维利修道院，就有机会逃离克里特岛。

在修道院等了几个晚上后，杰克乘着橡皮筏向潜艇划去。在海滩上，乔治和其他克里特人目送杰克离开。这些世界上首批英雄的后裔，等着杰克和其他勇敢的英国人返回，重新加入他们的抵抗行列。

08 双脚弹簧

为什么牧羊人的靴子穿不坏

我们完全外行，百分百业余，这是无法改变的事实。

巴兹尔·戴维森（Basil Davidson）

丘吉尔“流氓部队”(dirty tricksters) 的早期成员之一

什么，乔治·塞科达克斯现在还活着？克里斯·怀特挂了电话，有些不敢相信。2004 年夏天，有一个朋友给克里斯打了通电话，这位朋友的儿子当时在希腊当记者，正在克里特岛寻找第二次世界大战的幸存者。朋友告诉克里斯，她儿子在偏远乡村里找到了当年抵抗力量的老战士，他们仍然漫步在大山中。

我的天啊，这怎么可能！“流氓部队”成员幸存的概率应该非常低，仅在第一年，就有一半新兵被抓或被杀，而这些人所承担的任务都没有乔治干的事情风险大。其他抵抗力量的战士大部分时间都用来隐藏自己，而信使则需要携带文件去传递消息，因此需要经常活动在危险地带。敌人的巡逻队为此布置了天罗地网，抓到信使就直接枪毙。特别是盖世太保，他们知道信使的重要价值：信使很少携带武器，如果德军尾随其后，就可以找到游击队的藏身之处。乔治所在的村子里，还有两个牧羊人和他一起成了信使；不过没过多久，他们就被俘了，在遭受严刑拷打后被枪杀了。“战争时期，抵抗力量的信使一直是最累人、最危险的工作。”帕特里克·利·弗莫尔曾这样说过。帕特里克当年加入“流氓部队”，在克里特岛服役时，他的工作基本要依靠这些信使才能展开。

在战争期间，乔治经历了两场大血战：首先是被德军追捕了 4 年，然后在德军占领结束后，又经历了希腊内战。而且从那时起，每隔 10 年就有一些新危机席卷全岛，包括饥荒、干旱、疫病等，乔治均能安然度过。另外，不要忘记，他还要背负克里特人习以为常的血亲复仇。即使是帕特里克，都差点被当地人的狙击步枪干掉，哪怕因为在战争期间的卓越贡献，他成为克里特岛最受爱戴的外乡人。之所以会这样，是由于一次意外，帕特里克失手造成一位朋友不幸丢了性命，而逝者的侄子遵循血亲复仇的传统，想取他的性命以慰藉自己叔叔的亡灵。

对克里斯来说，乔治还健在的消息来得正是时候。因为越了解乔治的生平，克里斯就越发觉自己现在的日子过得还算不错，理应备加珍惜和感恩。

克里斯定居于牛津。牛津虽然是一座看上去非常宁静的城市，有一所历史悠久的大学和很多舒适的小房子，但也吸引了为数不少的无家可归之人。克里斯的主要工作就是，与情绪不稳定和抑郁的人群打交道。然而，因为长期与这个群体接触，所以克里斯深受绝望情绪的影响。“通常情况下，每个星期一或假期结束后，你都会听到一些有关死亡的消息，”克里斯说，“我对秘书说‘你好’，她会回应‘你好，克里斯’，然后就开始汇报一些情况，我们管这些情况叫‘事件’，通常是有人自杀身亡，或者想要杀我的同事。”

克里斯 56 岁，他已经在牛津工作了 8 年，他的工作是提供心理健康服务。他与妻子及他们 8 岁的双胞胎一起住在城外一幢舒适的农场小屋中。他有一帮好朋友，他们喜欢一起航海探险。克里斯与前妻有一个儿子，今年 22 岁，这个儿子也跟他保持着不错的关系。他亲手搭建了一座小木屋，用于存放自己喜欢的书籍、航海图和音乐。克里斯个性随和，喜欢开玩笑。所以，当自己开始突然陷入黑暗的低潮期时，克里斯无法搞清楚原因所在。于是，他决定先自工作中抽身而出，好好想想这些变化到底是怎么回事。

克里斯在家休养期间，被一个多年前听到的故事迷住了。他第一次接触这个故事，是在一位年长的朋友那儿。当时，这位朋友请克里斯帮忙修剪花园的树木，为了表示感谢就送了他一本书，里面讲的是帕特里克·利·弗莫尔的历险故事。人人都管帕特里克叫帕迪（Paddy），他正是克里斯喜欢的那种冒险家，勇敢、博学、鲁莽、快乐。为了能更多地了解帕迪，克里斯开始从各方面收集有关他的故事，由此得知了帕迪绑架德国将军的疯狂计划。

“我一直喜欢确定一个课题后钻研细节。”克里斯说。帕迪传奇的冒险故事正对他的胃口。一方面，极致的冒险充满趣味性；另一方面，让克里斯真正着迷的是，整个事件散发着温文尔雅的超现实主义气质。

“在军事史上，这是你能遇到的最仁慈、最不流血的行动计划，”克里斯赞叹道，“这次行动中，每个人都尽量勇敢、善良，以协商的态度解决问题。”克里斯不由自主地从中获得了亲切感。帕迪生活中尽管也曾面临绝望，但丝毫不悲观，这使克里斯想起了自己的工作。克里斯每天都在努力帮助一些人，不过他清楚地知道自己的所作所为其实无济于事，那些人最终还是会走向灭亡。当一切都注定会失败时，人们该如何避免生活在怀疑和绝望之中？好好生活，不要去怀疑。

“好好生活，不要去怀疑”曾经是克里斯的人生信条。20 世纪 70 年代，克里斯还是杜伦大学（Durham University）一年级学生的时候，他为校报写过一个关于精神病学的故事。这使他获得了不少关注，同时让他觉得自己拥有了足够的公信力。于是，他联系到《泰晤士报》著名编辑哈罗德·埃文斯（Harold Evans），提出了一个可笑的要求。他询问埃文斯是否有未发表过的故事，可以让自己登载在杜伦大学的校报《普法尔茨》（*Palatinate*）上。

“结果我们收到回信，并得到一大堆可以随时登载的文章，”克里斯告诉我，“《泰晤士报》正在调查沙利度胺，一种用于缓解孕吐的处方药。他们后来发现这种药会导致新生儿出现可怕的生理缺陷。当时，药厂想尽办法阻止了《泰晤士报》发表相关文章。埃文斯有大量这种无法在《泰晤士报》上发表的文章，于是就都转给了我们。”克里斯这一举动大获成功，并赢得了开启未来大门的金钥匙。随后，他不负众望地接任了校报编辑的职务，而且他完全可以依靠这个资历，一毕业就在新闻行业谋取一份报酬丰厚的工作。然而，对克里斯来说，此时却到了改变的时候，他无法想象自己憋屈在打字机前一辈子。他喜欢四处游走，或许当一名流动的心理健康治疗师是个不错的选择。于是，克里斯开始埋头继续写作，并攻读心理学。当即将获得博士学位时，他的想法又再次改变了。当时，为了完成博士论文，克里斯只身前往迈阿密滩（Miami Beach）。在那里，他发现有太多的人正忍受着各式各样精神障碍和疾病的折磨，于是他决定停止学业，开始帮助别人。

克里斯的后半生一直都在重复这种行为模式：先是攻克各种难关，在距离完成目标咫尺之遥的地方停下脚步，去寻找另一个目标。克里斯喜欢走出去工作，而不是待在办公室面对几个固定的病人，他几乎每天都不断变换工作地点，照顾一些长者。休假时，克里斯会带着当时的女友去海滩度假村，不过他通常会说服女友忘记大海，掉头走向内陆，将海滨假期变成整整一周的山野徒步。一起出海的好友都一致同意克里斯是个靠谱的好人。哪怕在出航前的最后一刻，无论去哪里，甚至去冰雪覆盖的斯堪的纳维亚，只要伙伴有需要，他都会拍马赶到。当我第一次去牛津见他时，原计划是先吃午餐，再研究地图，最后来杯啤酒。然而最终结果都是我跟在他身后，匆匆忙忙地一路小跑，完成了一次 4 小时的徒步游览。在这位称职“导游”的带领下，我有幸见识了这座城市所有独特的地方，包括钟楼、地下酒吧，以及他邻居家泥泞的后院。如果你告诉他这是第一次到牛津，他就会给你安排这样的行程。

克里斯天生就有“停不下来”的属性，无论什么时间，出于什么理由，他都停不下来，这使他成为**自然训练**的专家。你在健身房不可能看见他的踪影（不断重复动作？有规律地运动？算了，还是忘了这事儿吧），但克里斯其实任何时候都在锻炼。他活跃的大脑在不断冒泡，这让他根本无法坐下来。克里斯只是顺势而为，他的兴趣在前面带路，而身体则想办法跟上兴趣的脚步。就像帕迪一样，克里斯的聪明和好奇心引发了他自然状态的“动”。无论是全速大力推进，还是放松休息，克里斯都能以符合自己本性的方式进行。当他在职业生涯上更进一步，成为坐办公室的管理者时，他却发现这次晋升并不如他意料中那样对自己的胃口。

幸好，还有克里特岛在等着他探索。

当克里斯的朋友打来电话，告知他乔治还健在时，克里斯的想法突然改变了。直到那一刻，他一直以为自己在和历史打交道，现在历史突然变成了一个活生生的正在进行的故事。除了乔治，还有多少位幸存者也返回了大山？他们是否知道一些帕迪从未透露的秘密呢？

因为每当提及绑架计划，帕迪都表现得出奇安静。他几乎完美地执行了战争时期最胆大妄为的绑架行动，但即使现在完全可以公开此事，这个爱炫耀、能整夜分享故事的家伙也不愿意谈及这段经历。也许是因为他误杀了朋友，也许是由于他没能拯救某些人，总之，有些东西让他守口如瓶。就算是别人在讲述他们的版本，帕迪也不打算修正，他准备把所有故事都带进坟墓。

但是，只要克里特岛还有健在的目击者和未泯灭的证据，克里斯就能做很多事情。除了钻进帕迪的脑子之外，克里斯还能钻进他的靴子里，他可以跟随帕迪的脚步，重新走一遍“绑匪”当年走过的路，这样就有机会追查到更多的线索。首先，他与蒂姆·托德（Tim Todd）取得联系。蒂姆以前是一位牛津警探，他愿意帮助克里斯这个克里特抵抗运动的业余研究者，当克里斯的迈克罗夫特·福尔摩斯。与夏洛克·福尔摩斯这个聪明、不善运动的哥哥一样，蒂姆的脑袋比双腿动得快。他在新西兰找到了当年逃出的战俘老人，还在澳大利亚寻访到了当年阵亡士兵的女儿。一旦军事档案过了保密期，他就会尽快搞到副本，还能弄到一些本来不应该离开档案馆的照片。

克里斯还和斯泰利奥斯·杰克逊（Stelios Jackson）结交为好友。斯泰利奥斯对希腊书籍就像猎犬一样敏感，他能够找到很多绝版的东西。还有夫妻档历史学家阿尔忒弥斯·库珀（Artemis Cooper）和安东尼·比弗，他们是研究克里特抵抗运动的专家，在这世上，应该找不到在这方面比他们更专业的人了。

蒂姆是一位性情爽朗、足智多谋的调查员，但不幸的是，他的健康状况不太好，不能去进行实地调查。但是，克里斯可以去。他把自家后院的小屋变成指挥室，那里正是我们在 2011 年冬天第一次见面的地方。那里有一大堆黑白照片、成摞的第二次世界大战回忆录，还有军用地图的放大副本。没有官方记录明确说英国特工在克里特岛上都干了什么，但这难不倒克里斯。他已经把自己变成了一位强大的业余侦探。为了揭开帕迪故事里未尽的秘密，他知道接下来一定要做一件事：

亲临“犯罪”现场。

几个月后，克里特岛南部海岸一个布满卵石的峡口，克里斯和他的兄弟皮特（Pete）在那里等我。

“欢迎来到土匪的国度！”克里斯说。我卸掉被汗水浸湿的背包，回头看了看刚刚爬过的绵延小山。克里斯和皮特提前一个星期就来了，因为他们还不知道是否能信任我。他们不喜欢把当年抵抗组织的秘密藏身地变成旅游景点，所以一直谨慎地观察我，并没有和我分享所有想法。他们显然想私底下先调查一些地点，于是我给他们留了一周的时间，之后再飞到克里特岛跟他们会合。

我从伊拉克利翁乘公共汽车“咯咯”地翻山越岭，直到公路终点，然后投宿在路旁的乡村酒馆。天刚亮，我就步行出发，沿着海岸线朝正西方走，阳光直射在我的背上。一条牧羊人小径高高地挂在海岸边的悬崖上，偶尔会沿着冲沟边缘向内陆拐几步，不过很快又会回到与海岸平行的方向。我在这条路上一直走到傍晚时分，最后腿都快断了。我有些担忧，害怕天黑前自己走不出去。就在这时，在我所站的悬崖下方，我突然发现有一个小小的海湾。只有在它的正上方，才能看见它。沿着那条锯齿状小路，我来到崖底一家孤零零的旅舍，克里斯和皮特前一天晚上徒步旅行后，就是在这里歇脚的。

我下山后，克里斯从房间中走出来迎接我。他说：“这些风景帕迪从来没有看到过，他当时只能天黑时来这里，牧羊人会给他带路。”这确实是个好地方，英国潜艇可以在这里浮出水面而不被发现，英国特工一旦到达岸边，就能消失得无影无踪。

逃犯和叛军当年躲藏在这些地方，只要他们一直不出去，就很难被发现。几百年来，海盗一直垂涎此地。抵抗力量就躲在树丛里，采用“打了就跑”的反击方式。乱成一团的多刺荆棘丛、耸立的峭壁，再加上像毯子一样笼罩着整个南部海岸的雾气，让这个口袋状峡口足以藏匿一个牛头怪。当大雾迅速弥漫开来时，即使是乔治，有时也会陷入麻烦。有一次，他以为自己正沿着一条熟悉的山路往下走，却差点酿成大祸，因为只差几米就将掉下悬崖。“一整个晚上都在试图走出那个该死的悬崖，这真让人精疲力尽。”乔治当时应该会这样抱怨吧。

克里斯最终还是与乔治失之交臂。当2006年克里斯首次到达该岛时，这位克里特跑步者刚刚以85岁高龄去世了。克里斯和皮特特地去乔治家中表达了他们的敬意，他家就在我们往北几公里的地方。众所周知，这个小村子有一个带有挑衅意味的名字，叫艾西哥尼亚（Asi Gonia），在阿拉伯语中的意思是“无法征服”。土耳其曾占领克里特岛长达两个世纪，这个光荣的名字就得自那时。正常进入艾西哥尼亚的唯一方法是通过一个狭窄的山口，而乔治的祖先拼死把守住了这一天赐关隘。强大的奥斯曼帝国认为不值得为这个“小马蜂窝”惹太多麻烦，最后决定忽视艾西哥尼亚的存在。

“一些土耳其占领时期的老桥还在，”克里斯告诉我，“你知道有座桥救了乔治一命吗？”

“真的吗？”这是让乔治最伤脑筋的冒险之一。一个叛徒把乔治的名字告诉了盖世太保，所以他们准备趁夜逮捕乔治。乔治通常睡在山洞里，并不在家中休息；但那天他恰巧扭伤了脚踝，就这么一次，他决定在父母的房子里过夜。盖世太保在乔治出门之前抓住了他，但因为整个家族里有很多人都叫乔治，所以整个村子的人都被押到了教堂。在那里，告密者裹着一件雨衣，遮住脸，等着指认藏匿的克里特跑步者。

“我排在前面，”乔治后来回忆说，“所以低声告诉父母和兄弟姐妹，让他们排进队伍里，在后面多磨蹭一会儿。”于是，稀稀拉拉的队伍被拉得很长，乔治随意向前挪动了大约20米。在道路拐弯的地方，他飞跳进一条小溪逃生，期望溪流冲刷掉足迹，流水掩盖住气味。在乔治逃命期间，赛科达克斯家族的其他人一个个地接受审问，不过最终都被释放了。乔治忍着脚踝疼痛在山里爬上爬下，希望能有办法穿过德军警戒线。不吃不睡三天之后，他差一点走进死胡同。当时他正准备走过一座石桥，却听到桥的另一边有搜索队的声音。他并没有马上闪躲，寻找藏身之地，而是滑到桥底，悄悄涉水往相反方向走去，德军的靴子就在他的头顶踩过。到桥的另一边后，他连滚带爬逃进了树林。

“我们找到了！”克里斯说。

他们发现了什么？乔治逃跑的那座桥吗？我既羡慕又钦佩。乔治从未明确表示那座桥在哪里，也没有说过那座桥的名字，对他来说，它只不过是另一个方便的藏身之处。克里斯和皮特绘制了乔治故事中的所有参考点，然后不辞劳苦，一个个村庄、一间间咖啡馆去寻求帮助，希望能找到那些能帮助他们确定地标的人。渐渐地，他们开始把这些参考点连接起来，最后他们终于在一条小溪边，看见了一座古老的石桥。克里斯说：“我们可以用一个美妙的方式来庆祝，那就是跳进水里。”

这是调查工作的一个胜利，而令人诧异的是他们俩都不会讲希腊语。皮特是福喜（Furzey）花园的首席园丁，今年44岁。福喜花园位于英格兰南部，残疾人在这里学习打理童话小屋、迷你驴和手工蜂巢。皮特这个帅大叔有一头英俊的灰白头发，外表上看去像上了年纪的乡村民谣歌手。实际上，他确实会弹尤克里里（一种夏威夷四弦琴），还能弹奏吉他。怀特兄弟是多面手，懂很多东西，却不会外语，所以他们这一路全靠介绍信。克里斯起草了一份介绍信，请牛津的希腊好朋友帮助翻译。信的开头说：

> 我们是历史学家，主要研究第二次世界大战时期的希腊抵抗力量。我们希望在这一带找到自由战士以前使用过的山洞……

“历史学家”？真相是我们都很业余。不过，既然是要跟随乔治和帕迪的脚步，我们的确也算是历史学家。

第二天早上，克里斯一直盯着我的脚。他看起来忧心忡忡，我也知道为什么。

我们就站在一切开始的地方——帕迪和他的特工伙伴第一次登陆的滩头。他们在看到土地之前，就能闻到克里特岛的味道。越过拍打在暗礁上的浪花，野生百里香的浓烈气味弥散在海风中。帕迪在筏子搁浅前跳出来，刚一落地就遇上了麻烦。“碎片岛”之所以号称有全欧洲最恶劣的地形，并不仅仅是因为需要艰难攀登的山脉，还因为藏在砂土底下的岩石锋利得足以割碎皮革，就像食人鱼的牙齿一样。只在海浪里走了几步，帕迪的靴子就被撕烂了，所以上岸后第一周，他不得不躲在克里特岛的一个山洞里，直到找到其他更牢固的靴子。然而，新靴子刚穿了几个星期就又坏了：在克里特岛，换靴子的速度大概保持在每月一双。

“你还好吗？”克里斯问道，他的语气清楚表明我应该不好才对。

“我觉得……”话还没说出口，我就认为闭嘴可能会更好。克里斯和皮特有抓地性能良好的登山靴，而我的鞋则是超轻与超薄的，鞋底专为沙漠地形设计。自从我知道帕迪的靴子很快被岩石毁坏后，就一直在想，为什么克里特人的鞋可以保持得很好。也许差别并不在于鞋，而在于脚。克里特人靠的不是皮革，而是技术。

士兵的步伐通常被训练得很规范，而乔治则采用一种更古老的走路方式，现在被称为跑酷或自由跑。**自由跑者并不是在各种地形上挪步，他们靠的是弹力。他们单脚稳定地跳起，动作衔接得行云流水，地面对他们而言不是着陆点而是发射场。**赞·菲尔丁是帕迪在克里特岛的战友之一，曾亲眼目睹过这种“反重力”的迈步方式。当年他费劲地跟在魁梧、年长的克里特人之后，内心充满了惭愧。健壮的老斯塔夫罗斯（Stavros）是如此有弹性，身体就像充气的橡胶玩具，完全不受地球重力的影响，优雅地从一块巨石跳到另一块巨石。斯塔夫罗斯解释道：“我最拿手的其实是上山。”随着斜坡变得越来越陡峭，他就像换了一个档位，越走越快。菲尔丁坚持了 30 分钟后，实在吃不消了，他抱怨道：“这样疯疯癫癫地跑了半小时后，我的全身都是擦伤，而且在松土中绊倒过好几次。我坚持要休息一下，停下来抽支烟。”

在 100 多年前的希腊独立战争期间，一位波士顿医生就见识过同样的奔跑技术。塞缪尔·格里德利·豪（Samuel Gridley Howe）当时担任志愿者，他已经习惯于美国军队沿着灌木丛有节奏地行军的方式，但希腊人却喜欢到处跳来跳去。豪评论说：“希腊士兵与其说是在行军，还不如说是整天在石头堆里跳来跳去。除了饼干和几个橄榄或一个生洋葱，他们没有其他食物。每到晚上，他们就随便找一块平坦的岩石当作枕头，倒头就睡。”

什么？跳上一整天，只吃橄榄和洋葱，就能量守恒角度而言，这怎么可能？他们补充的热量不等于消耗的能量。乔治有时会在山洞之间穿梭，连续12小时几乎不吃东西，但他的意识始终都很敏锐，肌肉依然强壮，耐力也未减退。他在某一次逃亡途中，有一顿饭只喝了些干草汤，原料是他找到的动物饲料，反复煮沸7次后才除掉了毒性。然而，靠着这锅“零卡路里”的乱炖，他第二天又翻过一座山峰，那山峰的陡峭程度及里程距离，肯定会让越野跑高手大吃一惊。

我相信，唯一合理的解释是“自由跑”。希腊人靠富有弹性的古老步法得到免费能量和额外的腿部保护，这步法看上去很有趣，但非常有效。

我第一次见识自由跑是在我位于宾夕法尼亚的家附近，当时我在一家药店里排队付款，突然看到两个身影从窗口飘过。这些家伙离地大约有1.8米高，表现得就像是从弹射器里一个接一个弹射出来的一样。过了一会儿，他们再次出现在玻璃门外，这一次是悬挂在残疾人坡道的栏杆上。等我付完款的时候，看见他们在跨栏、跳跃、走钢丝，或者在那些绿色栏杆上把身体扭曲成奇怪的形状。我匆忙冲到外面，希望追上他们，不过他们并不急着离开。

“开始练习跑酷之后，一切不愉快都消失了。”其中一个告诉我。

我相信这一点，因为透过窗户，就能看出跑酷这项运动的主要特点就是自由自在。它看起来乐趣无穷，不过招式略显花哨。他们的跳跃和跨越过分复杂，这使许多动作显得多余，就像滑板玩家喜欢无缘无故地踢和翻转他们的滑板，设法让轮子永远不要落到其他东西上。这些在药店外认识的新朋友解释说，我犯了个低级错误。你不能只用眼睛判断跑酷，必须用身体。一旦学会跑酷的基本动作，你周围的世界就完全不同了。你看到的不再是物体，而是动作。“看看小巷的对面有什么？”其中一人说。

“垃圾站，一些破瓶子，两辆车，一面顶上架着篱笆的水泥墙。”我看了一会儿后回答道。

“这是你看到的。对我们来说，那里是一系列动作：一个猫步平衡，两个空翻，一次手臂支撑跳，一次迈步跳。”我的新朋友解释道。

他们保证，一旦我学会跑酷，就会以同样的方式看世界。在克里特岛上，那些弯弯扭扭的山羊小道、乱糟糟的灌木丛及从山坡上滚落的大石头，在我眼中会变成一系列反弹式动作；我对付山羊小道就能像水在河床上流过一样自然；我也将和克里特人一样，只吃橄榄和洋葱就能支撑一整天。

这就是我的计划，它看上去还不错。于是，我全身心投身跑酷，并追随它从我家乡的垃圾站到了伦敦的一个建筑工地。在那里，一个身材走样的单亲妈妈，通过锻炼最终成为这项运动最优秀的教练之一。但现在，在克里特岛这段时间，我最好明智地把这一点留在心里。我不想让克里斯和皮特担心我会拖他们后腿。尽管当遥望那些高高的雪堆和峡谷时，我也不确定自己是否真的能够做到。实践是检验真理的唯一标准。

我们背起登山包出发了，跟着克里斯穿行在黑色沙子的海滩上的光滑石头间。皮特评论说："这里环境够恶劣的，你看这些植物都长满了刺。这是因为山羊什么都吃，只有多刺才能生存下来。"

09 黑色行动

用一张旧报纸也能杀人

马其顿王腓力二世来信说：

如果我带着军队进入你的土地，

我将摧毁你的农场，杀死你的百姓，

把你的城市夷为平地。

斯巴达王回答腓力二世：

如果。

当面包师杰克成功逃离克里特岛，在埃及下船之后，没有人嘲笑他的靴子。不过，他遇到一些来自伦敦的神秘客人，这些人对两件事非常好奇：克里特居民的说话方式和本事。比如：克里特人能保守秘密吗？他们是拿着滑膛枪的野蛮人，还是极具凝聚力的抵抗队伍？换句话说，杰克可以把自己的生命托付给他们吗？

伦敦贝克街，一幢没有标注名字和门牌号的联排别墅内，有人正在组织一股全新的战斗力量。它的官方名称是特别行动处（Special Operatives Executive），它有一个更加广为人知的代号**“公司”**（the Firm）。有消息说，“公司”能合法组织一些罪恶活动，比如谋杀、绑架、盗窃保险箱、设圈套和阴谋陷害等。其中有一个传闻是这样的，“公司”曾安排一批冒牌的法国妓女进入德国军中妓院，她们使用一种特制的避孕套，这种避孕套曾在可腐蚀身体的化学试剂中浸泡过。

英国的军官们对偷袭并不陌生，他们对这些黑暗行动的伤害力有切肤之痛。几个世纪以来，英国军队一直是各种势力共同的攻击目标，他们被各式各样的手段袭击过，比如苏格兰叛军的伏击、美国革命者的近距离射杀、布尔骑兵的突袭、阿富汗普什图部落对英国男性的阉割和斩首、缅甸丛林土匪的破坏，以及爱尔兰共和军在城市里神出鬼没的伪装伏击。英国曾经是地球上最伟大的帝国，在征服过程中，她不得不面对成千上万当地力量的攻击。这些人对于地理环境了如指掌，并且无视规则，给英国造成了巨大的损失。19 世纪末，年轻的骑兵军官丘吉尔从普什图神枪手那里捡回一条命，死里逃生后，他从中学到了很多东西。随后，他迅速意识到，英国的殖民军队“除了抓捕敌人之外，还必须能进军到任何地方，做任何事情”。

现在，丘吉尔终于准备跟以前的敌人学习以小博大，在战场上投入一支“流氓部队”。

丘吉尔很幸运。他发现还有两位英国军官也同样钟爱“流氓部队”这个想法，甚至他们提出这个构想的时间比丘吉尔还早。科林·格宾斯（Colin Gubbins）和乔·霍兰（Jo Holland）是超过 20 年的好朋友，年轻时，他们都在爱尔兰担任军官，并因此相识。后来，他们一起逃过了爱尔兰共和军狙击手迈克尔·柯林斯（Michael Collins）的天台伏击。假如你的敌人差点一枪要了你的命，你肯定会对他刮目相看，对吧？就这样，格宾斯和霍兰变成迈克尔关于非常规战争的最狂热的学生。

爱尔兰共和军让人难以捉摸。迈克尔从切斯特顿（Gilbert Keith Chesterton）的经典间谍小说《代号星期四》（*The Man Who Was Thursday*）里学到一个巧妙的花招：投掷炸弹的无政府主义者想要躲过抓捕，就应该夸张地假装自己就是投掷炸弹的无政府主义者。切斯特顿写道：“如果你不躲起来，就不会有人想抓你。”所以迈克尔教导他的战士，行为要更夸张、更引人注目，而不是更少；他们的表现越明显，越有可能躲过搜查和盘问。迈克尔自己是头号通缉犯，然而他却身穿时髦的灰色西装，骑一辆老式自行车，像游击战争专家马克斯·布特（Max Boot）描述的那样，在都柏林“像中世纪幽灵一样满大街乱转”。

对格宾斯和霍兰而言，爱尔兰共和军的头目既是敌人，又是导师。格宾斯说：“忘记‘犯规’这个词，所谓的‘犯规的方法’能够帮你迅速杀死对手。”他们热衷于研究使用非常规策略的可能性，战争初期，在丘吉尔找他们创建一个“流氓部队”之前，他们已经花了很多年去研究阿帕切族（Apache）战士和俄国革命者。

他们发现，每个游击队都依靠同一个廉价但很有效的武器：怀疑。给敌人造成足够的不确定性，就能让其陷入瘫痪，因为军官们该下命令时会犹豫，士兵们该开火时会退缩。格宾斯发现：“这不但能对敌人造成死伤，而且还能让自己逍遥法外。对于打击敌人的士气，这种方法非常有效。行动者必须要严厉打击目标，并在敌人可以反击之前消失。”

丘吉尔的将军们在这个逻辑里嗅到了灾难的味道。如果你找的是一出生就被训练静默追踪的科曼奇人（Comanche），他们当然可以偷偷溜过当地的森林。但是，你如何让一位伦敦绅士去巴尔干乡村干同样的事情呢?

格宾斯确实知道应该从哪里着手。当他被任命为丘吉尔新“梦幻部队”的负责人后，他专门去寻找那些并不健壮的人。他不需要搏击高手或者硬汉，这些看起来就能保护自己的人，反而是盖世太保眼中的美味佳肴。有一位候选人说“只要看到德国人，就打掉他的脑袋”，他立即就落选了。流氓部队的教官解释道：“我们不想要这样的英雄，我们希望他们可以活下去，并且能够完成任务。”

不，格宾斯想要的类型是……嗯，你无法用言语描述的那种。“公司”的早期特工之一杰弗里·豪斯霍尔德（Geoffrey Household）解释说：“我会说是X类型，因为它根本就无法定义。”他原来是一个四处旅行的油墨推销员，后来加入格宾斯的组织。豪斯霍尔德根据自己的冒险经历，写成了《枪杀希特勒》（*Rogue Male*）一书。书里描述了一名英国运动员为了躲避纳粹追捕，用他的智慧，在紧要关头通过装死得以蒙混过关。X类型也和财富、头衔或权力无关。豪斯霍尔德在书中写道：“我们是寡头统治，军衔只对天才开放。它是一种无形的东西，只能用耳朵听出来。谁属于X类型？我不知道，我需要与他谈话后才知道答案。我认为，它与口音无关，更相关的可能是声音是否温柔。”

温柔的声音？是的。这种人的腔调就是这样，当接到命令去执行死亡任务，他们希望知道为什么要这么做。杰弗里·豪斯霍尔德和他的同龄人当时足够年轻，因而避开了第一次世界大战；但年纪又足够大，领略过恐怖的大屠杀，见识过国家之间数百万人的械斗。在新型战争中，X战士不会被送到战场中充当炮灰。他们可以做任何事，除了去送死。如果你想得到他们的身体，就得一起接受他们的另类想法。

格宾斯知道自己面对的困难，将这些持怀疑态度、声音温柔的知识分子转变为冷冰冰的杀手并不容易，特别是他不能指望从军事部门得到帮助。一位将军对格宾斯希望施行的“背后杀人”方式非常反感，并且不屑地说：“我们英国军队只会体面地战斗。”空军中尉爱德华·沙克尔顿（Edward Shackleton）是传奇南极探险家欧内斯特（Ernest）的儿子，当“公司”试图招募他的时候，沙克尔顿向他的上司打听这个部门的情况。上司警告他说：“别去招惹他们，你不会想和他们那种人混在一起的。”

于是，格宾斯绕过军队，转而去上海寻求帮助，那里是当时世界上最危险的城市。这座被称作“东方流莺”的城市，有着全世界最肮脏的贫民窟，很多打手每天都在其中以死相搏。20 世纪 30 年代的上海被丛林法则所统治，从这个意义上来讲，丛林里的生物包括：职业赌徒、性奴、毒贩、黑帮打手等。作为亚洲最繁忙的港口，上海吸引了为数众多的瘾君子、海盗、骗子和盗贼。据估计，1936 年有超过 10 万名罪犯在上海地界活动。甚至，这个城市的名字都意味着麻烦。当时的英语中，“被上海”（shanghaied）就是“受骗”的意思。当你在剧烈的头痛中醒来，有可能吃惊地发现自己身处几公里之外的海上，变成了一艘商船上的免费劳工。有一个黑帮大佬曾当众吹嘘，他把自己麻烦的女朋友喂了豢养的宠物老虎。另一个黑道大哥惩罚敌人的方式就是，把敌人变成手无缚鸡之力的废物，他通常会挑断对方手脚的所有关节筋腱，然后再把人扔到繁忙的街道中央。

比尔·赛克斯和威廉·费尔贝恩曾在上海这个疯狂的地方获得“天堂双胞胎”的外号。当年，处境艰难的上海警方，曾面向全球搞了一个招聘活动。费尔贝恩原本是一名皇家海军陆战队队员，趁着这个机会在 1907 年到上海当了警察。然而，迎接他的却是一场野蛮的斗殴。他沿江徒步巡逻时，被一伙流氓围攻，遭到一顿毒打，然后被抬上人力黄包车，拖到医院救治。在恢复期间，费尔贝恩悲哀地意识到，自己之前所受的拳击训练，以及在前线的战斗经验，对实际街头斗殴没有丝毫帮助。乱拳打死老师父，面对地痞流氓的围殴，他根本就没机会施展所学。所以身体恢复后，费尔贝恩开始研究真正实用的格斗术，并迅速沉迷其中。他师从冈田教授（Professor Okada），后者是专门训练日本天皇安全部队的柔道专家。最后，费尔贝恩逐渐成长为一名技艺高超的刀客和神枪手，他对格斗术进行的创新，在半个世纪后仍在特种部队中应用。

费尔贝恩的转变极富戏剧性，他后来被选为上海治安队队长。费尔贝恩纵横上海滩 30 年，参与过 600 多场街头斗殴。在一次斗殴中，一个中国匪徒的子弹灼伤了他的脸，烧焦了他的眉毛。费尔贝恩最喜欢的搭档是比尔·赛克斯。赛克斯看上去是个瘦弱、友好的绅士，看样子应该喜欢安静地抽着烟斗，跟孙辈们一起快乐玩耍。实际上，赛克斯是个不好惹的怪人。一方面，他坚持不用自己的真名埃里克·施瓦贝（Eric A. Schwabe）；另一方面，他自称在这个充满专业级混蛋的城市里，自己只是一个业余爱好者级别的混蛋而已。赛克斯坚持说，他不过是一个喜欢和警察混在一起的销售代表，用假名字是因为真名听起来太德国化。也许真相的确如此，但如果你用化名生活，而且还有一些特殊本事，比如用报纸就能把人刺死，那你就很难继续低调地否认自己间谍的身份了。赛克斯耸耸肩说："将报纸沿对角线方向折叠，直到整张纸收紧成一个尖角，然后把它插到对手下巴的正下方。真的很简单，就是这样。"

第二次世界大战开始的时候，赛克斯和费尔贝恩已经年近六十，头发花白，老眼昏花。尽管如此，格宾斯还是想让"流氓部队"的第一批新兵，见识一下老派伙计在真实行动中的水准，所以他把赛克斯和费尔贝恩邀请到苏格兰高地某处的秘密训练营中。当年的新兵亨利·霍尔（R. F. "Henry" Hall）后来回忆说："我们被带到大厅里，突然在楼梯上面出现两位亲爱的老先生。"新兵们看到时吃了一惊，这两位老先生本来应该是他们的导师，现在却摔倒了，沿着楼梯一直滚下来……然后，滚到他们脚边的时候又突然弹跳起来，形成蹲立的战斗姿势，每人左手一把匕首，右手一把 45 式手枪。"亲爱的老先生"就这样从天而降，来到满满一屋子胸怀大志的秘密特工之中。"嘭、嘭、嘭……"只要轻轻扣动扳机，这满满一屋子的人就会变成尸体。

"这对我们所有人都是一次颠覆性体验。"霍尔承认。

由于他们绅士般彬彬有礼的言行举止，人们称呼他们为"天堂双胞胎"。当然，他们也有不怎么绅士的时候，比如在工作中，演示如何使劲掰开对手小腿去抓他的睾丸。他们演示了 36 种把人击晕的方法，以及如何用单手就将一些漂亮的办公用品变成致命武器。"例如文件夹，"亨利·霍尔说，"你可以用它来打人，打在颈侧、头部、鼻子、鼻下，打在任何身体部位，比如腹部……"

这对"双胞胎"甚至还介绍了他们自己发明的武器：像冰凌一样薄的费尔贝恩－赛克斯突击刀，用它划进、划出心脏就像用皮下注射器一样干净利索，另外还有一种短剑形状的近距离格斗砍刀（smatchet），它仿照青铜时代刀具的样式，能把敌人从胸腔一直剖到腹股沟。新加盟"流氓部队"的罗伯特·谢泼德（Robert Sheppard）评论说"我们将要变成流氓，但是如果有可能的话，行为举止还是要尽量像个绅士。"

10 身体记忆
跟随而不是命令自己

这是超乎表演的技艺。

托马斯·安博瑞博士（Thomas Amberry）
体重超重的 71 岁退休足科医生
他在解释为什么他可以连续投入 2 750 个
篮球罚球，而没有一个 NBA 球员能做到这一点

那对“天堂双胞胎”能够心态平和地直面一个难堪的真相：如果讲到原生武器，人在野外是最软弱无力的。人类既没有尖牙，也没有利爪；既没有角，也没有毒液。我们既不强壮，跑得也不快。我们既没有夜视能力，也没有咬合力强劲的颌骨。幸运的是，**我们掌握摇摆（wobble）的力量，这是我们最致命的武器。**

正是凭借摇摆力量，小学校长诺瑞娜打败了一个拿着大刀的疯子。了解这种力量的最佳方式是，在一群陌生人面前把衣服脱光，只剩下内衣。至少，我发现在亚利桑那州坦佩市（Tempe）是这样的。在那里，我变成一群健身专家的研究对象。全国各地的健身专家聚集在一起，跟随托马斯·迈尔斯（Thomas Myers）学习。迈尔斯是从事人类结缔组织方面研究的先驱，他的著作包括里程碑式经典大作《解剖列车》（*Anatomy Trains*）。

迈尔斯让我脱个精光，并开始进行分析。他告诉我：“放轻松，自然站立。”当他穿着裤子站在房间的另一边时，这可能是最没用的建议了。我收了收肩膀，挺直背，试图使军队里的立正动作看起来像是我的日常姿势。屋里大约有 30 个学生围拢在我面前，聚集成一个半圆形，其中包括职业棒球队亚利桑那响尾蛇队的教练。随着分析的开始，他们开始在写字板上记笔记。

“安德莉亚，你可以也来示范一下吗？”几分钟后，迈尔斯说道。

然后，一个年轻健壮的女子放下写字板，开始脱衣服，最后只剩下运动内衣和内裤，和我一起站在这群人面前。

“头向前伸。”迈尔斯的一个学生喊道，然后她又看了看自己的写字板，接着喊：“身体后倾！”

安德莉亚就像一只乌龟一样伸出了她的脖子，然后抬起她的下巴。

“肩部前倾！”詹姆斯·雷迪（James Ready）补充说。他就是那个亚利桑那响尾蛇队的教练。

于是，安德莉亚弓起背部，就好像被一拳打在肚子上。

那群人继续下达各种指令，直到有人大声说：“别动！”

“刚刚好！”迈尔斯的一个学生说。同时，她转向我说：“这就是你的样子。”

我看着安德莉亚说：“这是我的样子？”

“绝对是！”雷迪表示同意。

天哪！安德莉亚耷拉着一边肩膀，髋部看上去很不舒服，头部向前突出，活像一只银背大猩猩。那是我吗？我命令自己的身体要像个海军陆战队队员一样笔直站立，但看着由安德莉亚身体构成的镜像，我不禁有些沮丧。有一件事很明显，那就是一些比头脑和肌肉更强大的东西在控制我的身体。迈尔斯解释说，那股神秘力量是不可阻挡的弹性组织的拉力。

就原始力量而言，肌肉所蕴含的只是极小的一部分。力量的真正大本营其实是我们的深筋膜（Fascia Profunda），这个弹性组织包裹着我们的器官和肌肉。

不久以前，我们还认为筋膜不重要，跟包裹鸡胸肉的那些胶质薄膜没什么两样。但是到了1999年，迈尔斯在协助尸体解剖时，开始对此产生浓厚的兴趣，他把这描述为“皮肤下方橡胶般的黏性物质”。当时，和他合作的解剖学家正在试图切除这些筋膜，以便完整而无障碍地观察底下的肌肉组织。但筋膜无处不在，而且切除它也并不容易。在有些地方，它跟汽车轮胎一样坚韧。

也许这些筋膜不仅仅是肠衣这么简单，迈尔斯当时这样想。随后，他想出了另一种方法来寻找答案。

“我要做的就是把手术刀侧过来。”迈尔斯回忆说。不是划断这些黏糊糊的胶质，而是沿着它，轻轻地将它从皮肤和骨骼中剔出来。当解剖结束的时候，他看着人体全身的筋膜，感觉它就像一件布满疙瘩的长袖潜水衣。迈尔斯被激起了兴趣，他看到这件“肉衣”不是简单的光滑薄纱，它更像是有强度的纤维和缆线的交错组合，是一个无穷无尽的力量循环系统。在放大镜下，筋膜是格子状的，而且似乎有风暴网一样的拉伸强度。

迈尔斯娴熟的技术揭示了另一个惊喜：你身体的内部结构与DNA结构很类似。负责在肌肉和肌肉之间建立联系的筋膜，从身体的脚部到头部形成两股连续的螺旋线；这两股线相互卷曲，就像要被拧成一股。这意味着什么？这意味着**你的身体好像装备了射箭用的复合弓。从左脚到右髋，再到左肩，有一层极具弹性的薄纱把它们连接起来，而且它比任何肌肉都坚韧得多。**

迈尔斯解释道：“想象一架螺旋扭曲的梯子。”螺旋状的筋膜在腹部形成大交叉后抵达髋部，再延伸到胫骨和脚；它绕过足弓，在那里形成马镫形环。所以，下次观看勒布朗·詹姆斯（LeBron James）跳起扣篮时，你可以尝试用迈尔斯的眼睛去观察他。

当詹姆斯高高跃起，手臂完全伸展时，观众们都屏住呼吸，眼睛一刻不离地盯着篮球。迈尔斯这时却将把注意力放在勒布朗身体背后的另一条手臂上，看着它如何协同运动，观察他向前的脚的脚尖如何向上，以及他空闲手的手指如何尽量宽地张开。单独地看，它们都是细节。整体来看，这些都是类似爆发性活动的关键元素，如同一次爆炸同时需要的火柴、导火索、火药一样。

等等，关于手指的部分，我能理解它们也许有助于改善平衡，但是难道和垂直的跳跃也有关吗？

史蒂夫·马克斯韦尔（Steve Maxwell）说：“绝对有关系。”他可以用口袋里的小设备来证明这一点。史蒂夫是巴西柔术的前世界冠军，现在是一名力量和体能教练，专注于复兴失传技艺。“在我们有‘筋膜’这个词之前，老家伙们就已经知道筋膜是怎么回事了，”他解释说，“如果能回到20世纪50年代之前，在那个时代的高手的保护下，你一定会很安全。在老式训练馆，通常都配备体操用的健身棒（Indian clubs）和药球。如果它们不是被用来训练平衡、运动幅度、动作连贯性，以及对反弹力的运用的话，还能用来干什么？”

史蒂夫本人看上去就像是旧式格斗海报中的人物。他50多岁，但仍保持着一个拳击手该有的体形，举手投足间充满威胁，全身没有多余的动作。每天早上，即使是在气温降至零度以下的严寒冬季，他也严格遵守古代印度教摔跤手的训练传统，包括裸体走到户外和从头顶浇下一桶冰水。在宾夕法尼亚州西彻斯特大学（West

Chester University）的时候，史蒂夫就已经是摔跤明星了。他对这项古老的运动始终保持着敬畏之心，有一次他裸体走到台上，完全按照古代的方式表演了这个古典奥运会项目。大学毕业后，史蒂夫在费城创办了极训健身中心（Maxercise）。极训不断完善训练条件，后来成为自由搏击运动者心中的圣殿之一。即使是终极格斗领域的霸主巴西格雷西家族（Gracie clan），也常派人来这里接受塑形训练。

因为战士没有犯错误的余地，所以史蒂夫一直在寻找反弹的能量。哪怕你是最强壮的人，还曾获得过冠军，只要在对手之前耗尽能量，那么你就完蛋了。这也能解释为何桑尼·利斯顿[①]会采取如下训练方法：练习跳绳的时间与练习打沙袋的时间均等。“跳起、弹开、躲闪！所有免费的能量都来自筋膜，而不是肌肉。”史蒂夫解释道。如果弹跳动作正确的话，你就几乎不需要使用任何肌肉力量，也能跳到弹簧高跷弹起的高度。利斯顿体重 100 公斤，也足够强壮，这保证其职业生涯能维持四分之三的击倒获胜率；同时他仍然努力去学习富有节奏感的移动步法，如同女生一样随着詹姆斯·布朗[②]的《夜车》摇摆。

“使用力量是一种本领，”史蒂夫说，“在以前，每个凯尔特人的村庄里都有一块‘成年石’。直到有力量能搬动那块石头，你才算及格的成年人。不过，力量不等于蛮力！你需要不断挖掘自己的身体，从中发现能产生力量的工具。这个过程绝对会让你大吃一惊……”

史蒂夫从他的口袋里翻出一根橡皮筋。“用它绕在一只手的所有手指靠近指甲的地方。现在尽你所能，去增大手指之间的缝隙。一定要全力以赴地张开指。好！收拢手指，然后再次打开。”这个动作非常容易做到，我略微替史蒂夫感到尴尬。可是，就在那时，他的好戏才刚刚开始。

“直接丢一支箭出去挺蠢的，对吗，”他说，“更好的方法是用你的肌肉来拉弦，然后让弓弦把箭射出去。”他让我解开手指上的橡皮筋，并在地板上做俯卧撑。一般做俯卧撑时，我会把胸部降低到地板附近，然后用力把自己抬起来，这次却被要求反着来。我尽量宽地张开手指，就像缠着橡皮筋时一样，然后用力使手掌砸向地板，从而把自己拉下去。当我这样做时，我被震惊了，因为我的双肘几乎不费吹灰之力。

---

① 桑尼·利斯顿（Sonny Liston），重量级拳击领域的传奇人物。——译者注

② 詹姆斯·布朗（James Brown），被誉为美国灵魂乐的教父，《夜车》（*Night Train*）是其代表性专辑之一。——译者注

“看到了吗，”史蒂夫说，“向下时上紧弹力，往上时释放弹力。”我又试了一次，感觉自己确实是被弹起来的，就像吐司机不停吐面包片一样。我不知道这个过程背后的基本原理，我也不知道史蒂夫自己是否知道，但是我知道这是自己有生以来做得最轻松的20个俯卧撑。

“如果我们以前关于肌肉的一切知识都是错的呢，”托马斯·迈尔斯总结道，“我们到底是有600块肌肉，还是只有一块呢？”

> 李小龙总是说，自己最厉害的一拳是从大脚趾打出来的，现在看来，他其实并没有开玩笑。李小龙把拳头放在距对方几厘米远的地方，然后轻轻一击，哪怕对方是一个110公斤的大家伙，都会被打飞。左脚脚趾触发右髋，右髋拉回左肩，左肩弹出右拳。那么多能量叠加在一起，像一个小小的涟漪在海上不断被加强，在距起点很远之处，最终形成滔天巨浪。武术家们称李小龙的寸拳为“长距离劲道”，也就是从远处来的力量。

“对许多人来说，健身就是关于举重和肌肉塑形，”迈尔斯说，“但到底是什么让你健壮呢？我将对这一点做详细解释。”他点击了一下笔记本计算机，展示出一张幻灯片。“在体格上，这是否比健美运动员更健壮？”屏幕上的照片是一个婴儿在背翻，并用手脚夹着瓶子在喝水。就像李小龙，婴儿使用筋膜来解决肌肉不能解决的问题。“如果你可以发挥想象力，自然地适应环境的要求，你就是健壮的（fit）。”迈尔斯说。

你的头脑可能会厌恶这个画面：婴儿比健美运动员更“健壮”。2007年之前，有关筋膜的说法中，这还不算太不刺耳的。迈尔斯借助成像技术获得了很多细节，它们只依靠手术刀是没办法搞清楚的。罗伯特·施莱普（Robert Schleip）博士是德国乌尔姆大学（Universität Ulm）的筋膜研究项目主管，他发现了一些值得注意的东西：**筋膜并不只局限于接受指令，它还能发号施令。**

施莱普博士梳着马尾辫，看起来非常时尚，和史蒂夫几乎有天壤之别，但有一件事情除外：他的口袋里也放着一套小设备。他约我在一家伦敦医疗诊所的培训室会面，在那里，他将向我展示关于筋膜研究的最新进展。他从夹克的一侧口袋中掏出一大串钥匙，从另一侧口袋里拿出一根橡皮筋。接着，施莱普把钥匙环捆在橡皮筋的一头，并拉动它，让它开始上下弹跳。钥匙不停地向上和向下，看起来完全不费力。当施莱普换手时中断了一下，钥匙环上的钥匙开始疯狂地相互撞击，结果整个运动不断减速，最终停了下来。

“**姿势和节奏是关键**，”施莱普解释道，“你的身体也是遵从同样的原理。当你处于比较协调的状态时，弹性组织会储存能量并将其返回。一旦你失去平衡，整个过程就会终止。无论是对健康，还是对力量，这都会有严重影响。”

施莱普想出的第一个测试方法是，把超声波传感器植入活的筋膜组织。在这个实验里，他发现了一些令人惊叹的东西：**神经末梢**。他意识到，筋膜不仅仅是一大串晃动的橡皮筋，它实际上是一套复杂的网络。它能够充当观察和汇报的前哨，将由身体收集起来的信息回输到大脑。筋膜还能让人产生知觉，与舌头和眼睛一样，甚至比它们的功能更强大，因为它获取信息的地方无处不在。

施莱普说：“**筋膜能产生反应和记忆**。”你的一举一动都会被身体记住，如果动作证明有效，这个身体记忆就会转化为经验，并最终促使行为习惯的形成。比如说，如果你成功进行快速跳投时，恰好正伸出你的舌头，这个动作以后就会被身体记住，变成快速跳投时的习惯动作。所有习惯通过锁定姿势进而影响生理，这会改变我们的身体结构。“结缔组织就像是身体的圣伯纳犬一样，缓慢而忠诚，”施莱普解释说，“一旦结构成型，它就会自行加固。”

为什么你即使没看到朋友的脸，却很远就能认出他？哈佛大学生物学家弗朗西斯科·瓦雷拉（Francisco Varela）喜欢称呼筋膜为“外貌器官”，因为它会为身体姿势创造指纹一样的密码。你可以尝试一下舒展你的肩或更改走路方式，很快，你就会感到不仅身体失去了平衡，而且情绪也变得不稳定起来。筋膜知道你身处何方，它通过位置感应器来定位，而位置感应器有助你保持身体平衡，同时将你的下一步行动反馈到大脑的恐惧控制中心：杏仁核。如果运动时感觉舒缓、愉悦、高效，它就会被刻录到筋膜中。正如任何一位棒球击球教练或芭蕾舞老师会告诉你的，改变动作非常困难。因为无论新动作多么有必要，多么符合逻辑，但你就是会觉得不对劲。

“那难道不是一个可怕的进化缺陷吗？”我问。人类有非常强大的适应性，那么为什么我们的筋膜没有呢？

“因为这个适应性会让我们灭绝。”施莱普解释道。对于大多数幸存下来的人类，运动的连贯性是让我们存活的关键。在发明弓箭和长矛之前，人类追捕其他动物的手段，就是跑死它们。这依赖人类双腿上的弹性组织以及身体的高级冷却系统，后者由汗腺以及无毛发覆盖的皮肤构成。我们能够穿越非洲大草原，连续几个小时不停地追逐羚羊，直到它们因身体过热而崩溃。**在种族生存竞赛中，没有修修补补的余地。你要么用高效的步伐坚持下去，要么死。**

当然，直到我们把“摇摆”变成更致命的武器。

“闭上眼睛，”乔·达拉（Joe Darrah）边说边将一把斧头塞进我手里，“让自己完全看不见。不要想，只是扔出去。”

乔以前是在马戏团中表演飞刀的大师。他住在美国费城郊区，整天都泡在地下室里，忙着将锯木机的旧刀片改造成飞刀去参加比赛。在他家前院草坪上，有一扇 6 块原木薄板拼起来的门，被螺栓固定在一张旧桌子上，乔就用这个来练习飞刀。这扇门的位置与邻居家的秋千挨得很近，看起来让人提心吊胆。

乔的投掷本领来自幼儿园时期的家庭熏陶，他父亲当时是一名美国伞兵部队的游骑兵，经常把突击匕首塞给他，并教育他别当胆小鬼。乔十几岁的时候，其投掷水准征服了马戏团老板，因此被指派在艳舞女郎周围扔飞刀。现在乔 50 岁了，已经 7 次获得飞刀和飞斧比赛的世界冠军。其实，他用起其他投掷类武器来也是得心应手、准度奇高，包括箭筒、牛鞭、梭，以及古代的投掷用矛。

幸运的是，乔所居住的费城郊区是美国最冷静的郊区，因为乔的邻居们对他的行为无动于衷。乔喜欢在门前草坪上训练，邻居们几乎熟视无睹；有时候整个下午，乔都在邻居的汽车附近投掷经过回火淬制的锋利玩意儿。即使他把人当作目标来练习的时候，邻居们也照样安之若素。在那扇当标靶的门旁边，乔找来了另一张门充当盾牌，然后，他在盾牌上挖了一个很小的“窗口”，并为其安装了防弹玻璃。乔练习的时候会请一些朋友站在门后，让他们把脸贴在玻璃上。当你瞄准目标的时候，目标也在盯着你。此时，如果想投掷准确，就需要更强大的神经控制能力。

乔递给我一把飞斧，然后退到后面静静观察。我不慌不忙地遵从他提示的技术要领：左脚稍稍向前伸出，双腿之间的距离适当拉大，肩部放松；整个过程中，手要不断去触碰右边口袋中的汽车钥匙，确保整个投掷动作稳定在一条直线上。然后……

哐当！

飞斧砍在标靶的边沿，然后掉在地上。乔递给我另一把飞斧，我的左脚向前……

哐当！

“我到底做错了什么？”我问。

乔说：“我给你讲些禅宗的道理吧。你越是想控制自己的投掷动作，就越做不到。”这就是为什么他告诉我要试着闭上眼睛来扔的原因。

那好吧。我闭上眼睛，感觉着风，让它飞出去。

当！

我的飞斧钉在薄板门上，距离上面的扑克牌只有十几厘米。

“哇，太惊人了！”

接着，乔给我做了一个示范。他像风车一样甩着他的手臂，“当！当！当！”三把斧头分别钉在三个不同的目标上，其中有一把刚好将一张扑克牌从正中间切开。

乔笑着说：“你必须深入内在，并跟随其节奏。一旦你做到了，你就可以做各种疯狂的事情。”

“人类的投掷能力可能会让你吃惊。我们在所有动物之中很特别，因为我们有能力以不可思议的精确度高速投掷物体。”乔治·华盛顿大学的尼尔·罗奇（Neil Roach）博士说道。罗奇在2013年与他人共同发布了一份研究报告，其主旨是试图解释这样一个问题：**为何在地球的所有灵长类动物里，人类是唯一可以用投掷武器来杀死猎物的物种？**

答案绝不是因为肌肉。黑猩猩是运动健将，而且它们身体中的肌肉比例比人类更高。然而，我们遗传学上关系最近的表兄弟，却是非常糟糕的投手。你可以训练一只黑猩猩投掷，但它最厉害的投掷也不过大约时速32公里。这个速度就算放在儿童棒球大联盟里，也会被视为一个笑话。12岁的男孩可以扔得比这快3倍，而且更准。女子垒球明星珍妮·芬奇（Jennie Finch）的投球时速经常能超过110公里，而且还只是投低手球的时候。

什么是我们有，但黑猩猩没有的呢？答案就是我们的肩膀，其中充满了“黏黏糊糊的胶状物质”，它们是筋膜、韧带和有弹性的肌腱。罗奇解释说，用胳膊做动作就像拉弹弓。“当这种能量释放出来时，会带动小臂快速顺时针转动，这是人体能产生最快速度的运动。棒球职业投手投球时的角速度能达到 9 000 度每秒！”快速投球不只是肌肉用力，还包括三个阶段中筋膜释放的弹力：

1. **迈**出与投掷用手反向的脚。
2. **转**动髋部，然后转动肩膀。
3. **甩**出去，让所有关节的力量爆发出来，包括手臂、手腕和手指关节。

人类一开始并未装备这样的“榴弹炮”，罗奇补充说。大约 200 万年前，人类祖先身体构造的某些关键部位得到了优化。这促使人类祖先从树栖者和食腐者变成了“活弹弓”：人类祖先的腰变得稍宽，肩膀变得稍低，手腕变得更灵活，小臂则变得更方便进行旋转运动。一旦人类掌握摇摆力量的诀窍，学会削尖棍子，就变成了地球上最致命的生物，而且是最聪明的。**我们越善于投掷，就越聪明。**

“强大的投掷能力是狩猎得到进一步发展的关键，”罗奇解释道，“猎取的动物越多，我们的祖先能吃上肉的机会就越多。显然，富含能量的肉类和脂肪，大大提高了人类的饮食水平。这种**饮食结构的变化，导致我们祖先的生物性状发生剧变**。他们的躯体可以长得更大，脑容量也增大了，并能养育更多后代。”

脑容量的增加，给许多革命性新技能的产生创造了条件。人类正是依靠其中一些技能取得了如今的成就：我们学会了将瞄准的目标从食物，扩展到食物以外的事物。猎人想击中高速折线跑的羚羊和兔子，就需要学会进行更复杂的分析。他必须对自己、武器、猎物这三者构成的系统有充分的了解，通过估算不同物体的运动速度、预测三者之间相互距离的变化以及处理其他问题，从而找到最佳出手时机。这些会保证他最终用标枪打中猎物。其实，在克里特岛上也是这么回事儿：盟军士兵开枪，子弹飞出，然后击中下落的德国伞兵。

“这种连贯、有序的思维能力，只有等到智力发展到一个更高层次才会出现。”威廉·卡尔文（William H. Calvin）博士说。卡尔文是华盛顿大学的神经生物学教授，是研究人类大脑进化的权威。更具体地说，他研究的是想象力：规划未来、预见各种可能性，以及抽象思考的能力。这就是为什么卡尔文认为语言、文学、医学，甚至是爱，都与人类在20步开外击中一只野兔的原始能力相关联。他说："投掷能力意味着在混乱中找到秩序。你越具备连贯、有序思考的能力，就越善于将更多想法串在一起。你可以记住更多单词，可以结合不相干的概念，可以规划未来，还可以维护社交关系……"

但是等一下，刚才不是说过：在生存比赛中，没有时间来进行连贯、有序的思考及捋顺各种理念之间的关系吗？事实的确是这样，这就是为什么投掷战斧的时候戴着眼罩更好。不过，我们一定要注意，在动作的深层原因方面，教育和执行绝不能混为一谈。你的大脑可以学习关于运动的知识，而动作能否被做出来却由身体决定。所以一旦你把某一个动作刻录到筋膜上，它就会自动被做出。筋膜会记忆，并根据环境自动反应。

11 瞄准的天性

变恐惧为战斗力

你对别人做的事情，也会发生在你身上，仿佛它们会认路。

罗杰斯（Rodgers）、**哈特**（Hart）
歌曲《何地何时》（*Where or When*）

当然，“公司”不会选择飞斧和梭标当武器，但即使是一根手指，也能很好地运用摇摆的力量。当“天堂双胞胎”培训第一批“流氓部队”的成员时，赛克斯和费尔贝恩亲自给他们做了示范。

费尔贝恩猛地拔出手枪，握紧它，像……嗯，像个白痴。他甚至没有瞄准。每个人都认为他应该锁定自己的手臂，并用双手稳住手枪，但费尔贝恩只是站在那里，膝盖弯曲着，好像准备要下跪投降的样子。他紧紧抓着手枪，好像试图要捏碎它，而且持枪的手一直保持在腰部以下。不论怎么看，他都不像是个神枪手或者经验丰富的警察；反而更像一个迷惑地发现衣服口袋里有一把手枪，而自己对此一头雾水且惊恐万分的老人。

“现在仔细看，这关系到你在一场枪战中如何取胜，”费尔贝恩说道，“如果你现在认为在面对一个想杀你的人时，自己会毫无畏惧感，那你一准是疯了。感到害怕是很正常的，但千万不要把恐惧传染给你的武器，而人们经常会这样。你只需要依靠天生的能力，用本能去瞄准。”

费尔贝恩相信，狂野的美国西部枪手正是依靠“**本能瞄准**”，枪法才会那样精准。实际上，他的一个学生之前的确去过一趟美国西部，去探索西部枪手的射击技巧。美军中尉雷克斯·阿普尔盖特（Rex Applegate）拥有不寻常的个人经历。他的叔叔是一名专业杂耍艺术家，阿普尔盖特小时候经常会往空中扔砖头，作为他叔叔练习的目标。阿普尔盖特指出："这些人做的很多动作，都不用眼睛来瞄准。"他参军后却发现，自己借用瞄准器的射击准度都没有叔叔的高。另外，西部拓荒者也引起了阿普尔盖特的注意，比如"狂野比尔"希科克（Wild Bill Hickok）。希科克使用的枪更加笨重，他也没有接受过正规的训练，但其快速射击的本领实在令人吃惊。

阿普尔盖特认识到，希科克是正宗的西部枪手，并且在实战中杀了很多人。他想进一步去发现事实的真相：希科克是如何做到这一切的？军方指派阿普尔盖特去研究近距离作战技术，而他的第一站就是狂野比尔最后战斗的地方——南达科他州戴德伍德县（Deadwood）。在县法院里，阿普尔盖特发现了一包狂野比尔的相关文件。"其中有一封信，是仰慕者写来寻求指点的，上面写着'你是怎么杀人的，你的主要方法或技术是什么'，"阿普尔盖特说，"而这正是我要找的东西。"幸运的是，希科克的回信并没有寄出去，他亲笔回复道："我把手举到与眼睛水平的高度，枪好像我伸出的一根手指，然后直接开枪。"

枪变成手指……阿普尔盖特回忆说："这非常有趣，但实际上我并不清楚这到底是怎么回事，直到我有幸遇到两位绅士，并在他们的指导下练习枪战技能，他们就是费尔贝恩和赛克斯。"这对"双胞胎"在一次意外的幸运经历中，找到了同样的方法。

> 那是在一个午夜，15 名上海警察突袭了一个犯罪团伙的老巢。第二天早上，费尔贝恩去那栋大楼巡视，他发现那里在一人高的地方密布着漏电的电线。他的下属在没有看见这些陷阱的情况下，从电线下面侥幸安全地钻了过去。

一瞬间，费尔贝恩明白了其中的原因：人在紧张时，就会本能地下蹲。费尔贝恩还意识到，基于同样的原因，他们还会紧紧握着自己的手枪。

"你整个人会像上紧了发条一样，用尽全力来握枪，直到手部几乎抽搐痉挛。如果你必须开枪的话，直觉会让你尽可能快地完成这个动作。这个时间非常短，你根本没时间摆出标准的开枪姿势，你在手臂未伸直，甚至枪还在髋部高度的情况下，就开火了，"费尔贝恩接着预测道，"整件事可能发生在光线不好，或根本没有光的地方。这时，如果一颗子弹呼啸着飞过你身边，你可能会经历短暂的恍惚、茫然。这是因为当你意识到对手近在咫尺的时候，你的惊恐感会急剧增强！"

费尔贝恩观察到的这些现象，在多年后被发现是交感神经系统的反应，俗称为

“战斗或逃跑反射”。你的膝盖弯曲，心跳加剧，拳头紧握并举在胸前，同时你的视线会聚焦于一个威胁物，而忽视其他事物，并侧着身体去应对它。这些都是大脑的原始反应，是人类作为动物的自主反应，即在遇到危险时，把身体盘成弹簧，时刻准备着进攻或冲到有掩护的地方。

费尔贝恩抵达上海之前，按照官方颁布的行为准则，他被要求克服动物性的自我，并在开枪之前保持镇定。但是，当你努力使自己镇定下来的时候，敌人可能已经开枪射击了。费尔贝恩警告说：“如果你开第一枪的时间慢了 0.3 秒，那么第二天接受报纸采访的那个人就不是你了。”当时，一年之内就有 9 名上海巡警丧生，很大程度就是因为这个原因。费尔贝恩很清楚这一点，他说：“根本没有时间让你为一些特别姿势做准备，或对齐手枪的瞄准线。任何尝试这么做的企图，都会让你陷入对手的魔掌，任由他人摆布。”

费尔贝恩认为，**人类无法抗拒本能，但是你可以让本能帮你战斗。**所以“双胞胎”研究出了一套“**以恐惧为武器**”的新方法，并且将其带回了英国。这对“双胞胎”宣称：“那些不靠双脚抢占最佳时机的人，不管处于什么位置，都可不借助瞄准器，快速准确地使用自己的武器。这是可以做到的，而且不难。”其中的诀窍就是，使手枪成为你筋膜的延伸。所以，你并不是在射击，而是直接用手指去戳对手。

如果感觉到威胁，你的身体为了重返平衡状态，就会本能地做出一些反应。比如，当受到惊吓时，你会切换到走钢丝的姿势，即膝盖弯曲，肘部抬起。手臂动作其实隐含着一种作用，那就是帮你定位威胁所在，就像指南针被用来确定方向一样。从生物力学的角度来看，为了避免被攻击者撞倒，你的身体会寻找第三个支撑点来承载自身重量，为此它会提前做出准备。伸展的手臂，无疑增加了你抱住攻击者的可能性，这使你的身体可以利用自己的双脚以及攻击者来支撑自己，从而形成三个支撑点的局面。你的手不会等待命令，它会自行启动一套防御性定向系统，这是一套基于筋膜的反应机制。

费尔贝恩将这个反应机制称为“眼睛控制的冲动”。他在远处的墙上画了一个小圈，并指给自己手下的新兵看。接着，他要求新兵举起手指，想象那是一把手枪。然后，费尔贝恩命令他们迅速拔“枪”，也就是急速地抬起手，朝着之前的那个圆圈射击。不要去想，不要去瞄准，只要动起来。费尔贝恩说：“仔细观察现在的情形，你的食指，如预期一样，将准确地指向标记的圆圈。”如何将这个直觉的冲动转换成致命的战斗力？其实很简单，费尔贝恩总结说，你只需把枪变成自己的手指就行了。

“天堂双胞胎”的学生罗伯特·谢泼德回忆说：“我们的课堂上没有那些传统的内容，比如伸直手臂把枪举起或两只手握枪。我们学习的是拔枪就射，在肚脐的位置就始终保持枪口指着前方。无论你看向哪里，你的枪口也就指向哪里。”英国特别行动处（“公司”）招募的新兵在射击时，不会锁定手臂、稳定双手，然后仔细瞄准。他们的方法太丑陋、太没有尊严，他们根本不像是勇敢的执法者。他们看起来像胆小鬼，因为他们会趁小混混们还没发现，偷偷放枪。

费尔贝恩的搭档赛克斯知道怎么制服那些新兵中的怀疑者。谢泼德回忆道：“我亲眼看见这个家伙背对目标，然后低身从胯下击中靶心。这件事情就发生在我面前。”

12 学会扭动
火柴盒也能防身

阿兴，现在我要教你如何像女人一样战斗。

叶问

武术宗师，李小龙的师父

雷克斯 · 阿普尔盖特在“天堂双胞胎”这里的开局并不算顺利。这个身高1米92、体重104公斤的大个子，在美国俄勒冈州的伐木小镇长大，从少年时代开始就是一个肌肉男。凭借熟练的拳法和枪支使用技术，阿普尔盖特还是少尉的时候，就被调入间谍部门，这个部门后来变成了中央情报局。他跟随威廉·多诺万（William J. Donovan）上校学习各种秘密行动的战斗技巧。

听说两个英国老家伙是世界上最厉害的街头格斗高手后，多诺万把阿普尔盖特送到特别行动处，想让他见识一下他们每天在捣鼓什么。阿普尔盖特回忆说：“我们快速地相互打量了一番，但是彼此都没留下好印象。”阿普尔盖特觉得费尔贝恩也许懂一点柔道和华而不实的手枪枪法，但如果真打起架来肯定是个废材，自己会轻易压扁这个小矮子的。费尔贝恩一定也看穿了阿普尔盖特的心思，在开始做示范动作的时候，他邀请阿普尔盖特出来做助手。费尔贝恩说：“你来攻击我，就像你想杀死我一样，不必手下留情。”

阿普尔盖特比对方年轻30岁，体重更是重了45公斤，更重要的是，他知道如何拆穿那些花拳绣腿的武术家。他会先吓他们一下，然后在他们摆好花架子之前，冲过去狠狠地揍他们。“进攻的第一件事就是使对手失去平衡，包括精神和身体上的，”阿普尔盖特解释说，“所以我大吼一声，然后朝他冲了过去。”阿普尔盖特从后面冲出来的时候，第一排士兵不得不匆忙让开一条路。“我以前在酒吧见过人们打架，当然我自己也打过。我与费尔贝恩的那次交手唤起了我的记忆！”接下来发生的事情惊呆了阿普尔盖特，他后来回忆道。

这对“双胞胎”所教的内容，阿普尔盖特以前基本未曾听闻过。费尔贝恩对阿普尔盖特说：“我们正在回到比较原始的单兵作战的形式，你的力量对此帮助不大。”拳击术没有用，摔跤术也没有用，空手道也几乎没有用。那些只不过是游戏而已，按照人为规则，发展出的一些花哨的可供炫耀的技巧。你可以用脚踢破木板？嗯，很了不起。如果用在这对“双胞胎”身上，你将拖着上了石膏的脚回家。你是古典式摔跤冠军吗？太棒了。费尔贝恩可以轻易地把摔跤手打成瘸子，就像他粗暴地推倒阿普尔盖特一样。

“要站稳，”阿普尔盖特学习到，“这种搏击术的一个基本规则是，永远不要摔倒在地。”

但是，各路高手后来不是都声称，90% 的战斗将会在地面上结束，只有娴熟的地面格斗技术，才能保证赢得一场场的胜利吗？费尔贝恩回答说，这是对的，但有前提条件。如果你发现自己在八角形垫子上，面对一名身穿冲浪短裤的巴西人，那就冲上去，跟他在地面滚来滚去地缠斗吧。不过，在真实斗殴中，规则、裁判、局间休息都不可能存在，你甚至无法保证对手不会用武器。地面，那是死人躺着的地方。如果攻击者把你放倒，你最好想办法赶快爬起来。你可以抓他的睾丸，用大拇指戳他的眼睛，用牙齿撕咬他的耳朵，也可以竭尽所能地踢他，直到自己重新站起来。接着，你就可以使用“野马踢”了，这是费尔贝恩最喜欢的动作之一：在一个人的胸膛上不停地踢，直到把他的肋骨踢得稀烂。现实中的暴力和体育精神完全是两回事，费尔贝恩强调，在殊死搏斗中首先要考虑的事情就是自己怎么活下去。你不会跟对手握手，并祝福他一切顺利；你最大的期望就是，自己离开的时候，对手仍然乖乖地躺在地上。

这对“双胞胎”解释说，拳击和摔跤并不是自然的战斗方式，而是自然的卖弄方式。它们被创造出来的目的，主要是为了表现两个独特的男性特征：肌肉块头和上半身的力量。除此之外，它们毫无用处。在野外，如果能避免，没有人愿意打架，即使面对你讨厌的人，也是如此。为什么要冒风险，让那些脆弱的骨头、关节和韧带被打断呢？同样，你多半也不会在进攻中伸直手臂，因为这会冒风险，你的手臂很可能会被对手抓住、扭曲、折断。

但这还不算是最令人不开心的评价，拳击和摔跤之所以可以被认为是娱乐活动，还因为一个更大的漏洞：它们不适合女性和老人。有一个经验法则是这样的：通过评估一个物种在一项基本能力上的差异度，可以判断这种能力对其而言是否为先天性的。当你发现因为年龄、性别的不同，某种能力会表现出巨大差距时，你就能知道它属于非先天性能力。

以不同性别的天鹅为例，它们个子大小不同，但速度不会不同；否则，迁徙的过程就会混乱。鳟鱼也是如此，如果雄性游得快过雌性，游得快的有得吃，游得慢的被吃掉，最终它们就会因缺乏繁衍伙伴而走向灾难性灭绝。

对人类来说，尤其是这样。与其他动物相比，人类的男性和女性更加相似。我们身体的大小和体形大致相同，我们也会使用相同的生物武器。人类男性并不像其他物种的雄性一样，长有犄角、獠牙，或巨大的鹿角。与男性相比，女性看起来并不算十分矮小。男性的平均个头只比女性高了 15%，而不像雄性大猩猩比雌性大猩猩要高 50%。我们需要相似性，因为人类在大多数情况下，都从事相似的工作。人类依靠采集、狩猎生存了数百万年，这其中包括一起跨越不同地区，去寻找可食用植物、挖掘根茎和捕获猎物等。我们在一起工作，并通过结为夫妻的方式待在一起：人类通常一次选择一个伴侣，并且可以和平地做到这一点。

这就是为什么人类用舞蹈来求爱，而不用死亡竞赛的原因。猿和麋鹿使用武力争夺多个伴侣，从而获得个体复制的权利；而人类则采用一种更加类似 T 台走秀的方法，我们用炫耀的方式而不是战斗来解决问题。男性让自己显得强健，看起来像有能力的养家者，然后等待女性做出她们的选择。猿可能会把对手撕开成两半，这是因为只有获得第一名，雄性才能开始组建后宫。但是，在单偶系统里，求爱不用牺牲半数男性的生命。

我们是有耐力、有弹性的生物，这是男人和女人、老年人和年轻人之间最相似的地方。对长距离跑步、游泳等耐力项目的成绩的统计结果显示：不同年龄、不同性别的人，其表现出来的耐力水平差距很小。人类在这方面的差距，小于在体形大小上的差距，只有约 10% 左右。

在横渡宽超过 37 公里的英吉利海峡方面，游得最快的女性只比最快的男性慢 30 分钟。在未配备防鲨笼的情况下，64 岁的黛安娜·奈雅德（Diana

Nyad）是从古巴游到佛罗里达州的第一人。她在洋流中独自坚持了53小时，并克服了水母的持续蜇伤。一名25岁、正当壮年的小伙子，也未必能完成她这样的壮举。另外，30岁的破产律师阿梅莉亚·布恩（Amelia Boone）在2012年差点赢得世界上最艰难的泥巴强人挑战赛。她在近145公里的路程中，越过300个障碍，最终以全场第二名完赛，而且她领先获得第三名的男选手16公里。

中年女性在超级马拉松比赛中处于领先集团的情况并不少见。在2002年恶水超级马拉松（Badwater Ultra）比赛中，41岁的帕姆·里德（Pam Reed）领先所有男性，第一个完成了穿越死亡谷的217公里赛程，最终赢得冠军。第二年，她成功卫冕。害羞的黛安娜·芬克尔（Diana Finkel）40岁时参加了严酷的硬石（Hardrock）100英里越野赛，她领跑了前90英里，最终以第二名的成绩完赛。

只要再多一些练习，女性在投掷项目上也能取得突破。解剖学研究表明，力量和体质并不是问题所在，女性没有道理不能像男性一样，投出风驰电掣般的投球。澳大利亚的原住民女孩在成长过程中，也跟男孩一同参与狩猎。研究人员对她们进行了测试，发现她们投掷的最高速度大约只比男孩差20%。南费城的13岁女学生莫奈·戴维斯（Mo'Ne Davis）是他们全队的头号投球手，其投球技术超过了同队的男孩子，最终她带领自己的队伍横扫了棒球小联盟世界系列赛。尽管莫奈的身高只有1米62，体重才50公斤，但她投出的球时速经常超过110公里。丢出一块石头很简单，丢得完美则非易事，充分利用髋部的旋转是其中的关键。我们需要打开髋部，并将其中的力量传递到手臂。如果你不经常练习，就不可能在第一时间掌握这个诀窍。女性投球比不过男性的原因，只是因为比男性练得少。**天生的武器**仍然在那里，而且在我们拥有过的所有武器中，它是最好的。

这种天生的武器每个人都有，“天堂双胞胎”显然也有！他们的独特之处在于，他们找到了办法，使这种武器的战斗力发挥到极致。

“你能想到的最糟糕的情况是什么？”费尔贝恩问阿普尔盖特。

阿普尔盖特回答：“有人从后面跳过来袭击我。如果我的背后被一把枪指着，就只能举手投降了。”

“好吧，那你演示给我看一下！”

费尔贝恩扮演俘虏，他背身站立，双手绞合着置于脑后。阿普尔盖特悄悄走到他身后，接着拿出手枪，死死顶在费尔贝恩的脊柱上，然后……

费尔贝恩把阿普尔盖特从地上扶起来，并把枪递回给他。想再看一遍吗？

第二次演示的时候，费尔贝恩选择了新的站立角度，还放慢了所有动作的速度，以方便每个人都能看清楚他是如何做到的。他先用左手挡开“偷袭者”手中的枪，然后用右手抓住对手的下巴。接着，费尔贝恩用膝盖狠狠顶向对手的腹股沟，这使阿普尔盖特彻底丧失了抵抗力，瘫倒在地上。尽管费尔贝恩是以慢动作重复上一次的过程，阿普尔盖特还是没法阻止他。“这看起来可能有点奇怪，”阿普尔盖特又学到了一招，“枪手根本来不及反应去扣动扳机。而且，在对方的身体偏离手枪的弹道之前，他根本没办法开枪。”

费尔贝恩命令道：“现在看着我！”阿普尔盖特紧盯费尔贝恩的眼睛，留意其中闪现的任何意图；同时，他用未装弹的手枪顶着费尔贝恩的肚皮，卷曲手指随时准备触发扳机。费尔贝恩身体一扭，在阿普尔盖特扣动扳机之前，一掌把枪口拍到其他方向。随后，他反向扣压阿普尔盖特的手腕，把大个子拉到他的膝盖处，并夺走了枪。费尔贝恩的脚根本没有移动，他所做的一切动作不过是沉了一下膝盖、旋转髋部，以及弯曲肘部。

“身体扭动是所有空手夺白刃技术的基础。”阿普尔盖特开始意识到这一点。但这种认识仍然处于初级阶段，“天堂双胞胎”把身体扭动作为所有动作的基础。在丛林里，身体扭动是非常有效的举动。狒狒会通过它来传达投降的信号，为了避免争斗，它们会让躯干和腹部肌肉松弛，表示自己最有力的武器已经解除。

费尔贝恩表示，人类其实配备了与灵长类动物相同的武器。他带着阿普尔盖特，体验了一系列依靠直觉产生的格斗动作：挣脱束缚，从被击倒的状况中恢复，将大个子击倒在地，以及“火柴盒攻击”。费尔贝恩的所有招数都有三个共同之处：**快速、简单、令人震惊**。“在战斗中，任何人一旦处于危在旦夕的境遇时，就会很快恢复动物性，”费尔贝恩的话让阿普尔盖特恍然大悟，“几秒钟后，尤其是被对手打中或被撞倒后，嗜血的欲望会迅速被勾起，接下来的格斗就全凭人类本能了。”

一旦你学会“火柴盒攻击”的诀窍，就不用再害怕半夜穿过冷僻的阴暗街道，或在车后被别人用枪挟持。一旦发生上述类似的危险，你可以轻松脱困，因为仅用口袋里的小物件就可以保护自己，比如现在的一部手机，或者费尔贝恩年代的一小盒火柴。

> 如果你发现情况不妙，就牢牢靠在街道右侧的墙壁上，把右手偷偷伸进外套口袋里。你要把手机紧紧握在掌中，越紧越好，手机的后盖要保持在拇指和食指下方。该死！你感到紧张是对的，因为麻烦来了。有人正朝着你快速移动，他的手里拿着什么？一支枪，一把刀？
>
> 现在，手机会救你的命。你只需要好好利用身体扭动的能量。
>
> 费尔伯恩进一步讲解道："用你已准备好的左小臂把枪挡开。"现在，拿出手机！死死握着它，感觉自己的骨头硬得像一块铁。"从髋部开始转动身体，用力击打对手的左脸，尽可能靠近颚骨。"这个过程中，你不需要移动大臂，保持肩膀固定在你的身侧，依靠髋部扭动，用小臂使劲击打。他补充说："你把对手打晕的概率很大，至少有50%。很多人不知道，其实使用一个火柴盒也能做到这一点。这其中有一个很关键的原因就是，这种隐蔽性很强的动作不太会引起对手的注意。"

阿普尔盖特一下子就掌握了费尔贝恩发现的力量。身体扭动，用本能去瞄准，这对任何人都管用，并且可以被快速掌握。你可以在一个下午就搞懂基础知识，然后只需每天花10分钟去练习，就能熟练掌握。你不需要在柔道训练馆参加数年的培训，也不需要一抽屉五颜六色的腰带。那么，什么是你需要牢记的事情？阿普尔盖特认为是**战斗的真实面目**。人道主义确实逐渐成为一种趋势，但我们应该牢记，自卫是生存的技能，而不是漂亮的观赏运动。现代的个体战斗，已经越来越像娱乐项目，其残酷性被掩盖了。很多时候，它更多的是关于你不能做哪些动作，而不是关于你能做什么。

- 你只能与和自己身材差不多的家伙对决。
- 你必须带软垫手套，在裁判员监督下，在医生和理疗师的陪伴中，每次打三分钟，然后用一分钟休息。
- 你有自己的休息凳，在绳圈里有自己的安全角落。

○ 你不能离开固定的场地，不能扯对方头发，不能锁紧手指，扭打的时候不能乱踢；就算是狂野西部终极角斗比赛，也禁止一系列动作，包括：咬、吐唾沫、咒骂、抓、掐、锁喉、头撞、拧打、挖眼、扯头发、钩拳、抓腹股沟、用脚跟蹬肾、头击倒地的对手，或诈伤。

○ 你要身穿干净整洁的短裤，以达到官方的要求。

干净和整洁？在过去几百年中，我们已经变得如此文明，竟然开始拒绝人类在近 200 万年间的样子。最糟糕的是，人类在战斗中不再使用筋膜，从而使我们遗忘了自己最致命的武器。

当然，例外永远存在。比如，很久之前的某个黄昏，在中国某处海滨，费尔贝恩发现了被人们遗忘的东西。

费尔贝恩是在 1907 年第一次听说咏春拳的，当时这个初来乍到的警察刚刚被地痞流氓痛殴过，身体还在恢复中。

“咏春”的字面意思是“在春天里哼唱一首歌”，这个名字很好地捕捉到了咏春拳的特点：易学易用，看上去柔弱乏力。你不需要身体保持笔挺、看起来威风凛凛，也不需要把你的拳头举高来保护头部，更不需要双手作虎爪状。你的手是放松和开放的，甚至可以玩小面团。咏春拳表面看起来确实很轻松，这其实源于对弹性能量深刻的科学认识。

好莱坞明星小罗伯特·唐尼（Robert Downey Jr.）把自己的重生归功于咏春，也正是因为他的曲折人生，越来越多的人开始认识咏春拳。唐尼本来是 20 世纪 80 年代美国好莱坞最有前途的年轻演员之一，但到 1996 年，他却成为重度瘾君子。他几乎到了无药可救的地步，数度被捕。他吸食可卡因、海洛因，行为失控，违法携带麦格农手枪，还违反法院的禁毒康复令。有一天，他因被指控吸毒而接受传讯，聆讯完成后才几小时，他又再次被捕。由于过量吸食海洛因，唐尼穿着内衣，晕倒在邻居家孩子的卧室里。在被判处一年监禁前，他说道：“好像有一把上膛的枪顶在我嘴里，我的手指放在扳机上，而我却喜欢这种金属的味道。”刑满获释后，唐尼发现了咏春拳。他经常去参加训练，有时一周去 5 次，每次持续几个小时。咏春拳里有些东西让他找回了平衡的感觉，整个人重新活了过来。这和自律无关，唐尼只是感觉到自己的身体终于在做它本来就应该做的事情。

“咏春拳教你如何全神贯注，无论你是应对武术中的攻击，还是生活中的困难，它都可以帮助你，”当一名记者和他一起加入咏春拳的锻炼时，这位演员向记者解释道，“如今，有问题的地方我都躲着走，这已经是我的第二天性了。”

“你不会想和一辆卡车打架，”唐尼的教练补充说，“你不过想要找条出路而已。”

相传，咏春拳是唯一一个由女人创建的武术门派。据说，五枚师太在少林寺学习时，正好遭遇朝廷围攻少林寺。寺庙被毁，僧侣被杀，但五枚师太幸存了下来。为了躲避朝廷的捉拿，她躲进深山老林里。一次偶然的机会，她看到一只鹤在溪边遭到野猫伏击。鹤的情形相当尴尬，它只有两条腿，难以抵挡野猫的獠牙、利爪及四条腿的运动天赋。然而，鹤却旋转身体，摇动翅膀，最终打败了凶猛的野猫。五枚师太当时面临的困难与此非常类似，通过对鹤动作的思考，她开始逐渐领悟武术的真谛，并自创了一套招式，从而使自己变得和男子一样强大。如何在“陷阱区”里生存？这是当时各大武术门派普遍面临的最棘手的难题，咏春拳的理念无疑为应对这个难题提供了非常有益的思路。

每当对手离你近在咫尺时，你就已经进入了他的陷阱区。拳击手逃离陷阱区的能力取决于出拳的长度以及脚步的敏捷程度；空手道和跆拳道则追求长距离、急促的踢腿，目的是从远距离打击对手，同时尽可能远离对方的手。陷阱区压缩了动作空间，让速度和技巧无从施展，从而使那些依靠体形和蛮力的人占据上风。它是大个子的好朋友，小个子的噩梦。然而，奇怪的是，陷阱区恰好也是女性风格的咏春拳最适合发挥的地方。

咏春拳告诉你要踏入陷阱区，同时让自己放松。你不用急着进攻或闪躲，甚至不用为了减少暴露于敌人攻击范围中的目标而侧身站立；你只需要面对对手，方方正正地站好，等待对手露出破绽。不过，成功的先决条件是，首先找到自己的“中心线”。咏春拳的基本信念是，力量会沿着中心线从脚底螺旋上升并通过身体中心，此时此刻，你的力量将达到最大值。你可以通过以下 4 个步骤来获取这个中心线能量：

1. 双脚打开，与肩同宽；
2. 沉腿，轻微下蹲；
3. 张开双手，并交叉放在胯部前方；

4. 然后双手提到齐胸高，保持最本能的防御姿势：X 形。

现在，你已经准备好了黐手，把对手的陷阱区变成了你的陷阱区。

黐手是更高级别的摇摆力量。它能将攻击你的力量和你自己的力量合并，再将其回击出去。其中的关键是身体接触，只要他开始挥拳，你就轻轻地用手“粘”上他，将打击带偏，而不是阻止它们。当他右拳打向你的眼睛时，你用左手腕转移他的力量，旋转自己的身体，就像轮子围绕着车轴旋转一样。现在利用他推过来的动量驱动你的右臂进攻，整个过程其实是对手在借你的拳头抽打他自己。

“手是摇动的门，建在腿的堡垒上。”伟大的咏春拳宗师叶问这样教导他的学生。他的一个追随者观察说：“叶问不会大范围移动。”当有人打过来时，他只移动刚好可以避开的距离；但当他攻击时，他会直接攻向对手的中心，要么打中对方，要么使对方失去平衡。叶问对出脚也很吝啬，因为脚踢得越高，平衡损失就越多。叶问不会使用那些一脚踢中头部的好看招数，尽管这些动作会在巡回赛中赢得大众欢呼。他只会踢低位，瞄准膝盖、胯部、小腿胫骨或踝关节，做小幅度的踢腿动作。咏春拳不是观赏性运动，而是一门有关破坏和伤害的科学，旨在快速命中要害，用最快速度带来最大伤害，从而结束战斗。

费尔贝恩本来是没有机会学咏春拳的。因为就算是在盛世，中国人也不轻易相信外人，何况 20 世纪初的中国正深陷前所未有的困境。中国的武功秘籍向来只传给中国人，不会传给外国人，因为不能让外国人用中国的武术来对付中国人。然而，虽然费尔贝恩才来上海几个月，这个蓝眼睛的英国佬却拥有他自己的筹码。皇太后的安全情报部队有一个重要职责，就是找回 1899 年义和团运动期间丢失的皇家古董。费尔贝恩恰好掌握着寻回丢失古董的广泛人脉，他经常突击黑帮的地下窝点，并与英国军方有紧密联系，他还为欧洲侨民提供保护。总之，他可以得到很多有关失踪古董下落的线索，其中有很多是皇太后自己的人找不到的。作为回报，费尔贝恩被允许和慈禧太后贴身护卫的教头崔金东（Cui Jindong，音译）一起练习咏春拳。

费尔贝恩在崔金东的指导下，学到了一条让人惊讶的原则：暴力手段无需复杂。像用拳头击打气管或用膝盖跪击腹股沟这样你能想到的办法，在一万多年前就被研究出来了。如果以自卫为目的的话，这将是一个好消息：如果费尔贝恩可以掌握黐手，他就可以把每个想象得到的攻击，存储到筋膜的记忆库里，把身体变成自动响应系统。

> 就如同本能瞄准，在你同对手格斗的时候，黐手会屏蔽你理性的大脑并激活你动物的本性。如果攻击者抓住你的手腕，那就抬起你的胳膊肘顶过去；如果他试图抓住你的腰，你就用脚顶住他的膝盖，让其无法靠近。你不必思考，甚至不必观察，只需要做出反应就行了。

考虑到上海警察经常在黑暗的地下室与犯罪分子遭遇，这些借助筋膜的武术招数，简直就是他们的救命稻草。费尔贝恩和赛克斯把咏春拳带回英国后，发现对准备潜入到德军后方、执行破坏任务的特工，它也同样有效。无论这些特工是妇女、诗人，还是教授，它都很管用。南希·韦克（Nancy Wake）回忆说："在暗杀方面，赛克斯无疑是我的老师。"南希之前是一位澳大利亚派对女郎，后来成了特别行动处最出色的特工。她的拿手好戏是，在散步经过盖世太保驻法国的办公室时，往里扔手榴弹。她还冷静地利用性感的魅力来分散检查站守卫的注意力，拯救被击落的盟军战斗机的飞行员。

南希谈及当年的各种手段时，说道："我会偷偷潜入，嗲嗲地说'你想搜我的身吗'。上帝啊，我真是个会调情的小妖女。"盖世太保给这个神秘女人起绰号为"白鼠"，并把她列为头号通缉犯，但南希是抓不住的。整整17次，她成功带着英国飞行员穿越比利牛斯山脉（Pyrenees）。"如果德国人来抓我，我就会用赛克斯教的那几招。踢他，用手掌砍他的颈侧。"一次，她的抵抗组织小分队被包围了，南希最后杀出了一条路。她偷了一辆自行车，连夜骑行200公里，到达了一个安全地点。还有一次，她袭击完兵工厂，准备溜之大吉的时候，一个德国哨兵发现了她，"白鼠"用赛克斯教的方法，结果了对方的性命。

南希在战争中奇迹般幸存了下来，而且活到了98岁高龄。一次，在法国的战后晚宴上，她听到服务员喃喃自语说，相较于堕落的英国人，他更喜欢德国人。南希尾随他到厨房，用赛克斯的方式让他永远地安静下来。经理想冲过去时，南希的晚宴同伴劝他走开，否则可能会成为下一个被她干掉的人。"战前，我的天性里没有暴力，"南希耸了耸肩说，"是敌人让我变得这么强硬的。"

一只在陷阱区茁壮成长的"白鼠"，替五枚师太画上了完美的句号。五枚师太在

300 年前就证明了女人可以和男人一样战斗。而且，咏春拳的来源看起来还带有一点复杂性，很有希腊的味道。

在克里特岛迷宫深处，忒修斯凭感觉摸索着穿过黑暗的石头迷宫，用脚轻轻推开那些折磨人的尸骨。那些过往的访客有男有女，现在都变成了尸骨。忒修斯只不过是个十多岁的小伙子，没有其他人的帮助，而且连武器都没有。他转过弯，就在拐角处，和牛头怪面对面相遇了，而牛头怪渴望痛饮人血。此刻，一项新的技能即将诞生。

“如果与牛头怪比力气的话，忒修斯根本不值一提。不过，尽管他没有刀，他还是用潘克拉辛格斗术获胜了。”品达（Pinder）的《尼米亚颂歌》（*Nemean Ode*）第五首这样写道。潘克拉辛格斗术的字面意思是“完全的力量和知识”，但这个词后来延伸出的含义，远比字面意思丰富和深刻。它与诸神和英雄联系在了一起，与利用天赋克服困难联系在了一起。潘克拉辛是一种格斗技术，尽管结合了拳击和摔跤，但其对格斗的理解超越了后者。一些潘克拉辛格斗技巧从未被超越，比如正蹬腿。有些现代格斗专家在看完示范后，惊叹道：“这是我们见过的最强大的进攻手段之一。攻击者的膝盖和脚部像是活塞一样，狠狠地踩到对手的胃部、阴部或大腿上。它汇集大约 900 公斤的冲击力攻击对手，这足够折断一根棒球棍。”

潘克拉辛格斗术最可怕的地方在于，它表面看起来一点都不可怕。它的准备姿势看上去若无其事，相当放松，但眨眼之间你就能用一招正蹬腿踢到对方膝盖上；而你的对手根本不会有一丁点儿防备，因为他根本看不出你的攻击企图。如果你与一个幼童一起玩抛接球，你就是在用潘克拉辛的技巧：正视前方，膝盖下沉，抬高打开的双手。潘克拉辛不像一门有目的和方法的学问，看上去更像是一连串偶然的拼凑。研究原始潘克拉辛格斗术的权威提到过：这感觉是如此自然，因为就是这么自然而然发生的。潘克拉辛格斗术的概念被从原始冲动中提炼出来，丢弃没有帮助的一切东西，只专注于三件事：**放松、出其不意、阻滞力**。在行动中，没有思考，没有进攻信号，一击致命，就像其他动物在为生存而斗争一样。

潘克拉辛如此直白地处理真实的暴力，这使它多年来都未能入选古代奥运会的项目。“为了把对手击倒或让对手投降，掐喉咙、连续拳击、咬、踢，这些野蛮人出自本能的方法或儿童打架的手段都可以使用，”牛津大学古代体育研究专家诺曼·加德纳（E. Norman Gardiner）博士是这样解释的，“但这种粗暴的玩法并不适合体育竞赛。它太危险，毫无规则可言。”

在公元前 648 年举办的第 33 届古代奥林匹克运动会上，潘克拉辛终于成为比赛项目。不过，这次的入选却附带了两个限制性规则：不能咬，不能挖眼睛。除此之外，你可以任意使用人类的创造力和残忍。尽管如此，当年的斯巴达人仍然抱怨和拒绝参加这个项目。他们的理由是：如果你不能弄瞎你的对手，也不能咬他的鼻子，这个竞赛还有什么意义呢？

即使一些比赛在很短的时间就能分出胜负，有的连一个喷嚏还没打完就结束了，但潘克拉辛仍然是“古代奥林匹克运动会所有项目里最令人兴奋和最有价值的”。这个评语出自希腊历史学家斐洛斯特拉图斯（Philostratus），它显然代表了当时大多数人的想法。比赛中没有点数计算，只要你把另一个家伙打到痛苦得无法忍受，你就赢了。一位奥运会冠军的三次获得者的绝招就是，攥住对手的手指，然后使劲掰弯它们。比赛最终的结果只有某一方的死亡或投降，如果在一场比赛中两者都出现了，那它就会成为人们津津乐道的经典。

> 在一场比赛中，伟大的潘克拉辛冠军安立群（Arrhachion）设法抓住对手脚部的时候，反被对手扼住了喉咙。经典的潘克拉辛攻击动作之一就是弄断对手的踝关节，这一招非常有效。几千年后，“天堂双胞胎”也非常重视保护他们的脚，所以他们绝对不会冒险去踢任何高于裆部的位置。但安立群锁定对手脚踝这个动作完成得实在太迟了，尽管他的对手认输投降，但那时安立群已经窒息而死。不过，冠军还是被授予了死去的胜利者。

关于潘克拉辛的起源，有两个不同的神话故事，但它的奇特之处并不仅限于此。讲故事的人对原本发生的事件无法达成一致，到底是起源于忒修斯对付牛头怪，还是赫拉克勒斯对付凶猛的尼米亚狮子？但他们都一致同意其中一个关键点：虽然拳击和摔跤是由阿波罗和赫尔墨斯流传下来的，但潘克拉辛却是因人类的弱点而诞生。忒修斯到克里特岛去证明自己时，只不过是一个男孩。赫拉克勒斯也并不是我们以为的那种笨重的大块头，他从来都不是战斗中最强壮的人。事实上，诗人品达甚至走向另一个极端，他把赫拉克勒斯获得成就的原因描绘成小男人综合征，他说赫拉克勒斯“身材矮小，但是有着不屈的意志”。

英雄们的确很强大，但如果只靠肌肉，他们将永远无法摆脱困境。他们真正的力量来自他们的耳朵：忒修斯和赫拉克勒斯都是终身学习者，都是机会平等的信奉者，他们总是寻求建议，就算来自女人的建议也一样乐于听取。这是英雄的标志，也是潘克拉辛的标签：**完全的力量和知识**。

这些知识已经存在很长一段时间了。不仅在神话里，在历史上也真的有人使用潘克拉辛格斗术来战斗。考古学家打开克里特岛的密封洞穴，也就是忒修斯曾与牛头怪对战的地方，他们发现公元前 1700 年的陶器和壁画上描绘了最早的潘克拉辛。国王米诺斯当时的确统治着克里特岛，并且他的船队经常往返于埃及。各种热门的最新发现被船员们带回了克里特岛，比如赫梯人独特的宗教仪式，其中包含着公牛跳、拳击、搏斗等。在克里特岛，这些仪式被改造成格斗招式，然后再输出到希腊内地。

很自然地，任何涉及"完全的力量和知识"的内容都深深吸引了研究格斗的学者。比如，亚历山大大帝甚至在睡觉时都要枕着《伊利亚特》。当亚历山大看到他最出色的马其顿战士被来自雅典的潘克拉辛战士狄奥西普斯（Dioxippus）打败，他立刻就变成了潘克拉辛的铁杆信徒，并且要求他的军队全都要学习潘克拉辛。随着亚历山大的大军一路向东进军到波斯和印度，潘克拉辛很有可能也被传到了亚洲，并成为所有现代格斗术的灵感来源。

所以，难道没有五枚师太吗？没有少林五祖，没有野猫和鹤的搏斗吗？

也许真的没有！

没有证据表明咏春拳的起源故事比牛头怪的传说更真实。但是，哪怕故事是虚构的，也并不意味着它包含的观点不正确。咏春拳包含了潘克拉辛格斗术的关键元素，但改进了背景故事。为了证明自然法训练和弹性能量可以使任何人成为令人畏惧的战士，不一定要使用两个英雄打怪物的故事。五枚师太并不是为中国观众重新包装的希腊偶像；相反，咏春拳将潘克拉辛从战场上转移，让它脱离充斥着汗液与裸体的男性游戏，并让它回到最初的理念：涉及真正的力量和自卫时，肌肉力量并不是正确的出路。

尽管经过改头换面，这项对每个人都有益的本领还是差点失传。在中国，改朝换代和氏族的保守传统让咏春拳只能在地下流传。而对于其他人来说，潘克拉辛早已经被罗马人毁掉了。在恺撒的统治下，潘克拉辛退化到角斗的层面，变得如此野蛮，最终被信奉基督教的皇帝禁止。在那之后，这项格斗术由于和血腥疯狂的斗兽场联系得过于紧密，所以没有人真的有兴趣想要恢复它。在1898年，一名英国运动员试图复兴潘克拉辛，但他也失败了。他说，可能是由于角斗太可怕，所以在现代文明社会里，潘克拉辛难以找到用武之地。

于是，这项伟大的奥林匹克运动逐渐淡出人们的视线，消失了……

不过，克里特岛除外。在潘克拉辛诞生的大山深处，这种格斗技术在世世代代的叛乱者之中流传下来。他们永远没忘记潘克拉辛能用来做什么，以及它为何被创造。德军入侵后，一张奇怪的照片传到英国情报机构手中。照片上展示了三名德军士兵遭到克里特岛抵抗战士的伏击的情景，其中一人用剪刀腿缠绕在德军士兵背部。这个动作分明就是经典的潘克拉辛格斗术的招式，这和“天堂双胞胎”在流氓部队训练营里想要传授给学生的东西是相同的：

其实你已经拥有所有的力量、速度和柔韧性，你只需要把它们释放出来。

Natural Born HEROES

午夜侠登陆：野性的原始能量

Part 3

HOW A DARING BAND OF MISFITS MASTERED

THE LOST SECRETS OF

STRENGTH AND ENDURANCE

13 希特勒的愤怒

扭转世界格局走势的牧羊人

克里特岛的名字对我这个征服者来说，是苦涩的记忆。

库尔特·斯图登特
德国空军将军

克里特岛是完美的试验地点。山里密布着蜂窝状山洞，方便人躲藏；所有德军飞机在前往苏联的途中必须在这里加油，它们是现成的袭击目标。但“公司”不能盲目地进入这个地区。首先，要确定牧羊人乔治·塞科达克斯和其他克里特人是否真的愿意将一帮业余特工庇护在羽翼之下。如果他们不愿意的话，英国人连一个星期都撑不了。

因此，面包师杰克在逃离克里特后没几天，就被要求回到岛上去。尽管他花了5个月才离开这座岛，现在却要他再回去，可是他能有什么选择呢？克里特岛战役持续了10天，但争夺克里特岛的战斗才刚打响。希特勒需要锁定克里特，但他一定程度上……无法……阻止抵抗力量。和原定的时间表相比，德军对苏联的进攻已经落后了好几个月，但不是每个人都在加速赶往东部前线，有5个整编师仍驻扎在这个该死的岛上追逐牧羊人。

太棒了，这正是丘吉尔希望的。在某个地方，非正规军的一个小分队可以赶上巨人，并乘其不备将他绊倒。英国还没来得及让“公司”派人过去建立抵抗组织，当地就自己突然蹦出了一个。安东尼·比弗在记录克里特岛战役的权威性史料中写道：“欧洲其他地方的地下抵抗运动，大约在德国占领一年后才会开始发展。克里特的抵抗力量则完全不同，他们好像从入侵的第一个小时，就开始正式运作了。”他们好像已经排练了很多年，克里特岛上的居民被快速组织起来：武装的民兵、奔跑在山区的信使，以及民歌警报系统。一旦发现德国巡逻队，带着颤音的曲调会迅速在村民之间传开；接着，整个山谷就都得到了消息，当然也包括那些躲藏在山里的人。

但实际上，面对斯图登特将军的愤怒，克里特人能坚持多长时间呢？这一次，斯图登特比希特勒更加愤怒。元首已经命令他的部队去恐吓这些突然蹦出来的家伙，但斯图登特想要的不仅是恐惧，他还想要流血。德军在克里特岛战役中损失的部队，比在法国、南斯拉夫和波兰的损失加起来还要多。斯图登特本人都差点落得自杀谢罪的下场，这一切都是因为那些野蛮人。斯图登特下令，克里特人是“野兽和刺客”，对待他们应该像对待危险动物一样。无论在什么地方，如果发现有一丝抵抗的迹象，斯图登特就会命令“灭绝该地区的所有男性，不得怀疑”，以及“彻底烧毁整个村庄”，德军在执行命令时甚至无需打着审判的幌子。斯图登特命令：“所有这些行动措施必须迅速执行，无需通过正式手续。”

在克里特岛上，没有了约束的德军开始横冲直撞地报复。在卡斯泰利基萨莫小镇（Kastelli Kissamou），有 200 人被随意挑选出来遭到屠杀。在小小的弗尔尼斯（Fournés），有 140 多人遇害。很多村庄整个都被坦克包围，然后被付之一炬，妇女和儿童被迫逃到山上。不是每个女人都能够逃脱，很多人的衣服被撕开了检查，如果肩部被发现有疑似步枪后坐力造成的肿胀，就会和她们的兄弟或丈夫一起被处决。德军的搜捕相当残酷无情，侦察飞机在山岭上咆哮着低飞而过，机枪扫射着任何可疑目标；德国士兵洗劫农场和城镇，对照着航拍照片搜查每一个看得见的山洞和山羊道。

在 1941 年 10 月的一个晚上，面包师杰克登上伪装的拖网渔船，带着承诺返回到克里特岛。他穿着一身黑色衬衫和裤子，把自己伪装成一个牧羊人，嗯，某种牧羊人。“任何人都可以在一公里之外认出他这个英国人，尤其是当他穿着那些衣服时！”牧羊人乔治·塞科达克斯愁眉苦脸地说。乔治再次临危受命，带着杰克潜行穿过德军巡逻区域。他们一起辛苦地爬上山崖，去探访普雷维利修道院的拉古瓦佐斯院长（Abbot Lagouvardos）。拉古瓦佐斯体重 136 公斤，像罗宾汉故事中的塔克修士一样，呼吸如同喷火。在那里，他们还拜访了当地抵抗组织的战士贝奥武夫、佩特卡什（Petrakas）大叔和“撒旦”格力高拉奇（Grigorakis）。之所以会有“撒旦”这个绰号，是因为他曾身中数枪却未身亡，通常在那种情况下，只有魔鬼才有可能生还。

杰克告诉他们，如果克里特岛的战士能够坚持得再久一点，他们将不用独自战斗。有一批擅长制造混乱的英国专家已经准备好，即将开始采取行动了。

杰克刚完成克里特岛的侦察任务，就有人带着亚历山大·菲尔丁（Alexander Fielding）去见他。这个年轻的穷画家说："叫我'赞'（Xan）就可以，发音是'Chan'。"赞的父亲是第50锡克团的少校，赞作为一名职业军人的儿子，知道当战争爆发时到底该怎么办：

逃跑，躲起来。

赞承认，他的第一反应是逃跑。他也做得很好。战争前，他在豪华的伦敦咖啡馆以替客人画素描为生，然后他一路向东，到德国学习和研究古典绘画。当希特勒入侵波兰时，赞的大学同学大部分都参军了。赞逃到塞浦路斯，在那里当一家酒吧的经理。赞回忆道："我不是害怕打仗，而是被部队生活吓坏了。"没有人会愿意成为一名军官，一天三次陷入混乱，同时被迫和一连串陌生人聊天。他抱怨说："被迫假装和一群陌生人志同道合，这让我无法忍受。叫我懦夫好了，别叫我长官。"

当德国潜艇准备要封锁这条海上航线时，赞跳上船继续逃跑，前往希腊沿岸的一座小岛。小岛的主人是他的老朋友弗朗西斯·特维尔–彼得（Francis Turville-Petre）。弗朗西斯是世界闻名的考古学家、性冒险者，后来成为留着一头乱发的隐士。弗朗西斯刚从牛津大学毕业时，就以发现"加利利人"（Galilee Man）成名，这是在欧洲以外发现的第一个尼安德特人的头骨。但不久之后，弗朗西斯就开始花更多时间去参加派对，而不是从事考古挖掘工作。他的一名考古同伴写信回家时，厌恶地描述了当时的情况："弗朗西斯的帐篷附近，到处都是丢弃的威士忌空瓶，还有阿拉伯男孩偷偷爬入他的帐篷。"被送到德国治疗梅毒之后，弗朗西斯决定放弃巴勒斯坦的沙漠，并将自己研究的专业切换到"性民族学"（sexual ethnology）。他成了柏林男孩酒吧的传奇人物，被称为"德尔·弗朗尼"（Der Fronny）。他的经历甚至启发了两台舞台剧的创作，它们是音乐歌舞剧《餐厅》（*Cabaret*）和诗人奥登（W. H. Auden）的话剧《弗朗尼》（*The Fronny*）。然后，弗朗西斯突然消失了。有传言说，他隐居在一个希腊小岛，每天一直睡到天黑，然后晚上到处游荡闲逛，以白兰地和面包为食，外加每周喝一碗牛肉汤补充体力。

1939年，当赞找到弗朗西斯的时候，这颗曾经璀璨的英国考古明星，看起来就像个遭遇海难的幸存者。赞回忆说："又长又直的印第安式头发，衬着悲伤、蜡黄的脸，让人无法猜出他的年龄。他瘦弱的身体上，总是披着鲜艳的衣服，脚上则套着一双奇小的草鞋。"不过，弗朗西斯的内心还是热情如初。他们一起在月光下漫步了很远，分享他当年如何找到加利利头骨的秘密。

在他职业生涯的早期，弗朗西斯意识到，他需要花好几十年来掌握考古和地质学知识，这样才可以与资深科学家们竞争。他必须要找一条捷径，于是他开始在村庄里游荡，喝着茶，与商人们聊天，沉浸在八卦故事、方言和鬼故事之中。弗朗西斯认为，每个传说都会有长长的根须，最终伸向大地深处。如果孩子们相信一片树林里闹鬼，他们可能真的见过幽灵的阴影。不过只要深入探索一下，就会发现真相可能只是牧羊人在悬崖洞窟中过夜，篝火的亮光透过隐蔽的通风口漏了出来。以色列广袤沙漠中有成千上万个洞穴，能帮你迅速成功的却寥寥无几。不过，如果一个隐秘小窝能让今天的人感到温暖舒适，那就同样也能让石器时代的人们有同样的感觉。这意味着，耗费一个下午去听老婆婆讲故事，可以帮助你快速剔除假线索。弗朗西斯对八卦消息有敏锐的嗅觉，这使他能从健谈的贝都因商人（沙漠中的阿拉伯人）那里得到独特情报，最终帮助他找到了藏着头骨的洞穴。

赞回忆说："敦刻尔克大撤退和不列颠岛遭受狂轰滥炸的相关报道，使我的内疚感不断增加。而与弗朗西斯的谈话，帮我驱散了良心上的阵阵刺痛。"赞并不是同性恋，但他把弗朗西斯当作他见过的"最让他兴奋和最值得交往的同伴"。

白天，赞会画风景画，和弗朗西斯的6个仆人一起练习希腊语，等待他们的主人在黄昏时分醒来后一起夜行。他们会围聚在收音机旁边，听BBC有关战争的晚间新闻报道。

赞在琢磨："我们不应该感到羞愧吗？也许是时候去承担起我们的责任了。"

弗朗西斯"哼"了一声，说道："你觉得你可以做什么呢？"

不过，希特勒没给他们留下多少选择余地。在德军入侵希腊之前，赞和弗朗西斯只能各奔东西。弗朗西斯选择埃及，他对情色冒险情有独钟，在战时的开罗，到处是与性有关的暧昧。他很快再度回到"派对之王"的宝座上，然而在后街小巷狂欢几个月之后，他就彻底崩溃了，享年40岁。一位友人回忆说："他厌倦了爱、性、旅行、友谊，甚至食物。"这位曾经给赞启发，善于发掘古老秘密的天才已经死了。

赞返回塞浦路斯，在那里，他发现了一个更好的方式来躲避这场战争，那就是参军。赞被委派为塞浦路斯第1营的初级军官，这支部队是地中海沿岸最大的笑话。他发现："塞浦路斯人从来没有真正的军事传统。这一点很快就显现出来了，他们习惯磨洋工，从1世纪到现在都是如此。"赞的很多同僚都由于违纪而被军队除名了，剩下的那些，不是和平主义者，就是逍遥派，后者认为无论做什么都不会改变现状。赞说："我们的部队对军人的荣誉感没什么概念。"

那里的军官和士兵显然都对打仗没有任何兴趣，完全把敌人的事情抛到了九霄云外。他们彼此达成默契，同意不挡对方的道：士兵把时间消磨在尼科西亚（Nicosia，塞浦路斯首都）的妓院，而军官们则在赌场徘徊。刚入伍的新兵在几个星期后，比他们报到那天的战斗力还要差。赞承认说："男性性病的发病率居高不下，仅次于军官醉酒的比例。"

赞的工作是上演空城计，去拜访一些根本不存在的假部队。官方认为他们的计谋是最好的防御，所以他们建造了大量假军营，让塞浦路斯看起来好像挤满了军队。赞回忆说："所有这些影子部队，都由我自己来扮演。"他整天骑着摩托车大吼大叫，向根本不存在的旅、团传达军令。如果能让德国人相信，由重兵把守的塞浦路斯将是块硬骨头，希特勒或许就会打消进攻的念头。用这种方式打仗，实在是太有喜感了。赞后来承认，在塞浦路斯服兵役是"我生命中最无忧无虑的时期之一"。

接着，克里特岛难民开始大批涌入塞浦路斯。赞当时记录道："克里特岛预计会在一天之内投降。"但实际上它并没有。有报告说，牧羊人、农民和乡村牧师们用谷仓的农具和打兔子的猎枪来保卫他们的小岛。甚至，他还听说，有一位老人用拐杖来参战。不知什么原因，这些农民和被打垮的英国军队一起，居然在一天之内抵挡住了德军的猛烈攻势，打到了希特勒要求的最后期限。然后，他们又抵抗了一天。赞开始体验到一种奇怪的感觉：羡慕。

"我觉得如果让我参战，克里特人的动机和方式就是最不可耻和最让人满意的。"他回忆说。克里特人并不是接受任务，然后穿着部队制服去打仗，他们只是为了自己，他们为自己思考，为自己战斗。他们用自己的聪明才智和技能，以自己的方式，使用随手抄起的武器保卫家园。没有人训练他们，或告诉他们该怎么做。他们有自己的传统，世世代代都在为这一刻做准备。赞说："我虽置身于有组织的军队，却觉得越来越难堪。"

赞开始对塞浦路斯海滨流连忘返，他问候刚从克里特岛抵达的难民，这样就能得到第一手关于抵抗组织的最新消息。他对克里特岛感兴趣的传闻很快就传开了。一天早上，一个陌生人来找赞，给了他一个开罗的地址。这个人说，如果赞真的对克里特岛感兴趣，就马上去埃及，在那里他会知道更多。赞立刻就飞到开罗，在开罗机场拦了辆出租车，直奔目的地。

出租车司机看了赞给他的地址，回答说："啊，你说的是那座秘密房子（the secret house）吧。""公司"可能很隐秘，全世界其他人都看不见，但开罗的出租车司机能看到。因为，不管它是什么机构，却吸引着很多神秘访客；所以，出租车上，专门标记了这个有车费可赚的奇怪地方。赞找到这座房子，并被领到后面的房间。那里，他遇见了面包师杰克。杰克在负责招聘准备送到克里特岛的新兵。

"你对杀人反感吗？"杰克开始问。

赞不得不承认，他活到这么大，只有一次表现得稍微像一个英雄。当时，他试图阻止一帮喝醉的澳大利亚人欺负一个犹太家庭。其中一个人抓住他的上衣，把他拽起来，咆哮着吼道："你到底站哪一边，加拉哈德[①]？"赞的骑士经历就到此为止了。

老实说，杰克自己并不讨厌赞的表现。因为军队一开始也没想让他成为英雄，他们只是缺一位面包师。当杰克被遗弃在岛上，他逃跑并被克里特人所救之后，他的能力才被重新评估。这让杰克有了一个想法……

> 与其把赞送到苏格兰，跟费尔贝恩和赛克斯学习他们复制的英雄技能，不如直接把赞送到克里特岛。这样赞可以跳过中间环节，直接从源头学习同样的古代技能。和在学校学习相比，赞在追随贝奥武夫和年轻牧羊人乔治的过程中，肯定会从实际行动中学到更多。他会亲眼目睹克里特人如何用潘克拉辛格斗术一击致命；他能掌握长期忍饥挨饿地翻山越岭的办法；他还可以从牧羊人和土匪那里学习如何无需瞄准，而靠本能射击就能一枪命中在400米外的脑袋。

面包师杰克知道这是能够做到的，因为有人已经做到了。英国的考古学家约翰·彭德尔伯里在第二次世界大战前就来到了克里特岛，他缺少一只眼睛，从未在军队中

① 加拉哈德（Galahad）是亚瑟王传说中的一名剑士，只有他才能最终寻得圣杯的下落。——译者注

服役，而且年龄几乎是赞的两倍。当希特勒转身要对付地中海沿岸时，所有人都急着离开这座小岛，但是彭德尔伯里决定留下来。彭德尔伯里的朋友、剑桥大学考古学家尼古拉斯·哈蒙德（Nicholas Hammond）说："一个英国人自愿留下，被德军进攻的浪潮所淹没，后来再也没有回来。做这样的决定需要有很大的决心。但对约翰来说，他并没有想过做其他选择。"没过多久，这位牛津学者就变成了一个传奇，一个让希特勒咬牙切齿的人物。

杰克发现，克里特岛总是在上演着诡异事件。很多激烈、大胆、辉煌的计划，其实没人认为它们真能实现，至少没人觉得一个面包师和独眼考古学家能干成什么事情。然而，大海中的岩石让希特勒流血受伤，永远改变了第三帝国的军事战略，再也不会有从天而降的伞兵来主导一场入侵战役。帕迪后来也承认："克里特岛确实是诡异和辉煌事件的舞台。"他除了惊叹克里特岛"坚不可摧的老男人"和他们"超级帅气"的孩子外，还对他们"听到轻率莽撞的计划时，笑嘻嘻的眼神"印象深刻。

他补充说："如果这项计划涉及危险的行动，他们就会笑得更灿烂。"

两个星期后，赞把头探出潜艇的舱口，在呼啸的狂风中，他想说话，但说不出来。他意识到："尖锐的风声盖过了其他声音。"海浪撞击着潜艇的一侧，弄碎了一艘折叠式独木舟，赞本来会坐上它。

赞并没有在特别行动处的培训处参加为期 4 个月的封闭式培训，而是只花三天学习了如何炸毁一辆废弃的火车。他说："尽管常识告诉我克里特岛没有铁路，但是这并没有立即浇灭我学习爆破技术的热情。直到圣诞节被召回开罗之前，每天在沙漠里练习爆炸就是我接受的所有培训了。"

赞休完爆破假期，就接到命令，要"马上打点行装，前往海滨"。他们被带上一艘伪装成拖网渔船的军舰，前往克里特岛。不过，巨大的海浪迫使他们两次返回埃及。最后，潜艇指挥官"骰子"迈尔斯（Anthony Miers）决定带他们从海浪底下走。海岸线若隐若现时，他们开始派人登上独木舟。这时，风暴突然来临，把独木舟连同上面的人卷进了黑暗的漩涡。

之后……海面上什么都没有。他们花了半个小时仔细搜索，希望能看到人还活着、漂浮在海面上的标志。

指挥官无法再拖延下去。他最后说："这笔生意太糟糕了。你们这些人注定不是死亡、失踪，就是被德国人活捉。"

突然，手电筒的亮光像针刺一样闪了过来。好一个老德莱尼！他和他的独木舟成功了。盖伊·德莱尼（Guy Delaney）是50多岁的澳大利亚上士，长着浓密的眉毛和胡须。跟杰克一样，德莱尼在德国伞兵入侵的战役中幸存下来，设法在山里躲了几个月，最后从普雷维利修道院附近的海滩逃出了克里特岛。赞在想，如果德莱尼这个打败仗的老兵可以在这么大的海浪里活下来，他应该也可以。水手们快速准备好另一艘独木舟，但被大浪冲碎了，然后他们再准备下一艘。赞和他的伙伴只剩下最后一次机会冲向岸边了，"骰子"迈尔斯对他们说：两个人都坐在船里面，独木舟肯定会沉没。不过，要是他们能够像牛仔骑野马一样骑上去，或许还能成功。为此，他们必须用大腿紧紧夹住独木舟，同时使劲划桨前进。

三个水手再次在潜艇边上努力放下最后一艘独木舟，它像一条灰色魔鬼鱼一样在浪里扑腾，赞后来说："我认为不是勇气，而是恐惧促使我做出了决定。"赞惧怕再次回到令人窒息的潜艇，于是他跳到独木舟上，后面还跟着一个他新认识但不喜欢的家伙。盖伊·图瑞尔（Guy Turrall）上尉的年纪比德莱尼还大，他是参加过第一次世界大战的老兵，很喜欢戴着英式遮阳头盔在热带地区晃荡。图瑞尔快要把赞逼疯了。他试图和希腊船员说话，用略带殖民地口音的法语不断重复"你看，我已经在丛林地区待了这么长时间"，以及"官方的建议更适用于和平时期的徒步旅行，而不是秘密的海军行动"。与往常一样，图瑞尔穿着军装和遮阳帽来执行这次卧底任务，他还带着塞满睡衣的行李包和一个搪瓷脸盆。赞趁着图瑞尔没注意，把他的行李扔进了海里。

水手们松开缆绳后，独木舟迅速被涌动的海流带走，并开始转圈旋转。那一刻，当独木舟飞旋得"像浮碟被困在漩涡中"时，赞和图瑞尔达到了某种程度的"完美"。将军们向丘吉尔指出的那些麻烦，这两个菜鸟无一例外都满足了。难道这就是要去阻止希特勒的人，一个年老的上尉和一个自以为是的懒虫？此刻他们正在地中海的浪花中不停扑腾。懒虫第一单"生意"就是"秘密潜入敌后"这样的高难度任务，不过这个年轻"艺术家"却乐此不疲地用恶作剧捉弄唯一能掩护他后背的队友。面对事实吧，图瑞尔可能是爆破专家，有一大堆蒙灰的勋章，但如果他总是忘记希腊人不会说法语，又怎么能成功渗透到敌后呢？

赞和图瑞尔在水中拼命划桨，终于设法制止了独木舟的旋转。负责护送的潜艇已经下潜，并在他们身后消失了，只剩下赞和图瑞尔漂泊在黑漆漆的海面上。老天保佑德莱尼这个竖眉毛的澳洲佬，他仍然在海滩上闪着手电筒，赞和图瑞尔朝着闪光的方向破浪前进。他们在海浪中奋战了半个小时，慢慢地，越来越接近海岸。突然，前方的那点光亮不见了，世界重新恢复了一片黑漆。

他们听到的是手枪射击声吗，还是一声大叫？谁也不知道。赞和图瑞尔期盼着，漂浮着……但光没有再次出现。他们别无选择，只能继续向海滩推进。

14 制造混乱

搅动宙斯之乡的流氓部队

我们将拿着武器，遁入怀特山脉。

约翰·彭德尔伯里

在德国入侵前写给妻子的最后一封信（原文为希腊语）

赞的靴子终于可以踩上卵石和沙滩了，一个浪扑过来，又把他打翻在地。他跌跌撞撞站起来，与图瑞尔一起挣扎着穿过海浪冲上岸。德莱尼早已无影无踪。

“一定是有问题。”图瑞尔说。

“但他发信号表示一切正常！”

“这是两回事。德国人可能故意先让他发出信号，再抓住他，然后再来抓我们。”

图瑞尔的考虑很有道理。他们原计划是向陆地深入几公里，找到事前被告知的一个隐蔽山洞，潜伏在克里特岛的英国机构会去那儿找他们。但波涛汹涌的大海迫使他们远离了预定的登陆地点，这使他们现在已经无法确定山洞的准确方向了。如果不太走运，他们很可能是在德国瞭望点附近上岸的，这就意味着德莱尼危在旦夕。如果由于不久前英军完全失败的“脚蹼行动”，所以德国人在发现德莱尼发出的信号时没有马上开枪，那么算他走运。

几个星期前，与克里特岛行动一样，英国突击队用同样的独木舟从同一艘潜艇出发，前往地中海另一边的利比亚海滩。他们的目标是刺杀“沙漠之狐”隆美尔，因为隆美尔势不可当的非洲装甲军团正威胁着开罗。英国突击队踢开隆美尔卧室的门，手雷与枪炮齐飞……然而，向来以第六感著称的隆美尔，其实在英国突击队到来的前一周就已经挪窝了。尽管遭遇袭击的只是一张空床，但还是让整个德国胆战心惊。盟军突击队员居然能够轻松突破重重封锁，用手枪直指一位德军高级将领的被窝。所以，在这种情况下，德国人对夜里乘坐独木舟到来的陌生人，一定会有更周全的“招待”办法。

这场风暴救了赞和图瑞尔的命，德国哨兵一定是因为大风，在黑夜里看不到他们灰色的独木舟。他们必须赶到接头处，而且要尽快。可是在不知道任何人位置的情况下，他们又能往哪里跑呢？赞突然发现远处有微弱的灯光，图瑞尔接着敦促道：“我们爬过去看看。”这很冒险,但同时又很明智。因为他们至少可以确定不要去哪里，并希望由此确认德莱尼的下落。

赞拔出手枪，拉开保险栓。“我开始朝着亮光爬上沙滩，那地方有一座小茅屋。我透过百叶窗上的缝隙，往里面瞧了瞧。”赞挪得再近一些，偷听到谈话的一些片段。他认真听，然后站起来低声对图瑞尔说：“准备火力掩护，我要进去了。”还没等图瑞尔抓住他，赞就冲了进去。“我踢开门，一边挥舞手中的枪，一边使手电筒不断闪烁。”德莱尼正坐在一根树枝旁，一边用火烤他的衣服，一边和小屋子的主人—— 一位渔夫聊天。

德莱尼抱怨道：“你们的速度也太慢了。”

赞早就听出了德莱尼的声音和渔夫的希腊口音，他只是假装要发起攻击，逗一下图瑞尔而已。德莱尼同样可以松一口气了。他在冰冷刺骨的海滩上都要冻僵了，必须找地方让自己暖和一点。渔夫也很高兴，他甚至想把整个村庄的人都叫过来。赞解释说，他们三个人有自己的任务，并不是盟军登陆的先遣部队，渔夫这才有点垂头丧气。只有图瑞尔心情不太好，他一辈子经历过太多冒险，在这个惊心动魄的夜晚，他觉得赞的狗屁玩笑一点儿都不幽默，甚至让人难以忍受。

不过，渔夫的一件小礼物让图瑞尔重新振作了起来，那是一名囚犯！

“在特索罗斯（Tsoutsouros），有一个德国人！”一个逃兵前几天到这里，想找一个可以投降的对象，但是他晃来晃去都没碰到好运。这个贫瘠的小海湾通往其他地方的路都不好走，德军也不打算为此分心。所以过去几个星期中，赞和他的队友是这个逃兵在村子里见到的唯一外人。潜水艇指挥官计划第二天晚上再次浮出海面，卸下带给克里特人的步枪和英国特工的补给，所以图瑞尔可以把这个茕茕孑立的德国人带到潜艇上，算是他捕获的俘虏。

在赞烤干衣服和取暖的时候，天也渐渐亮了。他以前只通过潜水艇的潜望镜看过克里特岛，所以当太阳升起，他走到外面，才得以第一次好好看看这个地方。从海上看，你将会被海岛的景色弄得眼花缭乱。整座岛呈瘦长的香肠形，它长约 260 公里，宽则在 20 ～ 60 公里。这一切在岛上看起来，都被一座座高山掩盖了。从海滩上看，这些郁郁葱葱的高山还算平缓。当你亲自钻进山里，拐来拐去穿过弯曲的峡谷，就会发现，原来在树林遮掩下，还有陡峭的山岩。你也就能理解为什么从海岸这边到海岸那边会没有路；为什么短短 5 公里的距离需要跋涉 4 个小时，并且还能看到起点。

难怪潜水艇在距海滩两公里的地方上浮，却不会被发现。这周围陡峭的山势如同一道厚重的石头城墙，把赞密不透风地围在了其中。克里特岛大部分的山都是东西走向，且密集于岛的中部。这个隔离带将南部抵抗军和北部德军分开。在赞的东边，有一座高耸入云的山脉在清晨的阳光下闪闪发光，那里曾经诞生了世界上第一位游击战士——宙斯。

宙斯并不是生来就拥有王位，他靠抢夺得到了王权，这完全是克里特人的风格。宙斯的父亲是统治地球的泰坦克罗诺斯（Kronos）。这位泰坦不断吞掉自己的孩子，以防止他们造反。克罗诺斯的妻子怀上宙斯后，偷偷溜到克里特岛最东端的狄克提山（Dikti）上，在派奇罗山洞（Psychro Cave）产下婴儿。回到家中后，她骗克罗诺斯吞掉了一块裹在婴儿毯中的石头。就这样，婴儿被安全地留在了克里特岛。这个孩子四肢强壮，足智多谋。聪明的山羊仙女狄克廷娜（Diktynna）是克里特的山林女神，擅长躲藏，她将宙斯抚养长大。还有一群山里的克努特（Kouretes）战士守护着婴儿宙斯，他们跳着战斗的舞蹈，把盾敲得铿锵作响，这样克罗诺斯就听不到小孩子的哭声了。等到宙斯长大以后，他设法剖开克罗诺斯的肚子，把兄弟姐妹都救了出来，然后带领他们推翻了自己父亲的统治。

另外一些人坚持说，宙斯的出生洞穴位于克里特岛的最高峰艾达山。那里在赞的西边，离他有点远。这也有道理，艾达山的山顶被白雪覆盖，上面满是金雕和克里特野山羊的巢穴。克里特野山羊是一种罕见的物种，体形优美健壮。在艾达山上，有一个宫殿般的宏伟山洞，从洞口可以俯瞰草木苍翠茂密的阿马里山谷（Amari）。毫不意外，德军搜索队就选择驻扎在那里。在那个天然“宫殿”里，埋藏了很多古代的祭品，比如手镯、埃及陶器、青铜刀等。毕达哥拉斯曾经说过，他想做一个前往艾达山的朝圣者；欧里庇得斯（Euripides）在他的戏剧中也提到过“艾达山的宙斯”。艾达山洞穴的雄伟的确配得起国王，但逃亡中的宙斯其实是一个被判了死刑的婴儿。所以在 1901 年，英国考古学家霍巴斯（D. G. Hobarth）决定到派奇罗山洞考察一下。

狄克提山脉树木遮天蔽日，而且山势陡峭，如果一群忠诚的山里人和神秘的母山羊想偷偷抚养一个孩子，这里绝对是个好地方。霍巴斯向派奇罗山洞的深处继续探索，用炸药炸开通往“无底裂缝”的路。在途中，他发现了另一个藏有祭品的宝库，文物数量远远超过在艾达山洞穴发现的小玩意儿，更重要的是这些文物的年代更久远，其中包括一把克里特岛双面斧，据说是宙斯的神圣标志。霍巴斯写道：“不管几年前艾达山洞穴中的发现多丰富，都没有这里看起来更接近神话中的宙斯藏身处。”游客们会把庄严的艾达山当作神的居所，但真正的克里特人都知道，狄克提山脉对一个逃亡者来说绝对是躲藏的好地方。

德军应该也即将开始展开对赞的搜捕。他们可能已经发现了潜艇，甚至可能已经离他不远了。所以，他在特索罗斯逗留的时间越长，对他和村里的人来说，风险就越大。现在，他必须去找另一个驻留在岛上的英国特工蒙蒂·伍德豪斯（Monty Woodhouse）。幸运的是，解决方案很快就在他身后高高的山脊上出现了。

两个克里特高地人沿着峭壁边的岩石小路跑了过来，他们身穿黑色衬衫，为了方便跑步，老式马裤在膝盖处就开始分叉。高地人带来消息说：他们可以带赞去见蒙蒂，但必须马上出发。赞已经整整两天没好好休息过了，而且才刚刚吃了一点面包渣。但是对一个游击队员来说，不管是休息好了，还是精疲力尽；不管是酒足饭饱，还是饥肠辘辘，该出发的时候都不应该讨价还价。赞跟着其中一个高地人出发了，这是他第一次见识克里特人的弹跳式步法。

赞指出：“我们来到山脚，刚开始爬山，他就立刻进入了状态。他在石头之间跳来跳去，又快又准。我们模仿得很吃力，气喘吁吁，但完全被他无视了。”蒙蒂的人很有耐性，但毫不松懈，他们爬升岩石的时候放慢速度，好让自己保持在赞的视线范围之内。一行人就这样稳步前进，从下午一直走到了晚上。夜幕降临时，赞拖着沉重的脚步，终于来到一个奇异的梦幻世界。

赞发现“透过村子里咖啡店敞开的大门，可以看到一群疯狂的巨人，他们穿着破烂的卡其布衣服，戴着耷拉的帽子。黄昏中回响着合唱《丛林流浪》（*Waltzing Matilda*，澳大利亚民谣）的歌声”。克里特的月光下，十几个喝醉酒的澳大利亚战士正在摇摇晃晃地狂饮。这群逃亡者此前已经东躲西藏了好几个月，当听说有潜水艇来接他们时，决定从藏身之处来到海滩。但他们发现潜艇没有接到他们就走了，他们继续逃亡的决心完全屈服于绝望，开始买醉狂饮，至少这一晚是这样。

赞偷偷低着头溜过去。他回忆说："这些人使我想起上一次和醉酒的澳大利亚人打交道的经历。"那次他试图保护一家犹太人免受欺凌，不过很快就放弃并投降了。

赞被带到一幢小房子，去见他的上级。那是一位 24 岁的牛津学者，看起来就像一个刚放春假的大学生。其实不久前，他的确就是这样的一个大学生。高大腼腆的蒙蒂金发碧眼、面颊红润，在一屋子胡子拉碴的莽汉里特别扎眼。

不过，与其他人一样，蒙蒂也有他的造型。赞不得不佩服蒙蒂选择了"超级牧羊人斗篷"作为伪装。蒙蒂解释说："无论口音还是伪装，秘密生活对我来说已经驾轻就熟。虽然外表看起来不像当地人，但我的希腊语好得足够欺骗敌人。当然这些都骗不了希腊人，但那反而并不是坏事。因为只要我被希腊人发现，他们就会马上自发来保护我。"

经过敌后 7 个星期的磨练，蒙蒂已经习惯直奔主题。蒙蒂解释说，希特勒现在只是怀疑克里特岛是他的致命弱点，赞的工作就是要使希特勒完全相信这一点。本来希特勒只需要四五千人就足够守住像克里特这么大的岛了，但抵抗力量干得实在太出色了。他们让希特勒紧张，竟然派了超过 8 万德军驻扎在这里。由于担心地中海沿岸基地会被地下抵抗组织推翻，所以，尽管在北非和苏联前线也迫切需要人手，希特勒还是不敢冒险调动这些部队。

蒙蒂告诉赞："你被当作制造混乱的专家，来到了这个舞台。"全岛每个部族和村庄都已经变成小股游击队，分别由各自的族长领导。所有克里特人就算没有枪，也有眼睛和耳朵。他们会发现每一架离开克里特岛的德国飞机，算清楚每艘船上的德军士兵人数。赞就是这张信息网中间的蜘蛛。他要在岛上来回奔跑，把盟军空投的武器分发给克里特抵抗军，并用无线电向英国战斗机飞行员通报德国飞机的位置坐标。

蒙蒂告诉赞，只要你活着，整个德国军团就有可能为了追捕你而迷失在克里特的群山中，这会给盟军带来巨大的好处。隆美尔元帅的装甲部队将不得不继续等待燃料补给，而苏联战斗机则有机会守住列宁格勒。不过现在，赞只能独自奋战。蒙蒂需要返回大陆，所以赞基本上只能靠他自己，直到他招募到新帮手。

蒙蒂警告说，赞的第一次挑战可能也是他的最后一次。赞唯一接触外部世界的渠道是通过无线电报务员，而电台设在艾达山深处。如果赞想使用电台联系开罗，就必须徒步200公里穿越梅萨拉山谷（Messara Valley），那可是岛上最危险的地区。因为那里有路通往德军的主要空军基地，所以德军在那里布有重兵。

如果他能抵达电台所在处，那么接下来就需要深入到更棘手的地区。怀特山脉是著名的土匪窝和抵抗军据点，也是独眼考古学家彭德尔伯里最喜欢躲藏的地方。他是这场战争的最大谜团之一，也是克里特岛上德国人最讨厌和最想抓捕的对象。甚至连岛外都流传着“杀手彭德尔伯里”的故事：

> 有一小队逃跑的盟军，为首的是一个身材高大、脸色苍白的家伙，一只眼睛盖着眼罩，腰上别着一把银匕首。
>
> 路透社报道说：“在克里特岛上，一小股英国、新西兰和澳大利亚的军队正逃避追捕，他们由一位岛上居民所熟知的英国军官指挥，现在正用游击战对德国人展开有力的反击。”德国军方则气急败坏，来自柏林的广播说：“毫无疑问，由于彭德尔伯里的活动，一大批人加入了游击队的行列。”

据说，这些亡命之徒喜欢躲在黑暗处放冷枪，他们喜欢一枪毙命，而不是抓俘虏。如果彭德尔伯里的事情是真的，那么丘吉尔和费尔贝恩、赛克斯这两个上海老家伙将会很高兴。这意味着至少有一个英国人已经找到了办法，他正在让希特勒开始品尝到全面战争的味道。据说，希特勒对此非常在意，他想杀掉彭德尔伯里，甚至摘出其玻璃眼球作为战利品。所以，希腊囚犯被迫从成堆的尸体里，用手指戳进尸体眼窝去找这颗玻璃珠子。但在12月，赞刚刚才抵达克里特岛，对他来说，彭德尔伯里仍然只是传说中的人物。

听完蒙蒂的简报，赞已经累坏了，他需要填饱肚子，并在进入艾达山之前好好休息一下。但另一方面，这里还有那群买醉的澳大利亚人……

于是，他说：“我觉得在阿肯戴尔（Akendria）逗留不是特别有必要，我打算马上动身。”

15 史诗密码

揭秘神话传说的现实之根

智慧的朋友也是神话的朋友。

亚里士多德

事实证明，赞的决定是个糟糕的想法。

尽管脸上的表情说明他早就被警告过会遇到什么，但赞还是抱怨说："如果我们知道接下来会遇到什么，就绝对不会在几乎不吃不喝、不眠不休连续跋涉两天之后，还决定立即开始下一段旅途。"不过，对于天气的糟糕程度，蒙蒂之前本应该描述得更具体一些。赞和德莱尼离开阿肯戴尔没多远就开始下雨，倾盆大雨整整持续了一夜。他们的靴子在潮湿的石头上不断打滑，或者陷在黏糊糊的泥巴里难以拔出，在黑夜里连续几个小时都是这样。到后来，赞打算放弃了。他想，如果被抓住，就被抓住吧。

他回忆说："就算是可能被德军抓住，以及其后的必然遭遇，包括可能被枪决的后果，都不足以促使和支撑我们继续走下去。我甚至渴望德国巡逻队突然出现，让这一切可以尽快结束，我们已经无法承受越来越严重的肌肉疲劳和睡眠不足了。"

其实，对科斯塔（Costa）来说，他也快要支持不住了。作为赞的向导，他尽量按照"希尼亚"（xenía）去做。"希尼亚"是克里特语，意思是"盛情款待"，这是希腊文化的一个核心理念。从某种角度看，每个希腊人都是陌生人；在古希腊语中，"陌生人"和"客人"甚至是同一个词。大多数希腊人从事奔波在外的职业，比如海员、牧羊人、旅行学者或海外贸易商人。突发的地震和战争会让从事这些行业的人，在异域他乡举步维艰，所以，偶尔依靠他人的施舍和帮助是必要和无法避免的。一名英国旅客曾经多次来到希腊，却仍然惊叹："所有的接待都显得朴素而从容，这些无疑源于善良和真实。即使是那些看起来摇摇欲坠的小屋，他们都会布置得很有格调。”

“希尼亚”其实不是一种美德，它真的不是，而是由天神宙斯强制执行的律法。基督教基本上继承了这个做法，把它作为“最大的信条”，要求教徒施舍给无家可归者。奥林匹斯山的神话故事中，有许多这方面的内容。永生的众神化身不同形态，在人间徜徉，观察人类怎样对待他们，从而评估“希尼亚”的质量，并决定对人进行褒奖还是惩罚。《伊利亚特》和《奥德赛》是西方文学殿堂里的两大支柱，它们描述的其实是用血去实践“希尼亚”的故事。这两部史诗围绕着两条主线展开：（1）滥用主人家的殷勤好客，调戏主人的妻子；（2）凭借“希尼亚”，耗费20年终于还家，期间甚至去地狱转了转。克里特人有三条关于“希尼亚”的规则，它们非常清晰：

1. 提供食物；
2. 提供洗浴方便；
3. 不问问题。

至少等这位旅行者休息好，缓过劲来，否则不要提问。这样一来，万一你发现自己无法忍受他，他至少还能够有机会吃一点食物，喘口气。**你可以把“希尼亚”理解成同情心，只要你不认为同情心的基础只是愉悦、慈善、互利。**同情心其实出于战斗的本能，它是一个丛林法则的警报系统，提醒你危险的人和事正在向自己接近。我们喜欢给同情心装饰上漂亮的光环，并形容它为“天使般的”，但真正的同情心其实源自我们动物性的原始需要。因为我们需要弄清楚身边发生的事情，并用最聪明的方式做出回应。同情心既会形成你的社交网络，也会织就高度敏感的生存保护网。它把你和亲朋好友连接起来，并让你随时去搞清楚他们陷入麻烦的原因，想清楚这些麻烦会用怎样的方式落在自己头上……

同情心要求你做一个好听众，心理治疗师或者美国联邦调查局的调查员就是这么做的，它们本质上基于同样的原理。你的目标是进入别人的头脑，在这方面，“希尼亚”的第3条规则实际上是一种高超的破案与精神分析的方法。任何一个警方的审问专家都了解，与其带着问题去盘问，不如让对方先放松下来，直到他自己打开话匣子。只要这么做，你就可以体会到别人的感觉；你可以放下自己的观点，透过一双新眼睛来看这个世界。这就是士兵所说的“态势感知”（Situational awareness），这对他们至关重要。**无论什么情况，如果对周围环境做一次稳定的心理扫描，你就可以立即在最好和最坏的解决方法之间找到出路。**这正是“希尼亚”朴素的本质，也是因为没有理解这一点，达尔文和卡内基才没有完全了解英雄到底是什么。他们认为替一个陌生人冒险绝对是因为疯了。但如果有人能真正进入“态势感知”，达到“希尼亚”的状态，他就会发现像对待兄弟一样对待一个陌生人，其实是唯一合乎情理的理智反应。

战争结束多年以后，美国人聚集在电视机前见识过“希尼亚”。1982 年 1 月 13 日，佛罗里达航空 90 号班机发生故障，坠入冰冷的波托马克河（Potomac River）中。失事的飞机被撞得稀烂，如同一台钢铁绞肉机，在惊骇的观众面前慢慢地沉入水底。有 6 个奄奄一息的幸存者爬到飞机尾部，他们一个接一个钻了出来。当时天气条件非常恶劣和残酷，不仅气温很低，而且风雨交加。救援直升机花了 20 分钟才赶到事故现场，它把救生圈放到一名幸存者手中，迅速把他从水里拉了上来。就在这时，有些特别的事情发生了。

拿到救生圈的人把它递给下一个人，直升机将那个人放到安全之处，然后再飞回去。

第一个人再次把救生圈传了出去。

然后，又一次。

甚至，在他知道这是自己活下去的最后机会时，他还是选择把救生圈传给别人。他对此一定心知肚明，因为当直升机几秒后轰鸣着返回时，他已经走了。原本浮在水中的他消失在冰层之下。他后来被确认是阿兰德·威廉姆斯（Arland Dean Williams Jr.）。这位 46 岁的联邦银行审计一辈子都讨厌水，始终都和水保持着安全的距离，直到他生命的最后一天。

佩吉·福斯丁（Peggy Fuesting）是阿兰德在高中时的恋人，来自伊利诺伊州，在坠机前不久，他们又重新开始约会。她说：“阿兰德从来都不喜欢引人注目，他这一辈子都怕水。”阿兰德深受银行家和借款人的信任，他老板对他的评价是“小心谨慎，从不冒险”。但是阿兰德有他的另一面，大约 25 年前，他是一名塞特多大学（Citadel）的学生，该校是美国最严苛的军事学院之一。阿兰德在军校的室友本杰明·富兰克林·韦伯斯特（Benjamin Franklin Webster）介绍说："他们造就了每个人。高年级学生的任务是在一年内将你从男孩打造成男子汉。他们在身体和精神上同时逼迫你成长。那里的训练非常严苛，我们甚至在课程开始前就失去了 30 名学员。"

当听说 90 号班机坠毁，阿兰德这个规避风险的会计师成为英雄时，韦伯斯特也许是唯一不会感到惊讶的人。塞特多大学里有一条铁律："永远先照顾好你的人。"韦伯斯特说："这个行为准则牢不可破。你必须最后一个离开，让你的人先走。"一些幸存者说，阿兰德似乎被飞机残骸困住了，无法解脱。但是他没有死死抓住救生圈求救，而是评估情况，并找到唯一的最佳决策。对阿兰德来说，那些在他周围的水中苦苦挣扎的人，并不是生存的竞争对手。他们是一家人。

他们当然是一家人。路易斯维尔大学（University of Louisiville）生物系的教授李·杜盖金（Lee Dugatkin）博士认同这个观点，他致力于利他行为的研究。总的来说，**"希尼亚"确实是军队的特点**。在人类进化史的大部分时间中，人类祖先都身处紧密的家庭关系圈里，他们周围能看到的人都是自己狩猎家族的成员。杜盖金说："在这种情况下，如果你救了别人的命，他很可能就是跟你有血缘关系的亲属。"但现在，我们的亲人分散到各处，所以军队需要设法制造和恢复这种家人的感觉。

杜盖金指出："部队里始终使用体现亲属关系的语言，这让士兵觉得彼此像家人一样，他们不是陌生人，而是一群兄弟。"想象一辆满载的公共汽车，车上都是陌生人，种族、背景都不相同。

> 这辆公共汽车开进本宁堡（Fort Benning）的新兵训练营后，会发生什么呢？你一下车，他们就剃掉你的头发，把你的衣服替换为统一的制服。从此以后，你走路、说话、吃饭，甚至整理床铺的方式，都被教导成和周围的人完全一样。军队了解，你们看上去越一样，就越有可能彼此照顾。

阿拉伯的劳伦斯作为年轻的考古学家，在国外也经历了同样的转换。他刚抵达埃及时是一个挑剔的英国人，然后他做出了一个至关重要的决定，这个决定后来改变了他的一生。劳伦斯没有在英国人聚居区过夜，而是和阿拉伯工人一起露宿于考古挖掘现场；他和本地人一起分享酸羊奶和温暖的壁炉面包；他还将卡其布军服换成长袍和库尔德式腰带；另外，他还喜欢跟他们一起围着炉火唱歌和讲故事。就像一个传记作家那样，他将大部分听到的故事综合起来，包括错综复杂的部落、家庭之间的嫉妒与纷争、竞争与禁忌、爱与恨、力量与弱点。当阿拉伯大起义开始时，劳伦斯的“希尼亚”让他清楚地知道他到底要站在哪一边。他能感觉到自己就是他们，而他们就是自己。

所以，当赞和德莱尼开始移不动步子时，科斯塔仍然坚守着真正的“希尼亚”准则，直到他能坚持的最后一刻。他放慢步伐，帮他们背装备；甚至当赞做出奇怪的决定，刚刚到达阿肯戴尔就坚持要在当天离开的时候，他也咬住自己的舌头没有表示反对。那如果要跟他们一起挨枪子儿呢？别傻了。“希尼亚”准则说，你必须要热情好客，但它没有说你必须做个白痴。当年轻的英国人和上年纪的澳洲中士自暴自弃地坐在地上不肯起来时，科斯塔把他们一把扯了起来。

赞承认：“德莱尼和我可能想要投降，但科斯塔以身作则，并敦促我们不要放弃。”冷酷的科斯塔不屈不挠地拖着他们走了两次，让他们再次动了起来。到黎明时分，他们终于赶到艾达山南部的山麓。在那里，他们可以躲进一个小村庄稍作休息，到晚上再上路。

除非……有东西让人感到不对劲。山谷里有东西使科斯塔感到不安，就是有哪里……不正常。他找到一个当地人，证明了自己的怀疑是正确的：德国人正在仔细搜查这个村庄，寻找当地的游击队。科斯塔必须先把赞和德莱尼藏起来，不让德国人发现。所以他带着赞和德莱尼进入悬崖，在一些灌木覆盖的岩石之间，找到了隐秘的藏身处。他们钻进洞穴待了一会儿后，科斯塔溜出去找吃的。不久，科斯塔带着一整山羊皮袋的酒返回了，另外还有一锅冷豆子和一些抵抗力量的朋友。当他回来时，赞已经冻坏了。当其他人一边吃东西，一边低声说话时，赞就着冰冷、潮湿的石头睡了一天。他实在太累了！

赞发现，把自己当成约翰·彭德尔伯里，比自己预想的还要困难得多。当然，彭德尔伯里有他的优势：他从出生就开始练习如何成为“约翰·彭德尔伯里”了。

彭德尔伯里两岁时，有一天晚上，他的父母把他交给朋友照顾。等到父母回来时，彭德尔伯里的一个眼球已经被扎破了。也许是男孩自己用一支笔扎的，也许是被荆棘划破了。没有人看到当时发生了什么，也没人能弄清楚，即便是他的父亲，一名外科教授和圣乔治医院的坐诊外科医生也不能。彭德尔伯里似乎对此并不介意，他喜欢装上玻璃眼球，戴上单片眼镜。在徒步旅行时，彭德尔伯里总是把玻璃眼球抠出来留在书桌上，表示他要出去一段时间。

彭德尔伯里伪装的习惯在他进入剑桥大学时一直伴随着他。他在大学期间，逐渐成长为一名优秀的跳高运动员，但在跳高比赛中等待的时候，他会穿上白色斗篷，显出一副弱不禁风的样子。彭德尔伯里的朋友回忆说，这名考古系优等生还喜欢“扮演小丑”。他的笔记本上画满了重甲骑士的涂鸦，他还成立了一个饮酒俱乐部，叫“Ye Joyouse Companie of Seynt Pol”，大意思为“虚幻的快乐男人豪饮幻想联盟”。

他和阿拉伯的劳伦斯都喜欢同一本书，这简直是一个奇怪的巧合，因为那本书实在写得太糟糕了。尽管《模棱两可的理查一世》（*The Life and Death of Richard Yea-and-Nay*）讲的是狮心王理查的故事，不过它充满了惨案、扭曲的乳房及狂热的杀手，读起来就像是墨西哥肥皂剧。不过，劳伦斯在从牛津毕业之前将它读了 9 次，彭德尔伯里在朋友们面前则对这本书赞不绝口。有一次，一个同学回澳大利亚之前顺路来探访他，后来回忆说，彭德尔伯里“一把抓起莫里斯·休利特（Maurice Hewlett）写的《模棱两可的理查一世》，给了我一大堆阅读和评价这本书的指导意见。实际上，他的姿势看起来比这要夸张得多。显然，对约翰来说，这本邋遢的小书是英雄和浪漫的象征”。

错了！他的朋友们显然弄错了最核心的东西。对彭德尔伯里来说，那些有关权杖和少女的故事不是象征物，它们是真实的声音，是从过去流传下来的重要教训。骑士精神和英雄技能就像火车上刚刚错过的阑珊灯火，彭德尔伯里沉迷于寻找一种方法来抓住它。《模棱两可的理查一世》激发了他的灵感，从剑桥毕业后没多久，他很快找到了自己的道路。

彭德尔伯里的 24 岁生日是在雅典的英国学校里度过的，他在那里当游学生。也是在那里，他看到了一本蓝色和金色封面的怪书：《米诺斯的王宫》（*The Palace of Minos*）。他在书里发现了一个令人兴奋的主题：那些他自幼就喜欢的神话或许真实发生过。国王米诺斯和牛头怪、忒修斯和阿里阿德涅，以及《伊利亚特》和《奥德赛》，这些很有可能都是真人真事，而且都能在世界上某一个地方找到他们存在过的证据。彭德尔伯里愿意相信这些不只是虚构故事，而是一团乱糟糟的历史。这些谜团一旦被解开，就可以再现那些曾经纵横四海的英雄存活的时代。如果他能做到，梦幻般的新发现层出不穷。

他们从克里特岛上开始。

彭德尔伯里实在太兴奋了，他读完《米诺斯的王宫》后没几天就离开了雅典，去拜访该书的作者阿瑟·埃文斯（Arthur Evans）。埃文斯是一个古怪的冒险家和文物收藏家，他宣称自己发现了米诺斯存在的确实证据。在神话传说中，牛头怪每年要吃掉14个雅典最俊美的青少年，而它的继父就是宙斯之子米诺斯。埃文斯认为，米诺斯国王的传说都基于一个真实的故事。他宣称自己不但成功确定了米诺斯的失落王国和传说中牛头怪迷宫的具体位置，而且发现了米诺斯文化的遗迹。在金字塔建造之前，米诺斯文化统治地中海地区长达2 000年之久。

这是一场骗局吗？如果是，埃文斯注定一无所得。如果你选择相信他的故事，就必须同时相信他发现的文明发源地，嗯，要相信一切。他描述的这个失落世界非常古老，在埃及人开始创造象形文字的时候，这个文明就已经奄奄一息了。根据埃文斯的说法，科学、文学、政治、先进的数学、哲学、体育、戏剧……这一切都出自克里特岛，起源于崎岖的冷却熔岩之间。埃文斯是一个考古爱好者，眼睛有些近视，而且斜着眼睛看人。这个脾气急躁的小个子，喜欢依靠一支徒步手杖，大步迈进伦敦式马车。他还会根据闻到的茴香味道，来设置和安排整个团队的挖掘工作。如果相信他，就意味着相信这段偶然发现的人类历史新篇章，这段历史的跨度几乎等同于从恺撒大帝诞生到史蒂夫·乔布斯死亡的长度。

在克里特岛下船后，彭德尔伯里越来越兴奋。只是沿着海滨散步时所看到的情景，就让他感觉走进了埃文斯复原的古老世界。在埃文斯所描述的壁画中，米诺斯的妇女精致、优美、有吸引力，“穿着华丽时尚，发型典雅考究，聊天时投入又快乐”，米诺斯男子则有着像空中杂技演员一样的健壮体格。考古研究员伦纳德·科特雷尔（Leonard Cottrell）也注意到，“他们不像古典的希腊人，不像埃及人，也不像巴比伦人，不像绘画或雕刻里展现的任何古代的人”。埃文斯发现，这里的文化崇尚大胆和力量。

现在他们活生生的就在这里，在街上闲逛。彭德尔伯里这样写道：“没有比看着一个穿着考究的克里特农夫更让人愉快的了，摇曳摆动的衣服、轻盈的脚步，总是让我想到那些米诺斯时期的苗条的运动员。”从伊拉克利翁港往南5公里，彭德尔伯里就来到克诺索斯。这个壮观的克里特古城是埃文斯复原的，一共占地2.5公顷。埃文斯发现，在宏伟的宫殿中有一些让人惊叹的复杂设计：管道系统、棋类游戏、四层建筑、带锁的门、商标注册处、度量衡制度、天文历法系统。更深的地底下还有一些黑暗艺术的迹象：阴暗的墓穴与成堆的神秘儿童骨骼。

彭德尔伯里很幸运，他在阿里阿德涅庄园的门廊找到了埃文斯。这座石头房子现在既算是埃文斯的家，也是青年旅社，还是流浪考古学家的教学收容所。来自世界各地的学生在这里不停地忙碌，他们享受过埃文斯供应的上好食物和酒水之后，就向山里出发，或者爬进成百上千个克诺索斯遗迹中纵横交错的地窖和王宫房间中。埃文斯很有钱，不像大多数科学家那样穷：他有家族的造纸厂，还有已故妻子留下的房产，这让他有资金来招待学者，并且为了追逐他的第六感而组建一支由建筑师、艺术家、建筑工人和挖掘者组成的队伍。

他最疯狂的观点是，荷马和维吉尔的故事不是神话故事，特洛伊木马和食人的独眼巨人都是历史小说，而且虽然是小说，但仍然是有其根据而非杜撰的。埃文斯知道自己冒着被冷嘲热讽的风险，但至少他跟随着自己确信的方向前行。埃文斯刚步入考古领域时，就被海因里希·谢里曼（Heinrich Schliemann）迷住了。谢里曼是另一位富有、任性的家伙，他想去看看英雄的家园，于是努力寻找更多他们存在的证据。谢里曼注意到，《伊利亚特》和《奥德赛》所涉及的魔法和怪物都非常真实，绝对不可能只是关于超级人类战士和迷人的航海旅行的虚构故事。批评者的讥讽完全是因为他们不像谢里曼，这些人从来没有破产后重新聚敛财富，没试过无家可归，也没有在国外遇到过海难。他们没有这样生活过。换言之，一般人其实也有能力去完成这些史诗般的功绩。

1830 年，谢里曼还是一名少年，他想去一艘由德国开往南美的船上做帮工，因为他希望这么做会对他虚弱的肺有所帮助。这艘船后来在荷兰海岸附近沉没，谢里曼好不容易来到岸边。他当时正在生病，而且身无分文，只能睡在没有暖气的仓库里。他白天为荷兰商人跑腿传递消息，晚上就狂热地学习。到 22 岁的时候，他已掌握了簿记与 7 种语言。到他 33 岁的时候，他已经掌握了 15 种语言，并开办了自己的公司。谢里曼的经济头脑异常发达，为了取回他哥哥的尸体，他去了一趟旧金山，这使他接触到黄金勘探和寻矿技术。于是，谢里曼迅速设立新公司去开拓这一领域，结果在他回家前就大赚了一笔。

不过，古代文物才是谢里曼的真爱，一些希腊的经典著作则困扰着他。荷马真的这么有创意吗？还是因为时间过去太久，让事实蒙上了一层迷雾？比如国王阿伽门农的故事，他与阿喀琉斯起冲突，用自己的女儿进行血祭，带领全体战士为夺回海伦而战，凯旋后却被妻子谋杀，这些听起来都太戏剧化，从而很难让人相信。但是，如果所有这些纯属幻想，为什么荷马能够讲出那么多栩栩如生的细节，读起来简直就像一张海盗藏宝图？

于是，谢里曼真的把它当成一张藏宝图对待，结果发现了一大批珍宝。经过几十年的努力，荷马描述的谜题终于被解开。

> 例如，在微风吹拂的无花果树后面，是一段石头墙，而距此不远则是冰冷的泉水，旁边还有一些冒着热气的温泉池子。

通过确定这段文字描写的具体位置，谢里曼最终找到了失落的特洛伊城，并且还发现了被摧毁的宫殿和普里阿摩斯国王宝藏。他得意扬扬地给他的妻子戴上“海伦的冠冕”，这套黄金打造的波浪形头饰美得简直让人窒息，足以匹配传说中美丽动人的海伦。

谢里曼的传奇还没结束。继特洛伊的成功之后，他根据荷马史诗的描述，最终又找到了阿伽门农和奥德修斯的宫殿。一个转换立场的科学家承认：“他在这里开启了一门全新的科学。”一直以来，一份白纸黑字的路线图就在那里，藏在两部广为流传的文学作品里。考古学家将不用先去石头堆里乱挖，然后猜测当时发生了什么事；他们可以先通过阅读了解当时发生的事，然后再去搜索那些石头。

当遇见年轻的埃文斯时，谢里曼已经 64 岁了。他已经厌倦了风餐露宿的生活，因此他给了埃文斯一个提示：至今还没有人破解克里特岛的奥秘。荷马说：“有一个伟大的城市叫作克诺索斯，米诺斯国王在那里统治了 9 年，并享有与全能的宙斯的友谊。”修昔底德（Thucydides）支持这个故事的说法，他把米诺斯描述成世界风云人物，其船队控制着大陆和海洋。所以埃文斯沿着谢里曼提示的线索，依托神话来指导发掘工作，他的眼睛像侦探一样不放过每处风景的线索，比如，茴香的根很长，如果它的地下部分长势被干扰，它们往往就会长出地上面。没过多久，他盯上了海滨城市伊拉克利翁不远处的两个土堆。

埃文斯很快就钻进了一个古代王国，它比人们猜想的年代更久远，也更野蛮。米诺斯人太奇特了，这使埃文斯开始怀疑，可怕的米诺斯王传说或许不仅仅是八卦闲谈。埃文斯描写道：“牛头怪与受害者的神话故事表现出，新的外来文明过于强大，完全超越了旧文明的知识范围，从而引发了落后者的幼稚惊叹。其实，食人魔的巢穴可能不过是祭司－国王的宁静住所而已，里面某些设备可能比古希腊的更现代化一些。”当然，那些青少年在愤怒的牛角上翻筋斗的场景，可能并不是在地下室里举行的怪异宗教仪式，米诺斯国王也许并不是用这种观赏活动来强化臣民的宗教信仰。埃文斯不得不承认：“它可能不过是被俘虏的男孩女孩被迫去参加的危险马戏，就如宫殿墙壁上的壁画所描绘的那样。”

当彭德尔伯里抵达阿里阿德涅庄园时，轮到埃文斯退出这个寻宝游戏了。他已经 77 岁了，而且暗地里还惹上了一个大麻烦。他被指控与一名 17 岁的男孩在伦敦海德公园当众行为不端，并因此遭到逮捕。在出庭那天，他将克诺索斯和阿里阿德涅庄园的所有权转交给英国学校，然后被当场释放了。彭德尔伯里出现的时机刚刚好，他在 1928 年抵达阿里阿德涅庄园，一年后，这个原来默默无闻的学生受聘运营整个机构。

彭德尔伯里清楚自己应该从哪里开始，他怀疑牛头怪比埃文斯以为的还要邪恶得多。

16 锡拉岛巨石

自缚手脚的现代人

480 公斤：
在公元前 6 世纪，
希腊锡拉岛的巨石上就刻有：
“齐托波洛斯（Kritobolos）的儿子优玛斯塔（Eumastas），
把我从地上举起。”

460 公斤：
随后的 2 600 年里，
人类不借助工具举起的最大重量

除了埃文斯那套“大家只不过是妒忌米诺斯人”的理论，还有两件事困扰着彭德尔伯里。

○ 首先，你必须坚持立场。如果你声称神话故事根植于现实，那么从一开始就没有退路了。

○ 其次，国王米诺斯必须是个坏蛋，否则忒修斯不会如此伟大。克里特岛是忒修斯初露峥嵘的地方，他在那里开启了自己的传奇之路，他的性格特征在此逐渐稳定并得以彰显。所以，在忒修斯身上一定是发生了什么事，使他通过了某种英雄的挑战，他才会被公认为一个自卫术天才，以及一个真正打败伤痛和绝望的胜利者。

神话学家伊迪丝·汉密尔顿（Edith Hamilton）宣称：“忒修斯的身上表现出完美的骑士精神。”当然，他有一个缺点显然与此描述不符，那就是他总是让自己的女朋友们忧心忡忡。无论有什么借口，忒修斯都不应该让一位公主感到窘迫和为难，况且还是这位公主把他从迷宫救到海边的岩石上；他也不应该试图强行掳走亚马逊女王和海伦，期望以此来赢得她们的爱。忒修斯的心软是他的弱点，也是他的优点。

他一次次将他愚蠢的好朋友皮里托奥斯（Pirithous）从绝望的处境中解救出来；而且在整个世界都唾弃俄狄浦斯时，是忒修斯为这位眼盲的“弑父娶母者”提供保护，并发誓照顾他的女儿。当赫拉克勒斯从疯狂中清醒过来，发现全家惨死于己手之时，只有忒修斯一个人支持他。这位值得信赖的兄弟，用语言击退赫拉克勒斯脑海中的自杀念头，带他回雅典，并帮助他从惊恐中恢复过来。在战争中，忒修斯拒绝掠夺被他击败的敌人；在和平时期，他把权力授予人民，使雅典成为一个真正的民主社会。

所以，关于牛头怪的故事还有其他解读方式吗？难道不存在这种可能性吗，即那样黑暗的事情的确源于克里特岛，雅典少年被卷入穷凶极恶的事件中，最后由一名“完美的骑士”前来拯救？

作为克诺索斯的新馆长，彭德尔伯里开始着手调查在米诺斯的地下室里究竟发生了什么事。根据传说，米诺斯的儿子安德罗格奥斯（Androgeos）是位一流的运动员，在赢得雅典奥运会的所有项目之后被谋杀。为了报复，米诺斯强迫雅典每年交出 14 个最俊美的童男童女，并把这些少年送进牛头怪的迷宫。那只牛头怪是由米诺斯的妻子和一只有魔法的海中公牛一夜风流之后所生。那些孩子在黑暗的迷宫中徘徊，直到被牛头怪闻到味道后抓住吃掉。然后，雅典的王子忒修斯出现了，他自告奋勇前往迷宫。

忒修斯很聪明，他说服两名男孩打扮成女孩，这样可以增加帮手。但他最重大的突破是迷住了米诺斯的女儿阿里阿德涅公主。公主看到忒修斯后心慌意乱，于是交给他一团毛线球，并低声提供了一些建议：如果他将线团的一端绑在入口处，他可以在杀死牛头怪之后，跟着线返回迷宫入口。忒修斯在与牛头怪交手之前不可能知道，究竟该如何对付牛头怪的角和它那足以让人粉身碎骨的力量。任何有角动物的本能攻击方式就是用头部撞击，所以忒修斯躲到牛头怪背后，牛头怪发怒和用头撞击时，忒修斯跳到它的背上，掐住它的脖子，扼着它的喉咙，直到把它闷死。

伊迪丝描述道：“忒修斯掐死了牛头怪。那头畜生曾经如此野蛮凶猛，现在却躺在地上死了，只有头还能慢慢地摇动，不过现在它的角已经没有用了。”忒修斯根据毛线的引导，得以逃出迷宫并返家。不过，他的归途充满悲剧色彩！不知何故，忒修斯没有带阿里阿德涅回家。进入港口时，他又搞错了帆的颜色，以致在岸边焦急等待的父亲误以为儿子已经死了，所以跳海而亡。但是，他把雅典的少男少女们平安救了回来；还创造了一种新方法，帮助雅典人在未来面对怪物时保卫自己。牛头怪被杀死之时，就是潘克拉辛格斗术诞生的那一刻。

难道真的如同老埃文斯坚持的那样，对这个古老而充满戏剧性的传说而言，“马戏团体育”就是它的真实本源吗？彭德尔伯里并不认同这一点。表演只会留存一时，只有残忍的行为才会恒久流传。当时一定发生了一些可怕的事情，才会在集体记忆里徘徊这么长时间，彭德尔伯里相信有一些线索隐藏在语言之中。

“和名字相关联的事迹被忘记或篡改时，名字本身可以帮助回忆起当时发生了什么事。”彭德尔伯里在他极富想象力的杰作《克里特岛考古学》（*The Archeology of Crete*）中这样说。比如，忒修斯的字面意思是“把事情理顺的人”；牛头怪的名字米诺陶洛斯的字面意思是米诺斯的牛；迷宫（labyrinth）这个词的词根来自双刃斧（labrys）。

因此在此基础上，儿童的骨骼在迷宫（一把有双刃斧的房间）中被发现，是否可以解读为这样的场景：祭司－国王像野牛一样在希腊肆虐横行，他相信自己的力量来自一种魔法仪式，因此他用抓获的儿童代表较弱的民族和部落，并用牛角形的双面斧杀死这些孩子。

“我们是否可以更大胆地认为，他戴着野牛面具呢？”彭德尔伯里这样怀疑。为什么不呢？刽子手之所以罩头，不仅是因为要隐藏他们的身份，而且这样可以把这样两件事分开，那就是“他们是谁”和“他们不得不做的事情”。国王米诺斯只有戴上牛头怪面具时才是怪物，一旦结束杀戮，他就再次做回一个仁慈的统治者。那样的话，一切就讲得通了，直到一个讨伐他的英雄，带着一支小分队冲到克诺索斯。警卫和士兵都无法阻止他们，但也许一个超自然的仪式可以阻止他们。彭德尔伯里写道：

> 在已经发掘出的宫殿遗址里，故事的最后一幕发生在最富戏剧性的房间——王座室。看起来好像是国王匆匆赶到这里，希望最后能够举行一些仪式来拯救他的民众，可是一切已经太晚了。这就是忒修斯和牛头怪的故事！

彭德尔伯里在发表的“双面斧”论述中，无疑添加了很多他自己的领悟和理解。传记作家伊莫金·甘顿（Imogen Grundon）解释说：“他的想象力驱动着他对考古学的热情。”但老一辈的考古学家们担心，过分的热情和想象力会将彭德尔伯里从科学带偏到幻想小说。他的文章因此而变得“声名狼藉”，有人敦促他稍微“低调处理他的结论”，他们认为彭德尔伯里的研究过于信马由缰，无论是杀人的野牛巫师，还是声势浩大的少年拯救者，实际上都根本不存在。

不存在？到底是过去不存在，还是现在不存在？“我的理论绝不是异想天开。”彭德尔伯里反击说。这个时代的人做不到，并不意味前人没能力干神话里的事情，同样也不意味着后人不能再次完成。彭德尔伯里挖掘出一个令人几乎从未目睹过的世界，这使他进一步拓宽视野去考虑这种令人震惊的可能性。我们的天性被共同的社会基础捆绑，相信自己做不到的事情，前人也无能为力。我们假设人类是不断向上发展的，经验教训的积累使我们比过去所有人更强大，也比过去所有人更聪明。

但如果这个想法是正确的，请解释一下优玛斯塔的成就。

> 公元前6世纪，优玛斯塔举起了一块巨石，在那之后的2 600年里，没有人能再次举起同样的重量。没有类固醇的帮助，没有带软垫的手套，没有类似的健身器材，他是怎么把这480公斤的东西举到半空的？

或许问题本身就是问题的答案：也许恰恰是因为他只能依靠自己身体的天赋以及巨石崎岖不平的表面，而不是依靠现代光滑的钢铁；这一点让优玛斯塔比现代人更了解杠杆作用、平衡和爆发力。

如果事实就是如此，那么菲迪皮德斯的事情也就能解释清楚了。

公元前490年，我们相信有一个叫菲迪皮德斯的家伙连续三天不停地翻山越岭，跑了相当于超过10个马拉松的距离。他还不算是有特殊能力的人，或者说，他只不过是军团里的一名普通士兵。菲迪皮德斯是一个“全天候跑者”（hemerodromos），像他这样的徒步信使在崎岖的山路上跑得比一匹马还要快。

> 在马拉松战役期间，波斯军队大举进攻雅典。菲迪皮德斯前往斯巴达寻求增援，他来回跑了450公里。回到战场后，菲迪皮德斯没有裹上银色的太空保温毯，也没有人递给他切好的橙子，而他仍然有足够的体力，马上拔剑投入战斗。这听上去令人惊异，菲迪皮德斯甚至不是他们部队里最棒的那个。罗马历史学家普林尼·塞孔都斯（Plinius Secundus）提醒我们：

> “一个才9岁的年轻男孩，曾从中午到晚上围着体育馆跑了650圈。”那差不多是120多公里。普林尼还提到兰尼西斯（Lanisis）和菲洛尼底斯（Philonides），这两个信使在24小时内跑了将近232公里，他们比菲迪皮德斯的单程多跑了7公里且少花了12小时。

所以，彭德尔伯里要“低调处理他的结论”吗？得了吧！对于被他从地下发掘出来的世界，他的想象可能比真实情况还略逊一筹。就以荷马为例，既然荷马描述的地点被证明真实存在，那么为什么荷马提到的人不是真的呢？他描述的英雄生活或许比我们以为的更加真实。毕竟，荷马并不着迷于完美的黄金男孩，他更感兴趣的是谁输掉了比赛、谁度过了全盛期，以及谁差点被打败。

以奥德修斯为例。在荷马的故事中，晚年的奥德修斯已经把最好的时光遗留在了过往的岁月中，不过，年轻的战士们不会轻易让他把这些抛于脑后。在某个下午，魁梧的斗士欧吕阿鲁斯（Euryalus）在费阿刻斯人（Phaeacian）的体育竞赛中，奚落奥德修斯道：“陌生人，你知道我见过很多年轻的运动员，他们和你看起来一点都不像。你看起来更像是一艘商船船长，带着雇用的船员往来于海上，眼睛总是贪婪地盯着货船。不，你才不是运动员呢。”

奥德修斯站了起来，全体学生也都聚集过来。他承认道：“我现在变慢了，战争和航海经历中的痛苦、悲伤和磨难让我的速度变缓。”但他只承认这一点。奥德修斯撩开斗篷，伸手抓住一个铁饼，他没有选择比较好控制的轻铁饼，反而为了趁手而拿了最重的那个。他舒展手臂，把铁饼扔出去。铁饼“嘶嘶”地旋转，角度完美地飞向远方，期间差点打掉了费阿刻斯人的头。它落地的位置那么远，甚至不用测量，大家就能知道谁领先了。

“如果还有谁想挑战我，不管是想挑战拳击、摔跤，还是跑步，尽管放马过来，”奥德修斯咆哮道，“一个一个来也行，全部一起上也行。”

他年轻的身体的确一去不复返了，但他已经变成了使用现在这具身躯的专家。根据《伊利亚特》开头部分的记载，有一次，奥德修斯和两名年轻人赛跑。他显然有些衰老了，不过他使用的战术很漂亮。他一直紧紧跟在领先者身后，“他的脚紧跟着埃阿斯的脚印，他呼出的热气就在埃阿斯背后几厘米处，甚至直接喷到了埃阿斯的后脑勺。”在终点冲线之前，奥德修斯突然加速，埃阿斯被吓得摔了一跤。埃阿斯跳着脚，擦掉脸上的马粪，抱怨女神雅典娜把他绊倒了。但其后到达终点的跑者把事情看得清清楚楚，原原本本地告诉了埃阿斯到底发生了什么情况。

阿喀琉斯的挚友安提罗科斯（Antilochus）解释说："奥德修斯是上一代人。他就是人们所说的那种老硬汉，我们任何人都很难打倒他，除了阿喀琉斯。"

在克里特岛上，彭德尔伯里到处都能看到这种老硬汉。

他接任克诺索斯的馆长后，在岛上闲逛得越多，就能碰到越多这些无视年龄、能跳会跑、奥德修斯式的山里人。他不确定他们每个人是否都像优玛斯塔一样强壮。不过，他在途中确实经常会不可思议地看见，由巨石垒起来的奶酪小屋坐落在山巅之上。

据说，伟大的信使菲迪皮德斯就是克里特人，还有很多其他全天候跑者也是，包括菲洛尼底斯这个亚历山大大帝的特别信使。马拉松战役期间，菲迪皮德斯已经步入职业生涯的晚期，因此他肯定不是最年轻的那个；但其英勇事迹表明，他无疑是更高级别的"全天候跑步大师"。

那么，这些人对彭德尔伯里来说为什么不同呢？他现在住在一个完全开放的实验室，他有另一种方法可以用来测试"神话故事源于真人真事"的理论，因为他能在自己身上试验。像劳伦斯一样，彭德尔伯里喜欢角色扮演，所以很自然就完全沉浸其中了。他还从劳伦斯那里得到诀窍：首先穿上当地人的衣服。

彭德尔伯里在给他父亲的信里写道："我刚拿到一套克里特人的服装，完美、华丽，非常好看！"对于剑桥学者来说，这是相当彻底的改头换面，甚至超越他自己此前参加跳高比赛时穿白色斗篷。克里特的牧羊人穿得更像海盗，而不是农场雇工。因此，彭德尔伯里外出时的装扮几乎就像是过万圣节：及膝的裤裆、高筒靴、黑色头巾、绣花的黑色马甲，腰间裹着宽腰带，还披着内衬红色丝绸的黑色斗篷。

每天早晨吃早餐前，他会做 15 分钟的跳跃练习，模仿牧羊人轻快地掠过地面的步法。他评论道："我觉得相较于慢下来，加快走路的频率更容易增强肌肉。"

由于考古工作中需要长时间弯腰、驼背地清理布满灰尘的陶片，彭德尔伯里邮寄了很多口罩和隔层到克里特岛。

为了在工作后能让身体彻底放松，他开始练习击剑，通过全弓步的刺击伸展他的身体并提升平衡能力，为此，他还说服了勇敢的妻子做他的陪练。他甚至重新开始练习跳高，并渐渐发现他可以比以往任何时候都跳得更高。在大学做运动员的时候，他好不容易才能完成 1.83 米，但现在跳过这个高度对他来说似乎轻而易举。他在写给父亲的信中说道：“我现在跳得非常不错，就像一个小伙子。我觉得自己有机会打破希腊的记录，因为它大约只有 1.83 米。”

每天下午，他会放下工作，借助登山杖在山里徒步 20 多公里。他的旅行范围之广、好奇心之强，令人印象深刻。单单一个季节，彭德尔伯里就在全岛徒步累计 1 600 公里。有一天下午，在翻过艾达山并且在日落前返回克诺索斯后，他一笔一划地精确记录着自己的旅途：“6 小时 25 分钟，在脏乱的郊外完成 42 公里。”克里特的高地人起初还不太理解，也不习惯这个充满渴望的独眼陌生人在晚上漫步进入他们的村庄，他又饿又累、精疲力竭，但还总是半死不活地举起酒杯，学唱新歌。

当迪莉斯·鲍威尔（Dilys Powell）的丈夫接任雅典的英国学校校长后，他们结识了彭德尔伯里，还偶尔一起去探险。她回忆道：“他到处交朋友！到现在为止，他已经从岛的这一头徒步到另一头。当地人对这位坚持不懈的英国年轻人都喜爱有加，并且对他很尊重。他被晒得黝黑、蓬头垢面，在任何地方都能倒头就睡，他还和当地人一起喝酒，用他们的语言来交谈。”

彭德尔伯里也同样喜欢克里特人，并且已经随时准备证明这一点。当希特勒把英国军队赶出欧洲大陆并威胁伦敦时，彭德尔伯里已经在克里特岛上待了 10 年，他马上表明了报效国家的立场。他是一个年近四十的人了，但也跟着那些老硬汉学了十几年，这让他的身材苗条得跟十几岁的年轻人一样。有一次，他快速攀登完艾达山后，满意地看到自己破了纪录，他说：“破纪录的登顶时间，腰围又细了一点，57 厘米。”

但是，英国战争部可不管腰围大小，他们对一个中年的半盲学者没有兴趣。彭德尔伯里确信，对海军情报处来说，自己关于地中海地区的专业知识可能非常宝贵。不过，海军情报处对他不屑一顾。他试图联系英国驻雅典大使馆的武官和陆军情报处，但处处无人问津。最后，他打算为了报效国家而当志愿者，工作就是抬担架。在他开始抬担架之前，从剑桥、牛津的老同学关系网那里传来可靠的消息，嗯……有一个新的“特殊服务”机构在招人，而且不要求具备战斗技能。

“看起来挺强健的，基本满意”，彭德尔伯里面试后得到了这样随意的评价。他很快就被再次派往克里特岛执行任务，他的掩护身份是大使馆的副领事，一名身处中层、工作不太繁忙的外交官。

为了了解彭德尔伯里在做什么，他的朋友学会了检查他床边的桌子。彭德尔伯里的一位心腹密友告诉迪莉斯："如果他要出一趟存在危险的远门，他会习惯性地取出玻璃眼球，戴上黑眼罩。他会把眼球放在床边的桌子上。如果你发现玻璃眼球在那里，就知道他是出外旅行或去干其他事情了。"

彭德尔伯里定期从阿里阿德涅庄园溜走，爬到山上去侦察藏身之处和组织抵抗小分队。作为一名学习古代战争史的学生，他知道克里特岛对战局至关重要。他观察完岛上的防御机制后，得出结论：进攻将来自空中，而真正的战斗将爆发于高山之上。德军对自己遇到的陆军对手几乎战无不胜，但他们迄今还没有遇到过如此难以捉摸和冷酷无情的克里特土匪。彭德尔伯里确信，如果能为高地人配备 10 000 支步枪，就够德国人喝一壶的了。

彭德尔伯里平时伪装成外交官到处闲逛，在他看似无害的手杖里面其实藏着一把剑，这把剑可以轻松地刺穿德国伞兵的身体。他决定，不管发生什么事，都不离开克里特岛。剑桥大学研究员尼古拉斯·哈蒙德回忆说："彭德尔伯里认为自己就是克里特人，他会留在克里特岛，直到取得胜利。"哈蒙德曾经跟随彭德尔伯里学习考古学，后来又来到克里特岛，加入他的特别行动处。为了增加保密性，其实主要是为了炫耀，彭德尔伯里和哈蒙德会用他们的特别方言来进行秘密谈话，那正是克里特岛方言和古希腊的伊庇鲁斯方言。

彭德尔伯里、哈蒙德以及船长迈克·坎伯利奇（Mike Cumberlege）一起驾驶钓鱼船"海豚号"轰隆隆地来到克里特岛，船长总习惯带着黄金耳环，并且喜欢故作声势。三个人在这里一起密谋，打算晚上悄悄溜到意大利占领的卡索斯岛（Kasos）绑架一些意大利士兵，然后拖回克里特岛拷问有关德国入侵的信息。为了安全起见，坎伯利奇最后决定先侦察一番，于是他和哈蒙德偷偷前往卡索斯岛。他们先躲藏在一块离岸不远的礁石上，一直等到天黑……但是，引擎却无法启动了。当坎伯利奇费了半天劲快修好船时，德国战机突然开始从头顶雷鸣般掠过。克里特岛方向不断传来爆炸声，紧接着降落伞像一朵朵蘑菇一样打开。

尽管在德军入侵期间，同伴被困在礁石上，但彭德尔伯里立即就脱掉外交官的伪装，和克里特游击队领袖"撒旦"一起并肩加入巷战。当时，盟军部队已经放弃反击，准备弃岛撤退。他和"撒旦"大步走进英国指挥部所在的山洞，自告奋勇为撤退做掩护。帕迪·利·弗莫尔在德军入侵之前曾被调到克里特岛,他回忆当时的情况说:“我当时被这个光芒四射的人物深深感动了。彭德尔伯里带着一名克里特战士，背上背着子弹带，看上去就是一副海盗的放肆模样。”

帕迪之所以感到震惊，不仅是因为每个盟军士兵都在忙着逃向海滩，等着撤退，而“独眼巨人”却拒绝跟随。帕迪喜欢称呼彭德尔伯里为“独眼巨人”，因为“那只独眼总是闪闪发光。他的游击步枪、弹夹，以及他著名的手杖剑，一开始让人感觉浪漫好玩，而现在却像是受了刺激，闪动着卡其色的忧郁光芒”。帕迪在设法逃离克里特岛之后，过了很久才回到开罗，但他仍然时常听到彭德尔伯里的冒险故事。帕迪说:“德国党卫军一定听说过彭德尔伯里，他们叫他‘克里特的劳伦斯’。彭德尔伯里在山上的伙伴都听到了那样的流言：据说，除非希特勒在柏林的桌子上放着彭德尔伯里的玻璃眼球，否则他总是寝食难安。”

德军入侵两天后，海豚号终于被修好了，坎伯利奇偷偷把船开到伊拉克利翁附近一个隐藏的海湾。哈蒙德和坎伯利奇的表弟科里（Cle）则一人握着一把毛瑟步枪爬上岸。

伊拉克利翁的街道上乱成一团，到处是尸体或垂死的士兵。子弹嗖嗖地乱飞，巷战正在每幢房子中进行。哈蒙德和科里意识到他们找不回彭德尔伯里了，于是偷偷潜回到船上，他们向着北非安全的地方前进。

海豚号没能到达北非。科里死在战斗机的炮火中，坎伯利奇也受了伤，另一个船长过来救了他。三个星期后，坎伯利奇回到埃及时，收听到来自柏林的电台广播，播音员说:“强盗彭德尔伯里必将被抓住，被处以死刑前，他可以做短暂的忏悔。”

谢天谢地！坎伯利奇还有机会找到彭德尔伯里。一等到恢复行动能力可以下床后，他就搭乘另一艘船，穿越德军的巡逻线去寻找他的朋友了。麻烦的是，彭德尔伯里可能躲在任何地方。就像他自己常说的那样，他在数千公里的考古徒步旅行过程中,“认识了山里的每块石头”。德军入侵前，他曾旋风似的快速设置了武器藏匿处和躲藏点。这些地方只有他自己和最精明的老牧羊人能找到。彭德尔伯里把山中的地形改造得更加险要,他说服一小股克里特志愿军跋涉到艾达山,做“大力士的工作”。安东尼·比弗在自己的报告里曾说道:“他们把巨石转移到其他平坦的区域，以防止飞机在这些平地上降落。”

那么，他现在在哪里呢?

迪莉斯·鲍威尔曾听说:“在南部海岸靠近庭巴奇(Tymbaki)的一个村庄哈吉亚加里尼(Hagia Galini),有人看到了一个英国人,而且,据说是一个独眼军官。”克里特岛撤退的三个月后,英国在开罗的军事情报长官亲自告诉丘吉尔:“我们也正试图用降落伞给彭德尔伯里空投无线电台,他现在很大程度上控制着克里特山区游击队的活动。”

但就算有人实际上知道如何找到彭德尔伯里和他的手下的“恶棍”,这个人也不会开口。无论坎伯利奇往哪里找,彭德尔伯里似乎总是离得非常近,但是却无法找到。他自己也将变成英雄神话里的胜利者。

17 伪装艺术

光天化日之下的间谍活动

> 我们不要忘记，大卫本来是一个牧羊人。他拿着弹弓和棍棒来到歌利亚面前，因为那些是他的职业工具，他不知道与非利士人正式战斗应该要用剑。“当熊或狮子从羊群带走一只羊，我会跟着它，击倒它，把羊从它的魔爪下救出来。”大卫对扫罗解释说。他把牧羊人的做法带到了战场上。
>
> **马尔科姆·格拉德威尔**（Malcolm Gladwell）
>
> 《逆转》（*How David Beats Goliath*）

彭德尔伯里最后一次露面，是在前往艾达山的路上。艾达山是著名的土匪窝，那里很难进入且非常容易迷路。赞·菲尔丁跟着科斯塔在大雨里走了一整夜，然后又在潮湿的灌木丛底下睡了一整天。刚醒来，他就被告知了两个好消息。

德国搜索部队已经离开，所以他和德莱尼可以爬出躲藏点稍作休息，伸展一下疼痛的身体。另外，有消息说，无线电报务员正准备要下山和他们会合，所以他们不必再跋涉 130 公里，赶到无线电报务员在山里的藏身之处了。赞自然会心情激动，因为自从离开潜艇爬上海滩，他已经连续三天紧张兮兮地赶路了，现在终于可以放松一个晚上了。但是，他逐渐开始忧虑不安。过去几个月里，无线电报务员一直安全地躲藏在山上，现在，他为什么突然要离开躲藏点，从山上下来呢？

没过多久，拉尔夫·赫德利·斯托克布里奇（Ralph Hedley Stockbridge）走进营地，他穿着克里特样式的服装，赞没见过比这更糟糕的穿着。唯一比拉尔夫的大衣更英国化的是他的牛角框眼镜，说真的，那居然是一件大衣吗？青春期结束后的成年克里特男人是不会这样装扮的，拉尔夫没有留胡子，并且脚上穿着鞋，而不是牧羊人穿的靴子。赞想："他看起来根本不像个农民。"渐渐地，他开始明白，这正是拉尔夫狡猾的天才之处：拉尔夫看起来完全像个希腊人，可是他要试着不那么像希腊人。这正好是《代号星期四》里面提到的花招。而且，这个招数实在太好用了。

> 有一次，拉尔夫徒步经过德军的检查站，他旁边一个真正的克里特人被抓住盘问。拉尔夫回忆说："他们肯定是瞎了眼，才没看到我在抖。"在另一次近距离的遭遇中，他撞到一名德国士兵，用英语脱口而出说："天哪，对不起！"哪怕是这样，德国人都懒得再看他一眼。

但要做到拉尔夫这种"无伪装的伪装"，绝对需要非比寻常的胆量。和赞一样，拉尔夫也不太像是一名士兵。他曾把战争部闹得鸡犬不宁，就为了绑腿这种鸡毛蒜皮的小事。士兵被要求必须用羊毛带子从踝关节开始缠绕，并在膝盖处扎牢，而拉尔夫对此大惊小怪。后来，他又因为无法忍受上级军官的优越感，决定退出军官训练团。拉尔夫老是喜欢唱反调，这让人困扰，但也许恰恰因为这一点，他被秘密情报部门"迈克"（MIKE）招募。"迈克"是军情六处（MI6）的代号，也就是詹姆斯·邦德所在的部门。但与小说里的007不同，真正的"迈克"特工平时都会拉好拉链，看管好自己裤裆里的小工具。他们通常喜欢在黑暗中工作，在咖啡馆窃听，依靠平民打造间谍情报网络。所以"迈克"常常与"公司"发生冲突，也就是赞所在的"流氓部队"的所属部门。因为任何一个"迈克"特工都不愿意看到，在他们监视的妓院里，突然发生肥皂爆炸这样的意外事件。

但在克里特岛上，这一小队英国人为了生存必须相互依赖，原本的竞争对手变成了兄弟。除了血缘，他们基本上就是兄弟。与赞和蒙蒂一样，拉尔夫是另一个豪斯霍尔德所说的X类型的"雄性流氓"：他为祖国而战，也为自己考虑，并且会尽量不伤害任何人。拉尔夫很聪明，且有点书呆子气，所以当最后被安排到地中海的山洞里照顾无线电台时，他总感觉自己在虚度光阴。他曾在剑桥学习古典文学，然而，他掌握的这2 000年间产生的所有英语词汇反而阻碍了他与克里特人的交流。他警告赞，如果你没能力跟别人聊天，那么间谍生活就是煎熬。

老实说，这就是为什么他宁可翻山越岭，也不愿意待在电台边上的原因。他能一连几天躲在暗处，喝从钟乳石滴下来的水；可以就着橙皮煮的茶，狼吞虎咽地吃下嚼不动的发芽土豆。但在"聊天"这件事上，他被打败了。拉尔夫曾经与安德烈亚斯·帕帕达吉斯（Andreas Papadakis）上校一起躲在山洞里。这位年长的前陆军军官曾经把面包师杰克托付给乔治·塞科达克斯，这使杰克最终成功前往埃及，乔治这个年轻的牧羊人后来也成为一名超级信使。从那时起，帕帕达吉斯上校像得了妄想症一样，他抓住拉尔夫作为听众，整天唠唠叨叨，说什么一旦想办法解决了德国人之后，他与他的“克里特斗争最高委员会”就会如何清理门户。最后，拉尔夫实在受不了了。于是，他把电台架到骡子上，逃到了山里。

没过几天，拉尔夫意识到自己百密一疏：尽管原来那地方有“帕帕达吉斯狂风”，但只有那里能够比较清晰地接收到无线电信号。所以，当拉尔夫听说赞已经来到岛上，并且需要一个安全的藏身处时，他把赞的到来当成了一个借口，一个能回去，同时又能保存自尊心的绝佳借口。

“啊，所以你又回来了！”赞和拉尔夫走到门口的时候，帕帕达吉斯开始冷笑。赞知道老上校冒着生命危险，并且分享自己微薄的食物来帮助抵抗力量，但赞还是忍不住反驳他。赞说，帕帕达吉斯的声音“时而傲慢，时而哀伤”，而且他看别人时，“黑眼睛总透着农民的狡猾，而且脸总是阴沉着”。在帕帕达吉斯的小木屋里，他们三个人之间的气氛已经紧张到随时可能爆炸的程度。图瑞尔来了之后，情况变得更加糟糕。

就像德莱尼能够让大家迅速喜欢上自己一样，图瑞尔可以迅速让很多人讨厌他。在这一点上，他实在太有天赋了，他在岛上几乎把这一点做绝了。在长途跋涉到帕帕达吉斯小屋的路上，有个克里特向导帮他背背包，但背包越来越重，向导一开始不知道为什么，直到发现这位业余地质学家在不停地采集岩石样本。

另一个克里特向导实在受不了图瑞尔，最后不惜违背“希尼亚”职责，在村子外一公里处就丢下图瑞尔，愤怒地离开了。图瑞尔只能自己一个人走进村里。幸运的是，村民只不过是不理睬他，而没有把他暴打一顿，或者把他交给德军。德军曾经冒充逃亡的盟军来欺骗岛上居民，导致许多克里特人被杀害。所以克里特人为了反击和报复，每当发现这些坏蛋，就会聪明地报复回去。克里特人会故意攻击这些冒牌“英国佬”，把他们踢到半死，然后拖到最近的德国哨站。对谨慎的克里特人来说，图瑞尔看起来怎么都像个德国人：一个专横的陌生人，穿着英军上尉的制服，还操一口法语。图瑞尔根本不知道自己差点就要被暴打，甚至要挨一枪。

图瑞尔一到帕帕达吉斯的小屋，就立刻让每个人都感到烦躁不安。他不停地说法语，每个小时烧一次开水，煮一壶橙皮茶。他和帕帕达吉斯激烈地争吵，争吵的内容是他们应该何时以及如何炸掉港口里的德国船只。显然，无论是他还是帕帕达吉斯，都不知道对方在说什么。

帕帕达吉斯抱怨道："这疯子想要毁了我们所有人！"外面狂风呼啸、大雪纷飞，在这种天气去山里侦察实在太冒险了。拉尔夫和赞只能被困在两个"老疯子"中间，没完没了地玩纸牌游戏。

所以，抵抗力量的战士都是这个样子吗？赞很好奇。他们都会像疯子一般挤在火堆旁吵一整天吗？

幸运的是，一个坏消息最终把赞解救了出来。山下的村庄传来消息，德国搜索队正往帕帕达吉斯的小屋赶来。老上校和英国人被安排立刻分头逃跑，作为无线电报务员的拉尔夫需要逃到野外，而帕帕达吉斯上校负责找个山洞，在里面建立一个新基地。对图瑞尔和德莱尼来说，这也正是一个好机会。在克里特岛上生存的唯一方法，就是向克里特人学习。溃败的英国指挥官们认为，向克里特人学习太难了，对这两名正规军士兵来说，这同样并不轻松。图瑞尔仍在对"土著"抱怨，即使几天后，正是其中一个"土著"把他领出群山，带到一个秘密海湾，登上等在那里的逃生船。

现在，赞只能靠自己了。他已经被围困了好几个月，渴望立即能够有所行动。海边的德军基地是重兵把守的地区，赞认为自己已经准备好了，因此决定下山去近距离侦查一番。帕帕达吉斯的一个朋友把他带出山，安置在雷西姆农（Rethymno）附近的安全屋里。雷西姆农是一个北部港口，平时挤满了德军。所以，赞不敢白天出去，这太冒险了。不过到了晚上，他会伪装一番，尝试溜到村子里，察看一下。

待在帕帕达吉斯小屋的几个星期里，赞一直在努力适应他的新身份。他训练自己听到"阿列克"（Aleko）时会应答，还学会在眼睛上方微微倾斜地绑上黑色头巾。他的小胡子终于留成当地人的形状，如果加上斗篷和黑色长筒靴，他就更像当地人了。他帅气的脸也能被化装成各种有趣的样貌：给头发打上粉，微微皱起眉头，年轻的牧羊人就变成了他的祖父；或者把胡子彻底剃干净，扎上头巾，穿上裙子，你瞧，小女生有对手了。

但是，针对下巴以下的部位，赞仍然有事要做。赞承认："在崎岖的地面上，我移动的步法相当费力，这会让我在远处就被认出来。"在还没能学会克里特人跳着走路的方法之前，赞想出了一个临时的解决方法，那就是装疯卖傻。每当在路上碰到其他人，赞的向导就会叹着气解释："是的，这位朋友患了痴呆症，又聋又傻。"你能拿这个精神错乱的可怜家伙怎么办呢？赞扮得如此逼真，甚至自己都要信以为真了，这让他有点伤心，他觉得有必要澄清："我不想吹捧自己，对我来说，装聋作哑地扮低能儿是很不自然的。这是我扮演过的最难的角色，而且还连续演了两周。"

赞装疯卖傻两个星期后，克里特岛的本地人全都信以为真了。赞鼓起勇气，准备自找麻烦。有一则传闻引起了他的兴趣，据说，在克里特岛当时的首府哈尼亚（Chania），身材魁梧的老市长可能愿意为游击队当卧底。市长有很好的声望，平常与德国军官也有很多接触的机会，这使他成为极好的招募对象，他很可能会成为很有价值的间谍。如果获得了这样的情报来源和联系人，赞就有机会玩一些更高级的流氓把戏。所以，赞决定尝试偷偷潜入哈尼亚去找市长，而不是等着市长来找他。尽管整座城市被德军岗哨包围着，但赞的向导注意到，相较于一群人一起行动，独行侠会受到更加严密仔细的审查。

如果赞搭乘一辆拥挤的公共汽车，一直闭着嘴坐在后面，德军可能只会瞥一瞥伪造的证件，然后他就能蒙混过关。

几天后，市长尼古拉斯·斯库拉斯（Nicolas Skoulas）在办公室接待了三个德国军官。到了上午 10 点左右，德国人谈完事情准备出门时，两个没有预约的牧羊人在门口把他们堵住了。仁慈的市长同意接见牧羊人，虽然其中一个的动作有点傲慢。德国人什么也没有发现，但市长很快识破了赞的伪装。赞说："他看上去惊呆了，他没想到大白天，居然会有英国特工出现在市政厅，出现在他的办公室里。"

等到他们单独相处时，市长了解赞的来意后，立刻就同意成为他在哈尼亚的耳目。当天下午，赞就溜出城，安全返回了他的躲藏点，那座沉闷的小房子。赞想，这一切简直令人难以置信。他刚刚走进了德国人的心脏地带，和三个德国军官擦肩而过，而且在他们的眼皮底下招募了最有价值的人。丘吉尔说得对，希特勒最强大的武器是恐惧，而现在，就有机会反过来用恐惧对付他了。

赞只需要一些帮助，确切地说，不是帮助。他需要的是……

18 行走的力量
走出来的自己

别担心，帕迪不是一个典型的军官或游击队头领。他不是任何一种典型的人物，他就是他自己……一个吉卜赛风格的学者。

达芙妮·菲尔丁（Daphne Fielding）
帕特里克·利·弗莫尔的朋友

帕迪不会心甘情愿地遵守纪律，所以我认为，需要用强硬的手段来管理他。

英国战争部备忘录

“干杯（yasou），教父（koumbaro）！”然后……重重地碰杯！

帕迪很快就和希腊人打成一片。一位战争传记作家说：“聚会的时候，他明显比克里特人喊得更响亮，鼓掌更用力，拥抱也更紧，似乎要抱断你的肋骨。”帕迪还喜欢称呼一个陌生人为“教父”，因为他认为这样可以因为一个私人笑话而迅速建立关系。帕迪解释说：“这就奏响了联结友谊的音符。”联结友谊是他生命的主旋律，也是他生命里的指路明灯。

赞和克里特抵抗组织一起并肩战斗了6个月之后，在1942年6月份，帕迪从伪装的渔船里溜上了克里特岛。

帕迪立即被带到“世外桃源”基拉卡里（Gerakari），一个隐藏在偏远山谷里被遗忘的村子。基拉卡里是隐藏“逃犯”的首选之地，抵抗组织经常会把流亡中的英国人送到这里来。因为就算手持地图，在这里也会晕头转向，除了把自己搞成落汤鸡，不会有任何所得。溪流从山的各个方向冲刷下来，最后汇集到一起，唯一的土路往往会被冲刷掉。这会使徒步的旅客被迫绕路，在山洪和沟渠的迷宫里头昏脑胀。哪怕你可以看见基拉卡里就在不远处，可是依然无法到达。但是一旦到达之后，再回头去看那条地狱般的徒步小径，你会觉得那简直就是通往天堂的路。牧场被野花和食用蔬菜重重覆盖，果园里满是葡萄、樱桃，以及维斯纳（Vyssina），那是一种甘美的有核水果，可用来酿造美味的甜酒。逃亡的士兵跌跌撞撞地来到基拉卡里，当有人给他们递上一罐汽酒、一大碗配有樱桃糖浆的浓酸奶时，他们会惊得瞪大眼睛。

赞听说新来的特别行动处特工到了，就立刻走了35公里山路，来到基拉卡里。当到达那里时，迎接他的是一个灿烂的笑容、一整瓶葡萄酒，以及“他乡遇故知”的激动。他们拉开酒瓶的软木塞，像老相识一样喝完一瓶又一瓶……

第二天早上太阳出来的时候，帕迪还在说个不停。

“如果帕迪开口，那你就闭上嘴。”社交名媛黛安娜·库珀（Diana Cooper）女士后来给自己孙女阿尔忒弥斯·库珀提过这样的建议。帕迪的故事像焰火般绚烂，他可以随时打开话匣子，开始讲述自己少年时的浪漫故事。女主角可能是一位热情如火的塞尔维亚已婚女子，穿一条红裙子；或者也可能是某个夏天在特兰西瓦尼亚（Transylvania）游泳，接着和两个俏皮的农场女孩在干草堆里艳遇；或者是他未经考虑就上门推销丝袜，这个不明智的举动最后变得像在卖避孕套；又或者当他与非同凡响的年轻牧羊人在一起时，牧羊人向他投射的眼神如同骤然熄灭的火焰，他的身上似乎随时都会留下与德国人决斗后的疤痕。

在放声大笑中，赞突然想起一些往事，他知道为什么帕迪看起来这么眼熟了。他们曾经在伦敦的咖啡馆偶遇过。当时，赞是一名流浪的素描画家，在伦敦的咖啡馆努力工作；而同时，帕迪还是一名学生，不过正面临被学校开除的危险，实际上他已经被好几所学校开除过。帕迪当时只有17岁，不过他的个人纪录就已经不太干净了。他接受过两位精神病医生的治疗，还有三次被学校开除的纪录。唯一没把他开除的学校是沃尔舍姆厅（Walsham Hall）。那里有一门实验性课程，它专为受过纪律处分的学生设计，以裸体舞蹈和自由组合讲故事著称。沃尔舍姆厅的课程由波西米亚人管理，他们穿手工纺织的简朴衣服，但衣服上有绣花。因为不用学习动词的语法变化，10岁的帕迪很喜欢那里的教育方法。他要在树林里奔跑，要赤裸地在谷仓给他的老师、同学跳舞，要躺在地板上纺线。但后来，他的母亲安排帕迪转学到另一家常规的寄宿学校。因为她听到一些传言说，沃尔舍姆厅的校长会亲自替大一点的女学生洗澡，并且用毛巾给她们擦身体。

毫无疑问，帕迪很聪明，他有语言天赋，对文学有旺盛的求知欲。在他十来岁的时候，就已经开始如饥似渴地阅读拉伯雷（Rabelais）和弗朗索瓦·维庸（François Villon）的法语作品，他自己还翻译了贺拉斯（Horace）的拉丁文颂歌《致塔里阿科》（*To Thaliarchus*）。他做这些翻译并不奇怪，因为贺拉斯的颂歌简直就是他的心声，“年轻的朋友，不要藐视甜蜜的爱，也不要拒绝跳圆圈舞……”在母亲替他挑选的大部分学校里，浪漫生活与圆圈舞都不是必修课程，于是，帕迪只好自己偷偷选修。

他的同学艾伦·沃茨（Alan Watts）回忆说：“帕迪身上有一股能量，他的个性不能被这些古老的英格兰公立学校容忍。真正的麻烦在于他不仅喜欢女人，而且还付诸行动。”这位同学后来著有《禅宗的方式》（*The Way of Zen*）一书，并成为佛教思想的国际权威。“帕迪有冒险家的极端勇气，不断因为恶作剧而被鞭打，换句话说，就是富有创造性的想象力。”鞭打甚至变成了帕迪无法完成另外一场冒险时的镇痛药，他耸耸肩说：“我不介意被鞭打，这种事不过是虚张声势而已。”

他最后一次在这方面犯错是溜进镇里，和菜贩的女儿一起在后屋被抓了现行。对于这次被驱逐离校，帕迪并没有抱怨。他说：“由于浪漫被开除，要比因伤害、滋扰他人好得多。”帕迪的父母受够了，想让他报考桑赫斯特皇家军事学院（Royal Military Academy Sandhurst），但他没能通过入学考试。于是，帕迪拿出了他自己的计划。

1933 年 12 月 9 日，他与伦敦的朋友们一起举行了一场告别聚会。从可怕的宿醉中醒来后，他给自己准备了一套军队装备：平头靴、皮革背心、军大衣和老式带绑腿的马裤。除了把贺拉斯的颂歌和《牛津英文诗选》（*The Oxford Book of English Verse*）塞进背包，他还准备了一个睡袋，但这个睡袋几乎转眼就被他弄丢了。他在冰冷的暴雨中开始自己的历险，乘渡轮前往荷兰。

“帕迪”被留在身后，现在这个年轻的流浪诗人改名叫米迦勒（Michael）。米迦勒上岸时，打算穿过整个欧洲，一直走到“东方的入口”君士坦丁堡。他的前方是一段 3 000 多公里的旅程，他需要穿越德国、奥地利、捷克斯洛伐克和匈牙利，沿着莱茵河和多瑙河深入纳粹风暴的中心地带。

当船从岸边滑开时，雨开始变成雪，渡轮的管理员告诉他：“我们在 12 月没多少班渡轮。”帕迪是船上唯一的乘客。在冬天出发是个糟糕的决定，同时，因为帕迪每个月微薄的零用钱都是被寄到沿路邮局的，所以他只有不断赶路才能拿到伙食费。可是，因为不懂地方语，所以哪里可以睡觉、向谁问路、怎么回家，对这一切他没有丝毫头绪。就像劳伦斯一样，他只是不顾一切地要挣开那个引起那么多麻烦的外壳，用新名字、新外表，在新地方重新开始。也许只有这样，他在一群陌生人中才不会显得奇怪。

他在荷兰鹿特丹附近下船，在大雪天里长途跋涉了一整天，然后在一家海滨酒吧里看纸牌游戏，最后竟然睡着了。帕迪并没有被抢劫或被扔到街上，他醒来时发现自己躺在“一条犹如巨型酥皮的羽绒被下”。他穿上靴子下楼后，酒吧老板还免掉了帕迪的房费。帕迪告诉赞：“这是我第一次感受到善良和热情好客的奇妙，在后来的旅行中，这样的事一再发生。”但对帕迪的旅行来说，这些只是开胃小菜，根本都没进入正题。在之后的 4 年旅行中，帕迪开始展现自己奇异的天赋才华，那将使他能够在贵族的城堡和豪宅之间来去自如。

帕迪告诉赞：“我本来以为自己会过得像个流浪汉。”但事实恰恰相反，他最后发现自己“在城堡与城堡之间漫步；用雕花玻璃酒杯品鉴匈牙利的托卡伊葡萄酒；与达官显贵一起抽土烟，烟管就有一米长。”

> 在布拉迪斯拉瓦（Bratislava），帕迪偶遇一位银行家，这位富豪看起来很懂待客之道，留他住了三个星期。在此期间，帕迪可以享用热腾腾的饭菜、火炉边的白兰地，并且能自由浏览家庭图书馆里丰富的藏书。在斯图加特（Stuttgart），帕迪看着夹着雪花的雨点敲打在咖啡馆窗户上，正在盘算自己今晚要睡在哪里，然后就幸运地碰到两位可爱的年轻女士。她们穿着毛皮靴子、跺着脚走进咖啡馆，为家庭聚会买零食。她们的父母因外出度假而要离开一个漫长的周末。于是，帕迪喝掉了“最后一瓶珍贵稀有的极品葡萄酒”，那是安妮的父亲一直期待的好酒，他还穿着她爸爸的猩红色丝绸睡衣睡觉。在希腊，招待他的主人忽然被传召去镇压一场反对国王的军事叛变，于是，帕迪骑上借来的马，和一队骑兵一起冲锋陷阵。

听着帕迪的故事，赞惊呆了。“与他一样，我徒步穿越了整个欧洲，到达希腊；与他一样，我在长时间艰苦的假期中也几乎身无分文。但相似之处仅限于此，我经常被迫睡在门外、沟渠里、稻草堆或公共长椅上。帕迪的魅力和聪明才智使他深受主人的欢迎，他的行程单里包括众多城堡、宫殿和学校，他可以享用那里的食宿，直到继续偶遇下一位热情好客的主人。”

帕迪的老朋友、作家阿尔忒弥斯·库珀后来这样解释道："你可以想象一下帕迪对一位东欧老伯爵的影响。在过往的黄金岁月中，伯爵府邸的阁楼上储藏着各类绘画作品及精美家具，而如今，他的领地却不断缩减，已经很难维持过往的生活方式了。这时候，突然有一个邋遢的英国青年，拿着朋友的引荐信登门拜访。这位青年很有礼貌且性格开朗，对这个家族的历史一无所知。他在图书馆里用心翻阅家谱和相册，贵族家庭的悠久历史让青年兴趣盎然，他想事无巨细地搞清楚其中的故事，比如统治者、王朝联姻、战争、叛乱、流亡……他想进一步了解家族肖像画上的每一个人物，并恳求伯爵回忆孩提时农民唱的歌曲。在这个过程中，伯爵突然觉悟了，不再感觉自己是大厦倾覆之后的一块无用残砖。这个年轻的英国人让伯爵意识到，自己是鲜活历史的一部分，是从现在回溯到查理曼大帝时期或更早时候的一环。"

帕迪容易分神、爱炫耀、喜欢做白日梦，这使他很难安坐在教室的椅子上，按部就班地学习；不过，一旦让他站起来，在广阔的天地中信马由缰，他就开始以惊人的速度汲取语言和文学知识。因为冲动、好奇心、原始的内在能量，帕迪被英国教育系统撵了出来；现在，同样的东西却把他变成了欧洲最受欢迎的客人。从那时起，帕迪后半生的座右铭就是"如果有疑问，就出去走一走"。

快乐的时光还在继续！1935年5月，在雅典，他初次邂逅罗马尼亚公主巴拉夏·坎特丘津（Princess Balasha Cantacuzene）。当时巴拉夏36岁，帕迪才刚过20岁，不过这并没有妨碍他们坠入爱河。巴拉夏把帕迪带回自己在巴勒尼（Baleni）的庄园。他们安定下来，开始享受充满艺术的贵族生活。

直到4年后，一场新的冒险向他发出召唤。

19 耐力之王
永不停歇的牧羊人

这里的情况很糟糕。

帕迪抵达克里特岛后
发给总部的第一条消息

“糟糕”，毫不夸张。

帕迪趟着水登上克里特岛的时候，惊讶地发现游击队正朝他的反方向趟水前进。“撒旦”和他的家人都心急火燎地想登上英国舰艇；而脾气暴躁的老上校帕帕达吉斯则在沙滩上满腹牢骚，因为他被告知船已经被塞满，他和他的人不得不接着等待。和赞勇闯市长办公室那会儿相比，情况已经发生了天翻地覆的变化。帕迪很快就发现，情况越来越严峻的原因在于苏联人和凶残的暴徒“土耳其人”。

在基拉卡里村外的山洞，赞和帕迪喝了一整夜的酒，赞给帕迪讲了很多事。对于巴巴罗萨行动，德国人已经执行不下去了。正如希特勒害怕的那样，德军没能靠“闪电战”攻下莫斯科，反而被困于冰天雪地之中。苏联泥泞的道路张开血盆大口不断撕咬着士兵的脚趾和生命。局面已经越来越明朗，东线战场可能要僵持数年，而不是几个月。因此，希特勒开始轮流派遣部队到克里特岛上执行守备任务，从而使所有士兵都能获得适当喘息的机会。由于冻伤的摧残以及战火中练就的残忍，这些来自前线的幸存者充满了强烈的报复欲望，他们对牧羊人的任何诡计都显示出零容忍的态度。克里特岛是地中海地区最大的过境中转站，因此德国人打算让它稳如泰山。

“宁可杀错，不能放过！”这句话逐渐成为占领军的行为准则。对于当地的游击战士，德军开始尝试更加卑鄙恶毒的方法：如果抓不到本人，就抓他的家人。“撒旦”和帕帕达吉斯上校之所以要撤离克里特岛，很大程度上正是源于此。他们需要找个地方躲避风头，不然他们的孩子、父母和邻居随时都可能面临危险。“德军的做法就是要抓住‘通缉犯’的亲属作为人质，”赞解释说，“为了防止出现意外情况，上校的全家已经离开他们在卡里基区（Kallikitri）的家，和上校一起躲进了大山里。他的家人现在和他彻底同病相怜了，他们现在都是流亡者了。”

在克里特岛的北部沿海地区，神秘的盖世太保中士弗里茨·舒伯特使整个地区都笼罩在恐怖的阴云之下。弗里茨出生于土耳其，在德国长大，能说流利的英语和希腊语，是纳粹的忠实信徒。当地人称其为“土耳其人”，“土耳其人”像一个幽灵一样在咖啡馆和村庄广场游荡。村庄被烧毁后，很多难民来到城市，这为盖世太保浑水摸鱼降低了难度。“土耳其人”的核桃色皮肤和地中海人的谈吐给了他天然的伪装。“弗里茨的名字已成为雷西姆诺人的诅咒对象。他必将成为所有克里特人刻骨铭心的仇人，”一个战争编年史史学家写道，“‘土耳其人’现在变成了野蛮的代名词。”

“土耳其人”的确可怕，但他仍然比不上“屠夫”缪勒将军。

“屠夫”和帕迪都在 1942 年的夏天到达克里特岛，前后只差几周。这也是两人仅有的共同之处。帕迪的任务是给“屠夫”制造麻烦，不让他在克里特岛过得太安生。坦率地说，“屠夫”和帕迪可谓天生的冤家。缪勒心狠手辣，干任何事情总是力求干净彻底。他烧光平民储备的冬季食物，人为引发大饥荒；随意焚毁克里特人的家园；任何涉嫌窝藏抵抗军的村子，都会被他改造成死亡集中营。“屠夫”没有丝毫怜悯心，这使他杀人的时候不会有负担；死于他刀下的包括婴儿、老人及残疾人，而且任何返回村庄掩埋死者的人，都会被立刻枪毙。

另一方面，帕迪很快就摆脱了一开始那个无所事事的快乐小卒的身份。玩弄阴谋诡计的部队并不是他的首选，但与赞一样，他被丢进这支部队，只不过是因为除此之外的部门都视他们为废物。他原本想加入爱尔兰卫兵，因为他喜欢时髦的帽子和外套。“我想穿着一身漂亮的制服死去。”这是帕迪给出的解释。不过，阿尔忒弥斯有别的说法，她认为军队生活“使他的身体严重透支”。帕迪接受军事训练刚一个月，身体就垮了，之后的三个月里，他基本是在医院度过的。他在官方的等级测评中，被评估为“低于平均水准”。

在这种情况下，帕迪的未来之路，似乎注定笼罩着失败、死亡和耻辱的阴霾。于是，他又一次决定尝试一下新路子。如果正规的军队并不适合他，也许在非正规军会上演不一样的剧本。凭借外语的天赋,他获准跟其他不够健壮的家伙一起调入"公司"。现在的状况让他欣喜若狂,因为他感觉自己的天赋终于能够派上用场了。在这里,想象力和智慧比盲目服从更重要。他现在最缺乏的就是完成任务的手段,因此他需要集中精神,学习一些令人兴奋的技巧,比如伪造、爆破和短刃格斗。不过,帕迪似乎对这些并没什么兴趣。

赞与帕迪一见如故,通宵讨论如何对付"屠夫"。最后,他们决定将克里特岛一分为二,赞负责西边,帕迪负责东边。当"屠夫"在东边咬住帕迪不放的时候,赞就在西边故意弄出点动静,吸引德军注意力,以分担东边的压力。他们要让"屠夫"的部队首尾难顾,在群山中疲于奔命。同时,这将弱化德军沿海的防卫强度,为英国特工的侦查创造机会。这样,不论德军是用船往非洲运送军队,还是向东部战线运输补给,都逃不出赞的眼线,它们将变成盟军飞机攻击的活靶子。

几个晚上之后,帕迪正躲在一个小山洞里,突然听到洞口传来微弱的噼啪声。他猛地抓起手枪,指向入口处,但在帕迪扣动扳机之前,有人迅速避开弹道,闪进洞里。在昏暗的光线中,帕迪看见了一张被汗水浸湿的脸以及一双黑色的眼睛,他的眼神中还闪烁着"恶作剧的余光"。于是,帕迪放下了手枪。

牧羊人乔治·塞科达克斯穿着破靴子,背着一捆电线,在崇山峻岭中跑了90多公里。他身上那件破破烂烂的衣服里面,塞满了别的抵抗战士给帕迪的秘密消息。当乔治开始挖出小布片时,帕迪不禁放声大笑,因为乔治一直把手指贴在嘴唇上,不断用眼睛去瞥自己发抖的肩膀,假装对路途中的德军怕得要死。这种行为完美诠释了他的代号、出自意大利喜剧的"活宝"。乔治实在太勇敢了,所以才乐于拿自己的害怕来打趣。乔治在鬼门关前走过好多次,其中有一次,他把秘密地图藏在靴子里,结果遇见德军的搜身检查。因此,除了"活宝",乔治还被称为"变形虫"。显然,他拥有一种神奇力量,能鼓舞他从刀山火海中成功脱身。

乔治要等到太阳落山,才能动身返回。帕迪、乔治和另两个游击队员在这个滴水的低矮空间中不断变换姿势,以便都能伸展身体去喝点葡萄酒,吃些杏仁。对于乔治的耐力和机智,帕迪佩服得五体投地。乔治能够持续不断地在老鹰翱翔的海拔,狂跑几个小时。另外,对德军天罗地网般的围捕,乔治破解起来好似闲庭信步。乔治对这一切并非淡然自若,因为他知道自己的价值所在。

“我觉得好像在飞，”乔治喜欢这么说，“从怀特山脉的山顶一路跑到艾达山，就像喝杯咖啡一样轻松。”

乔治不停地用他唯一会的那句英语“I steal grapes everyday”（我每天都偷葡萄），来逗帕迪开心。天黑以后，乔治把帕迪的回信卷成紧凑的一团，藏到衣服里。克里特岛在白天是“屠夫”的地盘，而到了晚上，它又变回牧羊人自由奔跑的天地。帕迪回忆说:“当月亮升起的时候，他站起来，大口喝掉最后一口葡萄酒，就像给引擎加油。”然后，乔治会抬起手指，小声念叨:“情报服务开始了！”接着，扭头就走了。

“几分钟后，”帕迪继续描述说，“我们可以看到他小小的身影已在一公里外，他横穿过月影斑驳的怀特山脉，开始另一段80公里的山路旅程。”

20 跑酷的真意

相信身体的能力

克里斯说："你开始喜欢上乔治了，是吗？"我们缓缓地沿着一条狭窄的山羊道，登到斯法基亚背后的悬崖。酷烈的阳光和滑进眼中的汗水让我的眼睛很难受，但克里斯似乎一点事儿都没有，他继续说："乔治是一个真正的希腊英雄。既温暖又幽默，既诚实又有点滑头，既勇敢又有点愚蠢。"

就个人而言，让我念念不忘的是乔治营救小女孩的事情。他体重不到60公斤，却要背着朋友的女儿，一路翻山越岭；而且，"土耳其人"和他的盖世太保属下就在后面紧追不舍。

那天清晨，轮到乔治站岗放哨，他突然听到零星的枪声。原来是"土耳其人"通过对一名克里特囚犯严刑逼供，迫使他带路去清剿游击队；但德国人急不可耐地对路过的村民开枪，这等于提前暴露了他们的到来。乔治立刻敲响了警钟。

"我们迅速在险要的高处集结，并不断向敌人开火。"乔治回忆说。一个游击队员提醒他，敌人可能会对附近村子进行报复。于是他跑到村子，找到朋友的妻子以及他们的两个女儿。乔治和另一名男子分别背着这两个女孩，开始一路狂奔。

他们只来得及赶到山脚下的树林中。"德国人切断了上山的去路，并且开始大规模涌向南边。"乔治回忆道。于是，乔治直奔一个自以为安全的小村庄，但是他们在离得很远的地方，就看见熊熊火焰，并听见惨叫声不断传来，所以乔治立即改变了主意。显然，德国人已经提前到达，并且烧掉了整个村子。乔治带着他的逃亡小分队迂回地躲过德国人的大举搜捕，躲到更远处的阿姨家。直到那里，年轻的小女孩才从乔治的背上滑下来，回到安全的地面。

如果纯粹从力量和技术角度看，我根本不需要猜测这个救援行动会有多艰难，因为我在亲身体验。我在走他们走过的山崖之路，那里的地面极度光滑，这使靴子的抓地情况变得非常差。我踩着乔治的“脚印”前行，而肩上背包的重量应该跟一个小女孩的重量差不多。不过，前一天晚上，我没有通宵站岗，今天一早，我也没有从山上高速冲到村子里，从德国冲锋队的枪口下营救朋友。但现在，我的双腿灼痛，开始无法控制身体的平衡。不管迈出的每一步有多慢，我都嫌太快了，因为这样不安全。

克里斯的天才之处在于直接回归历史，人物、时间、地点永远是历史的基本要素，克里斯喜欢从这些地方着手。于是，我们亲自踏足卡里锡基亚村（Kali Sikia）和尼西村（Nisi），拜会叛徒亚力克西乌（Alexiou）、游击队头目邦德瓦斯（Bandouvas）以及浑身发抖的凯西亚斯（Katsias）家的小女孩。这使我们可以回到遥远而神秘的过去，直达事件发生的原点。然后，我们就可以去追寻这一点：

他们怎么做到的？他们实际上是如何完成的呢？

戴维·贝尔（David Belle）给了我们一条线索。戴维在治安很差的巴黎郊区长大，那里到处都是和他一样的法越混血小孩，他们以缺乏教养而“著称”。戴维厌倦了总是被恶霸欺负，所以决定做些事情。他把混血孩子组织起来，成立了一个帮派，创造了所谓的“武士训练法”。戴维的灵感来自一个神秘的陌生人，戴维曾经好几次听说过他的传奇故事，甚至经常与他本人见面，他就是戴维·贝尔自己的父亲雷蒙德·贝尔（Raymond Belle）。

雷蒙德出生在越南，他的父亲是法国军医，母亲则是越南人。第一次越南战争期间，贝尔一家被迫逃到边境。不知什么原因，雷蒙德走丢了。最后，这个 7 岁男孩参了军，成为法国殖民地的儿童军。当时的军事训练刚猛而高效，借用戴维的说法就是，“要么走，要么死，适者生存”。儿童军中的小孩被告知，在与游击队的丛林混战中，每一个人都要为自己的生存而努力。戴维回忆他父亲的时候说道：“他开始像个疯子一样训练，到了晚上其他孩子都睡着了之后，他就起床去树林里跑步、爬树、跳跃、做俯卧撑，以及进行平衡练习。他永不停止，20、30、50 次地重复他的动作。”

这很有效，雷蒙德在战争中幸存下来，当殖民者被赶出越南时，他搭上难民船，来到法国里昂。雷蒙德凭借自己在越南丛林里练就的自然运动技能，加入巴黎准军事化的精英救援部队（sapeurs-pompiers），并迅速成为部队的核心人物。那些高难度的任务，一般都是由雷蒙德完成的。有一次，他在一座桥的顶上用猫步走出去很远，成功将一个准备自杀的女人拉回安全地带。雷蒙德完成这些事情的力学原理，让戴维感到非常困惑。当一个女人试图把她和另一个人都弄到河里时，到底如何才能在钢铁造就的蜘蛛网上，用单手保持平衡呢？

> “我在年轻的时候就开始玩自由障碍跑。”雷蒙德解释说。
>
> “自由障碍跑是什么？”戴维问道。
>
> “自由障碍跑就像人生。你会遇到障碍，然后你通过练习去跨越它们。你要不断寻找最好的技术，保持最佳状态，并不断重复这个过程，最终就能够变得更好。”

戴维只能靠自己，因为他的超级明星老爹很少在附近出现。戴维和其他被欺负的男孩联手，在家附近的街道上，一起复原雷蒙德的生存挑战。他们称自己为雅玛卡什（Yamakasi）。在刚果的林加拉语（Lingala）里，这个单词的意思是“强壮的人、坚强的意志”。他们自创的训练方法，后来催生出很多开放及地下的运动俱乐部，并被称为**“跑酷”**。

从法国的穷街陋巷到宾夕法尼亚州的乡村药店，这种在后街小巷流传的技能没有规则限制，没有培训手册，也没有竞争。但愿上帝保佑它以后也不会有竞争。与最初的雅玛卡什一样，我在停车场经常见到的那两个家伙，用猴子的方式在城市边缘地带的树上翻滚。显然，他们是在用自己的身体模仿动物，探索最有效的腾空方式。尼尔·谢弗（Neal Schaeffer）在连锁药店的门外说过：“我参与这项运动是为了减肥。”他在高中毕业后开始参加各种派对，到20岁时，体重已经从80公斤增加到108公斤。一天下午，他在公园里看着一群陌生人在野餐桌子上玩“猩猩跳”：他们冲向桌子，用双手撑起身体，然后将双脚从胳膊下穿过，像大猩猩一样飞到桌子另一边。尼尔被怂恿着试一试。他惊讶地发现，即使是身材走样如他，一旦克服了恐惧，也能够掌握这些动作，尽管刚开始时，这些看上去是他不可能掌握的事情。

不过，或许那并不算是掌握了。尼尔解释说：“在这个无尽的弹射轨道上，你将变得越来越好，永远有机会更好，那是最令人兴奋的地方。只要跳了第一次，你就迫不及待地要再试一次。你总是想让下一次的动作更干脆，更有力，更流畅。”尼尔就这样成了一名当地跑酷部落的成员。他喜欢午夜训练，因为在那个时候，整座城市全都是他们的训练场。每当有警车出没，他们就落回地面做俯卧撑。尼尔说：“不管什么时候，都没人能够打扰你的训练。”不到一年，尼尔的身体越来越健壮，身材越来越匀称，他能够像蜘蛛侠一样爬到三层楼房的屋顶，并从旗杆上吊挂下来。他告诉自己：“你回来了。”

尼尔指出，如果我真的想学跑酷，有比这个停车场更好的地方。我接受了他的建议，几个星期后，我来到伦敦的一个建筑工地，挣扎着爬上一面 6 米的防护墙。有一个女孩伸手拉了我一把，帮助我上去，她身材只有我的一半大小，力量却是我的两倍。一般的攀爬练习不会那么累，但如果是参加雪莉·达林顿（Shirley Darlington）的城市障碍越野训练课程，只需要两小时，我的腿和胳膊就会僵硬。每到星期四，雪莉会发电子邮件给她的上百名女性学员，透露当晚挑战的秘密位置。她每次都会让挑战的场地成为意外惊喜，她的学员从来都猜不到那个地点。雪莉不让男性加入，因为她认为跑酷的最大威胁是睾酮，对于这一点，甚至雅玛卡什也会同意。

丹·爱德华兹（Dan Edwardes）是辅导雪莉开始这项训练的技术教练，他说：“很多年轻的男孩子之所以会出现在训练场，是因为想要出风头，而不是为了基础训练。他们想从墙上向后空翻，在屋顶上飞跃。如果与一群爱炫耀的小伙子们在一起，你也会开始炫耀，这将是让人头痛的问题。但是，在‘全女班’里，就不会有这些困扰，她们非常安静。”

在 2005 年，丹准备着手解决一个雅玛卡什没能处理的问题。在雅玛卡什圈子之外，没有人真正知道跑酷是什么，雅玛卡什也没兴趣对外解释。戴维是个艺术家，而不是老师；他想要创造新的动作，而不是分解旧的动作。丹解释说：“想要进入这个圈子，只有一个方法，那就是你是否有足够的决心以及是否足够疯狂，去找到一些正在练习的家伙，并且努力跟上他们。没有人会对你说教，也没有人会给你指导。”丹当时也面临同样的困境，但他很幸运，他遇见了一个雅玛卡什新手，绰号“阿甘”的弗朗索瓦·马霍普（Francois Mahop）。阿甘住在复杂的伦敦西敏寺社区，他同意让丹跟着他。从那一刻起，打击犯罪二人组就成立了。

阿甘解释说：“这个区域有很多持枪、持刀犯罪。大部分发生在天黑后，多数人看不到它们的发生。”有一天，西敏寺社区的治安官看到丹和阿甘在街头跳跃，他意识到越是不让干什么，孩子们可能越对此情有独钟。于是，治安官心里开始冒出一些新的想法。叛逆是青少年的天性，这使他们乐于晚上在街头闲逛，强行禁止只会事与愿违。既然他们无论如何都要到处跑，或许因势利导是不错的选择？他询问阿甘和丹,可否在周五晚上开设几节简单的示范课。他想看看这种课程是否具有吸引力，让夜晚的街上少几个人。

丹感到惊讶:“对一个政府机构而言，这么做是很有远见的，因为在法国，跑酷的名声并不好。”

但是，西敏寺社区的市议会里的其他人则被吓坏了。阿甘回忆说:“他们以为，我们想教会孩子们怎么躲避警方。”多数英国学校都认为跑酷是危险和叛逆的，所以不允许它在公共场合出现，连运动场都不行。

在美国，有一个大学研究生因此上了头条新闻。当时，校园警方误以为他的跑酷训练和毒品有关，于是用电棍把他击倒并给他戴上了手铐。我也有同样被误解的个人经历。有一次，我在公共图书馆有一场演讲，我计划在演讲内容里提到跑酷，结果这场演讲被取消了。

所有野性的大胆的东西都会对不良少年有磁铁一样的吸引力，事实的确如此。西敏寺的跑酷活动吸引了超过100个孩子的参与，当时现场一片喧闹和混乱。

就这样，阿甘和丹的影响力不断扩大。他们也开始反复强调跑酷的伦理基础，即“尊重环境，尊重他人”。他们带领年轻的“暴徒”在大街上训练。丹说:“他们开始重新解读城市空间，一旦开始有主人翁精神，他们就不太可能再去搞破坏、乱丢垃圾或制造麻烦。”没过多久，事情就开始发生转变。

科里·沃顿–马尔科姆（Cory Wharton-Malcolm）是西敏寺体育发展处主任，他说:“两星期前，我们看到年轻人在教室里吵架;而现在，他们一边点头，一边说‘是的，丹’，‘是啊，阿甘’。几周内就有这种变化，实在是太棒了。”警方表现得更加惊讶。丹说:“据城区的警察讲，这个年龄段的违法案件数量下降了69%，这个统计数字真是令人兴奋。这是有力的证据，说明我们的做法真的起作用了。”

丹发现，自己身上也发生了变化。他说:“之前，我只是关注如何提高自己的水平。现在我会想，好吧，让我们看看可以让多少人加入，看看我们还能走多远。”

丹的下一个挑战来自一位单身母亲，她是陪同紧张的表妹来到这里的。雪莉·达林顿16岁时就从高中辍学，因为在父亲去世后，她必须出去工作贴补家用。19岁时，她成了妈妈。雪莉知道自己前途渺茫，于是开始四处寻找出路。她白天卖运动鞋，晚上去补习班学习高中课程，接着又上了大学课程，同时在健康局找了一份辅导员工作，为其他少女妈妈提供帮助。她解释说："我必须快速成长起来，我有全职工作，还要照顾婴儿，真的没时间去玩。"她的表妹想参加跑酷活动，但她太害羞了，所以无法独自参加，想让雪莉与她一起去。雪莉用了两个借口来推辞："从未听说过跑酷。""上帝，自从学校的体育课之后，我已经5年没有锻炼身体了。"

雪莉最终屈服于表妹的请求，并且感到后悔。她和她表妹抵达西敏寺的跑酷课堂时，发现她们被淹没在一群小伙子之中，还要爬上相当于两倍身高的砖墙，而且根本没有她们所期待的辅导或照顾。当雪莉和她的表妹挣扎着做完一次练习时，两个小伙子静静地绕回去，已经完成了两次。丹说："跑酷没有成文的规定，但是在很多地方，你会发现同样的原则。即使是最强壮的人，也会在某一次跳跃中失败。它教导你谦卑，并提醒你从何而来。"所以，没有人能独自完成挑战。丹指出："从雅玛卡什开始，跑酷的核心概念就是社群。"

丹开始有自己的远见性突破。夜复一夜，他看着弱小笨拙的雪莉出现在课堂上，哪怕是日常工作、上课，以及抚养婴儿让她精疲力尽，她也不会缺席。两年后，雪莉努力完成了她的第一次引体向上。丹说："她以前只能挂在杠子上，无论怎么使劲拉，也拉不起一厘米。"在接下来的一年中，她继续来参加课程训练，继续抓住横杠练习，终于在一年后，完成了她的第一次"肌肉上撑"。那是一个颇具挑战的跑酷基本动作，你需要在杠上把自己的腰拉到齐杆高，然后把自己完全撑上去。到了雪莉训练的第5年，她就像现代的阿塔兰忒，不仅运动表现优于男性，而且还能盘旋回去帮助苦苦挣扎的小伙子。她发现，**真正的障碍不是力量，而是信任**。雪莉说：

> 我从来不了解自己的身体能做什么，所以花了很长时间才建立起对自己的信心，放手把自己的体重全部投入到一个动作中去。一旦做到这一点，一切就都改变了。

丹看到雪莉的转变，不禁想："这太好了，我们赢得了年轻人，还削弱了掠夺者。那么，如果我们可以帮助每个人都赢回这份力量，又会怎样呢？"在2005年，全世界只有5个女人在练习跑酷，丹觉得这有些令人抓狂。丹认为："时代不同了，无论男女，所有人都需要适应现代生活。"到了2050年，毕竟七分之六的地球人将生活在城市里。丹说："我们必须打造出适应新生活的锻炼方式。我们的附近不再被树林围绕，所以我们必须学会在墙壁上攀爬。"

丹继续发展他的新想法：如果让女性明白她们在城市里和在野外都一样强壮，会怎样呢？如果她们知道自己可以和男性一样攀爬、奔跑、跳跃，可以与男性拥有同样强的适应力，又会怎样呢？身为男性，丹觉得自己做不了这件事，但他知道有人可以。

周四早上抵达伦敦时，我的电话里弹出雪莉的消息：

基尔伯恩（Kilburn）地铁站，晚上7点。

我提早10分钟到达那里，当时已经有二十几个女性在那里热身了，其中包括英国电影女演员克里斯蒂娜·庄（Christina Chong）和她妹妹利兹（Lizzi），利兹是一名专业舞者。我们慢跑几百米，来到高层住宅建筑工地中间的一块水泥空地上。雪莉让我们在长长的曲折斜坡顶部排好队，学猴子用四肢来爬行，经过大约40米的距离来到斜坡底部；接着用兔子跳的方式跳上楼梯，再跳回来；然后做蟹爬；最后蹲下做蛙跳。每次完成一个循环，开始下一个之前做一个俯卧撑，并会加入一个新花样。

到第13次循环的时候，我的手被水泥地磨破了，并且开始头晕。因为把头降低到膝盖的高度，并持续了较长时间。但是，训练队伍继续跳跃，继续像熊一样爬行，做俯卧撑的女人们也并没有慢下来的迹象。我环顾四周寻找雪莉，她已经消失在我们中间。丹告诉我："最好的跑酷教练是看不见的。他们让你开始，然后不会拦你的路。"当我看到有三名男子坐在墙上抽烟，大声地评论女性的身体时，我再次发现了雪莉。雪莉静静地从巡回路线中离开，小跑着越过一把摇椅。她跳上横梁，在一阵眼花缭乱的动作后不知怎么的就蹲在了上面。这是她在表演结束时的招牌动作。

不久前，她曾与费莉西蒂·胡德（Felicity Hood）、安妮–特蕾莎·马雷（Anne-Therese Marais）一起，录制了一辑特别的YouTube视频短片，名为《三女跑酷》（*Movement of 3*）。在两分多钟的视频里，三个人用猫扑动作扑上2.1米高的墙并翻了过去，精确地落在地上5厘米高的护栏上，用手挂在屋顶的金属栏杆上横向移动，然后胡德和马雷在秋千上把自己甩出去，以前连一个引体向上都做不了的单亲妈妈则保持着完美的平衡，蹲在她们秋千上方的栏杆上，吹着肥皂泡。

这一次，雪莉从横梁上缓慢地弯下身子，如此优雅而有力。在墙上的那三个闲散人员慌忙扔掉他们的香烟，好让双手可以腾出来鼓掌。

继续前进！雪莉的学员们出发了，我匆匆把包甩到背上，赶紧追上。接下来的两个小时，伦敦西北部就是我们的游乐场。雪莉带领我们来到有金属长椅的地方，我们在那里练习把头弯到肩膀下，把整个卷曲的身体突然弹起，再拼命跑。雪莉还找到一面完美的墙，让我们练习"跑动扶手跳跃"。这个动作是直直冲向一堵墙，抓住墙的顶部，跳起的同时把自己身体提起来，当动力消减的时候就让重力来接管身体。天黑后，我们都紧靠上栏杆，看上去好像我们横挂地蹲在水泥墙上一样。我觉得脚在打滑，快要掉下去了。利兹折回到我身边说："抬高膝盖，你在依靠你的胳膊用力，但这里要用腿部的力量。"

训练一步一步地进行，即将结束，我们再次回到四肢着地的姿态，手脚并用像熊一样爬回到起点，做今晚大约第40次的俯卧撑，然后准备开始另一个循环。我感谢利兹，但她挥手表示没什么。她说："开始时我需要用一只手抓牢，因为我以为这动作太危险，万一脚踝受伤，我的职业生涯就完蛋了。"第一节课后，她就上瘾了，她接着说："我可以在这里面找到舞蹈的感觉：流动、节奏、力量和危险。你总是身处恐惧的边缘，因为头脑允许你去做的动作很有限，而你的身体感觉可以完成的动作却更多。"

当晚，雪莉让大家解散的时候，我迫不及待地想回家，再也不想练习跑酷了。我并不只是在伦敦西北区又跑又爬，我指甲的深处还留有它的水泥砂。我想，这正解释了牧羊人乔治的话，"一个真正的克里特人一定是一个跑步者，一个可以对付任何困难和障碍的人，并会像守护之灵一样保卫着家乡"。

21 失衡的脂肪酸
遍地都是的高能食物

克里斯回头告诉我：“我们要去‘逃亡者的世界’。”他带着我们穿行在峭壁之间，抵达一簇锯齿状的石头房子后，开始向撒玛利亚峡谷（Samaría Gorge）最荒芜的地方走去，他说：“当年，这里藏着很多来不及撤退、被迫藏起来的盟军士兵。”

撒玛利亚的地形很特别，就像是雷电把石头劈开了一个薄薄的口子，分成了两块塔形的巨石。从海滩曲折向上到山脊，一直走18公里，有一片长满草的高山台地。那里是一个很适合玩捉迷藏的地方。四周都是蜂窝状的洞穴，如果有人躲在里面对你放冷枪，你很难知道自己死在谁的手里。没有人能从悬崖顶部下到中部来抓你，而从崖底往上爬则意味着必须要经过你的狙击区域。战争期间，这个峡谷成了逃犯的天堂，你在崖顶可以看见几公里外的追捕者，也可以一听到救援船到来的消息就下到海滩。克里特岛上的真正土匪风之男孩（wind boys）也喜欢这里，他们不讲民族大义，只对自己的暴力帮派负责。

> 有一次，乔治和另一个游击队员穿越峡谷给抵抗组织传递消息时，就与风之男孩发生过冲突。乔治当时很冷静，他一边小心翼翼地和他们开玩笑，一边躲在巨石后面，用他口袋里的手枪瞄准敌人。当同行的搭档试图逃跑的时候，不幸被风之男孩用步枪打中。乔治则趁着混乱，从岩石之间溜掉了。神奇的是，乔治在第二天找到了他的搭档，他的搭档居然忍着手臂上的枪伤，跑了近10公里，从而得以生还。乔治把自己的同伴送到游击队的据点，然后独自继续去完成任务。

克里斯和我在峡谷的底部稍作休息，凌晨三点，我们就动身前往小道的起点。皎洁的月光散布在云间，这让我们安心了一些。如果遇到下雨就麻烦了，我们会被陷在危险、陡峭的斜坡上，无论是回去，还是继续往上走，一样都很危险。不过，在天气好的时候攀爬高山，却容易让人沮丧。当你扭转脑袋回望山下的时候，会发现原本在自己头顶的云彩已经被踩在脚下；不过千万别骄傲得太早，遥望仍然高高在上的山顶，就会让你已经疲惫不堪的身体彻底丧失自信。

皮特若有所思地说："德国人当时应该也很害怕，从飞机上跳下来，必须穿过从地面向天空发射的子弹雨。如果好不容易幸存下来，又会被送到这个地方来，猎杀那些也在猎杀他们的人。"他歪着头，在黑暗的小路上看了一眼雨林的叶子。

这真是太棒了。对于皮特的移情能力，我一点也不惊讶。他的职业毕竟是培育植物，以及教导成年残疾人用自己的双手创造生活。但在此时，有人突然提及这片旷野的恐怖过去，真让人感到阴森可怕。当你被困在峡谷底部，感觉有无数眼睛躲在山洞和树林里，偷偷观察你的一举一动，并随时准备给你一枪时，你很难感到舒服。至今，峡谷里仍然弥漫着一股威胁和邪恶感，至少日出之前是这样。我们在上午遇到了几个正在下坡的徒步旅行者，然后看到了欢快的溪流。撒玛利亚现在是一条很受欢迎的旅游路线，但只有单向的徒步线路。旅行团会搭乘公共汽车到山顶，然后徒步到峡谷底部，再被渡轮接回到海滩边的酒店。

只有我们一路向上攀爬。午后，我们从小路登上山顶，在寒冷的山风和淅淅沥沥的雨中爬出树林。稍作休息后，我们继续向拉基（Lakki）前进，那是奥马洛斯（Omalos）高原草地外侧的一个村庄。当我们拿出沙丁鱼和面包准备吃饭时，突然看见一个男人在路旁采集野草。皮特走过去仔细一看，发现那正是当年克里特抵抗力量的特殊"武器"之一。

皮特告诉我："这叫旱金莲。"这种野菜的叶子和橙色的花都很美味。与世界上大多数地方一样，克里特岛的每个石头缝里都生长着野草，而不同于其他地方的是，克里特人会食用它们。

> 首先采摘蒲公英、马齿苋、菊苣、酢浆草等野菜，将它们搅拌混合在一起，用小火炖好再加几滴柠檬汁，放少许橄榄油，荷尔塔（Horta）就做好了。荷尔塔是一种克里特当地的食物，富有营养。这种食物简直是能量工厂，含有铁、钙、ω–3 脂肪酸，以及各种维生素。对一个逃跑的人来说，这锅汤能救他的命，而这种新鲜、美味的超级食物的原材料，几乎随时随地都能采集得到。

阿尔忒弥斯·库珀说:“虽然帕迪是个挑剔的人,所以他讨厌荷尔塔,但他不得不尊重它。”

有意思的是,通过跟随一个芭蕾舞女演员在布鲁克林展望公园寻觅食物,我发现了一部活生生的古代克里特人的饮食艺术手册。无论冬天还是夏天,如果勒达·梅雷迪思(Leda Meredith)不在曼哈顿教舞蹈或编排新舞蹈,她就会去公园散步,在她的背包里塞满各种能吃的东西:蒜芥、胡椒草、酸味酢浆草、龙须菜、黏黏的冬葵叶、气味浓烈的白藜,以及美味的银杏。是的,就是银杏。每年春天,那些可怕的黏糊小球总是落满城市人行道,粘在人们的鞋底散发臭气。

在9月的一个早晨,我们向公园出发。勒达说:“为了银杏,我不得不和韩国人展开竞争。如果动作太慢的话,就只剩下一堆残骸了。挤掉果实外黄色的糊状部分,留下果仁烤着吃,美味极了。”我本以为早秋来袭的寒流会让我们空手而归,但勒达在不到一米远处,就已经发现了“猎物”。“白藜!”她一边欢呼,一边轻松地摘下草坪上的一丛绿叶。勒达在一堆慈菇叶子中,挑出那些成串、尖头的东西,它们看起来很像涂了一层粉末。

“他们看起来满是灰尘,不是吗?这就是你识别它们的记号。”

“我割草时几乎在每个草坪都见过它,”我说,“它能吃吗?”

勒达说:“和羽衣甘蓝和甜菜一样,在公园那边的斜坡,它每千克卖16美元。但你猜怎么着?它其实就生长在人行道上。”勒达蹲下,找出另一把我曾经见过的杂草。那是一朵粉红色的小花,细长下垂的叶子上有一个黑点,类似溅落在拇指上的墨点,她说:“这种野菜叫春蓼,有点苦,但把它做成沙拉,配一些酢浆草就很好吃。它是营养丰富的荞麦科植物。”

勒达来自旧金山的一个希腊移民家庭,从小就学会了野外觅食的本领。她的母亲是洛杉矶芭蕾舞公司的一名演员,所以勒达小时候基本是由曾祖母带大的。每年春天,到了一定的时候,勒达的曾祖母娅娅·洛比(Yia-Yia Lopi)就会掐灭她的库尔(Kool)薄荷香烟宣布说,到公园里采集荷尔塔的时候到了。勒达解释说:“时间必须恰到好处。太早了,叶子还太嫩;太晚了,它们就会太苦。”娅娅在希腊就是吃采摘的野菜长大的,她是野菜专家,知道什么时候去最好。她会把采摘的野菜带回厨房,蒸熟,混合着橄榄油和蒜末一起吃。勒达说:“他们看到野菜后,眼睛会闪闪发光。对他们来说，初春的野生蔬菜比巧克力还好吃。”

勒达女承母业，也进入了舞蹈行业，她赢得了美国芭蕾舞剧院的全额奖学金，后来成为曼哈顿芭蕾舞团的签约舞蹈演员。在一次晚宴上，首席芭蕾舞演员辛西娅·格雷戈里（Cynthia Gregory）偶然滑倒，她的手臂被荆棘划伤并留下了疤痕。这件事确实使勒达对植物产生了戒心，但她依旧会到公园散步，寻找野生食品。芭蕾舞演出的间歇期很长，勒达会利用那段时期回到希腊，和她的亲戚一起收获橄榄；或者旅行到欧洲和美国，摘取时令水果。这些采摘下来就可以吃的东西，让她的生活时时被香气围绕。接着，她开始在纽约植物园学习并研究民俗植物学的课程。勒达会带着她的朋友和舞蹈同伴，花一整天去寻找和采摘野菜。回到公寓时，他们都饿坏了，然后勒达再教他们如何烹调当天的收获。

“公园管理处对于控制野草只有有限的预算，这对我而言太棒了。”她说。勒达现在在纽约和布鲁克林的植物园授课，带领大家展开觅食之旅。她补充说：“人们根本不知道这里有什么。”在东北部的溪流和池塘里，都是厚厚的水田芥，这种绿叶的超级食物在所有蔬菜中营养最丰富，比菠菜和甜菜还好。然而，通常情况下，野生的水田芥会被错误地当作令人讨厌的野草，要么被丢弃，要么被忽略。

“像这种！”勒达指向一团卷心菜样子的植物，我童年时期最讨厌看到这种植物。小时候的每个夏天，我都试图从房子前的人行道缝隙里，挖这些东西，结果往往把指关节弄得鲜血淋漓。勒达解释说：“这是牛蒡。它长在城市里其他东西都长不了的地方，它是非常好的食物。”牛蒡的根茎又长又粗，把它们挖出来需要耐心。你可以把它切片来炒，然后就有满满一盘日本风味的美味牛蒡了。

初学者面临的挑战是要知道“摘什么”。仅仅在克里特岛，就有100多种可食用野菜。许多看起来差不多，但吃起来就会有不同的口味和香气，更不用提营养和药用价值之间的差别了。勒达解释说：“肠胃问题、皮肤失调、呼吸困难，甚至情绪不安，你都可以用所谓的‘野菜’来对付。人们现在秉持的‘天然和免费的就不会好’的心态，真是太糟糕了。”

其实，如果仔细去观察这些克里特岛的小吃，就会发现里面塞满各种野菜，其营养成分其实比任何你能买到的水果或蔬菜都要多。

2006年，来自奥地利和希腊的科学家共同对克里特岛的炸馅饼进行了化学分析，有两点吸引了他们：第一点是花样百出的填料，第二点则是其中的维生素、抗氧化剂、必需脂肪酸的含量非常高。还有一种月牙形的小面包，人们一口就能吃掉一个，叫“卡里颂尼亚”（kalitsounia）。这种热量极高的小面包中全是各种野菜，包括茴香、野韭菜、苦苣菜、虞美人、酢浆草和野胡萝卜。研究人员发现：“在大多数情况下，野生蔬菜比那些栽培的蔬菜含有更高的微量营养素。”

更有趣的是，蔬菜帮助克里特人的饮食与200万年的人类历史保持了统一。对人类大多数祖先来说，人类健康需要保持这样的平衡：ω–6脂肪酸为健康引发大量有益的保护性炎症，同时ω–3脂肪酸能够抑制炎症。过量的ω–6脂肪酸会增加心脏病和神经系统失调的风险。

我们的祖先都是狩猎–采集者，他们的饮食结构里，ω–6脂肪酸和ω–3脂肪酸有着相等的比例，而在我们今天的饮食中，前者大概是后者的16倍。由于加工食物中的植物油使用量激增，ω–6脂肪酸的消费量已经超过上限。为了给身体提供能量，我们点燃的火焰已经不是壁炉中摇曳的温暖之火，而是烧毁一切的地狱之火。

在克里特岛，情况则有很大的不同。研究人员发现：“克里特人的日常饮食中也包含野菜，这样不仅有益于补充维生素、抗氧化剂，还能够提供适当比例的必需脂肪酸，他们的饮食和4 500年前的米诺斯人一样。克里特岛上的传统饮食结构类似于人类进化过程中保持的饮食结构。”

但对初学者来说，想分辨清楚那些野菜就已非常不容易了。书本只能提供有限度的帮助，因为所有蔬菜在书本里看起来都长得一样，而且那些照片通常都是开花后的样子。照片很漂亮，但此时已经错过了主要的采摘期。幸运的是，勒达想到了一个天才的解决办法：**让仇恨给你带路**。

“在你家周围，最让你无法忍受的东西是什么？”她问。

“荨麻，”我马上回答，“就算是一把火烧掉它，我还是无法摆脱它。”

“先别烧掉它。你很幸运，荨麻相当于免费的菠菜。”烹饪或晒干都可以使它的毒刺失效，留给你的是一种美味、多叶的绿色蔬菜。另外，荨麻可以用来制作很棒的宽面条、香蒜酱汁、汤或比萨饼馅料。

勒达解释说：“如果你讨厌它，你就会认出它。开始的时候，你总是会看到这两三样东西，比如蒲公英、春蓼，以及你讨厌的东西，如荨麻。随着你认出越来越多的品种，你会越来越忙的。”

当年，克里特岛上的“逃亡者”在撒玛利亚峡谷荒芜的石头上，靠野菜就能填饱自己的肚子。你也一样，不久你就会意识到：那些能帮助你生存下来的必需品，那些能让你越来越强壮的必需品，其实就在你脚边。

在撒玛利亚峡谷的山顶，克里斯把目光瞄准拉基村。在地图上，山顶距那里只有几公里，但地图没有标注路途的困难程度，所以直线距离没有任何意义。我们找到了一条若隐若现的小径，但爬升到岩石高地后，小路就消失了，于是我们抓住一位免费的“导游”：山羊。山羊在天黑以后，会折返回村子，我们只需要跟着它们的铜铃铛一直走，就会被引领上正路，抵达村子了。

“等一下，等一下，等一下！”克里斯挥动着双臂阻止我们。他盯着下方，脚边十几厘米处就是陡峭、幽深的悬崖。我们忘记了一个重要细节：对山羊来说，它们的风险与我们的完全不同。我们的那位“导游”来到山崖的那边，把小灌木当作楼梯跳来跳去，对我们人类而言，这个很难办到。我们不得不退回去，在丛林里开辟出另一条新的线路。如果失败了，就反转方向再试一次，然后又经历一次失败……

等我们走出悬崖的时候，铃铛声早已远去。我们发现一条干涸的河床，于是决定沿着河床走下去。浅滩被漂移下来的木材和冲蚀下来的岩石堵塞，我们需要时不时爬上爬下。直到夜幕降临前，我们终于到达拉基村后面的小山。感谢老天。14 个小时的艰难旅程就要到尽头了。

可是又过了一个小时，我们还是没有接近拉基村。村子就在那里，而且傍晚的袅袅炊烟不断飘散过来。我们可以看到它，还可以闻到它，但就是到不了那里。我们钻出荆棘丛，爬上岩壁，但我们试的每条路线要么是死胡同，要么就是在绕圈，最终会再度回到河床。这座讨厌的山一定是被施了魔法。

真该死，皮特趴下来，腹部着地，开始一步步向上爬行。他跪在地上，一点一点把自己往山上拉，像要从流沙中逃脱一样。克里斯和我本以为他会在碰到一个无法攀爬的悬崖后就放弃，所以不会走很远。于是，我们耸耸肩，也按同样的方式趴到地上，腹部着地，紧随其后开始往上爬行。哪怕看上去很愚蠢，能移动似乎也比一动不动要好一些。

我们发现，原来皮特碰到的不是光溜溜的悬崖，而是一堆楔入山里的古老的火山熔岩，就像一面攀岩墙。我们爬上去后，在另一边远处泥泞的围栏后，有一幢孤零零的农场房子。我们爬起来，趟水过去，终于找到了路。

在初升月亮的柔光中，我们走进小村庄，我心想：在山里，你需要使出浑身解数，所以最好清楚自己在做什么。我们精疲力尽，身上脏乱不堪，还在瑟瑟发抖。很难想象当年的绑匪们如何做到在洞穴里睡几个小时后，就再次出发，继续上路。为了挽救自己的生命，他们要飞跑上山，同时还带着敌方的将军。

Part 4

绑架『魔术团』：唤醒天生的优势

Natural Born

HEROES

HOW A DARING BAND OF MISFITS MASTERED

THE LOST SECRETS OF

STRENGTH AND ENDURANCE

22 猎捕热身

向罪犯学逃命，跟牧羊人学生存

赞·菲尔丁计划绑架德军指挥官……扣押他作为人质。

英国官方关于克里特岛抵抗力量的报告

1941—1945 年

让我们去抓“屠夫”吧！

这个想法太疯狂了，可它一旦出现在帕迪的脑海中，就再也挥之不去了。

让我们使“屠夫”消失吧！

如果帕迪能学到“活宝”乔治·塞科达克斯的本事，他也许能够实现这个目标。从魔术的角度看，这次绑架必将是大师级别的杰作，是针对世界上最恶劣的罪犯所实施的一次完美犯罪。由德军 5 个师重重保护的将军突然人间蒸发，没有留下一丝痕迹。乔治喜欢对英国秘密特工说，他已经将克里特的偷羊技能传授给他们，即使战争结束，英国人回家时还有一技傍身。这一次正是帕迪把牧羊人的规矩带到战场上的大好机会。

但作为一个浪漫的诗人，帕迪也有他固执的一面。他凭借智慧在旅途中闯荡多年，知道“奋斗”与“求生”之间的区别。最大的问题不是如何抓住“屠夫”，而是如何带着他溜走。据帕迪所知，以前没有人想过要绑架将军。科林·格宾斯在接到丘吉尔的命令，主管特别行动处后，曾写过一册《游击战的艺术》(*Art of Guerrilla Warfare*)，并把它作为特别行动处特工的行动手册。但在那本书里，没有任何内容描述，如何偷运一名将军穿过敌人的防线，并最终离开防守严密的岛屿。那里没有这些内容，只有格宾斯的座右铭：

给敌人造成伤亡，然后安全逃离。这样的行动具有刺激敌人和令敌人沮丧的效果……对目标必须迎头痛击，并在敌人回击之前消失。

彭德尔伯里用一种特殊的方式，证明了格宾斯的说法。大约是在6月帕迪刚来的时候，在德军入侵期间与彭德尔伯里在一起的克里特人透露了一些消息。如果把这些消息一点点地拼凑起来，你会发现，彭德尔伯里好像从未到过怀特山脉。事实上，彭德尔伯里可能早在盟军从岛上撤离时，就已遭杀害。整个故事仍不完整，但如果是真的，那么过去一年中，德军一直在追捕一个死人。或者说，即使彭德尔伯里死了，他仍在继续战斗。

也许，这就是帕迪和乔治能盼到的最好结果了。帕迪承认："我曾经看过一个数据，在第一次世界大战里，步兵军官平均活不过8星期。所以，我没有任何理由可以认为，在第二次世界大战里，他们能活得更久。"作为一名执行破坏任务的特工，他的死亡风险更高。如果连彭德尔伯里这样在山里锻炼过，而且熟悉克里特岛的户外专家都不能成功，那么帕迪有多大的机会呢？同样，乔治知道自己也是德军的目标。德军突击队已经尝试过在他的村庄里抓捕他。他们会再回来，继续收紧圈套。

但是，为什么死的一定不是猎人，而是猎物呢？

当德军攻陷雅典时，他们命令老迈的守旗人降下卫城的希腊国旗，替换成第三帝国的万字旗。结果，康斯坦丁·寇奇迪斯（Konstandinos Koukidis）顺从地取下希腊国旗，然后把自己裹在里面，直接以头朝地的方式从城垛跳下。德国人踏在他的尸体上升起了帝国军旗。但几天后，两名希腊少年偷偷地跟在守卫后面，把德国旗子砍下来，然后逃跑了。盖世太保发出追杀令，对那两个男孩和包庇他们的任何人都格杀勿论，但是几个月过去了，他们却依然在逃。在地球上似乎没有任何力量足以对抗纳粹的时候，两个男孩却敢于为了纪念一位老人的牺牲，而去抢夺希特勒的旗帜，他们的行为震惊了整个欧洲。所以，请想象一下，从希特勒那里抢走一位将军，又会怎么样。

帕迪想，达成目标的机会还是存在的：他们必须变得和"活宝"一样强壮和狡猾，掌握在山里生存的本领。用帕迪的话说就是，在"无情的山"里生存，必须采用"活宝"的做法，像他一样奔跑、攀爬、躲避、觅食。他们要去德国人到不了的地方，移动得比任何人想象的更快、更灵活。

他们必须跟随奥德修斯的脚步，还要有其他富有创造力、不可阻挡的希腊人参与。试着忘记在奥德修斯的船员中，只有他自己安全回了家。

有趣的是，帕迪和赞想到了一块儿。帕迪告诉赞有关绑架“屠夫”的计划之前，赞已经在盘算着抓一个将军来保护村民的可能性。

赞想，抓住这家伙，然后告诉德国人，只要他们敢对克里特人动手，将军的命就将不保。这是一个值得考虑的想法，但赞首先要接受另一个考验。乔治带着赞连夜赶往山里的一个小村庄，准备到那里过圣诞节，同行的还有帕迪和汤姆·邓巴宾（Tom Dunbabin），邓巴宾是被派来接替蒙蒂·伍德豪斯的另一位牛津考古学家。

这三个特工都认为德国人肯定会在假期好好放松。嗯，他们相当肯定！所以，他们完全投入到克里特人的狂欢中。赞回忆说：“我们醉醺醺地从这家到那家，和主人一起大吃大喝，好像德国人从来没有入侵过克里特岛一样。我们发现每个村子都是这种情况，我们花了三天才通过了山谷。”

帕迪后来才知道，德国人的圣诞节可没这么欢乐，而且他是亲耳听德国人讲的。在赞离岛即将回到岛上之前，“公司”派帕迪用磁性水雷去炸毁德国军舰。帕迪混进港口，很快完成行动的可行性评估，他的结论是：完全不可能。“公司”原来的行动计划是让他把这些大铁块绑在背上，在德军的探照灯下游过港口。这可能吗？唯一让他不会被乱枪打死的方法就是自己先淹死。同时，这个方案又带来执行层面的另一个困难：“公司”派给他的搭档不会游泳。所以，帕迪决定中止这个计划，在城外寻找其他机会。他躲藏在一个安全屋里等待天黑，就在这时，他突然听到有人在说德语。他意识到，两个德军的军士就住在隔壁。从德军军士的谈话里，帕迪发现了一些有趣的东西。他听到其中一个在说：“远离祖国……”

看到了吗？他们想家了。这是在赞外出时，帕迪获得的有用情报，是时候采取行动了。

德国军队已经连续4年错过了和家人共度圣诞节的机会，而且不能像我们一样出去和朋友喝酒、唱歌。他们只能抓着虱子，吃着糟糕的食物，心里嘀咕着为什么没收到妻子的来信。他们活在孤独里，对未来充满不确定。我们完全可以利用这一点。

赞觉得帕迪是个奇人。赞在到达克里特岛后的第一个冬天，就变成了一个瘦骨嶙峋、衣衫褴褛的流浪汉。但是，帕迪这个家伙很神奇！不晓得帕迪用了什么手段，6个月的洞穴生活和爬山锻炼把他变成了一个好莱坞海盗。赞指出："他的胡子总是帅气地卷曲着；他的靴子也每个月穿坏一双，但成为碎片前，却都能完美地保持在脚上；他还花心思调整黑色头巾打结的角度；他的衣橱中甚至刚刚添置了一件定做的克里特款式的背心，皇家蓝色绒面、猩红色的闪光丝绸内衬，上面绣着阿拉伯式样的黑色穗带。"无论如何，帕迪在战争中也能穿出时髦的味道。

汤姆·邓巴宾尽管穿着没那么时髦，却同样很英俊。当他需要乔装打扮来掩护身份时，他的方法是，看起来越糟糕越好。汤姆出生在澳大利亚塔斯马尼亚（Tasmanian），自幼在农场长大，身材高大，同时内心也很强大。在第二次世界大战爆发之前，他在牛津大学教授希腊古典文学。把他伪装成一个毫无恶意的山野农民的样子，需要用到一些专业的戏剧化装手法。赞对化装效果印象非常深刻："他看上去就像一个屡屡得手的本地偷羊贼，他甚至还会用刺耳的声调说话，这进一步强化了歇斯底里的性格特征。"

汤姆最喜爱向当地的盗贼请教，他觉得招募队员时，盗贼多多益善。汤姆解释说："在山上，最好的伙伴是一个弃恶从善的偷羊贼，他们知道哪里有路，哪里没路；知道哪里可以躺下休息，哪里方便监视。他们在任何地方都能行动，而且不论白天黑夜。"汤姆指出，杀人犯也同样好用，"多年来，他可能一直躲在山里，逃避法律的制裁，或者避开受害者的'亲属'，所以他们认识每块岩石和每个洞穴"。汤姆从他的强盗朋友那里学到了很多。有一次执行侦察任务时，一个党卫军军官向他迎面走来，那是一个以前的老熟人，一位德国考古学家。但是，那个德国军官虽然死死地盯着汤姆，却没有识破他牧羊人的伪装。

逃犯们教导汤姆和帕迪怎么逃命，牧羊人则教他们如何觅食生存。汤姆解释说："他们熟悉这些大山。不仅熟悉道路，还熟悉可以躲藏的地方，而且大多数都有步枪。如果有必要，他们不需要进村庄，也不需要下山，靠自己的牛奶和肉就能活下去。他们体能很好，甚至能步履轻盈地跑上山。对我们大多数人来说，爬上那些山都很难。"汤姆和帕迪因为在学徒期间爬山太多，结果只剩下一双体面的靴子。"这些靴子害得我变成了瘸子，"汤姆做了个鬼脸说，"帕迪拿走了那双好的，所以我只能靠一双破鞋赶路了。"

但不管走了多少山路，他们仍然要面对终级考验，那就是克里特人的弹跳式行走姿势。帕迪有一次想证明自己已经学会了，他跳到一堵石墙上，可是又摇摇晃晃地摔下来，逗得“活宝”直发笑。汤姆承认：“克里特人一眼就能从走路的姿势认出我们。其他细节，如衣服、外形、胡子都好办，但是不管我们怎么练习，都没有一个人能学会克里特山里人的走路姿势。”

三个人度过了一个美好的圣诞节。赞说，他们在“微醺和无人陪伴”的状态下晃荡了 4 天，在高地拜访朋友。他们唱歌、跳舞，尽情地大吃大喝，有一段时间，他们甚至忘记了自己仍然活在死神的阴影下。无论希腊语说得多流利，无论农民的斗篷和女式服装多么以假乱真，他们知道自己不可能逃离这个游戏太久。他们迟早会碰到埋伏、叛徒或黑暗冰冷的悬崖，和彭德尔伯里一样，克里特岛会变成他们的魂归之处。

帕迪是对的！山下军营里的德国人，日子过得并不愉快。他们荷枪实弹，从告密者那里搜刮信息，同时盯着山上的天气。希特勒嗅到了“碎片岛”上将有麻烦，他想现在就解决它。

防御不是希特勒的特长。他知道如何把你击倒，但是如果你还能爬起来，他就不知道下一步怎么办了。他喜欢用闪电战偷袭。如果他的部队在运动之中，这种突击战术很合适；但如果他们被阻挡，不得不蹲进战壕时，这种战术就毫无用处了。在 1942 年的最后几周，希特勒在他的指挥室面对着巨大的地图，看到自己背后被“捅了一刀”：希特勒发现了丘吉尔接下来会怎么做，以及会在哪里动手。

丘吉尔的下一个目标一定是克里特岛。到圣诞节时，它已经变成了希特勒的命门。他派出部队，深入非洲和苏联，现在却完全陷入他最担心的噩梦之中。德国的王牌装甲军团在埃及苟延残喘，同时希特勒即将在斯大林格勒遭受最惨重的失败。苏联红军曾被第三帝国的第 6 军包围，但现在苏联红军不仅奇迹般脱困，而且还完成了反包围，把德军困在了城里，而元首却已无力反攻。在苏联红军的猛烈进攻下，德军完全陷入混乱中。德军统帅部优柔寡断，日子一天天过去，近 25 万德国士兵被围困在斯大林格勒，被炮弹、子弹、疾病和饥饿一步步消灭。

现在，希特勒急需把部队调动起来，却发现克里特岛后院着火。他已经知道，那些疯狂的农民拿起古董枪和自制刺刀会引发一场什么样的大骚乱，由于得到了来自英国的帮助，这一切提前爆发了。德国士兵被告知进入怀特山脉需要格外警惕，因为某个来自新西兰的幽灵已经代替彭德尔伯里，成为克里特岛新的“狮子”。

> 有传言说，“狮子”带着自己的克里特杀手骚扰着高地，事实也差不多。战争爆发时，达德利·珀金斯（Dudley Perkins）本来是一名大学生，准备子承父业，当一名牧师。克里特岛沦陷后不久，他被关押到德国战俘营里，但他越过铁丝网逃进怀特山脉。他在山里度过了一个漫长的冬天，学会了如何在这片土地上活下来。克里特岛的伐木工人教会达德利怎样在岸边找到鳝鱼、蜗牛和淡水蟹，以及如何把橄榄树上的菌子和野生蘑菇炖成营养丰富的美食。当达德利遇到赞的时候，这位有抱负的传教者已经脱胎换骨，成长为一个致命的狠角色。赞评论说：“‘狮子’出现时的样子很像我想象中的‘阿拉伯的劳伦斯’，连性格都很相似，他和我在书中读到的那位著名的阿拉伯领袖太相似了。”德国军队焚烧高地的一个村庄后，达德利将幸存者集结起来，组成了一支超过 200 人的战斗部队。没过多久，一支德国巡逻队进入“狮子”的领地，结果没有一个人生还。德国当地驻守的军队派出 11 名士兵去抢食物，他们的尸体最后在一个狭窄的峡谷底部被发现。

这就是希特勒的噩梦：隐形的鼓动者煽动全岛进行反抗。希特勒决定用重拳击倒丘吉尔。原本急需运往苏联前线的兵力，现在反而被空运到克里特岛，用来增强地面部队的军力。德国、意大利的轴心国联军在这里的兵力超过了 8 万。他们挖掩体，在桥梁上埋设炸药，在通往南部海岸的道路关隘增设了比原来多三倍的防守兵力。在哈尼亚西边，德军建设了一个坚固的要塞——克里特堡，卫戍部队在要塞的墙后时时开枪示警。德国指挥官宣布：“如果敌军入侵克里特，我们会坚守克里特岛，直到最后一人，直到最后一枪一炮。”

现在，德军还有最后一件事要做，那就是把老鼠消灭在洞里。

元旦后不久，牧羊人乔治独自步行到奥龙村（Alones）的时候，听到一阵枪声。“我爬到石头后面，向下看，看到村子里挤满了德国人。就在我下方，大约有 10 个德军士兵正爬上斜坡，朝我的隐蔽点走过来，”乔治描述说，“我像闪电一样赶紧藏了起来。”逃进树林之后，乔治一直围着奥龙村绕圈子，想找人打探消息。他听到一个坏消息，仿佛一桶冰水从头顶浇下来。

一位村民告诉他：“德国人径直走到牧师的家，开始拆房子，他们已经知道了。”

德国人在牧师家的花园里，挖到了英国电台的电池，还从他儿子的口袋里搜到一张给电台报务员的便条。如果他们来得早一点，很可能就会抓住报务员本人。不知道谁透露了风声，把德国人引到了那里。幸运的是，英国人在圣诞节后已经放弃了奥龙。不过，德国人知道他们还没跑远，于是马上采取了行动。德国人把牧师的儿子打得满脸鲜血，然后将其带走，准备拷问更多的信息。同时，德军包围了整个山谷，开始往山坡上搜查，并不断收紧包围圈。

通常来说，这意味着突然间当地人会有一大批亲戚来访，他们会大喊："亲戚们来了。"还会有一些人被牲畜的问题所困扰，他们会大声地反复抱怨："小心你的黑羊，它们又跑到麦田里了。"

警报就用这样的方式传播开去，一直传到十几公里外的帕迪那里。他和乔治的4个表兄弟立即撤离，同时，他们还需要搬运笨重的无线电台以及巨大的电池和充电器。"转移基地靠的是耐力。"赞解释说。因为几乎所有能走的道路都需要避开，帕迪和他的伙伴们"不得不在夜深人静的时候，携带着笨重的零件，在没有路的地方爬坡"。

冰冷的雨下了整整一夜，山坡上白雪皑皑，很容易打滑，这天气使他们感觉包袱更加沉重了。天快亮时，他们总算在12个小时后，爬到了足够高的地方，藏好电台。回到事先和赞约定好的会合点，帕迪的伙伴们准备躲起来好好休息。他们爬上附近的山峰，最后侦查周围的情况，却发现了数十个黑色头盔在雪中朝他们的方向直扑过来。赞感到震惊："就好像德国人收到了我们移动的风声，立即把他们的注意力从奥龙转移了过来。"不管是谁在给德国人通风报信，他的情报简直准确得要命。

清晨的雾帮了他们的忙，帕迪和伙伴们刚好在被发现之前消失了。等到太阳高悬的时候，大部分克里特人已经逃到悬崖上的洞穴中。赞躲藏在一个旧的石头屋子里，帕迪则爬上一棵大柏树。靴子的声音迅速地靠近……暂停……消失……又再返回，来回了好几遍，德国搜查队在小树林里一遍遍地搜查。帕迪全身湿透了，浑身颤抖，他几乎没吃没睡，通宵搬运电台，这让他的身体变得僵硬和疼痛。他强迫自己的身体一动不动，同时，德国人就在他的脚下来来回回。

太阳落山的时候，他们终于安全了，帕迪也可以滑下来了。显然，6个月前来到克里特岛的那个花花公子，现在能跑会爬，已经可以用克里特人的方式思考和行事。也许，他还无法独当一面，但根据他所学到的东西，他离及格也不远了。

23 浮出水面

浴室中的绑架计划

枪声突然停止了，不是因为接到停火命令，而是由于一个更血腥、恐怖的原因……

赞·菲尔丁

“小心你的黑羊！”

离差点失去电台那天又过了几个月，一天晚上，帕迪和他的伙伴刚安顿下来，就听到站岗的人发来的秘密警告。有 300 个德国人来了，或者更多，尽管距离很远，但他们速度很快。帕迪一把抓起枪，不幸就在此时发生了，他的枪走火了。几米外，帕迪在克里特岛上最亲密的朋友雅尼·曾卡拉基斯（Yanni Tsangarakis）倒在了地上。子弹打穿了雅尼的肚子和髋部，他流血不止。帕迪和其他人拼命按住雅尼的伤口，但毫无用处。雅尼低声和大家告别，就这样牺牲了！

帕迪吓坏了。他明白接下来应该做什么：一旦摆脱了德军，他必须去雅尼家，把自己交给他们处置。

“这个想法太糟糕了，”雅尼的朋友争辩说，“留下两具尸体又有什么好处呢？有些傻瓜会说你是故意这么干的，而且肯定有人会相信这种说法。雅尼并没有责怪你，但他的家人会。所以我们必须说是德国人开枪杀了他，这样对雅尼最好。作为一个爱国者，人们将记住他。你应该把自己的命用到对德国人的战斗中。”

帕迪情绪低落，并且左右为难。他们把雅尼的尸体搬到安全处，埋在两棵橡树的树荫下。他的同伴所言不虚：岛上的闲话总是能传出千里。“没有新闻吗？那就告诉我一个谎言好了。”这是克里特人最喜欢的玩笑。好吧！帕迪同意撒谎，假装雅尼是在战斗中丧生的。帕迪难过地解释说：“我想说，我本来不同意编造这个可恶的故事，来推卸自己的责任。这只是为了雅尼和他的家人，为了我们在克里特岛上可以继续工作。”但雅尼的家族是否相信，那就是另一回事了。他们可能会想知道更多的细节：还有谁受了伤，为什么雅尼成功逃脱过很多次，而这次却没有？他们可能会问：“请告诉我们，在雅尼牺牲的这场战斗中，我们杀了多少个德国人？”一旦发现破绽，他们就会来寻找真相。

就在帕迪仍然为那场意外的灾难抑郁时，他被派去表演“大变活人”的街头魔术。盟军已经攻下西西里岛，意大利人受够了墨索里尼，把他赶出了权力中心。虽然希特勒随后又把墨索里尼扶了起来，不过在此期间，德国已经对意大利军队发布了命令，他们必须在两个都不怎么样的选项中做出选择：他们可以与德国军队合并，或者被关起来给德国做苦力。

意大利军队驻克里特岛的指挥官安杰洛·卡塔（Angelo Carta）将军，偷偷给自己留了一条后路。地下组织给他带话，如果他愿意配合盟军部队，英国特工会想办法将他带到岛外。卡塔同意了，这也就是帕迪的新任务。然而，就在出发前，帕迪收到奇怪的警告。一群克里特岛上的抵抗力量威胁说，如果帕迪要和意大利人进行任何可笑的交易，他们就与帕迪决裂。他们劝帕迪避开意大利占领区，否则他们将和德国人停战，让英国人自己去抵抗德军。本来所有抵抗力量应该共同与敌人战斗，但如果英国人和其他抵抗组织与敌人私自达成协议，他们会毫不犹豫地中断合作。

同时，帕迪的朋友比他的竞争对手更麻烦。马诺利·班多瓦斯（Manoli Bandouvas）是克里特岛上最勇猛的游击队首领，他听到意大利撤退的消息后欣喜若狂，决定找机会去攻击德军。在还没确定盟友们是否支持他的情况下，班多瓦斯就带着300多人的游击队四处进攻，希望煽动起更大规模的起义。他们拿下两座军事要塞，杀死了30多个德国人。对班多瓦斯来说，这还不算是实质性胜利，但这已经足以激怒缪勒将军了。“屠夫”开始疯狂地报复，他杀害了500多名平民，焚烧了整整6个村庄。“带回班多瓦斯的脑袋”，2 000多名德军带着这样的命令冲进山里。游击队首领想尽办法才逃至汤姆·邓巴宾的藏身之处寻求帮助。如果帕迪能带着意大利将军离开克里特岛，那他能不能也带上班多瓦斯，帮他避过风头呢？

太棒了，现在帕迪的撤离路线变成了刀山火海。他要带的“火药桶”，从一个变成了两个。而他需要面对的敌人，很可能来自三个方面：德军、不愿意合作的抵抗力量，以及可怜的雅尼家族的复仇者。不管怎么样，帕迪都必须走出隐藏点，去完成任务。他首先去和卡塔将军会合，在一起离开之前，卡塔将军的首席情报官佛朗哥·塔瓦纳（Franco Tavana）中尉把帕迪拉到一边说悄悄话。

塔瓦纳低声说："不要弄丢这个，也不要让将军知道你身上带着它。"然后他将一个小背包塞到帕迪手中，里面塞满了机密文件。他说："现在，我把我们知道的所有德军行动计划都交给你了。"塔瓦纳实际上是抵抗组织的人，他勇敢而有荣誉感。他从来没有对克里特人开过枪，即使抓了游击队员，也只是为了帮助他们安全通过德军守备区域。塔瓦纳毫不在意德军可能会搜捕他，而且他将进一步证明，哪怕有机会和卡塔将军一起离开，他也会留下来，加入抵抗组织。

塔瓦纳很快就意识到这个决定到底有多危险。精明的"屠夫"没花多长时间，就通过散落的疑点弄清了事情的大概脉络。班多瓦斯不会突然自己跑到野外,不会的，他一定是发现了某个机会，因为他一定已经知道意大利人那里即将出事。于是，"屠夫"带着一队全副武装的警卫部队冲到卡塔将军的基地。但德国人还是晚了几个小时，等他们到达的时候，帕迪和将军已经穿过乱糟糟的松树林，消失在白雪皑皑的狄克提山脉里。同时，塔瓦纳带着一批意大利武器爬上山，顺利到达抵抗组织的山洞。

"屠夫"被激怒了，他喊道："对他们无需留情！"他想抓住卡塔，而且无论生死。"屠夫"悬赏 3 000 万德拉克马，要卡塔将军的脑袋。对饥饿的农民来说，这绝对是一大笔钱。同时，他还派出侦查飞机掠过群山，寻找失踪的将军，并散发悬赏的传单。卡塔将军和帕迪偷偷穿过树林时，有一张传单飘落到他脚下。卡塔将军呆呆地看着传单，说道："30 银币，那不就是犹大出卖耶稣的合同吗？"他决定，如果能够平安逃到埃及，一定要好好地给"屠夫"写封信。

班多瓦斯和汤姆在冲向海边的时候，终于追上了帕迪。他们蹑手蹑脚地来到一个隐蔽的海湾。一周前,卡塔将军和游击队首领看到对方时,还会互相开枪射击;现在，他们坐在同一片沙滩上，在同一块甲板上散步；在帕迪和汤姆观察黑暗的地平线时，他们还一起玩扑克牌。午夜过后很久，有一艘橡皮艇冲上了岸。汤姆计划陪班多瓦斯去开罗，在开罗给自己放个假，这个假期已经拖了很久了。但帕迪打算先把卡塔送上船，这样他就能亲自把装着秘密文件的背包，送到船长的手里。还没等汤姆指出自己也能把文件交给船长，帕迪就已经在海上了。

帕迪和卡塔上了船，船长说："我们必须马上出发。"海浪翻腾着，随时会把他们抛到礁石上。汤姆和班多瓦斯只能在岸上沮丧地看着他们远去，其实 4 个人中唯一不应该离开的就是帕迪。不过，他还是慢慢消失在夜色里，回到了埃及。旅程结束后，卡塔将军安顿下来，他已经写好给德国人的回信了。在他到埃及后不久，克里特岛的天上就飘下来新一拨传单。

卡塔给“屠夫”写了回信：

> 我现在身处埃及。哪怕一分钱不给，克里特岛上很多人仍然做梦都想杀死你！

一到开罗，帕迪就回到了度假屋“塔拉”（Tara），它的名字是以一位古代爱尔兰国王的名字命名的，由帕迪、赞和其他几个特工一起使用。帕迪的回归受到了卓菲娅·塔诺克斯莎（Zofia Tarnowksa）的欢迎，这位 26 岁的波兰伯爵继承人一般被人称为“苏菲”。当她流亡到埃及时，身上没带多少行李，只有几件晚礼服、泳装，以及两只猫鼬宠物。苏菲入住塔拉，成了那里的女主人。好在这份工作无需特殊技能，苏菲只需要时不时对整个屋子修修补补。比如，她要更换被炸得支离破碎的吊灯，那是练习射击的目标；用浴缸酿造西梅伏特加酒；修理在室内斗牛过程中被捣坏的家具；以及找地方放置从埃及军官俱乐部偷来的钢琴。塔拉逐渐声名远播，甚至引起了皇室成员的兴趣。有一天晚上，苏菲打开门，发现国王法鲁克一世等在门外，带着一箱香槟酒，一心想要进来玩。

帕迪在塔拉的绰号是“浪荡勋爵”，既然从克里特岛意外归来，他当然不会辜负这个机会。他没有浪费一点时间，和比利·莫斯（Billy Moss）一起一直泡在夜总会里。比利是英国冷溪近卫团成员，他在战争初期就热切地渴望参战，甚至找到一艘私人游艇，穿过狂风肆虐和 U 型潜艇出没的北海，从瑞典回到英国。

当帕迪告诉他关于绑架“屠夫”的计划时，比利说：“将卡塔将军带离克里特岛这事儿干得漂亮。但是，把一位不想离开的将军带走，这有可能吗？”

帕迪给出了两个回答。他兴高采烈地说：“这是有可能做到的，而且如果行动隐密、时机恰当，就能避免流血冲突，因此也能够避免暴力报复。”

然后，他说了真话：“关于要怎么做，现在我只有一个模糊的大概想法。”

很快，一个粗略的计划在塔拉的浴室里开始成型。有一天清晨，睡眼惺忪的帕迪和比利刚刚结束彻夜狂欢，懒散地靠在一起闲聊，这时，两个塔拉室友进来了解情况。他们是比利·麦克莱恩（Billy McLean）和戴维·斯迈利（David Smiley），这俩人刚刚在阿尔巴尼亚完成了几个爆破任务。于是，帕迪随手在蒸汽浴室的瓷砖上，画出克里特岛的草图。很快，4个人对着地图开始讨论，如何挑选和安排伏击点。

接下来，该去买“玩具”了。帕迪和比利前去拜访“战争魔术师”贾斯帕·马斯基林（Jasper Maskelyne）在开罗的秘密实验室。贾斯帕是著名的舞台表演家，他的舞台魔术让伦敦观众深深着迷。在伦敦长大的帕迪，自小就是他的忠实粉丝。

贾斯帕是第三代魔术师，他的父亲曾经为阿拉伯的劳伦斯培训特工，教给他们一些特技；他的祖父是传奇的魔术公会（Magic Circle）的创办人。有一天，贾斯帕正在表演魔术，准备在烟雾中喝下一杯剃刀刀片，他看到一名陆军上尉走到过道上。贾斯帕认为对方可能有事找他，于是将一朵红色的花变成一股烟，然后鞠躬退场回到后台。军官果然在后台等着，他询问魔术师是否可以在战场上施展魔术，用来迷惑敌人的士兵。

不久之后，贾斯帕就成了“魔术团”（The Magic Gang）的头领。魔术团的成员是一群专门研究阴谋诡计的家伙，他们凭空开发出很多玩意，从纽扣大小的间谍工具，到假冒整营兵力的光学幻觉。他们通过采用贾斯帕祖父的做法，使整个港口消失，首战告捷。当贾斯帕第一次讲解自己的计划时，他说：“我的祖父曾经有这样的表演，他在一阵烟里似乎从舞台飞向吊灯，歇在吊灯上回答观众的问题。其中的秘密就是‘替代’，在烟雾下面用线悬挂一个穿着一模一样的假人，用来替代真人。”贾斯帕接着提议：“我认为，我们可以采用同样的思路和办法。”

在距离亚历山大港十几公里处，有一个废弃的港湾，魔术团在此复制了亚历山大港这个盟军最重要的港口。他们在海湾上建起了很多装满炸药的小屋，并在海中抛入许多漂浮物，看上去就像爆炸后的油库和货船；接着，魔术团借助弧光灯，模仿月光下的阴影。这些会使德军的轰炸机飞行员产生错觉，那些小尺寸的模型在他们眼中看起来像军舰。最后的步骤是装修，魔术团在真正的亚历山大港装修出人造瓦砾和舰船的残骸，这样德国侦察飞机第二天来侦察时会相信港口真的被攻击过。

比利和帕迪流连在贾斯帕的实验室里，最终选定了羊粪炸弹和钢笔手枪。尽管贾斯帕现在是一名陆军少校，但他看上去仍比一般军人更神秘，他把柔滑的头发整齐地向后梳，还留着风流倜傥的胡子，仍像个演员。“你们还想要其他玩具吗？”他说完这句话后，顺嘴又冒出一句：“不用和你们一起出这趟任务，实在太让我高兴了。”

“跳！”跳伞指挥官喊道。

帕迪第一个跳出飞机，翻滚着陷入黑暗的夜空。他的身下是月光照耀的克里特群山，参差不齐的山峰上覆盖着轻柔的白雪。这个行动太疯狂了！因为这是帕迪首次跳伞，而且还是实战！他需要战胜以下挑战：

1. 在山峰之间的狭缝中穿过；
2. 在夜间跳伞；
3. 在狂风中完成；
4. 避开德国岗哨。

不过至少，帕迪还上过一些跳伞课程。比利更狠，他嫌上课麻烦，打算即兴发挥，他觉得避开训练就不用冒在训练中受伤的风险。

帕迪直直地落向地面。他做到了，他让脚保持在身体下方，然后猛拉开伞索，希望能有最好的结果。一阵风奇迹般地把他吹向目的地，帕迪在悬崖之间滑翔着穿过，刚好落在目标位置。在那里，克里特人为了让他们能顺利降落，专门在草地上点燃了火堆，予以指引。游击队员们从躲藏的地方冲出来，帮助帕迪扯掉他身上的降落伞，并且埋好。然后他们再次做好准备，等待比利的降落。他们抬起头……

他们在等待。飞机经过一次、两次，然后转头飞向崇山峻岭，消失了。帕迪猜测，难道是比利紧张了，还是因为天气原因？德国人的巡逻队一定正在扑过来的路上，所以帕迪和游击队必须赶快溜走躲起来。第二天晚上，他们返回原定位置继续等，然后是第三晚。但是，即使有飞机低飞掠过，他们也没看到有蘑菇状的东西掉下来。该死！上面到底是怎么回事？比利再不跳伞，就没机会了。现在漫山遍野都是敌人的巡逻队，几乎到了摩肩接踵的程度。有一天晚上，游击队的身后枪声不断，他们不得不撤退离开。原来是一支德国巡逻队闯进了另一队德军的埋伏，被自己人的炮火打死了两个人。

没有比利，就无法执行绑架行动。帕迪想不出可以绕开比利的其他办法。帕迪身边需要一个真正能打会斗的人，他必须能一招杀敌，了解摩尔斯码之类的军务。曾有一次，帕迪和接应的救援船即将会合，却差点儿弄砸了，因为他不懂如何在岸边向船发信号。帕迪想，比利穿着德军制服确实会有点假，一看就知道是英国人在冒充，但他总比赞要好一些。

赞的身材矮小、结实，皮肤黝黑，他只要穿上一套盛装、教士黑袍或牧羊人的裤子，就能完美隐藏自己。但是，如果赞穿上一件灰色的德军制服，简直就像是在主动申请挨枪子儿。而且在这个时候，赞刚刚回到开罗，正在塔拉休息，也该让他喘口气了！赞已经连续几个月执行困难重重的破坏任务，其中有持续 72 小时的长途跋涉，以及一场击毙 6 名德军的枪战。在那场枪战中，一粒子弹贴着他的额头飞了过去，留下了擦伤的痕迹。即使赞可以立即执行任务，帕迪也不希望他出现在德国将军坐驾的车灯附近。赞可以在整个行动逃跑的那部分提供助力，但是讲到抓捕和格斗，帕迪还是希望由那个金发的高个子来帮忙。

而且……尽管很不好意思，但无法否认一点：帕迪可以承受比利牺牲的代价。赞和汤姆·邓巴宾现在都很有价值。过去几个月，他们一直在山里工作，不仅已经学会克里特方言，掌握了伪装的方法，还了解走私者的路线。这些技能使他们难以被取代。而比利的大脑、反应和想象力，决定了他仍然只是一个会使枪的壮汉而已。最近，汤姆手法精明的间谍活动困住了隆美尔。他根据机场附近得到的情报，搞清了德军补给运输队和护航队将要离开克里特岛的时间安排。随即，他通知英国的战机，在德军飞机抵达北非之前，将其击落。本来，隆美尔很有可能以迅雷不及掩耳之势横扫埃及，盟军工作人员处于一片恐慌中，正准备逃离开罗。但因为缺少燃料、食品和维修配件，隆美尔坦克军团在沙漠中寸步难行。汤姆因此获得了金十字英勇勋章。所以，帕迪也不是很想让汤姆直接面对克里特岛上最危险的猎物。

最好的人选就是比利，除非比利不在。

帕迪花了好几个晚上盯着天空看，他夸口说自己甚至都可以在猎户星座里看到猎户的隐私部位了。时间一天天流逝，赞也曾遇到过类似的情况，最终他策划的行动泡汤了。赞本来想抓住“屠夫”到任之前的克里特岛司令官——亚历山大·安德烈

（Alexander Andrae）将军，但安德烈在赞能完成他的秘密行动之前就被替换了。新的目标意味着新的侦察。赞不得不重新开始，再次花费数周时间，重新评估新将军的安保细节，跟踪他的日常工作轨迹和规律。由于没有足够的时间做准备，所以开罗决定不再继续这项行动。于是，赞的绑架计划被取消了。

最后，从开罗传来消息：云层的遮挡和狂风一直在阻碍着比利跳伞，但他们并没有放弃，比利已经在来的路上了，这次他是乘船而来。帕迪登陆将近三个月后，一条漏气的橡皮筏子飘到岸上。比利出来后，发现自己正被一群像海盗一样凶狠的大胡子们包围和威胁着。

“你找帕迪？”一个人问。

“是的，”比利回答，“他在这里吗？”

“不，”他被告知，“帕迪在德国人那里。”

比利的心跳都要停止了。这几个星期以来，他冒险穿过天空和大海，最后却发现帕迪被德国人抓住了？然后，他清楚无误地看到有一个人大摇大摆地从海滩远处的黑暗中走来。原来帕迪不是被俘虏，而是抓了4个德国俘虏。嗯，实际上是俘虏了4个逃兵，这无疑是帕迪秘密行动中的一道美味可口的小菜。帕迪刚才在安排他们乘船前往开罗，正是搭乘送比利过来的那条船，这无疑会留给德军4个神秘的失踪疑案。

当比利来到克里特岛时，看到了帕迪的变化，他如同当初的赞一样大吃一惊。当初在开罗彻夜买醉、穿着内衣瘫倒在浴室里的那个“浪荡勋爵”，和现在的帕迪是同一个人吗？他现在看上去跟拜伦勋爵差不多，昂首阔步，在紫色海盗腰带上，别着一把左轮手枪和一把银匕首。即使在黑暗中，比利对帕迪的体格变化也感到吃惊。不管他在那些克里特人的山洞里吃了什么，不管他做了什么，帕迪变成了一个精力充沛的家伙。比利简直不敢相信自己的眼睛，帕迪看上去怎么会如此健壮和威武。

这些都是好消息。然后，帕迪又带来了一个坏消息：

“屠夫”走了！

24 机不可失

不可错过的克诺索斯之神

以耐心开始，以耐心结束，顽强到底；
他想出最狂野的想法，然后将它们一一实现。

乔治·塞科达克斯
献给帕迪的即兴创作诗歌

在比利迟迟未到的那段时间里，有一个西弗吉尼亚州的食品杂货商的孩子，无意中加入了他们的策划行动。

将近4年前，尼古拉斯·亚历山大（Nicholas Alexander）带着妻子和三个孩子回希腊探亲。自1919年移民到美国西弗吉尼亚州惠灵镇之后，尼古拉斯就再也没有回过希腊。他一直在努力工作，并精打细算地攒下每一分钱，从而买下了一家杂货店。1940年6月并不是到欧洲进行家庭旅行的最佳时机，但尼古拉斯意识到，这可能是最后一次到欧洲的机会了。当时，美国仍然是中立国，希腊正使出浑身解数远离战争。在蒂诺斯岛（Tinos），希腊海军驻扎着一艘巡洋舰，意大利潜艇发射三枚鱼雷，把这艘希腊军舰击沉了。即使面对这样的挑衅，希腊政府还是努力忍气吞声。尼古拉斯想趁着世界大战尚未爆发，在他的孩子们过上自己的生活前，把握住这次回乡探亲的机会。于是，亚历山大一家人动身坐船前往克里特岛。

那次旅行是尼古拉斯犯下的第一个错误，忘记在雅典的美国大使馆登记是他犯下的第二个错误，和“土耳其人”纠缠是他犯下的最后一个错误。

德军的入侵使亚历山大一家滞留在克里特岛上，进退两难。尼古拉斯和他的家人躲藏在港口城市雷西姆农他父母的家中。尼古拉斯在院子里升起美国国旗，还在屋顶上又挂了一面，希望借此保护他们，免于被轰炸和骚扰。出人意料的是，这个方法似乎很管用。事实上，它们是被保护得太好了。尼古拉斯甚至偷偷地收留了两名澳大利亚士兵，这两名士兵没能跟大部队一起撤离。有一天晚上，盖世太保的人冲进屋里，直接找到秘室的活动门板。尼古拉斯试图阻止他们，争辩说他们没有权利搜查美国公民的家。"土耳其人"直接开枪杀死了他，然后把两个澳大利亚人和尼古拉斯 17 岁的儿子约翰（John）投进了监狱。

这件事发生的几个月前，约翰还在惠灵镇一所高中上学，期待着漫长暑假的到来。现在，他却在地中海岛屿上，被关在了一个德军战俘营的铁丝网后面，又怕又饿。不同于其他被俘的盟军士兵，约翰是一个瘦弱的孩子，没有逃跑的可能，所以他被委派担任一些和死亡有关的具体工作。他要将腐烂的尸体搬到手推车上，拉到战俘营外的一个大坑里埋掉。由于他和另外两个年轻的克里特人看上去没什么危险，所以德军只分派了一名警卫去监督他们的工作。他们给警卫的后脑勺来了一铁锹，打晕了他，随后一起逃进怀特山脉。

在他们重获自由的第二天早上，约翰发现自己的肋骨被步枪顶着。三个逃犯在枪口的威胁下，从藏身处爬了出来，然后看见了乔治·塞科达克斯。"活宝"正在为抵抗组织送信，刚好经过这里。旁边村子里的朋友警告他说，附近出现了三个陌生人。躲在树林里的流浪者，往往意味着麻烦。为自己的安全考虑，乔治不得不先追捕这几个陌生人，搞清楚他们在做什么，以防他们把德军搜索队吸引过来。乔治与这三个逃犯分享完他的食物后，决定临时改变任务。他带着孩子们翻过高山，把他们送到普雷维利修道院的修士手中。约翰本来想要返回雷西姆农，去找他的母亲和两个姐妹。但修道院院长劝下了他，他如果在那里出现，只能给家人带去死亡。于是，这个美国小伙子朝着相反的方向移动，搭乘潜艇前往埃及。

约翰个性坚强，能讲流利的希腊语，对克里特山地也有第一手知识，所以他自然而然就加入了特殊部队。约翰在完成了英军 6 个月的作战训练后，加入了"公司"。特别行动处分派他陪同破坏小队做一次快进快出的任务，到克里特岛炸毁伊拉克利翁机场的德国飞机。顺利完成任务后，约翰和破坏小队留了下来。约翰通过游击队的小道消息，得知自己的妈妈和姐妹们躲在大山深处的亲戚家。然后他收到另一个秘密情报，游击队有办法进入"土耳其人"的私人住所。盖世太保头目并不知道自己居住的房子有一个秘密的逃生隧道，就像当初土耳其占领期间建在海滨的其他房子一样。约翰找到一份手绘的平面图，上面显示他可以通过后花园的竹子矮墙进入隧道。于是，按照克里特人的习俗，他被派去完成这项任务，替他父亲报仇。

在一个月黑风高的深夜，约翰溜进雷西姆农。他找到了隧道的隐秘入口，蠕动着爬进去。不像其他隧道，这个隧道没有塌陷，也没有被改造成酒窖，它很干净。约翰在黑暗中一直爬到活动门板，他撬开门，出现在空荡荡的卧室里。走廊另一头的灯光下，有人正在伏案工作。约翰准备好手枪，踮着脚走过大厅……但是，他发现自己一路潜伏进来，却找错了人。一位盖世太保军官被约翰吓了一跳，他告诉约翰，“土耳其人”前不久搬走了。正如约翰自己后来讲述的，他不想冷血地谋杀一个陌生人，所以他用手枪砸晕盖世太保军官后，从隧道原路逃走了。

约翰后来发现，与隆美尔不同，“土耳其人”哪怕没有敏锐的第六感，也能感觉自己身处危险之中。“土耳其人”的上级指挥官最近警告过他，他的野蛮行径已经快点燃火药桶了，他必须对那些残酷的行为有所收敛。如果“土耳其人”和“屠夫”把克里特人逼得太紧，整座岛可能会爆发自杀式袭击的浪潮。抵抗力量已经被削弱了大半，如果他们被逼急了，很可能会采取鱼死网破的行动。“土耳其人”争辩的冲动很快就被事实辩倒，他的舒伯特突击队中，有 8 名精英队员在迈斯克拉村（Meskla）附近遭到共产党伏击毙命。整个村庄都非常讨厌舒伯特和他的手下，村民们挖出藏好的武器，如果“土耳其人”来报复，他们就战斗到死。

“土耳其人”并没有报复，反而放弃了。舒伯特一定是已经觉察到危险靠近的蛛丝马迹，连他的指挥官们都决定放弃迈斯克拉。英国情报机构报告说：“德国人显然得出结论，这些被游击队伏击的突击队员不值得支持，所以决定不替他们报仇。”舒伯特突击队被解散，“土耳其人”逃到首府，像个中世纪的暴君一样躲了起来。根据英国的情报，他“生活在一个瞭望塔一样的房子里，不带保镖不出门”。在侥幸躲过刺杀后，舒伯特离开克里特岛，前往雅典。

也许，帕迪已经预见了下一步行动。毕竟，比起“土耳其人”，克里特人更想杀掉另一个人，这个人几乎每天都在众目睽睽下独自驾车回到他的私人寓所。而且，这个住所本属于彭德尔伯里。如果缪勒打算通过选择一座房子来激怒所有敌人，那么没有比阿里阿德涅庄园更好的选择了，这房子就在克诺索斯王宫旁边。克里特人将克诺索斯当作世界文化的发祥地，英国人把它看作民族成就的珍宝。但在精神层面上，偷走阿里阿德涅庄园就像抢劫彭德尔伯里的坟墓。克里特人称呼彭德尔伯里为“金人”，他的遗言完全是纯粹的希腊式战斗呐喊。

彭德尔伯里死亡的目击者终于被找到了。彭德尔伯里在撤离伊拉克利翁的战斗中负了伤，有两个女人负责照顾他。最终，他还是被德国伞兵发现了，那两个妇女被投进监狱。一位名叫卡利俄珀·卡拉塔山诺斯（Calliope Karatatsanos）的邻居看到德军伞兵将彭德尔伯里带到外面，命令他立正。德国人连续三次逼问他英国军队的下落，他回答的是自战争开始以来已成为希腊圣歌的答复：“不！”

一阵乱枪扫射，彭德尔伯里的胸部和腹部被打中。德军伞兵把克里特岛的“金人”埋在路旁的坑里，然后又回来把他的玻璃眼球从头骨中挖了出来。

“屠夫”以为他可以在床上安心睡觉了，却突然发现还不行。

缪勒后来突然决定放弃独栋的阿里阿德涅庄园。特别行动处一开始以为“屠夫”已经离开克里特岛，就像“土耳其人”一样，但后来发现他还在岛上。原来，他把基地转移到海边一个更安全的德军据点——克里特堡。

帕迪错过了绑架的机会。他们没有办法在克里特堡里抓住缪勒，也不可能在哈尼亚狭窄和繁忙的街道边实施绑架。帕迪不得不面对事实：“屠夫”在最后一刻悄悄溜出了他们的手掌。一个新的指挥官住进了伊拉克利翁里“屠夫”原来的房子，这个不为人知的军官到目前为止犯下的罪行只有在脖子上佩戴铁十字勋章，以及搬进阿里阿德涅庄园。

他是海因里希·克莱佩少将，刚从苏联前线来到克里特岛。

“那么，我们接下来怎么办？”比利问。

帕迪已经在克里特岛逗留足够长的时间了，他知道想要完成任务，有时候只需要迅速把握机会。岛上众神之中有一个特别的神，名叫凯洛斯（Kairos）。他是宙斯最小的儿子，行动飞快。年轻的凯洛斯总是衣着华丽，他头顶光溜溜的，前额有一道疤痕，脚上长了翅膀。他是机遇之神，也是不法之徒的守护神。如果你身法够快，能够抓住他，就可以让他创造奇迹，帮你实现愿望。但一旦错过，他就会一去不返。这位“有机会就把握”的神，在克里特岛上理所当然得到了人们的爱戴。那些由历代暴君在岛上制造的“不法之徒”，更是对他顶礼膜拜。克里特谚语“盗贼知机”就是从凯洛斯这里来的。关键是时机，而不是目标；不要放过任何机会，哪怕它不在你的原计划之内。

帕迪说得更直白：只要是将军，哪个将军都行。但他们动作要快，再多延误一点，行动就会像之前赞的方案那样被取消。额外的侦查任务给他们带来巨大的风险，当地人发现了他们在藏身处频繁进出，于是“这些全副武装的陌生人到底在做什么”之类的闲言碎语流传开来。因此，帕迪不得不解散第一线的游击队员。他们需要快速简单的方案，而不是依赖大量的人手，也不会选择棘手的行动时机。而在帕迪手里，就握有一张门票。

他们只需要翻过墙，进入阿里阿德涅庄园，在卧室里抓住克莱佩将军，然后把他塞进座驾，把车开到海边，与一艘潜艇会合。

帕迪可以用他的团队来干这一票。克里特人的绑架、诱拐行为由来已久。长期以来，偷羊、与土耳其军队斗智斗勇、带女友私奔……这些行为在岛上如休闲般常见。所以，克里特人对帕迪的想法很容易做出合理的评估，并且认定这个想法等于自杀。等他们进入阿里阿德涅庄园的院子，只会看到警觉的看门军犬，哪怕一个低声的喷嚏，都会让他们走投无路。帕迪只好勉强承认：“那里有三重铁丝网，其中一层据说是通电的，卫兵的数量和巡逻频率也增加了灾难性后果出现的可能性。”而且，帕迪还坚持：“此外，为了避免德军有理由或有借口对克里特人进行报复，我决定在行动过程中不流血。”于是，任何有可能导致枪战的行动方案都被抛弃了。

让一名将军从保镖的鼻子底下消失，还只是第一步，即使他们确实解决了这个问题，紧接着的下一步也会让他们非常头痛：如何把将军带离这个岛？港口有太多的德军战舰，且首府附近岩石密布，这使船只或飞机都难以接近北部海岸附近的区域。这就意味着他们需要一路向南步行，攀爬并翻越欧洲南部最险峻的高山，同时还要摆脱几万名追兵。而且，帕迪本来指望把“屠夫”当成筹码，但现在他并不会被抓在他们的手里，而是追着他们的后脚跟一路杀过来。

现在，只剩下一个办法能把这一票绑架办成，那就是：来硬的。

25 深入虎穴
最温柔的绑架案

1944 年 4 月 26 日晚上，离午夜还有几个小时，帕迪蜷缩着钻进路旁的沟里，开始弄出些光亮，划破漆黑的夜晚。他穿着一身灰色的德国军事警察的作战服，这是德军基地附近的一个克里特裁缝帮他裁剪的。在他身边，比利穿着偷来的制服，准备装扮成一名不会讲德语的德军士兵。

“就在那里！”在远处，帕迪的同伴开始用手电筒的闪光打出暗号。

> 闪一下表示“将军的车来了”。
> 闪两下表示“无人护送”。
> 闪三下表示“行动”！

帕迪低声说:“现在动手。”他们爬出水沟，看到一辆黑色的欧宝轿车拐了个弯，沿着黑暗的道路朝他们疾驶而来，汽车的每块挡泥板上都印着老鹰标记。

帕迪打开红色的信号提灯，比利则举起一个小小的停车标志。他们特意挑选急转弯的地方，这样将军的汽车经过这里时不得不减速。他们的伪装会被揭穿吗？将军身边那个精神紧张的警卫拿着冲锋枪，他会随时开枪吗？帕迪对此一无所知。

汽车正在高速行驶，帕迪举起提灯，走进车头灯探照的范围之中。

“停车！”帕迪喊道。

黑色的汽车朝他们轰鸣而来，然后减速。帕迪和比利准备好手枪，藏在背后，然后分头向汽车两侧的窗户走去。

“是将军的车吗？”帕迪用德语对着乘客一侧的窗口大喊。

“是的，是的！”

帕迪能辨认出突出的下巴、金色的穗带，以及黑色的铁十字勋章。海因里希·克莱佩就坐在前排的副驾驶座位上。

“证件，请出示！”帕迪要求。

将军还没来得及厉声斥责，让这些白痴的士兵别挡他的路，帕迪的手枪就已经顶住了他的胸膛。

“举起手来！”帕迪大喊。

帕迪能听到将军的喘息声。比利注意到，尽管司机的眼神充满恐惧，但他的右手正在慢慢滑向汽车。比利很快用手枪给司机的脑袋来了一下，把他打晕了。一群克里特人从路旁冲过来，拉开车门，发现汽车后座上没有人。将军没有带保镖出来，车上只有将军和他的司机。比利和克里特人把惊呆了的司机拉到路上，但将军下车的动作有点大，他对着帕迪狠狠踢了一脚，然后又一拳打在帕迪脸上，把帕迪打得摇摇晃晃。克里特人迅速过来结束了这场闹剧，一个人用匕首顶住克莱佩的下巴，同时另一个人将他的手腕铐上手铐。

“你来克里特岛想要干什么？”一个克里特人对着克莱佩尖声喊叫。

帕迪恳求他别出声，愤怒会把他们全都害死。

在这时候，只要有另一辆德国汽车经过，就能发现他们。帕迪知道，帮克里特人复仇的最好办法就是，尽快带着将军离开马路。帕迪基本上不会开车，所以比利坐到方向盘前面，希望能赶快弄清楚如何操控这辆陌生的德国轿车。太棒了！汽车的发动机运转平稳，油箱也是满的。三个克里特人把将军塞到后座，跟着爬上来坐在他旁边。同时，帕迪坐到前排，戴上将军的帽子。还有另外两个克里特人把流着血、瘫软的司机拉进了灌木丛。

“我们出发吧！”帕迪说。

闪耀的车灯突然晃进他们的眼睛。帕迪意识到，“一个车队正在靠近，那是满满两卡车的德国大兵。他们膝盖之间夹着步枪，有些戴着钢盔，有些戴着战地帽”。如果他们早一分钟来，那帕迪这群人就完蛋了。现在，车队却毫不在意地轰隆隆驶过。于是，比利踩下油门。

“我的帽子在哪儿，”将军不停地用德语问，“我的帽子，它在哪里？”

“闭嘴，”克里特人在后座上让他噤声，然后问帕迪，“他在说什么？”

帕迪快速打断他们的对话，他们正在往阿里阿德涅庄园的方向前进。两名哨兵已经发现了他们，哨兵“喀嚓”一声立正，第三个哨兵正在打开路障。现在，如果车里有任何骚动，哨兵将开枪把轮胎射穿。

“你的帽子在我这里。”帕迪告诉克莱佩将军。汽车“嗖”地经过糊涂的哨兵，帕迪一动不动，然后他把脸转向将军。不管有谁能活下来，哪怕包括将军，帕迪都必须把事情说清楚。

帕迪说：“将军先生，我是一名英国少校，我身边这位是一名英国上尉。在你身边的是希腊的爱国者。他们是好人。这支部队由我指挥，你是一个体面的战俘。我们将带你离开克里特岛去埃及。对你来说，战争已经结束了。我很抱歉我们必须如此粗鲁。按照我所说的做，一切都会没事。”

“你真的是一名英国少校吗？”克莱佩将军问。

“是的，这是真的。你无需害怕。”

“那么，我能要回我的帽子吗？”

“前方有检查站。”比利警告。两个德国士兵在路上挥舞着红色的停车灯。

“我现在要用你的帽子，”帕迪说，“稍后会给你的。”

比利踩刹车减速，但车头仍直直地开向士兵。“停！”一个士兵大喊。突然，他们跳开并敬了个礼，显然是因为看见了将军的旗帜。比利加速，汽车飞驰而过。

“太棒了。”比利一边说，一边把油门继续往下踩。

“少校先生，”克莱佩将军问，“你要把我带去哪里？”

帕迪想：老天啊，他还要再问一次他那顶该死的帽子吗？帕迪重复说：“去开罗！”

“不，现在去哪里？”

“去伊拉克利翁。”帕迪说。

“伊拉克利翁？”

是的，这恰恰就是帕迪的计划。开车带着将军离开安全的群山，冲进一个充满德国人的熙熙攘攘的城市。

几个星期前，帕迪伪装成一个农民，乘坐公车进入伊拉克利翁，前往市场侦查行动地点。他发现情况相当麻烦，最好的行动路线必须是从将军寓所穿过伊拉克利翁的心脏地带，抵达山的另一边。到了大街上，帕迪才发现，其实情况不仅仅是有些麻烦，而是太糟糕了！每条路上都有密密麻麻的检查站。所有的大路都只能单向行驶，小路则全部被截断。路上不是布满铁丝网和反坦克的防御工事障碍，就是有重兵把守。这太疯狂啦！就算能够成功地伪造证件，给将军下麻药，后面的事情无疑才是最棘手的。帕迪他们必须开车带着一个状况百出的德国军官，直接经过盖世太保总部的前门，还要通过22个全副武装的检查站，这的确是太冒险了。

当他在城里四处踩点的时候，帕迪反复经过盖世太保驻地的大楼，他的注意力总是被这个贼窝吸引。他回忆说："那里，对很多朋友来说意味着噩梦。"这就是他要压的赌注，如果绑架失败，他将会被关到这扇门里，永远出不来。帕迪接着往南边走，差不多5公里就到了阿里阿德涅庄园。真是好运气，帕迪身边最好的克里特间谍米基·安库米亚那基斯（Micky Akoumianakis）就住隔壁，是阿里阿德涅庄园前任看守的儿子，所以他被允许仍然住在父亲的旧宿舍。帕迪和米基就在那里假装和牧羊人聊天，在路边看管他放牧的羊群，实际上则在观测安保的情况。帕迪和克莱佩将军第一次互相看到对方，也是在那里。

那一次，将军的轿车突然出现，朝他们飞快地冲过来。透过挡风玻璃，帕迪看到一双蓝色的眼睛，还有他胸前的勋章。下意识地，帕迪伸出手冲将军友好地挥手。让帕迪吃惊的是，将军居然有所回应，他神情严肃地举起一只戴手套的手，朝他的……

帕迪一瞬间就得到了灵感：将军的帽子！就是这顶帽子，使哨兵退后，让路障消失。谁会费心检查帽子下面的那张脸呢？谁知道那张脸长什么样？前两年，克莱佩将军都在苏联前线，他来到克里特岛只有差不多5个星期。德军很少有人认得他，但他们会立刻认出并且尊重这顶将军帽，以及将军帽上面的徽章，那是黄金穗带的橡树枝上站立的老鹰。

这个想法太完美了。将军不需要消失，他们可以用将军作为他们的通行证，抄近道穿过德军总部。"在城里出事的话，结果不堪设想，"帕迪知道这一点，"但是带着俘获的指挥官直接钻进敌人的据点，这绝对会是最令人意外的主意。"

马斯基连祖孙三代都会为此鼓掌。如果贾斯帕和他的魔术团能模拟整个港口，帕迪确信以他的能力来乔装成一个人肯定也没问题。尤其，还是在夜里。

除非，那是星期六的晚上。

比利发现，如果开车进城，周六晚上是最糟糕的时间。比利按着喇叭，满心煎熬地通过拥挤的街道。周末电影刚散场，伊拉克利翁的街上停满运送部队的卡车，还拥挤着闲逛的士兵。帕迪窝在座位里，在他身后有三个克里特人控制着将军。其中一个克里特人用一只手捂住将军的嘴，另一只手则把匕首顶在将军的喉咙上，其他两个克里特人用马林冲锋枪指着窗户。

帕迪的超级团队，人人都能够在压力下保持镇定。马诺利·帕特拉基斯（Manoli Paterakis）是一个牧羊人和高山猎人，过去一年的大部分时间里，都是他在指导帕迪。乔治·泰拉基斯（George Tyrakis）是马诺利的年轻版。用帕迪的话说，即使他们只可以用笑容和手势来沟通，乔治和比利也能立即黏到一块儿。帕迪招募的最后一个成员斯特拉蒂斯·萨维奥拉基斯（Stratis Saviolakis）简直就是天生为这种任务而生的。平时，斯特拉蒂斯在南部抵抗力量的飞地斯法基亚担任一名警察，所以他知道如何保持和平，也知道如何闹出乱子。

周围都是德军。德国人的脸在窗户十几厘米之远不断晃过。比利向前慢慢移动着，祈祷这辆汽车的发动机不会过热或抛锚。帕迪开始感到焦躁，他说："压力似乎让车里的温度升高了好几度。"时间过得好慢，他们好像用了好几个小时才绕过中央市场的转盘，来到卡纳城门。只要通过那扇厚厚的石拱门，前方就通行无阻了，但也是在那里，比利认为他们被德军发现了。前面，一个哨兵高举着红色提灯站在路中央，在他身后，已经集结了不少人手。帕迪发现："不仅有正常的哨兵和警卫，而且还有大批其他士兵在关卡等候。那个挥舞红色提灯的士兵站定不动，好像要把我们阻拦下来。"他们能冲过去吗？这令人怀疑。通道的两边已经被水泥块和厚木栅栏路障封锁，路变窄了。

帕迪准备执行后备方案：自己踢开门逃跑。他们的确火力不够，人数上又寡不敌众，幸好他们在克里特的深山里接受过训练。帕迪在想："在山里，我们每天都面对极其复杂的地形。城市里有迷宫般的小巷、能跳过去的矮墙、能攀爬的排水管，还有酒窖、排水渠及阴沟……德国人对于这些障碍肯定无能为力。"比利一边驾驶汽车，一边把自动手枪放在大腿上。帕迪也把手枪攥在手里。三支马林冲锋枪在他们背后也蓄势待发。比利开着车慢吞吞地向前蠕动，等待攻击的信号。帕迪摇下了车窗。

"将军的车！"他大喊。将军是不会这样大喊大叫的，不过……"将军的车！"

比利猛踩油门。哨兵从路上跳开，士兵们向后散开，差点撞上将军的欧宝汽车的前保险杠。比利准备开火，却听到帕迪大声地喊"晚安"。比利忍不住回头看了一眼，他看到所有士兵和哨兵都在敬礼。

他们将伊拉克利翁抛在了身后，继续在黑暗里驱车前往郊外，翻过海边的小山。

比利点燃一支香烟，深深吸了一口，放松下来，然后把整包香烟递给帕迪和克里特人。

“等等，停车，”斯特拉蒂斯脱口喊道，“走错路了。”比利偏离了前往雷西姆农的公路，现在正在前往罗戈迪亚（Rogdia），那是一条死路，而且中间还有一座德军要塞。比利立即掉头，一边朝着他们刚刚逃离的城市开回去，一边祈祷哨兵还没有报警，希望搜捕队也还没有出发追捕他们。他们无可奈何地度过了几分钟，斯特拉蒂斯才找到那个路口，他们重新回到了正确的道路上。

覆盖在艾达山上的积雪在月光下闪闪发光，他们在荒野中开始哼唱。比利和帕迪开始唱起《派对结束了》（*The Party's Over*）这首歌，三个克里特人也跟着快乐地胡乱唱和。将军从汽车底座上爬起来，帕迪把帽子递回给他。

离开伊拉克利翁 30 公里后，比利把车靠路边停下，走出汽车，马诺利和斯特拉蒂斯从后座上把克莱佩将军拉了下来。帕迪和乔治·泰拉基斯仍然留在车上，由帕迪掌握方向盘。他们驾驶着汽车，歪歪扭扭地开上道路的时候，比利和克里特人开始拖着将军向山里前进。

帕迪把车开到海边，停在海滩上。他们丢下一顶英国突击队的贝雷帽、一捧普莱尔香烟的烟头，以及一部阿加莎·克里斯蒂的小说，然后又将一些吉百利牛奶巧克力的包装纸扔在地上，试图让现场看起来是英国突击队独自完成的间谍任务。

帕迪看了看时间，已经晚上 11 点多了，该离开了。

“我们走吧，黑暗之人！”乔治·泰拉基斯说。黑暗之人，德国的宣传机器捏造出这个词来抹黑克里特人，说他们鬼鬼祟祟。没想到鬼鬼祟祟的克里特人喜欢这个说法，开始用它作为执行夜间任务之前的口号。帕迪还有最后一件事要做。行动前一天晚上，他和比利就写好了一封信，用热蜡封好，还用戒指打上了戳记。帕迪把信拿出来，钉到前排座位上。

致克里特岛德国当局，

1944 年 4 月 23 日

先生们：

你们的军区指挥官克莱佩将军，在不久前被我们率领的英国突击队抓获。当你们读到这封信的时候，他和我们正在前往开罗的途中。我们特别想强调的是，没有克里特人和克里特游击队参与这次行动或给予帮助，跟我们一起的向导只有希腊派遣到中东地区军队里的现役军人。

将军是一名体面的战俘，我们会根据他的军衔给予相应的待遇。任何对当地居民的报复将是完全不必要和不公正的。

再见！

帕特里克·利·弗莫尔少校

比利·莫斯上尉

附：带不走这辆漂亮的轿车真是太令人遗憾了！

帕迪和乔治·泰拉基斯从引擎盖上扯下将军旗作为纪念品。帕迪说：“这面旗子实在太诱人了，让我们无法抗拒。”他们一起开始爬山，气喘嘘嘘地去追赶团队的其他成员。也许“屠夫”会上当，相信有潜艇前来接应他们，并且相信他们已经走了很久。

然而，如果“屠夫”不上当，地狱之门就会在黎明时向他们打开。

26 有用原则

10项自然训练法工具

我们有一位将军不见了。

1944 年 5 月被英国情报部门截获的德国电台信息

一开始，克里斯拒绝告诉我帕迪的逃生路线。不过几个月后，他终于答应带我走一趟。

“你觉得我可以应付它吗？”我问。

“我确信帕迪当时也有这样的疑惑。”克里斯回答。这或许不是他的原话，但大概就是这个意思。我没有记下当时的对话，因为我正在忙着查看日历，看看还剩下多少准备时间。一方面，克里斯的同意意味着，三个月前的第一次全岛徒步旅行期间，我的表现还不错，已经通过了怀特兄弟的考察；另一方面，我知道我们即将进入的地区，比以前他们带我去的地方更险峻、更偏僻。这是帕迪最初的行动计划，想要圆满完成绑架行动，他的唯一希望就是逃跑到无人区，躲藏到德军甚至德军的高山部队都不想跟进的地方。

克里斯渴望重走那条小路，因为关于帕迪曾经走过的路，他相信自己知道得比帕迪还清楚。这并不奇怪。帕迪和比利在黑夜里逃亡，由逃犯带路，只去逃犯知道的地方。就算逃跑时一切顺利，线路本身也已经够棘手的了，而且从将军下车的那一刻起，事情就开始不对了。所以，从那时起，每一天的逃生线路都靠随机决定。帕迪必须抛弃脑袋里的路线，重新设计新路线，边跑边改以躲避“屠夫”的追杀。帕迪的计划改变得太多，以致他自己都糊涂了。有一次当他钻出山洞，看着初升的太阳照亮山顶，他却连山的名字都叫错了。这不奇怪，当你被全副武装的 7 万大军和一个绰号“屠夫”的战犯追捕时，你只会担心谁追在后面，而不是前面有什么。

克里斯之所以能够成功地把这些被人遗忘的地点连接起来，要大大归功于蒂姆·托德的帮助，这位退休的牛津侦探就是战争史领域的福尔摩斯。这还需要归功于另两位冒险家的独特爱好，他们是伦敦律师克里斯托弗·保罗（Christopher Paul）和威尔士军团的退休少校阿伦·戴维斯（Alun Davies），他们俩擅长重组战争时的逃跑线路。一年冬天，为了寻找简·巴尔斯路德（Jan Baalsrud）当年的足迹，他们在整个北方海域来回折腾。巴尔斯路德是《我们独自死去》（*We Die Alone*）里面的那个挪威突击队员，他游过北极冰冷的海水，切断自己冻坏的 9 根脚趾，战胜雪盲症、冻伤、饥饿的挑战，最终逃脱到瑞典，重获自由。

2003 年，克里斯托弗和阿伦经历过类似事件。当时他们在伊朗探险，不幸遭遇雪崩。他们吃尽苦头，最终在傍晚时分发现了一间小木屋，活了下来。第二年，他们在土耳其亚拉拉特山（Mount Ararat）又遇到另一场雪崩。数吨的雪把阿伦和他的登山伙伴掩埋，其他队友们开始疯狂地搜索和挖掘。20 分钟后，他们想办法找到了阿伦，并把他救了出来。但他的探险搭档、苏格兰人阿拉斯代尔·罗斯（Alasdair Ross）的运气却没有这么好。

有一天晚上，我在伦敦见到了阿伦和克里斯托弗。阿伦告诉我："我们决定了，以后只去温暖的地方。"他们把我带到帕迪以前待过的俱乐部"旅行者俱乐部"（Travelers），带我到壁炉边看地图，那是帕迪少年时代徒步穿越整个欧洲的地图，上面还有帕迪标志性的潦草签名，那是一群飞鸟。他们说在追寻帕迪于克里特岛上的足迹的过程中，他们的收获比原先指望的要多。"你看看这些能找到的地图，它们根本就不准确，"克里斯托弗说，"就算你知道要去哪里，你也很难找得到路。有一次，我们去寻找一个很隐秘的山洞，结果被告知，山洞就在我们面前。说实话，它太隐秘了，就算我们拼了老命去找，也可能找不到。"

他们还学会了和克里特人小心翼翼地相处，那需要忠诚，需要遵循"希尼亚"的原则。克里斯托弗说："我们刚好遇到警察去阿诺吉亚（Anogia）逮捕一个人，结果在城镇的边缘被机关枪的扫射堵了回去。"如果警察试图逮捕那个当地男孩，整个村子就会准备投入战斗，包括神职人员。克里斯托弗补充说："我们还见过一个希腊牧师在他的牧师袍子里藏一把格洛克手枪，他可以随时从袜子里把枪拔出来。"

阿伦和克里斯托弗经历并克服过各种困难，但从未对付过克里特岛上那样的岩石。他们刚落地 6 个小时，岩石就把他们队友脚上的一只靴子撕坏了。他们来的时候身材壮硕，还带着精心准备的食物，不像帕迪和赞，当时只靠吃动物饲料为生；但两周后，他们发现自己的体重减少了将近 10 公斤，因为体能消耗太大了。阿伦说：“只要你身处一支这样的探险队，各种意想不到的事情就会找上门来。我一直在琢磨一个问题：在面对灾难时，一个人的性格到底需要强大到何种程度。”

幸运的是，在克里斯和我去寻找帕迪的逃生路线之前，我有两个优势：我有 6 个月的提前准备时间，并且我研究过我心目中的英雄学校。

我的那所英雄学校起源于一个人对一场噩梦的反应，那可能正是阿伦想要的答案。那是在 1902 年 5 月的第一个星期，27 岁的法国海军军官乔治·赫伯特驻防在马提尼克岛（Martinique）海岸附近的苏切特号（Suchet）军舰上。马提尼克岛被称作“加勒比的巴黎”，当时，岛上的培雷火山（Pelée）不时喷出阵阵火花，这个异常的现象已经持续了好几天，但没有人真正在意。马提尼克岛总督和首府圣皮埃尔（Saint-Pierre）的市长坚称一切都不值得担心，因为这座火山已经休眠一个多世纪了。政府在圣皮埃尔各处张贴安民告示，鼓励大家放轻松，享受免费的烟花。随后，火花里开始出现黑烟，并伴随着刺激性的硫磺味道；不过，马提尼克岛上的人们依旧麻木，没有任何疏散行为。

到了 1902 年 5 月 7 日，一切又恢复平静。一艘轮船的船长埃勒里·斯科特（Ellery Scott）在他的航海日志里这样记载：“早上阳光明媚，一切都令人愉快。”当天最后一班蒸汽渡轮离开时，只搭乘了三分之一最大载客量的乘客。火山口的火花已经平息下来，火山似乎再度沉沉睡去……

第二天一早，火山连续喷发了两次，积郁的气体撕裂了火山的山顶。其中一次喷出的火柱直冲到 10 公里高的空中，另一次则像大炮一样，把燃烧的气体和炽热的岩石射向圣皮埃尔。岩浆烧得嗞嗞作响，顺着斜坡涌出，一大群毒蛇和动物疯狂地逃窜，人们也开始逃离家园。当时真可谓险象环生，炙热的巨石乱飞，到处是呛人的火山灰和浓烟，还伴随有时速 200 公里的狂风和毒蛇的攻击。黑暗统治了整片大地，火山的灼热气体将整座城市包围和覆盖，黑暗的云层里只能看到火焰和闪电，就连落下的雨点也是滚烫的。四处是尖叫声和爆炸声，大地在颤抖，一片混乱中充斥着痛苦和恐慌……

赫伯特也身陷于这场噩梦之中。苏切特号军舰尝试靠近港口执行救援任务，但在热浪和海浪的联合袭击下，船只面临触礁沉没的威胁。赫伯特从军舰上放下一艘小艇，带着一队海员前去救援。当圣皮埃尔的所有人都力图逃离恐怖的险境时，赫伯特和他的船员们却努力朝它靠近。他们是这场噩梦极少数的见证者和亲历者。连续数小时，赫伯特和他的船员们努力从水中拉起被烧伤的幸存者，将他们安全地带到苏切特号军舰上。原来超过 30 000 人的城市人口之中，至少有 29 000 人丧生。

“与我国邻近的马提尼克岛正遭受有史以来最严重的灾难之一。”西奥多·罗斯福总统哀叹道。数不胜数的尸体堆积如山，同时带来一个可怕的疑问：这场悲剧看上去似乎完全可以避免，可为什么会是这样的结果？人们需要得到怎样的警告才会从一座火山旁边逃离？难道我们生存的本能衰退得这么严重吗？甚至当火花喷向天空时，我们都不加注意吗？赫伯特则被另一个问题困扰着：**究竟有多少人的身体背叛了他自己？**他们不是被杀害的，他们本来可以为了活命而奔跑、爬行、跳跃和游泳，结果却死于不知所措。

数年后，一位年轻的英国作家在马提尼克岛上也反思着同样的问题。帕迪被这场火山喷发吸引，并用火山作为自己第一本小说《圣雅克的小提琴》（*The Violins of Saint-Jacques*）的主题，这也是他的唯一一本小说。在帕迪的描述中，马提尼克岛的幸存者有两种类型：一种是几个吓呆了但幸运的欧洲人，另一种是依靠自己的力量和技能自救的原住民。“在白人和黑人到来之前，岛上居住的是很原始的部落，”帕迪写道，“一些潜藏在无意识中的智慧或者返祖性的智慧敦促他们逃跑，就像鬣蜥、蛇和犰狳知道要逃跑一样。而黑人和白人这些外来入侵者，没有收到这些灾难即将发生的警告；或者是他们收到了警告，却没有采取行动。在处理祖先曾经遇到过的问题时，这些原住民有一种天生的求生能力，而其他人则缺乏这一能力。”

加勒比人“天生的能力”并没有什么特别的，它只不过是对自己的身体，以及人类赖以生存的自然界的熟悉而已。加勒比人可以飞快地跑到水里，就算独木舟被飞过来的炙热熔岩击沉时，他们也可以顽强地坚持下去。荷马曾描述过打不死的终极英雄奥德修斯，加勒比人就是这种终极英雄。为了适应各种困境，他们并不超级强壮，只是头脑聪明得刚好够用，肌肉也发达得刚好够用。奥德修斯曾宣称：“如果汹涌的海浪把我的小筏子撞击成碎片，那我就游泳。”

那么，这种天生的能力可以被我们重新获得吗？赫伯特在回法国的旅程中，反复思考这个问题。他被视为英雄，广受欢迎，但他觉得真正的救援行动尚未开始。

赫伯特发现，**人类活在一个致命的幻觉之中。**我们哄骗自己相信，在紧急情况下，一定会有其他人来救我们。我们不再依赖自己这副有着惊人适应力的身体，忘记自己也可以思考、爬行、跳跃、奔跑、投掷、游泳，还忘记自己比地球上任何其他动物都懂得更多不同的打架方法。赫伯特不知道，在他的巴黎同胞中，有多少人可以自己爬上窗台，可以跳过一米宽的深沟，或者可以将孩子背到安全处。他们可以吗？他已经不记得上一次是什么时候见到一个成年人爬树，看见他在跳跃落地时用翻筋斗来缓冲，或者哪怕看到他全速冲刺跑。

这一切都很奇怪，因为在近代以前，除非你能拯救别人，否则就不算是“成年人”。对大多数文明来说，礼仪的变迁完全基于实用性。只有当你可被依赖时，才算一个成年人。有些时候，这需要通过流血事件来证明，比如斯巴达战士和祖鲁武士（Zulu impi）。

> 祖鲁武士必须赤脚踩在荆棘上，用这样的行动来证明自己已经准备好，能够毫不畏惧地处理任何情况。斯巴达少年则需要带上匕首到乡下，偷偷地谋杀当地一个最鲁莽的奴隶，如修昔底德（Thucydides）所描述的：“不论在当时还是事后，没有人知道奴隶是怎么死的。”按照残酷的斯巴达式逻辑，暗杀是少年获得公民身份的完美方式。这种习俗一举多得：一方面遏制了叛乱，另一方面又将斯巴达的年轻人培养成秘密行动中的求生能手。

而且，并不是只有年轻男性才关注速度和力量这样的主题。纳瓦霍（Navajo）的金纳达人（kinaaldá）和阿帕奇（Apache）的纳伊尔族（na’ii’ees）少女，其成年仪式的重点就是速度、耐力和强健的肌肉。少女每天早上朝着初升的太阳跑步，并且按摩胳膊和背部，祈求肌肉保持结实和柔韧性。这两个部落都认为，女性越强壮，部落就越强大。一位人类学家评论说：“对大部分的纳伊尔人来说，女孩的力量为她自己造福，然而，当成人仪式一结束，她的力量就变成公共财产了。”

所以，赫伯特觉得奇怪：问题出在哪里？我们为什么抛弃了重视力量的传统，让自己变得如此无助？但当他提出这个问题的时候，一个费城的机械店工人已经有答案了。

埃德温·切利（Edwin Checkley）1855年生于英格兰，当时正值工业革命从初期的创新转变为不可阻挡的时代潮流。一个人什么都要懂一点的时代结束了，各行各业都在往专业化方向发展。以前，你会帮助邻居建房子、救火、放牧、屠宰和保存食物；你还知道如何修理武器、拔牙、打马蹄铁，甚至还会接生。工业化带来了技能的专业化，而且是极大程度的专业化。经过专业培训的专业人员当然会优于自学成才的业余者。他们不断开发出更好的工具和技术，但只有他们才懂得如何操作。随着时间推移，事情开始变得微妙起来。专家越多，也就意味着越来越多的旁观者。以前我们事事亲力亲为，现在则由专业人员打点一切。专家们甚至还接管了我们运动的乐趣，职业运动员出现了，而我们只要坐在那里当观众就好了。

一开始，切利在工厂做机械师，但很快就离职了。他到处旅行，表演翻筋斗。1874 年，19 岁的切利移民到美国，在接下来的几年里，在极短的时间内尝试过几个不同的领域。他在长岛大学的医院学习医学，在布鲁克林的健身房受训和任教，周末在费城一个机床技工的店里兼职，这一切推动他创作出一本杰作。1890 年，切利出版了一本爆炸性的小册子，名为《体能训练的自然方法》(*A Natural Method of Physical Training*)。

评论家们的反应简直疯狂得令人不可思议。尽管没人知道这本书到底在说什么，可是人人都喜欢它。科学评论、文学期刊、女性杂志、健身出版物，甚至是咖啡桌上像《女士家庭杂志》(*Ladies' Home Journal*) 这样的休闲杂志，它们都在参考它。似乎只有一种人憎恨切利的书，那就是切利在书中讨论的那些人：健身房老板和运动科学家。因为切利公然宣称，**整个健身行业都错了。**

> 杠铃？忘了它吧！
>
> 负重器械？那是浪费时间。
>
> 女人要甜美，男人要大汗淋漓？这太可笑了。
>
> 节制饮食、循环式锻炼、抗阻训练？这真让人绝望，毫无用处，也不自然。

切利敦促说，你们看看地球上的其他生物。它们无需社交，也不挨饿节食；它们不会通过练习举重或做拉力训练，使身体的某一部分肌肉鼓起来；它们也不会坐在长凳上，一遍遍把重物举到鼻子的高度。它们为什么要这样做呢？既然你在现实世界里绝不会这样做，那么为什么你在锻炼身体时要这么做呢？就像他所说的，通过健身房的训练，你不过是在创造“结实的肌肉”和“硬邦邦的力量”；然而，真正健壮的身体其实正好相反。

“你每天做这么多次推和拉的动作，就像是小个子版的力士参孙，”切利写道，“你感觉到肌肉在扩张。这些肱二头肌的确引人注目，好像他们代表了健康和力量。过度的力量训练反而导致人们对力量丧失信心，流于肤浅的形式，流于表面，而且无法‘持续’。事实上，**真正合理的训练方法可以训练到人类的整个身体。**”

现在，让我们以“人类是一个整体”的角度来看待男女两性。切利想要把“女性是柔弱的小花”这种无稽之谈给抹掉。他争辩道：“若遵循自然的规律，女性不应处于弱势。就算大家都觉得女性的体力天生就不如男性，其差异也不会像我们所认为的那么大。那些活跃的女性，她们的力量和耐力与男性是相当接近的。还有，如果女性能掌控自己的身体能力，她们的力量和耐力就可以轻易地超越男性。换句话说，与其说女性天生为弱者，不如说是传统观念把女性视为弱者。”

切利认为，近代的运动建议太糟糕了。你最好什么都不干，这样，至少你知道你没有做什么，而不是被错误的锻炼观念愚弄。那些锻炼不仅让你感觉无聊、浑身酸痛和肿胀，而且让你以为这样的感觉是正常的。运气好的话，你最终会对这样的“锻炼”感到厌恶，然后回过头去做正确的事情。

那么，什么是正确的事情呢？

自然训练法！

有一个切利的门徒证明说，自然训练法可以给他带来一切：“体形、速度、力量、柔韧性、耐力、健康，以及每个人都可以拥有的令人愉快的体能优势。”切利的训练方法不涉及重复的动作，没有重量训练，没有挑剔的饮食限制；它基于好玩和娱乐，而且效果显著。这一切使切利在费城的健身房生意兴隆。切利 50 多岁时身材仍保持得很好，看起来就像是大理石雕塑一样。有一个杠铃公司的创办人在跟随切利进行自然训练后公开宣布，在力量训练方面，自己以前彻底搞错了。

那么，到底什么是自然训练法呢？你不会在切利的书中找到详细信息，他的书更像是一段宣言或告示，而不是一本使用手册，书里只提供了一些粗略的基础概念。切利把自己训练成一位表演者和商人，他知道如何积累观众和控制商业机密。首先，他要吊起你的胃口，然后吸引你成为他的客户；然后，随着时间推移，他会用另一本书来强化用户的忠诚度。这一整套卓越的市场营销计划几乎同时考虑到了所有事情，除了一件事，那就是他家的煤气管道。1921 年，切利还没来得及完成第二本书的写作，就因煤气中毒而去世了。

当乔治·赫伯特着手创建法国版自然训练法时，他接过了切利的接力棒。赫伯特不仅打算帮助人们获得健康，还要帮助他们成为英雄。因为赫伯特猜测，**如果你用合理的方法，获得健康和成为英雄就将是同一件事**。从《奥德赛》到《圣经·旧约》，每个英雄故事都基于这个等式：

健康＝英雄品质

英雄品质＝健康

英雄是保护者，身为保护者，也就意味着具备的力量要足够两人所用。强大到能保护自己还不够，你需要更进一步，不仅限于独立生存。**古希腊人喜欢这种互相关联的矛盾：只有你对其他人而言存在弱点，你才是最强的。他们将健康和同情心看作成为英雄的两个重要部分**。单独来看，两者都不起眼，但它们结合起来就威力无比。

英雄是三位一体的：受教育（paideia）、德性（arete）和希尼亚，具体来说，就是：技能、力量和意愿，分别对应于思想、身体和灵魂这三个方面。三项中的任何一项超载，都会导致其他两项的不平衡。尽管你希望在行动中贯彻最高尚的“希尼亚”，但如果你没有力量、敏捷性和耐力等方面的教育和原始德性，终究将一事无成。

奥德修斯之所以能成为希腊最伟大的英雄，关键就在于此，哪怕他是个骗子和半个无赖。奥德修斯并不是最好的战士，实际上他还试图逃避服兵役，为了避免入侵特洛伊，他假装绕圈子把自己绕得糊里糊涂，以致无法离家。但是，一个跟随他的武士看穿了那个计划，因为奥德修斯擅长“能不打就不打”，善于在胜算不足时逃跑，他只有在无法用计谋取胜时才会付诸武力。

但是，奥德修斯也算是一种英雄，就连阿喀琉斯这样的超级战士也承认这一点。当奥德修斯在从特洛伊回家的途中经过冥界时，阿喀琉斯的鬼魂羡慕地告诉他：“我宁愿在人间给穷人做仆人，也不愿做死人里的万王之王。”阿喀琉斯死于战斗，奥德修斯却仍然活着，还能继续战斗。为什么呢？因为他接受的教育和拥有的德性被“希尼亚”，即他忠诚的心所平衡。没有什么会阻止奥德修斯回家去保护他的妻儿，暴风、虚荣和独眼巨人都不能，甚至连性感迷人的女神也不能。思想、身体和灵魂的三位一体让奥德修斯成为“最好的亚加亚人”。

乔治·赫伯特抓住了关键，所以他能看到，切利的概念没有从整体来看一个人。当涉及力量和技能时，切利的自然训练法像炸药一样有力，但更高层次的意义在哪里呢？

赫伯特认为："如果锻炼身体的目的只是为了获得更好的体能或者胜过竞争对手，那也未免太过残酷自私。"赫伯特还认为，残酷的利己主义不在人性的范围内。我们总是自以为是命运的主人，想在竞争激烈的"狗咬狗"世界里做一匹独狼，但你不知道的是：狗其实也不吃狗肉。狗像大多数物种一样，用合作的方式生存。事实上，人类比狼更擅长运用狼群战术。我们是最善于沟通和乐于助人的物种，甚至会过度分享。我们分享每个想法、工具和信念。当我们参加战斗时，我们可以组成一个团队，比如战争，我们在战争中组成的团队的人数总是极大的。

所以，赫伯特说，忘记残酷的利己主义吧！这不是我们真正的强项。他自己生命中最光辉的时刻就是，在马提尼克岛沸腾的"大锅"里，跳进那条小船，将被吓坏的幸存者拉到怀里的那一刻。年轻的赫伯特不是因为自我而去做这些事情，他当时完全是天性使然。因为，成为地球上的神是每个人自然而然的渴望，而拯救别人是我们实现这个梦想最可行的方式。所有希腊神话，甚至每个宗教都遵循这样一个前提：先驱的英雄总是半人半神，同情心和权力欲都是他前进的动力。

因此，赫伯特想出了有史以来最奇怪的健身塑体的使命宣言。这个使命宣言即自然训练的信条，由 6 个字组成，它与塑造肌肉线条、变瘦以及获得黄金比例的身材毫无关系。实际上，它和外形塑造没有丝毫关系。赫伯特反其道而行之。

赫伯特宣布：**"健壮就是有用！"**真是太帅了。赫伯特在最后的两个字里，带出了一套完整的生活哲学。不管你是谁，无论你正在寻找什么，或者希望死后在地球上留下什么，还能有比"有用"的方法更好的方法吗？"这是一个人对自己、家人、家园，以及人类的最大责任，"赫伯特写道，"在生命中最艰难的情况下，只有强者才能证明什么是有用的。"

现在赫伯特找到人生目标了，他还需要一套方法。幸运的是，在他脚下刚好就有完美的案例可供研究，那就是他的孩子们。他意识到，当孩子玩耍时，他们在真实地扮演灾难情景中的角色。给孩子们松绑后，他们就会奔跑、摔跤、躲藏、翻滚、踢腿、打架，以及从任何可以攀爬的地方跳下，这一切刚好就是在紧急情况下真正让他们可以活下来的技艺。赫伯特决定，自然训练应该是自然而然地发生的，他的起点就是孩子们的游戏。没花多少时间，他就发现大多数打打闹闹的行为都可以归纳到三个基本类别的项目之中。

○ 追逐类：行走、奔跑、爬行；
○ 逃脱类：攀爬、平衡、跳跃、游泳；
○ 攻击类：投掷、举重、搏斗。

赫伯特手里拿着以上这“10 项自然的效用”列表,开始寻找“小白鼠”来做实验。法国海军率先表示可以让他在一个班的新兵身上做实验。赫伯特开始测试年轻海军基本的救援和躲避动作，看他们能否爬上树、绳子及靠墙的柱子；能否举起一段光滑的圆木、凹凸不平的人体雕塑及沉重的石头；能否左右开弓，投掷能否达到一定射程和精度；能否屏住气，在狭窄的边缘地带踮起脚尖移动，以及同时抵挡两个攻击者。

接着，赫伯特从户外的训练设施着手，展开下一步工作。他认为健身房只是个笑话。当你被关在一个房间里，那里充满了污浊的空气和叮当作响的金属，怎么会让你觉得欢欣鼓舞呢？用人工设施来练习真实生活所需的本领又会有什么意义呢？赫伯特认为，健身房只会使一个人得益，那就是健身房的老板。自然训练应该在露天的开放环境中进行，无论何时何地，“在雨中、在黑暗中和在扑面而来的大雪中”。

赫伯特创建了一个巨型成人游乐场，里面配备了攀爬塔、跳马、沙池和池塘。那里还散落着岩石、圆木、长杆，用于训练投掷、跳跃、平衡、攀爬，训练奔跑中的徒手传递，以及一名运动员能想到的任何动作。你只需要选择一系列挑战项目，组合成一系列障碍，将它们排好顺序，然后就可以开始玩了。赫伯特说：“你可以在每个组合里选择几个不同的项目来练习，如果时间允许的话，最理想的情况就是全都选上，在两次练习之间应该只有很少的休息时间，或者根本不休息。”

赫伯特有一条铁律：**永远没有竞争，永远没有。这就意味着没有冠军，没有世界纪录，没有比赛**。你没有金腰带，没有奖牌，也没有排名。赫伯特对竞技运动不太感兴趣，他认为那是不自然的“娱乐”。

他认为，“一个人如果精于表演性锻炼或者娱乐性体育，比如足球、网球，但不懂游泳和自卫术，或者恐惧眩晕，那么就不太‘有用’。如果举重运动员或摔跤手不善于跑步，也不会攀爬；一名跑者或拳击手不会游泳或攀爬，那么这种‘健壮’也不完整。”

赫伯特认为，竞争会导致真正的“健壮”变味。在竞争的诱惑下，你可能会开始欺骗，或过度发展某些才华而忽略了其他，可能会对一些于大家有用的诀窍保守秘密。竞争是抄近路，你只要击败其他家伙就算完成任务了，而自然训练却是永无止境的挑战，需要自强不息。此外，竞技体育注重竞争和等级划分。自然训练则完全与协同合作密切相关，每一位老师都是学生，同时每个学生也都是老师，这样的形式会不断带来新想法和新挑战。在不断提高标准的同时，帮助后来者去超越它，这就是教育和德性。

赫伯特的理论最迷人的地方在于，它远远超越了身体锻炼，延伸到生活的各个层面。赫伯特认为，自然训练会使人们更高贵、更聪明、更慷慨大方、更成功、更快乐，也会让人们获得更多资源。为什么会这样？因为每一天，你都在极端条件下练习解决问题的能力。一旦你弄清楚如何光着脚、带着一大块木材通过沼泽，就没有什么工作会再把你压垮。自然训练使你内省、不好斗，因为你发现可以用力量和灵巧来解决冲突，而不是靠暴力和它的兄弟——恐惧。

1913 年，赫伯特让 350 名海军新兵参加了自然训练的实验，他们的测试结果震惊了国际体育大会。有一套评分系统会评估力量、速度、敏捷性和耐力等不同方面，在这个评分系统中，法国海军的成绩和世界级十项全能运动员的成绩一样好。于是，法国国防部指派了一队上校接受赫伯特的指导学习，自然训练的“游乐场”很快就被推广到全法，安装到 8 个军事基地里。

和切利不同，赫伯特热衷于公开分享他发现的一切。他出版了一部巨著：《体育教育：完整的自然训练法》（*L’Éducation Physique, ou, L’Entraînement Complet Par la Méthode Naturelle*）。那是一本 500 多页的大部头，里面包括理论、实践、照片、训练序列、肌肉解剖等内容。赫伯特将厚厚的一本书总结为一句话：“教你的孩子去行走、奔跑、跳跃、拳击和游泳，别管那些毫无意义的不自然的运动！”

现在，是时候把自然训练带到全世界了。赫伯特亲自挑选出都是精英的培训师团队，并准备将他们派到全欧洲、亚洲和美洲。在他们准备出发前，赫伯特拍了一些照片。在照片中，他和自然训练法的团队被剥得精光，几乎全裸，他们的身材看起来棒极了。尽管他们年龄不同、体形不同，但他们都有同样健壮的身体，每个人都像雕塑一样精壮，像狮子一样柔软、敏捷和强大。没有人通过弯曲手臂鼓起二头肌来显示力量，因为他们不需要显摆。他们知道自己真正的力量来自哪里，除了肌肉，还来自他们迎接任何挑战的知识。他们已经准备好了。

这些照片拍摄于1913年年末。几个月后，德国军队通过比利时和卢森堡进攻法国，自然训练培训师也加入了抵抗运动。由于超强的体能状况和忘我奉献的精神，他们中的许多人带头承担起在前线冲锋的任务。4年后，所有培训师与其余900多万名参加战斗的部队一起，在地球上消失了。

赫伯特伤心欲绝，但对这样的结果并不意外。他是个现实主义者，他明白，无论你有多么厉害，“有用”本身有时也是致命的。**自然训练从来就不追求永生，它的目的是在死之前给世界带来不同。**赫伯特本人也差点死于严重的伤势，他的后半生一直在为重获走路和说话的基本能力的努力中度过。战争结束后，赫伯特被授予荣誉军团（Legion of Honor）司令官的称号。那个仪式却像是给一艘正在下沉的船献上花圈。赫伯特有一个关于如英雄般健康的崇高理想，但这个梦想被充满危险的世界冲刷而去，看上去将一去不返。

自然训练法差一点就被世人完全遗忘。直到许多年后，有一个卖荧光棒手镯的家伙，他在科西嘉（Corsican）海滩上偶然发现了一本旧的平装书，他捡起来开始阅读……

27 肌肉迷信

所有健身房都在生产“孔雀”

我当上州长的时候，美国的中量级摔跤冠军碰巧在阿尔巴尼（Albany），我请他每周过来三四个下午……当我担任总统的时候，就和一些助手练习拳击。

西奥多·罗斯福

唯一一位冬天在波托马克河裸泳的美国总统

他在白宫练习拳击时被打瞎了一只眼

在胸前被打中一颗子弹后还立即发表演讲

曾经在亚马孙流域测绘一条未知的河流时差点死掉

自然训练法消失了将近 100 年后，我亲眼见证了它重生的宣告，具体的方式就是一个半裸男子跳进二楼窗户。

“我们去丛林里玩，准备好了吗，”他说，“你没有恐高症，对吧？”

“我对爬高、爬低并不着迷。”

“那是因为你从来没有学会怎么攀爬。让咱们开始吧！”他从窗口飞了出去。我家的房门离窗户也就一米，而且没有上锁，显然他已经不习惯走正门了。对一个将近 40 岁的男人来说，厄万·勒·科雷（Erwan Le Corre）的精力和柔韧性都异常出色。不到早上 6 点，他已经如弦上之箭般准备出发了。他的姓在法语里听起来像“身体”（le corps）的发音，他也的确人如其名。厄万是个高个子，皮肤被太阳晒得黝黑，肌肉健壮得像一只美洲狮，平时都是赤脚，只穿一条冲浪短裤。

我在前天抵达厄万在伊塔卡雷（Itacaré）的基地，一个夹在热带雨林和大西洋之间的巴西小村庄。伊塔卡雷在平时很安静，是渔夫们和流动冲浪者们的前哨基地。最近，那里变成了一个户外训练营，营地里都是一些奇怪的冒险家，他们试图重拾被世界大战中断的自然训练。

外表狂野的厄万对一件事是绝对认真的，那就是他坚信价值数百亿美元的健身俱乐部产业，完全建立在谎言的基础上。而且，根据未经修饰的数据和结果来判断，他很可能是对的。健身俱乐部可能是唯一一种这样的生意：客户越不前来光顾，它就越赚钱。它的运营模式在财务上大获成功，然而，这项生意却基于一项有缺陷的服务产品。哪怕按照他们自己的标准来看，健身俱乐部也根本没用。我们越参加健身俱乐部，反而越肥胖。事实上，肥胖症的上升轨迹刚好和健康俱乐部收入的上升轨迹同步，两者都以大约每年 2% 的速度稳步攀升。

“对于大多数人来说，健身房已经倒闭了。”拉杰·卡普尔（Raj Kapoor）表示同意。拉杰是一位知名的科技创业家，是网上冲印服务供应商喀嚓鱼（Snapfish）的联合创始人。他曾在采访中表示出对美国人健康的关注，“全球范围来看，这是价值 750 亿美元的生意，而超过 60% 的人尽管会为此付费，却不会去健身房”。健身房行业的运作方式是这样的，每年 1 月，其业务会迎来高峰。贵宾卡的数量通常会翻倍，普通会员卡最多会增加 300%。按照比例，这意味着最多会有 4 倍数量的会员挤进同样大小的空间。如果健身房不扩建，那就不会有足够的设施，应对蜂拥而至的人群。

一个健身房的普通会员向《华尔街日报》抱怨，当训练班的大门打开，“那里就像一个该死的牛棚”。但是，其实不必担心。健身房老板知道这个情况，他们会把钱放进口袋，而不用费心去扩张。因为几周内，一个新的循环又会开始。到了春天，只有不到一半的健身房会员会回来。通常，对一个依靠客户重复消费的机构来说，这将意味着死亡。不过，羞耻心和神奇的心理定式是强大的营销工具。到第二年 1 月的时候，大约有 60% 的人会感到愧疚，决定再次打开钱包和锻炼身材。难怪健身房的生意可以持续蓬勃发展，而其他企业都在萎缩。在经济衰退最黑暗的日子里，健身俱乐部的会员数反而会增加 10%。

所以，到底是哪里出错了？现代化的健身俱乐部装备了形形色色的健身器械与监测卡路里燃烧的数码科技仪器，为什么在对健康的实际改善过程中，却被证明如此无效呢？这个行业一年的销售收入超过 500 亿美元，对整体健康而言，至少应该可以对其期待一些看得见的效果吧？但是，尽管人们努力尝试，效果却微不足道。人们试着去健身房，但没有留在那里。你可以责怪公众没有逼着自己去改善健康，但这就像是餐厅责备顾客不喜欢自己的食物，如何使菜单上的食物更美味显然是餐厅的责任。

1980年，健身俱乐部的“菜单”经过了一番彻底的改革。在那之前，美国健身房的标准是由全国身体条件最好的拳击手来设定的。格斗是一项不停运动的艺术，就像综合武术的高手喜欢说的那样，“不动则亡”。因此，过去的培训师会让你在真正的功能性运动中跳个不停。比方说，如果你像年轻的罗斯福一样，去曼哈顿东二十八街的伍德健身房，职业拳击手将会负责你的训练。当罗斯福第一次经过伍德健身房的大门时，他只是一个喘着气、目光短浅的少年，不断被其他孩子欺负。他的父亲坐下来跟他解释说，如果没有力量，技能就没什么用。他父亲说：“西奥多，你有头脑，有想法，但身体跟不上。如果没有身体的帮助，你的想法就无法到达它理论上能够到达的高度。所以，你必须打造你的身体。”

于是，罗斯福开始行动。“教授”约翰·伍德（John Wood）并没有把他按在带软垫的座位上，让他推杠铃15次；也没有把他按在固定自行车上做骑行练习；而是让专业的拳击手约翰·郎（John Long）当罗斯福的陪练。他们一起练习伍德的那套“漂亮而有效的组合训练”——蹦跳绳、晃双杠、跳跳马、带着药球折返跑、打沙包，以及用体操棒练习影子拳击。伍德的其中一项特色训练是已经失传的力量技能练习。两个伙伴紧握着他们之间的两个铁环，各自抓住铁环一端，然后互相拉扯做对抗性练习，目的是让对方松手或跌倒。铁环这项对抗训练需要的技能和击剑一样复杂，约翰·伍德图解出至少38种组合，其中包括的动作有刺击、猛推和身体扭动。

伍德的其中一个学员说：“这些练习当然可以被归类为最有用的一般性运动。他们能够发挥身体里每个关节和肌肉的作用，在短时间里提供大量的安全、温和、丰富的模拟练习。”这就是在提高技能和力量。

但是，到20世纪70年代末期，格斗训练的热潮突然就落下了帷幕。通常情况下，人们很难找到流行病的源头，但这次变化刚好在照相机镜头前被捕捉到了。1977年，美国健身海报里的男孩变得女性化，注射类固醇的模特叼着香烟或者咬着雪茄出现在海报里。纪录片《铁金刚》（*Pumping Iron*）上映，阿诺德·施瓦辛格（Arnold Schwarzenegger）的漂亮外形以及他那副用药物增强的体格，使健美活动从地下娱乐转化成一种全球现象。阿诺德成了好莱坞最卖座的明星，健美活动也变成健身房的训练项目。人们似乎只需要有像模特一样的外形就够了，敏捷性、耐力、移动距离或有用的技巧都不再需要了。就这样，世界上身体状态最好的运动员被另一些身体状态最差的取代了。

从身体是否健壮的角度看，这是个倒退。但从经济角度看，这绝对是天才式变革。格斗训练要占用很大的空间，而健美运动只需待在同一个地方。健身运动只需要极少的空间就够了，你不是坐着就是躺着，不是站着就是蹲着。

> 健美运动整个训练方法的思路是，每次针对一个肌肉群，一再重复同样的动作，直到肌肉纤维接近断裂。肌肉纤维像任何其他损坏的组织一样，撕裂的地方会膨胀。实际上，这是身体的一种应急反应，血液涌到某一个固定的区域并促使伤口愈合。奇怪的是，这种不舒适反而成为一个卖点。因为健美需要的是外表，而不是技能，疼痛和肿胀的肌肉开始成为力量的标志。

正当健美运动成为新的健身模式时，一种新装置出现了，它使健身房变成一条整洁、高效的生产流水线。1970 年，一位来自佛罗里达州的怪人阿瑟·琼斯（Arthur Jones）带着可供销售的产品，出现在“美国先生”的比赛里。这个老烟鬼高中辍学后变成了一个大型比赛的爱好者。他的业余爱好是试图将鳄鱼宠物喂养到 4 米大小，从而打破吉尼斯世界纪录。同时，琼斯也是一个自学成才的机修工，建造了一台叫“蓝色怪物”的健身机器。琼斯的点子是用一个肾形凸轮来均匀分布阻力，这使人们所举的重量能随高度不断加大。由于齿轮像海里的贝壳，琼斯把他的发明创造改名叫鹦鹉螺机。

健身房老板终于可以用一部特别的机器，让你感觉自己像个专业运动员了。鹦鹉螺机紧凑、安静、安全，可以让健身房使用较少的空间来接待更多的顾客。即使在新年的高峰期，你也不必担心在周围碰到另一个摇晃着力量环或者体操棒的会员，也不必担心影响他们练习药球或格斗组合训练。健身房不再需要哑铃架，也不需要技术指导，甚至连卧推也不需要监护员了。健身不再需要专业知识，也不需要专家指导。健身房只需要看上去漂亮，收钱，擦干净设备就可以了。

“健身俱乐部变成了大生意。这场变革是由琼斯引发的，”琼斯的一个设计师告诉《纽约时报》，“琼斯的发明使今天的健身俱乐部开始盛行‘机器环境’。机器帮助健身房从一个潮湿、充满自由重量器械和猛男的场所，变成了时尚的俱乐部，这个变化在休闲运动人群中大受欢迎。”

但是，机器的崛起是有代价的。这种运动致力于创造尽可能一模一样的躯体，而你需要精确地重复完成相同的动作。甚至连相关词汇都被改变，以适应这种类似于工厂车间的精神状态。我们的父母辈在训练（exercise），但我们是在锻炼（work out）。测定练习进展的标准，并不看你是否掌握了一项新技能，而与一系列数字有关，就像在其他工厂里一样，这些数字总带有“磅”“英寸”之类的单位。崇尚柔韧性、平衡性和强调有用的希腊式理想体魄已经过时了，现在流行大块头的巨无霸。

为什么会这样？因为随着机器的崛起，超级猛男开始崭露头角。

“与自然训练的成果相比，过去 30 ~ 40 年内出现的合成类固醇使肌肉有可能变得更加发达。”哈里森·波普（Harrison Pope）博士注意到这一点。这位哈佛的精神病学教授创造了“健身过度神经综合征”（bigorexianervosa）这个词，用来描述让我们被轻易误导的危险观点：更大等于更性感。波普其实对健身也知之甚多，他 66 岁的时候，仍然可以脱去西装外套，在办公室的门框上完成 6 次单臂引体向上。他可以从杂志封面或电影海报中一眼就认出谁更有活力。可悲的是，大部分那些著名的身体都是靠注射器泵出来的，而且注射量比你想象的还要多。哪怕在澳大利亚，人们曾经从西尔维斯特·史泰龙（Sylvester Stallone）的行李中搜出了 50 瓶人生长激素，又有多少人为此感到吃惊呢？

就连孩子们的玩具和漫画书也被传染了，动作片的人物开始突显非常不自然的肌肉。以早期的《星球大战》（*Star War*）电影为例，在义军同盟里面，观众看不见任何坦克履带花纹或者肱二头肌的纹理。当卢克·天行者（Luke Skywalker）和汉·索洛（Han Solo）在电影里几乎脱光衣服的时候，令人惊讶的是……他们只是普通身材而已。他们只是两个瘦瘦的家伙，靠的是灵巧，而不是肌肉。但在过去 30 多年里，他们的塑料人形玩具的肌肉块变得巨大无比。电影《特种部队》（*G.I. Joe*）和《蝙蝠侠》（*Batman*）中的人物也一样，他们的玩具小人的肱二头肌有真人的三倍大。

波普指出：“我们的祖父辈很少展示出‘超级猛男’的形象，他们也不会每周做三次卧推或腹部力量训练。”然而，他们的孙子、孙女们却陷入无休止的自我形象改造中。“一名年轻人受到数以千计的超级猛男图像的影响，”波普抱怨说，“每个猛男图像都和成功相链接，包括社会层面、财务、性等方面。这些图像一直朝着越来越瘦和肌肉越来越发达的方向持续发展，和一个正常人能达到的样子离得越来越远。”健身房的销售佣金应该发给好莱坞，而不是健身房的销售代表。但是，一旦你发现从《兰博1》（*Rambo Ⅰ*）到《兰博2》（*Rambo Ⅱ*）的路，是由类固醇的注射针管铺成的，你的选择就会越来越少。和职业自行车手发现阿姆斯特朗的秘密后的选择一样，如果不用肮脏手段继续下去，就只能回家了。

“一个人如果不使用药物的话，可以达到的肌肉发达程度是相当有限的，”波普解释说，“如果一名超出这个程度的男性声称没有使用药物，那么他很有可能在撒谎。”机器崛起和超级猛男出现之前，你去健身房是想要成为一名运动员。罗斯福关注的是体能，而不是外形，这使他成为终身运动者。像其他自律的人一样，他害怕倒退。所以，即使成为总统以后，罗斯福也坚持用从伍德那里学到的方法训练。他会和士兵打拳，晚上在波托马克河裸泳，与他的陆军将军用木制短棍激烈地格斗对战。

有时在晚上，罗斯福会溜出白宫，朝着事前挑选好的目的地，一直跑过去。他给自己设定的任务是，无论路上有什么障碍，都要设法到达目的地。“有几次，我们要游过岩溪（Rock Creek）。在早春时节，厚厚的浮冰漂在河面上。如果我们要游过波托马克河，通常就要脱掉衣服，”罗斯福回忆说，“我们喜欢沿着岩溪徒步，因为有很多悬崖峭壁可以攀爬……当然在这种情况下，我们一定要天黑以后再返回。只有这样，我们到华盛顿时，才不会吓到别人。”

几十年后，罗斯福的午夜徒步活动成为肯尼迪政府时期最奇怪的流行时尚之一。约翰·肯尼迪（John F. Kennedy）当选总统后，发现美国人变得软弱了，半数的美国年轻人因为身体不够健壮而无法通过征兵选拔。这太危险了，“变得软弱”在肯尼迪的眼中是一件愚蠢的事情。肯尼迪宣称：“只有身体健康和强壮的时候，智力和技能才能发挥出最大效用。从这个意义上说，身体健康是我们社会一切活动的基础。”肯尼迪感兴趣的是真正的健壮，而不是卧推或在海滩上秀出的肌肉，所以他把注意力集中在两个最重要的因素上：耐力和弹性力量。

就这样，美国人和超长距离耐力跑之间的恋爱关系开始了。肯尼迪从罗斯福那里发现了一条旧军令，那条军令要求美国海军陆战队在72小时内徒步50英里（约80公里）或骑行100英里（约160公里）。很自然地，罗斯福在冬天的暴雨中以身作则，带头骑行。罗斯福的一些部队能够在一天内徒步50英里，于是肯尼迪把这变成了挑战的目标。现在的海军陆战队队员能在24小时内完50英里的野外徒步行军吗？但是，在军方接到命令之前，就已经有平民，包括肯尼迪的弟弟，完成了这个挑战。在寒冷的2月，一个星期天的清晨5点钟，鲍比·肯尼迪（Bobby Kennedy）和4个司法部的助手一起出发，顺着切萨皮克和俄亥俄运河纤道（简称“C&O 纤道”）从华盛顿特区前往哈伯斯渡口（Harpers Ferry）。4 个助手全都在半路退出，但到了午夜时分，鲍比用不到 18 小时的时间完成了 50 英里徒步的挑战。

比赛还在继续。正如《美国新闻与世界报告》列举的，大学兄弟会、童子军、高中生、邮差、警察、“漂亮的秘书”，以及“美丽的女孩”，都在接受“肯尼迪挑战”。国会工作人员也加入其中，为此，马萨诸塞州有一家酒吧，拉着啤酒桶到 50 英里终点处，为完成者提供免费啤酒。这时，美国娱乐协会发出警告说：“50 英里的徒步行走近乎疯狂。”第二个死亡警告来自美国医学协会：“我们对人们外出参赛并且过度劳累这件事感到担心。”他们派出新闻摄影师，想捕捉惨烈的一幕。但是，他们在全国范围内都有着同样的发现，每个人的脸上都充满骄傲的笑容。那些从来没有迈开腿走路超过一小时的人，在持续行走一段时间后，激动地发现他们只要走出门，就可以继续走下去。速度纪录不断被刷新。鲍比的记录被一个加利福尼亚的高中女生打破，然后又被一位 58 岁的新泽西老邮递员打破。最好的成绩来自一位海军陆战队士兵，他快得如同一阵烟，不到 10 个小时就完成了。

肯尼迪被谋杀后，挑战者也纷纷停下了脚步。不过，一个马里兰州的小镇除外，自 1963 年以来，那里每年都有一股自我挑战的浪潮。第一场比赛只有 4 个人完赛，第二场变成了 7 个，之后则增加到 18 个。当其他肯尼迪挑战赛都消失后，布恩斯伯勒（Boonsboro）的比赛还在继续举办，而且有越来越多的参加者和完成者。这是一条艰苦的“JFK 50 英里”赛道，它把你带到阿帕拉契小径（Appalachian Trail），在陡峭的悬崖和密布的岩石之中穿行，然后下到切萨皮克和俄亥俄运河纤道，沿着鲍比当年的线路前进。半个世纪后，布恩斯伯勒比赛仍然紧紧地坚守着肯尼迪的愿景。时至今日，近千名参赛者会在感恩节前的周六出发，他们为自己去找寻当年肯尼迪在刚开始时也有所怀疑的答案。只要有信心开始，人们就会发挥自己的潜力完成比赛。

“JFK50 英里”并不是美国最长距离的比赛，而且它也从来不是最引人注目的。大城市的马拉松路跑比赛有摇滚乐队和电影明星助阵；泥巴强人挑战赛需要浸泡到冰水里面，或在泥地打滚，甚至面临被电击的危险；与此同时，“JFK50 英里”有的只是……安静。在漫长而孤独的路程里，只有你和你的疑虑，没有欢呼，没有机会看见帕梅拉·安德森（Pamela Anderson）或者威尔·法瑞尔（Will Ferrell）这样的电影明星，没有穿过纽约中央公园的最后胜利一圈。但是，就像那些老餐厅会让新餐厅相形见绌一样，“JFK50 英里”有它生存下去的理由。完成它的陆军士兵和海军陆战队队员，会被誉为精英。一个 13 岁的小女孩因为年龄太小而被纽约马拉松组委会拒绝，结果她在山里完成了双倍的距离。扎克·米勒（Zach Miller）是一艘游轮上默默无闻的工人，他在海上只能用跑步机训练，结果却在 2012 年跑出了此项赛事历史上最出色的成绩，甚至连他自己都被吓了一跳。“JFK50 英里”在本质上是由罗斯福和赫伯特设计的，它完全符合自然训练的精神：不仅需要技巧，还需要意义。这些现在已经不多见了。

当然，除非你在巴西。另一条追求卓越的路在这里被尘封已久，以致现在听起来有着奇怪的异国情调，像是舶来品。不过，仍然有极少数人知道如何达到有用的健壮。这个刚刚从我的窗户跳出去的人，正在下面不耐烦地等着，准备把我带进丛林。

28 四脚爬行
潜能需要被重新唤醒

你记忆中的那个运动员，是一个美丽的舞者。

爱德华·维莱拉（Edward Villella）
未尝败绩的次中量级拳击手、纽约市芭蕾舞团首席舞者

厄万和我住在树林中的同一家酒店小屋。20 年前，一对法国嬉皮士夫妇来伊塔卡雷丛林探险时，建造了这家酒店。之后，他们就再也没有离开。小屋后面有一条平滑的泥路，大约 5 公里长，它穿过森林直达海滩。厄万喜欢赤脚跑步，他对大脑和身体抱有一样的态度。厄万相信，对世界的认识始于足下。

当我跟着厄万走出门外时，厄万问："你知道为什么盯着计算机屏幕半个小时后，人会感到紧张吗？那是因为在进化过程中，人类需要时刻对周围的威胁保持警惕。你感觉到的紧张其实是来自身体的提醒，提醒你需要站起来看看周围的风景。你的双脚也一样，如果你不让它们发挥作用，不让它们告诉你的背部和膝盖什么时候应该放松，那么你的身体将持续保持僵硬，这就会给你带来膝盖和背部疼痛的问题。"当你身体平衡地站在坚实的大地上时，你的双脚可以感受得到。换句话说，这样双脚就可以给身体的其他部位发送信号：现在是安全的，可以放松一点。

当早晨的第一缕阳光照进海浪时，我们顺着泥路轻松地慢跑，穿过树林，来到一个宁静的半月形海滩。我们享受着美景，直到有一帮人在我们身后的树林出现。

"另一个受害者。"一个全身布满纹身的彪形大汉用葡萄牙语大喊着，他看起来像是刚刚逃出监狱。

厄万环顾四周，看到沙滩上有一块保龄球大小的石头。他快速捡起石头，把它笔直地丢向彪形大汉的胸部。那个人没有跳开，他像接住篮球一样接住它，并把石头抛到一边。然后一边继续冲向厄万，一边挥舞着拳头，像灰熊一样低声咆哮。他们

互相用手掐着对方的脖子，然后笑嘻嘻地分开。

“他不是受害者，”厄万把头扭向我，用葡萄牙语说，“他正在工作，就像你一样。”厄万把我介绍给他的这位好友塞尔吉尼奥（Serginho），他是一个身材魁梧的柔术教练和兼职渔夫。

大概在一年多以前，厄万离开巴黎来到这儿。他很快发现伊塔卡雷具备所有自然训练的器械，外加一群完美的合作者，他们是一小群兼职冲浪和捕鱼教练的巴西拳手。这是一个理想的组合，武士们帮助厄万提升格斗擒拿和游泳技能，而厄万则想出新办法来挫败他们。朱克图（Zuqueto）可以证明这一点。

> 朱克图是两届世界柔术冠军和无器械潜水爱好者。他曾经不进行换气，只用一把潜水刀就干掉了一条鲨鱼。但是那天下午，朱克图遇到了真正的挑战。厄万把长约三米的竹竿绑在两棵树之间，大概和我的身高一样高，从而行成一根有弹性的平衡木。厄万跳上竹竿，然后示意朱克图也一起上来。
>
> “你在等什么呢？”厄万嘲弄他。朱克图用有力的手掌抓住竹竿，像一个游泳者用力从游泳池里爬出来一样……但是，他没有把握好平衡掉到了地上。他跳起来再试一次，然后又一次失败。与此同时，厄万却在跳来跳去，显得很好玩的样子。最终，朱克图放弃了，他显得非常疲惫和沮丧。厄万跳下来，友好地摇了摇朱克图的肩膀。

厄万说：“朱克图身体很强壮，耐力也很好。但是，他为什么做不到？不过是爬上这根杆子而已，但是他就是做不到。我可以做到，朱克图的曾祖父可能也可以做得到。曾几何时，几乎每个人都能够做到。但现在，朱克图却不行。为什么呢？因为他的身体还不够聪明。”

厄万解释说，**一副聪明的身体知道如何将力量和速度，转换成几乎无穷无尽种实用的动作**。跳到杆子上看起来可能很普通，且没什么价值；但如果你曾经身陷洪水之中，或想要逃离一条狗的攻击，那么把身体置于地面 1.5 米之上，就足以让一切完全不同。他继续说：“我遇到有人可以卧推 200 公斤的杠铃，却无法爬上并钻过窗口，去帮助一个人离开失火的建筑物。我知道有人可以跑马拉松，却无法冲刺跑去救人，除非他们先把鞋穿好。还有很多游泳者每天早上能游好多个来回，却无法下潜到足够深度去拯救一位朋友，或者不知道如何在海浪里穿过礁石堆。”

厄万说话的时候正背对着杆子，没有任何预警，他一个翻身跳起来，在空中抓住杆子，拱起身体来获得动量，然后，就在即将爬上杆子之前，他放慢速度，让我们可以跟上他的动作。他像冲浪者捕捉波浪一样，扭动髋部和膝盖。接着，他就像猫一样，轻轻地跳下来，然后再第二次，第三次……第六次爬上杆子，不断用他的手肘、脚踝、肩膀和脖子创造新的组合动作来完成攀爬。

厄万说："健壮并不仅仅是能够举起钢铁杠铃，或者完成一场铁人三项比赛，更重要的是重新发现我们的生物天性，释放人类内在的动物本能。"他退下来，让朱克图再试一次。朱克图反复练习，终于成功并且找到身体的平衡，他在空中挥舞着拳头，兴奋得好像刚刚第三次赢得了世界冠军。厄万也满意地笑了。

这些正是我想来这里寻找的东西：**在自然环境之中的自然训练**。赫伯特曾经为这种训练方法做过一些强有力的声明，如果他是对的，也许就可以解释为什么帕迪和其他英国人在克里特岛上能够完成其他特工做不到的事情，也就是活过一年以上。仅在行动的第一年里，赞和帕迪在特别行动处的特工同伴里，就有超过一半在欧洲大陆执行任务时被杀害、俘获或人间蒸发。

有一个特工被派到里维埃拉（Riviera）的赌场执行任务，当时他带着装满现金的公文包，甚至还没坚持到下注就神秘失踪了。还有一次在荷兰，一个特别行动处的电台报务员被俘后，在盖世太保枪口下被迫发送电报，引诱其他特工走进死亡陷阱。另外一个例子发生在奥地利。特别行动处的精英阿尔法加·赫斯基思－普里查德（Alfgar Hesketh-Prichard），被公认为"全英国同年龄段中最有数学头脑的人"，也是军中传奇狙击手之子。他徒步进山，却再也没有走出来。在消失前，他发出了最后一条消息："这不是一个适合绅士的地方。"在法国，格斯·马奇－菲利普斯（Gus March-Phillipps）展露出潜伏的惊人天赋，他将落单的德国士兵俘获并带回英国。丘吉尔在无线电广播里赞叹："有一只铁手时不时从大海里伸出来，将德军哨兵从岗哨里拖走，而且效率越来越高。"但不久之后，"铁手"遭遇乱枪扫射。

然而在克里特岛，自从彭德尔伯里在入侵战役中被打死之后，尽管到处是敌军和告密者的陷阱，靠潜艇潜入的英国特工却再也没有失去任何一个人。这不能归功于特工培训，实际上它们糟糕至极；也不可能源于他们原本的能力，以他们对刀剑棍棒和诗歌的品位，他们更倾向于把德军海港的地雷描述成“差不多一大杯香槟的大小”。显然，克里特岛上的特工们更乐于喝鸡尾酒，而不是战斗。如同安东尼·比弗所说的那样，他们充其量只能算是“相当有锐气和非主流的业余货色，你还能从浪漫主义者和考古学家的混合搭配中期待什么呢”。

但一旦上了岛，他们不仅开始学习，还学得很快。赫伯特知道其中的原因，尽管可能没有使用现代术语来表达，他说：英国特工们看上去得到了生物求生本能的帮助，或者说是“再次恢复野性的灵魂”的帮助。我们都熟悉人类身体是如何进化的，作为一个远距离狩猎者和采集者，我们的祖先离开树木适应地面的生活，直立行走让我们变得背部挺直，四肢也变得更长。但是，自然选择不仅影响了我们的外在，它同时也在改变我们的思维方式。我们自己就是活生生的证据，我们的祖先本来是弱小、无毛、无爪的，但是他们发展出高超的阅读树木、空气和地面的能力。决定他们生死的是一些意料之外的因素，这意味着他们必须在危险到来之前就发现危险，并能通过解读微弱的气味、轻微的脚步，以及沙沙作响的细微声音，去追踪猎物。

这也是为什么我们仍然被自然世界的“柔和的魅力”所吸引，这个术语来自生态心理学家，包括月光、秋天的树林、呢喃的草地等。所以，某些政府首脑难以抗拒绘画的冲动也就不足为奇了，他们一遍又一遍地画各种山，以及放牧马匹的草原。丘吉尔在第一次世界大战期间开始迷上绘画，并且在他的后半生都依赖绘画来控制抑郁症。美国前总统乔治·布什在其总统任期内发动了两场战争，但他卸任后，马上拿起画笔，不断创作风景画以及以小猫、小狗为主题的画作。

这难道是因为大自然能帮助抚慰心灵，让你更放松吗？不，正确的答案是，**对你的大脑来说，大自然就是红牛。**

密歇根大学的研究人员也得到了类似的结论，他们在 2008 年进行了一系列基础测试之后，完成了研究报告《在树林里和在马路上的大脑有何不同》（*Your Brain In The Woods vs. Your Brain On Asphalt*）。

> 这个实验由学生们担任实验的志愿者，他们获得一连串随机数字，然后要求以相反的顺序背诵下来。接着，他们被分到不同的地点，散步大约一小时。一半的志愿者去安阿伯市（Ann Arbor）市中心的休伦街（Huron

Street）街头，而另一半的志愿者去植物园。之后，他们回到实验室，再次检测按相反顺序背诵数字的能力。这一次，逛植物园的队员不仅测试得分超过那些逛大街的人，他们的分数还超过了自己上一次的得分。

研究人员发现：“当测试者在大自然环境之中行走后，逆向记忆的能力得到显著提高；而走在市中心街道上的人则没有变化。此外，这些结果不受心情变化的影响，也不受天气状况的影响。”

但是，也许实验结果中有噪声的影响？城市里的步行者可能暂时被交通的声响弄得疲惫。因此，研究人员设计了一个新的实验，整件事情变得越来越有趣。

志愿者们进行同样的测试，但不是出去散步，而是被展示城市或者树林的不同场景的照片。然后他们再次进行记忆力测试。城市又一次输给了大自然，而且不是真正的大自然，只是假冒的大自然。

所以，如果你认为日落和海岸风光只不过是漂亮的风景，那么根据研究人员的结论，你正在犯一个大错。“简单和简短地与自然互动，可以显著提升认知控制能力，”他们在《心理科学》杂志上发表论文解释道，“与自然互动对认知能力有益。”他们补充说，如果只把海滨酒店房间当作“纯粹的享受，那就并未认识到自然界对认知功能有效运作的极端重要性”。

我们只需要提醒一下自己祖先过去经历的场景，就可以打开大脑里的开关，帮助我们集中注意力，屏蔽其他干扰。当你重新回到“狩猎–采集者”模式时，你的能力会明显增强。你可以闭上眼睛，像猎犬一样用鼻子来追踪，甚至可以蒙着眼睛骑山地自行车通过小路，而不会错过转弯，也不会撞到树上。记者迈克尔·芬克尔（Michael Finkel）在盲人探险家丹尼尔·基什（Daniel Kish）身上，重新认识了人类的回声定位能力，人类能像蝙蝠一样用声音来“看”。基什在一岁的时候，由于一种先天的基因遗传病摘除了双眼眼球；但是，他长大后依靠弹舌头发出声波的回响，变成了技艺熟练的自行车手和野外徒步的独行侠。

“基什完全是通过回声定位做到这些的。无论在交通繁忙的街道上，还是在险峻陡峭的泥土小径，他都能够骑着山地自行车畅通无阻，”芬克尔报道说，“他独自爬树、露营，一个人在野外生活。有一次，他独居了好几个星期，其居住的小木屋离最近的公路需要徒步三公里。丹尼尔甚至还环游世界。他不但厨艺非凡,游泳也非常在行,而且舞跳得棒极了。”

基什说，自己的听力并不特别，他只是真的在“听”。他拿起锅盖来证明这一点。当芬克尔闭上眼睛发出咯咯声时，他吃惊地发现自己可以立即察觉到，基什拿着锅盖在靠近还是远离自己的脸。

人类实际上天生就具有比蝙蝠更强大的回声定位能力：尽管我们的嘴巴不是最适合发出吱吱声的，但我们在分辨解读回声的时候有很大的优势。芬克尔指出：“仅是人类大脑的听觉皮层，就比蝙蝠的整个大脑都要大许多倍，这意味着人类能比蝙蝠处理更复杂的听觉信息。”

多年来，基什一直在教导其他盲人学生，在真实的生活中如何移动。他派其中两个学生到加利福尼亚州的圣安娜山（Santa Ana Mountains）与芬克尔一起骑山地自行车。芬克尔说：“男孩们依靠回声定位来确定小路的走向，以及哪里有灌木、岩石、围栏和树木。”骑行者全速飞奔的同时，会用舌头拍打嘴巴的底部并听取回声，从而对前面的路形成一幅心理景象。

芬克尔吃惊地说，其中有一个学生“用符合空气动力学的骑行姿势，放开刹车，高速冲下狭窄的泥路，同时尽量大声地发出咔哒声。当路上出现一些严重的状况时，我试图警告他们。比如，路的一面是长长的斜坡，或者有仙人掌伸到路中间。但大多数情况下,我只是陪伴在他们身旁。太难以置信了,而且这一切就在我的眼前发生”。实际上，唯一的碰撞是芬克尔造成的，他撞到前面一个盲人车手，结果害那位车手撞上了一棵树。

你的鼻子和你的耳朵一样，也有许多尚未开发的天生能力，它可以检测出超过一万亿种独特的气味。一个加利福尼亚大学伯克利分校的研究小组很好奇人类是否能够像警犬一样，靠气味来进行追踪。

> 研究小组邀请了32名大学生担任志愿者，让他们蒙住眼，戴上耳罩、厚手套和护膝，消除所有其他感觉器官的输入功能，只留下气味。然后，小组人员在一片草地上，沿着10米长的小路散布巧克力香精。接着，志愿者被分散开，“三分之二的被测试者能够成功追踪到气味，像狗跟踪野鸡一样，在路上来回曲折地行走”。

研究人员在《全国神经科学研究》（*Nature Neuroscience*）杂志上发表了这项研究结果。大多数测试对象无须训练就已经能做得相当好，稍加训练，他们就能做到更好。练习几天后，他们的跟踪速度提高了一倍多，这只是他们潜力的冰山一角而已。研究人员指出："长期训练会进一步提高跟踪的速度。"

耶鲁大学神经科学家戈登·谢泼德（Gordon Shepherd）博士得知实验结果后，评论说："如果我们回到地上，依靠四条腿爬行，也许能够做一些原本自己无法想象的事情。"

在黑暗中视物，用鼻子跟踪猎物，这些在今天听起来像超能力，但在200万年前，它们只是帮助人类生存的基本能力而已。我们并没有失去这些使自己成为地球上最强生物的天然优势，只是需要一些自然的方法来唤醒它们。

那天早上，在伊塔卡雷海滩，厄万举起一块西瓜大小的岩石，把它递给塞尔吉尼奥，塞尔吉尼奥又把石块交给我，我再甩到旁边的其他人手里。同时，厄万递给塞尔吉尼奥另一块石头，然后又一块，直到有5块石头同时在传递，这是我所能做到的最大限度了。一块石头从我手中抛出去，下一块石头就又塞过来。药球总是大小相同，形状也容易被抓住，但石块的大小和重量都不可预知，这就迫使你把注意力集中在抓住石头和保持平衡这两件事上。尽管岩石被汗水弄得很滑手，我的手臂又火辣辣地疼，但我还是全力以赴，争取不让自己成为第一个掉链子的人。幸运的是，当我差点砸到自己的脚趾时，厄万打手势让我们停下来。我丢开石头，松了一口气，直到发现了下一项活动是什么。

厄万将我们分组，各自练习厄万式冲刺，也就是每个人用救人的姿势把另一个伙伴举高过肩膀，在膝盖高的海浪里冲进冲出。在你搅动海水冲刺的同时，还要防止一个体重100多公斤重的武士从你头上摔下来，没有比这更伤脑筋的锻炼方式了。当然，就算有，我也不想知道。人的身体不仅沉重，形状不规则，而且还会有奇怪的平衡感，迫使你不断地调整自己的姿势、脚步、手抓之处，以及身体重心。我很快就发现，只有保持高度集中的注意力，才能持续控制你背上的另一个人的身体。

然后，厄万准备了一堆两米长的浮木杆。其他人都知道接下来怎么玩，他们开始一溜烟小跑到海滩。当他们经过厄万时，他把其中一些木杆扔给他们。他把最后一根木杆扔给我，然后伸出手开始跑。我把木杆扔回去，他立即再将木杆朝我扔回来，这次扔得有点靠前，我得加速。我们用这种方式交叉跑过整个海滩，中间混杂着抛掷动作。在我们完全沉浸在边跑边投掷的过程中时，眼看即将撞到岩石。厄万没有停下脚步，他翻转木杆，把杆子插在沙子上，一个撑杆跳动作跳到了大石头上。

等到我爬上去的时候，厄万已经在 20 米外，快步跑向一块露出沙子的巨石。"跳得好的秘密，"他说，"就是好好跳第二跳。记住你的冲刺！"用冲刺，他从空中飞过，落到三米多远的地方。他的膝盖深深地弯曲，但不是为了就地滚动或挺直身体，而是如弹簧一样起来，再一次冲刺。"你不会看到动物在地上不停扑腾地跳，"他绕回来告诉我，"猫一落地就开始跑，如果你也这么做，你将会减少冲击力，同时为下一个动作做好准备。"

岩石下方空空荡荡，这使朱克图暂停下来。"该死，那家伙太强了！"朱克图嘟囔着。然后，他决定屈服，相信厄万，跟着跳下那块岩石。

能发现伊塔卡雷这个地方，对厄万而言是一种幸运，但绝非偶然。他在伊尔特奇（Étréchy）长大，那是位于法国北部的一个充满古老气息的城市，虽然离巴黎只有 40 公里，周围却被奔腾的河流和茂密的森林所包围。厄万的父亲平日在银行工作，周末喜欢带着他的儿子钻进树林里，进行长距离徒步。厄万回忆说："有时，他会爬上一块对我来说不太难的巨石，我如果向他求助，他只会摇摇头，就是这样。"厄万边说边做出一副故作严峻的表情，并摇动着手指。

没有足球教练会不喜欢这样的孩子：个子高，胆子大，行动跟猫一样敏捷。不过，每个周末跟随着沉默的父亲在树林里锻炼，压抑了厄万参加团队运动的兴趣，这使他选择了一条孤独的道路。首先，是武术，他 18 岁的时候赢得空手道黑带；接着，是奥林匹克式举重；然后，是铁人三项。奇怪的是，他做得越好，反而感觉越糟糕，他不停地担心自己训练得不够努力，每次竞赛失败都会让他怒气冲冲。厄万还只是个年轻人，这些本该有趣的事情却让他苦不堪言。

他需要找到一条出路，在残酷的巴黎可能有他需要的答案。有一段时间，厄万一直听闻城里有一个神秘的野蛮人称自己为"超人类"（Beyond Human），喜欢在屋顶上夜行。厄万到处打听，最终找到了唐琼·哈伯里（Don Jean Habrey）。这个年轻男子就像是秘密帮会中的人，把城市变成了自己的郊野公园。唐琼年近四十，但厄万无法从外形判断他的年龄。他体形精壮，一副随时准备开始格斗的样子，他留着又浓又密的黑发，头上扎着老式头带。很快，厄万加入了这个部落，开始接受一种城市游击战训练，唐琼称这种训练为“生死格斗”。

厄万解释说：“它就像自然运动的搏击俱乐部。为了不被发现，我们都是在夜间训练，我们爬上桥梁，在脚手架上练习平衡，用赤脚踢墙，依靠四肢爬行，在冬天从桥上跳到刺骨寒冷的塞纳河里。”生死格斗相当于骨灰级杂技和高空钢丝表演，因为它们都没有安全网。唐琼这伙人会在人行天桥上用腿倒挂，在繁忙的交通线路上空做倒立支撑，还会爬到公寓楼的顶层，赤脚从一个屋顶跳跃到另一个屋顶。

“这种训练没有‘试试看’的做法，”厄万说，“如果失手就死定了。”

但唐琼似乎是死不了的。随着时间推移，唐琼结束秘密的午夜特技班，开始更多地进入大家的视野。他曾经在格陵兰岛从直升机上跳入冰冻的海水里，只穿泳衣绕着冰山游泳。唐琼在他 60 岁时，还去了尼斯湖，试图用鼓声吸引水怪，然后跳进冰冻的尼斯湖中无器械潜水，寻找水怪的踪迹。厄万在巴黎游荡了 7 年，晚上跟唐琼和生死格斗的成员一起，与警察玩躲猫猫游戏。他夏天在科西嘉的海滩上打工，向晒日光浴的游客兜售玩具、廉价首饰和纹身贴纸，最终开始销售自己的东西。他设计了自己的塑料冰箱磁贴，找上海的工厂代工，很快就靠授权使用费，挣够了那一年余下时间的生活费。

在唐琼转向杂技表演的同时，他的学生开始认真进行学术研究。当厄万沿着塞纳河边在二手书摊窜来窜去时，第一次接触到生死格斗的源头。那是一本赫伯特的《体育教育》的旧书。他以前隐约听说过这本书，有传言说，唐琼乃至跑酷的创始人，都从赫伯特那里得到过灵感。厄万继续沿着这条线索挖掘下去，发现的东西让他越来越激动。

要有用，天才的想法！厄万领悟到，它不只是一句箴言，而是一条自然法则，是解释人类身体在进化史上如何被塑造的首要原则。道理一下子就全通了。

我们这副怪异的长相是有原因的。人类的裸体看上去更像昆虫而不是动物，胳膊与腿都很细，又肥又圆的脑袋插在一根无法弯曲的尖刺上。我们动作缓慢，身体孱弱，几乎不会攀爬，以致难以挽救自己的性命。我们的身体缺乏一些真正的好东西，比如尾巴、蹄或獠牙。如果不能完成“狩猎、采集和分享”这三件事，我们将一无用处。

是的，就是这样。从人类文明的黎明时代开始，狩猎、采集和分享，这三件事情就已经成为人类职业发展的方向，直到今天还是这样。莎士比亚十四行诗、谷歌、超级碗橄榄球赛、美国国家航空航天局，甚至所有人类成就，如果把他们的基础剥离出来，本质上都是同一件事：找到好东西，用石头砸它，在部族内分享食物和信息。我们远远不算丛林中最厉害的动物，但我们也不必那么厉害。

对于狩猎、采集和分享这三件事而言，我们的身体已经很完美了。我们可以站得很高，身体躯干也可以转动，这让我们能够非常精确地投掷。多关节的手臂和手指是抓取和搬运物体的理想构造。我们还有语言和文学，因为我们有长长的脖子、灵活的嘴和无与伦比的胸腔控制，这些因素结合起来就产生了人类说话的能力。

我们就像是大自然母亲的问题儿童，从来就无法老实安静地坐着，因为直立的身体姿势和有弹性的腿部带给我们极大的奔跑范围。我们做什么决定了我们成为什么样子。那么，看看我们做了什么：我们爬上高山、越过河流、穿过蜿蜒的岩洞，甚至连老老实实地留在自己的星球上都不行。

厄万知道，这不是赫伯特发明的。在赫伯特亲眼见证马提尼克岛火山爆发之前，他已经对航海运动着迷，包括与奔涌的海浪搏斗、收放桅杆上的风帆、操作索具等。厄万想，那些水手一定是伟大的运动员。赫伯特还游历法国的殖民地，在越南和非洲山区的狩猎部落中寻找他心目中理想的运动员。赫伯特观察到："他们身体条件出色，有弹性、灵活、技术熟练、耐力持久，尽管没有在健身房中得到教练的指导，但他们就生活在大自然里。"

赫伯特并不是一个发明家，而是一名观察者。所以，他对女性的力量充满信心。他知道，只要我们愿意睁开眼睛并抛弃头脑中的成见，真相就在我们鼻子底下。赫伯特说："非洲年轻的黑人女性，躯干健壮、体形优美，就像是维纳斯雕像一样，简直是法国母亲们完美的偶像！"赫伯特痴迷于画家雷诺阿的美女出浴图，他反问自己：为什么妇女只能与奶油泡沫联系在一起呢？男性和女性的身体不同，但他们的运动技能是一样的。赫伯特坚持说："自然训练用在女孩身上和用在男孩身上一样合适。"

让我们先把性别放一边，如果只考虑年龄呢？厄万想，如果赫伯特是正确的，自然训练就不只是促进身体健康，还可以中止岁月的流逝。赫伯特为什么会这么想呢？因为身体是有抵抗性的。的确如此。我们在旷野里没有太多可以犯错的余地，我们的生存取决于持久的体能和柔韧性。当火山爆发的时候，部族需要你帮助的时候，当需要你动起来的时候，无论是找借口说自己太老、太年轻或太柔弱都没有用，你不能继续呆坐在沙发上，给酸痛的膝盖做冰敷。厄万认识到，自然训练不仅让你更强壮，还会帮你抗衰老。你会变得强壮，并且一直保持强壮，直到老年时仍然如此。

厄万很兴奋，他前往兰斯（Reims）朝圣和研究。赫伯特在兰斯建立了第一个供自然训练使用的操场，但在第一次世界大战期间毁于战火。伯瑞香槟酒庄（Champagne Pommery）的主人马奎斯·梅尔基奥尔·德波利（Marquis Melchior de Polignac）是赫伯特项目的支持者，他把操场恢复原状，确保一切工程都符合赫伯特原有的规格设计。厄万在兰斯时，前往伯瑞酒庄的总部，想看看那里是否还会遗留一些东西，也许是被赫伯特随手乱丢的旧东西，比如期刊、照片。

他们给了厄万更好的东西：一个电话号码。

在巴黎郊区，赫伯特的儿子雷吉斯·赫伯特（Régis Hébert）依然健在。他同意让这位热情的年轻弟子前来访问，而且不限次数。每次拜访赫伯特的故居时，厄万都如饥似渴。“当我在赫伯特的书中找不到答案时，我就带着一大串问题前来。我想知道他个人的生活方式，以及他如何教育他的孩子们。”

雷吉斯说，他的父亲对自己推崇的理念总是身体力行，包括对女性的革命性看法，他是自己的妻子以及其他妇女自然训练的指导员。在第一次世界大战开始前，赫伯特觉得自己已经快要研究出真正的健康和英雄之间的联系了。厄万说：“这是自然训练的伟大时刻，赫伯特相信，如果每个人都以利他为目标，践行自然训练法，依靠道德教育带来的好处，就有可能不再有战争，不再有人与人之间发生冲突的理由。”

赫伯特没活到亲眼看见他梦想成真的那一天，但厄万可以。需要有人提醒这个世界，自然训练到底会带来什么。厄万去找雷吉斯，希望得到祝福，但老人却爆发了。厄万怎么胆敢认为自己可以跟随伟人的脚步？雷吉斯警告厄万，如果继续尝试的话，他一定会后悔的。

厄万感到疑惑不解，感到自己上当受骗了。这到底是怎么回事？几个星期前，雷吉斯一直对他微笑和鼓励，现在却只有争吵和威胁。

直到厄万追查到一些进行自然训练的老前辈那里，他才找出问题之所在。他们告诉厄万：“赫伯特的儿子亲手断送了自己父亲的事业。”他们说，雷吉斯自己无法重新把自然训练法发扬光大，却害怕别人能做到这一点。于是，他就把他父亲的遗产牢牢地攥在胸前，“像进行审查”一样，监视有关自然训练的任何说法或文字。

厄万想，这么说来，老人从一开始就没有真正想要见我，他只是想看看我到底在干什么。厄万决定，好吧，我们就这样玩。厄万知道赫伯特吸收来自世界各地的信息，不仅有岛上的土著居民，还包括很多如切利那样的思想家，以及法国的先驱内科医生保罗·卡顿（Paul Carton）、西班牙陆军教官弗朗西斯科·埃莫罗斯（Francisco Amorós）、瑞士教育改革家约翰·亨里希·裴斯泰洛齐（Johann Heinrich Pestalozzi）。正是基于他们的想法，赫伯特形成了自己的想法。

“赫伯特只是复制埃莫罗斯设计的方案吗，”厄万自问自答道，“不是。他仿效这个方案，同时还对它进行了重组、改良、创新。”

所以，不管雷吉斯怎么样，现在轮到厄万出场了。

塞尔吉尼奥和那帮家伙迅速跑开，我们不间断地练习了将近两个小时。我精疲力尽，却很兴奋。厄万让我们再练习一项技能，以此作为放松，即在开放水域深潜。有一个年轻女人一直在椰子树下观察我们，在我们扑进海浪之前，她向我们走过来。

她问：“为什么要从岩石上跳下来和扔棍子？”

厄万抓住一根木杆，并没有马上向她解释。他把一端插在沙地上，另一端靠在肩上。他身体弯曲下蹲，问道：“你叫什么名字？”

“桑德拉！”

“桑德拉，如果你能爬到这根木杆的顶部，我会给你一个惊喜。”

桑德拉盯着他的脸，想知道这到底是不是恶作剧。然后，她朝着木杆一个箭步冲到了厄万的头顶。在意识到她真的做到了之前，她已经回到了地面上。

“好极了！”厄万高兴地说。然后，他从肩上拿下木杆，并将它交到她手里。“这就是惊喜！”

厄万没有给她抗议的机会就放开了手。他步法快速地走上木杆，就像走钢丝的杂技演员一样。在 4 秒内，桑德拉的脸上闪过四个表情：惊讶、害怕、放松，当厄万达到她的肩膀后跳下时，又有胜利的喜悦。

厄万问：“你知道你有这么强壮吗？”

桑德拉摇了摇头。

“现在你知道了，别惹麻烦！”

桑德拉开始微笑着走回树底下，但厄万还有另一个问题。

“你练习过……瑜伽？”

“是啊，我是一名瑜伽教练……”

“你教瑜伽？”厄万说，“那你用瑜伽做过有用的事情吗？”

“瑜伽很有用啊……”

“可是在实际的生活中没有用。在紧急情况下，你是否听到过有人喊‘快一点，想活命的就赶快做拜日式’。当然不会这样。但你经常会听到，‘想活命就快点跑！想活命就快点爬上去！别担心，我会带你离开这里’。瑜伽的目的是娱乐，而不是生存。没有动物会这样做。在同一个地方低着头改变身体姿势？千万不要！在野外，这么做你就死定了。瑜伽需要一个没有危险的环境。这是一个奢侈的条件，需要一切都在可控范围之内，要有柔软的垫子、合适的温度，以及老师的指导。它并不出于本能或自然，而是人工的。”

桑德拉争辩说：“瑜伽不是用来处理紧急情况的，它关于寻找平衡，以及达成身心合一的连接。”

厄万反驳说：“**当你濒临险境时，就是身体和头脑连接得最好的时候**。而你衡量行动是否有价值的方法就是看其后果。爬树，扔石头，在悬崖边上保持平衡……在做这些事时，哪怕分散注意力一秒钟，也会让你完蛋。说服自己相信‘用怪异的姿势站着也是在锻炼’，需要非常通达、宽容和任性的修养。”

不管厄万如何猛烈抨击，他的目的很明显是想说服桑德拉，而不是打倒她。这已经足以使她再次混乱了。

“你忘了瑜伽带来的柔韧性和灵活性，瑜伽让你的身体更柔软。”她辩解说。

“如果你的身体紧绷，肌肉对一个动作很抗拒，那是因为动作本身不自然。所以，为什么要改变肌肉呢？改变动作就好了！”厄万在沙子里蹲下来，一条腿伸出去，做跨栏的姿势。“这样，你的腿筋是否伸展不开，”他一边说，一边把头低到膝盖的位置，“你再试试换个动作，这样做。”很快地，他屈体把腿收回来，弯曲在屁股底下。现在，他的手能够向前伸得更远，身体也更平衡。

“那么，现在哪个动作是真正的身心连接呢？”

“我认为他真的讲到点子上了。”野外健身（Wildfitness）的理疗师、技术总监李·萨克斯比（Lee Saxby）这么说。野外健身的总部位于伦敦，致力于野外锻炼项目的推广。他们所设计的项目都是基于人类行为和动作的进化模型。萨克斯比相信，真正的人类健康与健身器材无关，而完全和“狩猎–采集”的动作有关。他偶然发现了一个厄万制作的视频，感觉非常出色，认为自己发现了活生生的人和事，可以为自己的项目做例证。

厄万这部独一无二的短片名叫《被世界遗忘的锻炼方法》（*The Workout the World Forgot*），它就像是一封战书，用神奇的三分半钟对传统健身方法发起了毁灭性的攻击，但却一个字都没说。

> 视频开头是厄万背着一段圆木，穿过奔腾的河流，然后在荒野中冲锋，身体在瞬间和周围环境融为一体。他朝着石塔一路冲过去……穿过波浪……爬上高耸的山崖……简直是一个不知道从哪里冒出来的武林高手……厄万并没有放慢脚步，而是快速转身、再冲刺、游泳、攀爬、格斗、跳马，越过所有的障碍。他整个人呈现出全然的沉静，强大无比，完全掌控着身体和他遇到的一切状况。

萨克斯比说：“这段视频让我印象最深刻的是他的运动气质。女性认为好身材就是瘦，男性认为好身材就是大块头，这种想法太让我抓狂了。但是，最出色的运动员看起来并不像模特或健美运动员。他们身材精瘦、移动速度快、动作灵活。我喜欢厄万视频里的这些部分，它很真实地示范了什么是具有实用性的健壮，而不是在健身房里教的那些让肌肉鼓起来的东西。”

事实上，在展现身体原本的用途方面，厄万可能是最好的活生生的例子。保罗·策尔（E. Paul Zehr）博士这样解释：“早期的人类必须随时随地做好各种准备，生存的关键绝对是多功能和易转变性。”策尔博士是维多利亚大学的神经科学和人体运动学的教授，致力于通过研究人类生物力学，揭示人体的潜力；他的著作有《化身蝙蝠侠：成为超级英雄的可能性》（*Becoming Batman: The Possibility of a Superhero*）。

策尔博士说：“早期智人在清晨出发时，不会知道自己将会遇到什么。如果你的日常生活是狩猎和被猎杀，一旦有情况，你可能就必须冲刺、慢跑、投掷长矛、爬树、下蹲、挖掘。马拉松运动员、网球手，乃至铁人三项等运动员职业，是现代社会才有的奢侈，是专业化带给我们的某种享受。但是，对生活在野外的智人来说，这些运动对生存并没有很高的价值。”

厄万最关键的地方可能在于，他努力将实用有效和好玩有趣连接起来。他跳跃、翻滚和投掷东西的时候，看起来就像是孩子在后院玩耍。策尔博士认为，可能我们的祖先真的就是通过这样玩耍一整天锻炼出来的。“你没见过你的狗连续一小时不停地绕圈再绕圈吧，”策尔指出，“如果它这么做了，你就会认为它有病。相反，它会追逐、打滚、冲刺、休息，还会将东西搞乱。连动物玩耍都是有目的的，也就不难推测，人类玩耍也应该有其目的。”

“大多数人将运动视为对肥胖的惩罚，”萨克斯比补充说，“这样的话，运动不是在释放压力，反而变成另一个心理负担。这就是我为什么认为厄万这家伙超级棒的原因。如果可以扭转‘运动是惩罚’的看法，这就已经是一份大礼。”

扭转整个思路……也许这个目标可以用创建一个巨型成人游乐场来达成？满是泥浆的坑、燃烧的稻草堆，以及看起来像水母触角一样的电线，让人身处被电击的危险中？

2010 年，为大孩子们装配玩具的趋势出现了。创意来自一个最不具备健身行业特征的人（实际上是哈佛商学院的一个学生），始于一个最不可能的地方——宾夕法尼亚州阿伦敦（Allentown）四面环水的滑雪度假村。5 年间，泥巴强人挑战赛和其他障碍挑战赛开始蓬勃发展，比如勇士冲锋赛（Warrior Dashes）和斯巴达越野挑战赛等。慢跑似乎都可能要失去其“最受欢迎的参与性体育运动”的地位了，因为那一年有更多的人宁可不去跑半程马拉松，也要去趟过结冰的池塘，然后再爬墙。当然，这一大批泥巴赛更多是提供刺激而不是比较技能。斯巴达越野赛的选手们除了在脸上涂油彩和支付比赛报名费之外，很少有人在赛前会去好好训练准备，比如练习爬网或在水塔间跳跃。另外，这些赛事还有一个特点，那足以让赫伯特感到欣慰。泥巴强人挑战赛不分输赢，也没有完赛时间的要求，它关注的重点是友谊，而不是过度竞争。所有人都至少会主张和拥护功能性健身的想法：当你完成赛事时，你会知道有什么是你做不到的。就这样，“盒子”开始进入我们的视野。

2000 年年初，有个说法开始在加利福尼亚州的警察和海军海豹突击队队员之间流传：世界上最好的锻炼场所是圣克鲁斯（Santa Cruz）联邦快递仓库背后的空地。

那里有一位非常有实力的前体操运动员，名叫格雷格·格拉斯曼（Greg Glassman），他带领着一批信徒做冲刺跑、力量练习，以及那组神圣的三位一体的功能性健身动作：下蹲、俯卧撑和冲刺跳（先完成一个俯卧撑再跃起）。抬起屁股、挺起腹部、向上跳离地面，这三个动作是动物赖以生存的基础，但是，格拉斯曼发现很多人都做不到这些。难道锻炼身体的目的就只是控制体重吗？他称自己的做法为CrossFit交叉健身。跟随他训练的警察说，这感觉不像常规的锻炼，更像是把赛跑变成一场搏斗。交叉健身专注于纯粹而简单的动作，如果罗斯福能死而复活，他会觉得那个叫交叉健身“盒子”的地方跟自己家里一样舒服自在。之所以会有“盒子”这个戏称，是因为交叉健身早期的训练设施位于旧金山停车场的一个储物仓库。

但在克里特岛，没有任何“盒子”。身为逃犯的赞和帕迪为了生存，不得不依靠一些更紧迫、更原始的东西，一些可以帮助他们在山区活下去的东西，类似厄万爬上树梢的技能。

“准备好了吗？”厄万歇息在6米高的树枝上问道。

没等我们回答，他就抢着自问自答：“你们当然准备好了。来，开始吧！”

经过三天、每天两节的训练，轮到我来演示组合技能了，这也是我的期末考试。为了测试我的丛林越野技能，厄万设计了障碍赛道。这个赛道给了我一个示范，这样当我回到宾夕法尼亚州的家中时，我还可以以它为参考重建一个。根据厄万的群体动力学的理论，他让我和几个人一起完成，包括朱克图、法比奥（Fábio）和另一个巴西武士。

厄万说：“测试内容是在20分钟内完成赛道两次。”他挥了挥手：“出发！”我们开始你追我赶。厄万的赛道在树林中自然地排列，大约有12个计时点。我们冲进树林，拨开树枝，爬过4.6米长的横杆。接着，我们需要提起原木的一端，把它翻转，将沉重的原木一直运到小山顶部，然后再绕着地上的树桩爬行。那里有一只翻转的独木舟，它被架高在离地面几厘米的地方，我们需要匍匐着从这只独木舟底下爬行钻过。路线里甚至还安排了一个小房子，我们需要从它的一扇窗户跳跃穿过另一扇窗户。

厄万赛道设计得很巧妙，当我完成第一圈时，才意识到这赛道有多全面。当然，我们现在是在巴西的热带雨林中玩耍，但如果厄万全力帮助你，这里的东西没有一样不能在城市郊区的后院里复制，哪怕在城市郊区的街道上也没问题。前天，厄万在伊塔卡雷大街上闲逛，我亲眼目睹他把那里当作自己的娱乐中心。他像猴子一样手脚并用地爬上楼梯，在栏杆上面走钢索，在篱笆上来回地跳跃。走过 5 个街区后，他就已经做完一整套健身锻炼动作，准备开始吃比萨饼了。

我还有三分钟的时间，只剩下最后两个障碍：从门廊跳跃而下，然后快速爬上一根从地面架到树枝上的杆子，树枝差不多距离地面 7 米高。脸上的汗水和尘土都无法掩饰我内心的愉快。两天前，每次跳跃时，我的心都会提到嗓子眼。而仅在 72 小时后，我觉得自己势不可挡，需要再努力一点，甚至可以跟上法比奥的脚步。

就在这时，意外突然发生了。

我撑着杆子从门廊上跳下来时，突然感觉后背像被一把炽热的刀子猛戳一样，痛得厉害，我甚至无法站直。我早该知道自己在赌运气，以前 14 个小时的长途飞机旅行就能让我的背紧绷得像班卓琴的琴弦一样。到此为止，我完蛋了。然后，我想起了厄万的座右铭。

我用它提醒自己："身体很聪明，用好这副聪明的身体。"

我抓住长长的杆子，把它沿着 45 度角靠到树上。我小心翼翼地勾上一只脚，然后再勾上另一只脚，把自己倒挂在杆子上，像一头被铁签吊起来的猪。我紧紧地握住杆子，不知道接下来做什么好。

"有什么好办法吗？"我问厄万。

"肯定有啊，"他回答说，"有很多办法。"这是厄万讲课的大好机会，趁着这个完美的机会，他可以从脑子深处，扔出几个近年来收集整理的创新动作。我在他的笔记里见过很多页棍棒图形，绘图的日期可以追溯到赫伯特初期的实地试验。厄万有很多动作可以教，但他只是站在那里，双臂交叉放在胸前，不给我任何提示，甚至连一个微笑都没有。

朱克图和法比奥也没有任何表示。他们这些铁杆粉丝已经深得厄万哲学的精髓：当火山爆发的时候，你要准备好完全靠自己。没有任何伙伴会帮你从胸部提起杠铃，当你跑到 32 公里的标记处也不会有志愿者递给你佳得乐。依靠团队对我们来说是自然反应，但在紧要关头，只能指望自己。唯一可以依靠的是，你自己独特、精巧、未经驯化的移动能力。这些 200 万年来用希望和恐惧累积而成的能力，已经转化并且预装在你的身体系统里。

我的手开始出汗，汗水让我慢慢从杆上滑下来，我需要想办法抓得更牢。我开始慢慢地在杆子上晃动，希望可以积累一些动量。每次晃到顶部，我的身体会有一秒钟停顿在半空中。这时候，我就把手和脚向杆子远端移动。我开始不断抬升自己的高度，而且几乎没有疼痛，也无需用力。

“啊，你学会了我的绝招！”当我接近杆顶时，厄万在底下喊，“最厉害的绝招其实是，你的身体总能够另辟蹊径。”

Natural Born HEROES

绝地逃生：跟着身体的感觉走

Part 5

HOW A DARING BAND OF MISFITS MASTERED

THE LOST SECRETS OF

STRENGTH AND ENDURANCE

29 小偷的哲学

如何把不可能变成可能

愿神把你交到希腊人的手中。

帕迪喜欢引用的一句科西嘉咒语

帕迪还藏着一些招数没用。他很清楚“屠夫”可能会有什么反应，所以他也有相应的对策。“屠夫”很凶残，同时也很谨慎，他更愿意攻击一个不会还手的目标。他在发现克莱佩将军失踪后，并不会贸然冲进山里。不会的，只有搞清楚这到底是怎么回事之后，他才会采取行动。因此，他首先会派出他的间谍仔细搜查沿海的村庄。

到了那个时候，帕迪开始上演“魔术团”的最后两场好戏：只要特别行动处的总部宣称对绑架事件负责，BBC 电台就会在新闻里广播说将军已经离开克里特岛，正在前往开罗途中。同时，英国飞机将到克里特岛散发传单，说英国特工已经把将军送到埃及。

“屠夫”将会大发雷霆，但他不会发疯。因为地上没有血，所以如果没有找到目标的话，他就不会开始搜捕行动。他可能会试图全力铲除抵抗军的巢穴，但这些攻击将会集中在几个特定的本地目标上。除非绝对必要，他也不会冒险让手下分散到整座山里去搜查，因为分散开就意味着更多绑架事件。风头一过，帕迪和他的伙伴就有足够的空间冲到开放的地域，带着将军翻过多石的艾达山，到达南部海岸真正的上船点。

整体来说，这计划很棒，却只执行了大约 6 个小时。

帕迪将他的团队分成三个小组。比利在最前面，带着将军前往第一个集合点。帕迪会把车开到海滩，从西边赶过去。安东尼·左达基斯（Andoni Zoidakis）和他的队员带着将军的司机从东边走。司机的确拖慢了前进的速度，比利之前给他脑袋狠狠地来了一下，所以他一直摇摇晃晃的，几乎无法行走。眼看就要日出了，安东尼决定先找个地方躲起来，让司机休息到天黑再说。在中午之前他们都无需担心搜查队，也许到下午三点也没事……

安东尼惊呆了。他探头看了看，赶紧把脑袋缩回来。不可能，德国人已经开始搜查了吗？现在还是晚上。他们怎么会知道将军失踪了？但是德军就在他们身后300米左右，正展开全面搜索。安东尼不得不快速做决定，看看是否可以带着司机磕磕绊绊地溜走。安东尼当时一定表现得很紧张，因为德国司机好奇地站起来，也想看看到底发生了什么。安东尼在他张嘴大喊之前，割断了他的喉咙。

安东尼几乎立刻就后悔了。这个司机其实没做错什么，帕迪一定会为此感到难过不安……

同时，这提醒他必须尽快通知帕迪。出于某种原因，搜查已经开始了。

帕迪一行人的第一个目的地是阿诺吉亚村外的一个山洞。比利和他的团队越靠近目的地，将军就越麻烦。克莱佩确信自己不会被处决，于是就开始发牢骚，磨磨蹭蹭地走。他不停地抱怨，说自己又渴又饿，因为他是在回家吃晚饭的路上被抓住的。他的腿很痛，他们为什么要用那样的方式把他拖出汽车呢？他的十字勋章在哪里，有人曾看到过他的勋章吗？比利推着他不断地往前走，终于来到一个悬崖上的山洞前。他们用一只手抓住将军把他往上推，然后悄悄地溜进山洞里，再散开些树枝给洞口加点伪装。其中一个队员迅速溜到阿诺吉亚去找食物和打探最新消息。

帕迪和乔治·泰拉基斯就跟在他们后面不远。但是，他们没有直接去约定的会合点，帕迪溜进了阿诺吉亚。他需要马上找到信使带话给汤姆·邓巴宾，然后留在那里等汤姆的答复。汤姆是帕迪的魔术团计划里最后一个关键部分：帕迪指望汤姆用无线电台和开罗取得联系，协调飞机散发传单，以及BBC广播和接应的船。

当帕迪和乔治·泰拉基斯来到阿诺吉亚，周围门窗紧闭。帕迪发现："洗衣槽那里没人交谈或说笑，洗衣服的妇女们都背对着我们，砰砰地捶打衣服。披斗篷的牧羊人盯着我们，用沉默回应问候。过了一会儿，我们听到山上有妇人在哀号'黑牛跑到麦田里了，我们的亲戚来了'。"

帕迪意识到，这似乎是在警告他们德军来了。这很好！许多能征善战的克里特抵抗战士，也就是游击队员们，都来自阿诺吉亚。这里的村民深深地厌恶德国人，尽管大家都知道帕迪是克里特人的朋友，但他们只看到了他身上的德军制服。就连他的好朋友、抵抗力量的牧师查理特斯神父（Father Charetis），也不允许他进门。

他小声地告诉牧师的妻子自己的秘密代号："是我啊，神父。是我啊，我是米哈利（Mihali）！"

"什么米哈利？我不认识米哈利。"她装糊涂地回答，然后仔细地看了看，直到认出帕迪为人熟知的牙缝，才开门放他进去。帕迪并没有解释他来这里干什么，也没有解释自己为什么打扮成德军下士的样子，每个人都知道不要多问。查理特斯神父派一个男孩把帕迪的消息带给汤姆，然后开始摆上食物。

帕迪还在那里休息和等待汤姆回复的时候，传单就开始飘落到村庄里了。太好了！送信的跑步者一定是用破纪录的速度把消息带给汤姆了。帕迪捡起一张传单开始阅读。

所有克里特人：

昨晚德军的克莱佩将军被土匪绑架了，他现在被藏在克里特岛的山里。各位不可能不知道他的下落……

等等。帕迪的传单呢？

如果在三日内不把将军送回来，伊拉克利翁地区的所有村庄将被夷为平地，平民将被连坐，承受最严厉的报复。

该死的！无论怎么看，这都没道理。假如德国人已经发现轿车，他们怎么知道将军在山里，而不是在船上？而如果他们还没有发现轿车，那么他们为什么要搜查呢？

从结果来看，帕迪计算得非常准确，同时也非常错误。如他所料，"屠夫"没有一怒之下匆匆忙忙烧村子。他在不慌不忙地分析问题，圈出可能的踪迹进行检查。"屠夫"不仅没有中帕迪的诡计，而且就快揭开真相了，这非常危险。

从有哨兵用无线电向克里特堡询问将军的下落开始，"屠夫"就觉得有疑点。"屠夫"总是叫喊说：克里特人才是野兽，而英国人不过是温和的害虫。但私底下，他怀疑在山里藏着更多尚未被发现的秘密。一大批德军运输机刚离开克里特岛，就被盟军锁定；德军的军士们不过离开房间一个小时，就被洗劫一空；一位意大利将军在“屠夫”的眼皮子底下人间蒸发，然后在开罗突然出现……现在，轮到一位德军指挥官，晚上开车出去的时候失踪？不对，一定有状况。

这次，“屠夫”走到地图前开始换位思考，他试着把自己当作土匪。如果克莱佩将军死了，他们现在应该已经知道了。他的尸体太宝贵了，抵抗力量会用他来震慑和攻击德军士气。虽然“屠夫”不能马上证明这是土匪而非德军士兵所为，但他只能怀疑是土匪，而不是那些在围墙上用粉笔涂鸦“希特勒是狗屎”和“我们要回家”的德国士兵。

在布满德军的岛上，你能在哪里把一个德军军官藏起来呢？将军的车肯定在伊拉克利翁出现过，但它没有抵达哈尼亚。北岸对接应的船只来说太过暴露，沿海的村庄里有太多的叛徒。那么只剩下……

阿诺吉亚！在那座高高的山里充满狂热的爱国者，同时那里也是前往艾达山的关口，从伊拉克利翁徒步出发，只需要一晚上就能到达。一定就是那里。他们一定是绑架了将军，逃到了阿诺吉亚。于是，“屠夫”发出命令：**30 000 大军和侦察飞机天一亮就出发。**他吩咐：“搜索伊拉克利翁周围的山地。对离开伊拉克利翁的所有道路都要进行巡航。重点是阿诺吉亚。”

黎明时分，“屠夫”已经夺回优势。绑匪们以为要到第二天早上才会有人确认将军的失踪。而实际上，他们那时已经被包围了。

当他们发现身处这种困境的时候，帕迪预期查理特斯神父的屋里会出现相当强烈的反应，他是对的。帕迪看到：“房间里首先是充满怀疑的大笑，然后是兴奋，最后是庆祝胜利的狂欢。我们可以听到跑到街上的脚步声、叫喊声和笑声。”整个村庄即将面临灭顶之灾，但他们不仅没有畏缩，反而爆发出喜悦。

帕迪听到一位老人说：“嗯！他们一天就能烧掉所有东西，然后还能怎么样？我的房子被那些土耳其人烧毁了 4 次，就让德国人第 5 次把它烧掉好了！他们杀害了我的很多家人，很多人啊，包括我的孩子。然而，我还在这里！我们在打仗，打仗就会这样，就像你在婚礼盛宴上肯定会吃肉一样。来吧！请给我的杯子斟满酒，帕迪。”

他们爱死帕迪这个秘密行动了，因为对克里特人而言，它不只是战争行为，这是他们为战争献祭的贡品。设计一个不可能完成的阴谋并完成它，没有什么比这个行动更具备克里特特色了，或者说是希腊特色。希腊英雄总是偷偷摸摸的，偷的东西越大、越怪异、越难以完成，就越厉害。在希腊神话里面，手脚不干净是其重要的组成部分，很难找到一个不涉及用计智取的神话故事。赫拉克勒斯的十二伟业里有一半是靠偷或靠抢来完成的，包括获取亚马逊人的腰带和制服食人的牝马；普罗米修斯盗取神火；伊阿宋智取金羊毛；忒修斯看上哪个女性，就动手去抢，包括他的王后和克里特公主。《伊利亚特》和《奥德赛》这两本书都是真正的犯罪经典，如果英雄们不偷偷摸摸，就什么都完成不了。

奥德修斯正是如此，这位希腊最伟大的英雄生下来就遗传了流氓的血统，特洛伊木马就是他的计谋。其实那不是他第一次尝试偷偷摸摸，在特洛伊战争之前，他就曾潜入敌后，并且从对方的国王那里偷走盔甲和珍贵的战马。奥德修斯是个天生的小偷，他生于盗贼世家：他父亲拉厄耳忒斯（Laertes）是一个参与金羊毛行动的阿尔戈英雄，不过据说他的亲生父亲是以抢劫住店旅客闻名的西西弗斯（Sisyphus）；他的爷爷是小偷之王奥托吕科斯（Autolycus）；他曾祖父是盗贼之神赫尔墨斯（Hermes）。

但这些希腊英雄的阴谋诡计并不是为了堆积成山的战利品。如果能让奥德修斯自己选择，他更乐意与妻子一起在家中务农。偷窃不是奥德修斯的工作，而是一种召唤，一种策略，一个把不可能实现、把假设变成事实的方法。达成一次巧妙的抢劫几乎就像施展魔法，你脑海中想象的东西突然在你手里实现了。其他宗教谴责小偷，说他们是罪人和流氓，但古希腊人耸了耸肩，做出另类的决定："嗯，窃贼也应该有他们自己的神。"因为除了窃贼，还有谁能教导我们自己拥有的东西有多重要呢？我们拥有的财富转瞬即逝，容易被人遗忘，容易被别人夺走，难道不是这样吗？让你被铭记的不是财富或者权力，而是你创造性的想象力，即你的狡诈（Mêtis）。

小偷那种厚脸皮的狡诈是古希腊文明中活力的象征，它引发了思想史上无与伦比的创造力大爆炸。奥林匹克竞技、雅典卫城、民主政府、陪审团制度、悲喜剧的剧本规则、毕达哥拉斯和阿基米德的几何学、亚里士多德和柏拉图的哲学、有周期可预测的天文学、人道主义的医学……这一切都来自一个人烟稀少的小小岛国。想象一下，过去 3 000 多年西方思想的主导力量源于一个如阿拉巴马州大小的地方。

促成这一切的是一种“打破常规”的世界观：让我们像逃犯一样思考，而不是依靠一些从神或国王那里流传下来的法律；让我们为自己考虑。“打破常规”的世界观号召每个人都去创造，而不仅仅是顺从；由你自己去决定什么是对的，什么是错的，并采取行动，而不仅仅是人云亦云地随波逐流。打破常规者一定要沉着镇定、聪明和独立；他们必须发展和培养盟友，评估风险，并保持对周遭事物的敏锐嗅觉。打破常规者专注于可以做什么，而不是不应该做什么。在雅典，“打破常规”的世界观很奏效，甚至成了公民的责任。雅典人有法律，但这些法律是由普通的公民提议，而不是由帝国的统治者制定。如果有人专横跋扈，认为自己比其他人都强，那么他就越界了。根据雅典极其严格的“杜绝暴君”政策，这样的人将会被流放。

甚至连神都没有最后的决定权：在雅典，并没有一个全能的至高无上的神，那里有许多不同的神，他们分别担任不同的工作，相互间争权夺利。尽管宙斯是个大神，但他还是不断被打败，事后被批评。宙斯最大的心头之患是他的第一任妻子，她的名字当然叫墨提斯（Mêtis），与“狡诈”同音。她是一位以“神奇般狡猾”而闻名的美丽巨人，和盗贼之神普罗米修斯有着亲密的友谊。宙斯用尽小聪明让墨提斯自己变成一只苍蝇，然后抓住机会把她吞下去，和她永远结合在了一起。在古希腊人眼中，这一幕是连接想象力和不朽之间的纽带：机智狡诈的精神在一位永生大神的肚子里面“嗡嗡唧唧”。

但是，不是每个人都认同这一点。“打破常规”意味着自由，它与蛮力（Biê）之间存在着矛盾。蛮力意味着强权、征服者、武士和肌肉的力量。狡诈是属于普通民众的力量，特别是弱者和穷人们，因为他们其实并没有太多的选择。阿喀琉斯全身上下爆发着蛮力，他嘲笑奥德修斯的阴谋诡计，说他“和宙斯一样狡猾”。但哪怕是无名小卒，都可以用妙计打败黄金战士，等到阿喀琉斯发现这一点时已经为时已晚。例如，无名小卒可以激怒对手，让他忘记保护脚跟上的致命弱点。阿喀琉斯的表弟埃阿斯像野牛一样强壮，他和奥德修斯摔跤的时候也获得了同样的教训。不过，他被背摔扭倒，重重地摔倒在地上的时候才发现这一点。

“有计谋的伐木工人胜过只有一身蛮力的战士。”在《伊利亚特》里，古代武士涅斯托尔（Nestor）就是这样教导他的儿子的。“在黑暗的大海里，当一阵大风袭来时，领航员让快速航行的船保持在航线上，这就是计谋。而且，有计谋地驾驭战车也能让你有更多的胜算。”

对于像赞和帕迪这样年轻的英国人，他们正在试图逃离蛮力的控制。这些蛮力包括：寄宿学校里的殴打、维多利亚式的条条框框，以及盲目服从和教条式的“不要作答，不问理由，只要不停战斗，直至牺牲”。在大战期间，这种蛮力使他们的父亲和兄弟面对机关枪的乱枪扫射。奇怪的是，很多宗教也跟蛮力密切相关。希腊神话被基督教取代以后，吵闹的奥林匹亚众神也被替换成唯一的上帝。于是，我们并没有成为自己的英雄，而是被告知要遵循一系列戒律，屈膝下跪等待救世主的降临。

然而，在克里特岛不是这样，英雄岛上仍然遵循古代的规矩。赞、帕迪和比利到达岛上，把打破常规的想法推向一个新的高度。

“Klepsi-klepsi 是克里特岛的一项运动，翻译过来是‘勒索’或‘夺取’的意思，但不是偷窃。”比利的铺盖卷和温暖的衣服曾经被抵抗力量的同伴夺走，他被冻醒了，就像被泼了一桶冰水一样。从那时起，他就开始了解这种歹徒式思维了。“同情心通常发生在‘抢夺者’一方，而不是失败者。如果你允许别人从你这里偷走东西，那么你就是新手，他才是聪明的家伙。”

长久以来，克里特岛一直处于侵略者的铁蹄下，“偷”已经成为爱国者的工作。偷羊是抵抗战士在土耳其占领期间求生的手段，所以，英勇斗争和强盗成了同义词。他们甚至是同一个词：在克里特方言里，叛军和强盗两个词语都是“klephts”。乔治·塞科达克斯曾经敦促特别行动处的新特工去偷一些葡萄，并告诉他：“它是你从希腊可以得到的最重要的教训之一。作为你的老师，我坚持要你这么做！”为了在克里特岛上生存，你必须和以前的英雄一样思考和行动。

帕迪也是这么干的。他走进牛头怪的巢穴，不仅打败了它，而且还挣脱束缚溜了出来。

卡车的轰鸣声宣告了欢乐时光的结束。德军的卡车队碾压过山路，涌入阿诺吉亚的广场。不到几分钟，德军士兵们跳下卡车，快速编队集结。

“快起来，快起来，”克里特人告诉帕迪，“你得离开这里！”德国人可能随时包围村子，挨家挨户地搜查。帕迪和乔治·泰拉基斯赶忙抓起装备，朝门口走去。会有人把他们带到比利的藏身之处吗？他们可以找到一头驴，用来驮着将军离开吗？

“可以，”主人回答说，“无论你要什么都行。不过，要快一点。”

帕迪出门的时候承诺:“你看着吧，未来三天不会有任何村民被烧死、枪杀!”但是私下里，他底气不足，他暗地里想：在这个紧要关头，我祈祷能借给信使一双翅膀，赶快散发我们的传单，有关将军已经离岛的BBC新闻报道也要赶快出现。

当帕迪和乔治·泰拉基斯小心翼翼地穿过街道时，小镇的广场上已经塞满了德国部队。帕迪不知道“屠夫”怎么会这么快就把部队派到阿诺吉亚来，但更让他疑惑的是，为什么他们还能站在这里。既然“屠夫”已经布下天罗地网，为什么他不赶快关门收网呢?如果德国人在他们刚刚抵达的时候，就已经圈定了阿诺吉亚，现在帕迪和比利可能已经被抓住了。所以，德国人还在等什么呢?

有一个想法让“屠夫”觉得不寒而栗：如果这是一种假象呢?

这些“强盗们”都很聪明，以致“屠夫”在克里特岛从来没有抓获过一个英国特工。每次他追近一些，他们总会先一步逃开。所以，这次抓捕真的会那么容易吗?或者，他们想要被抓住?“强盗们”一定知道如何激怒德国人，不会有什么比在盖世太保眼皮底下绑架一名将军更有效的了。成千上万的德国步兵会追踪他们的足迹，跑到大山里，成群的飞机会被派到边远地区……这样，德军后方将会空虚：克里特堡和首府将无人驻防!

这可能就是他们的计谋。“屠夫”想，也许盟军的策略是通过绑架克莱佩将军，吸引他把大部队派到山里，这样希腊的游击队和突击队可以从后方攻击德军的大部队，同时盟军部队也可以在平原上登陆。他才不会掉进这个圈套呢。“屠夫”立刻向阿诺吉亚的德军下达命令：立刻带一支部队返回伊拉克利翁。他下令将侦察飞机调回到基地，推迟发送传单，直至另行通告。在把部队派到山里之前，“屠夫”需要做好准备，防止自己的后方被入侵。

夜幕降临时，“屠夫”完成了对海岸线的妥善防护。寻找克莱佩将军的行动全面展开，但这时，帕迪和他的伙伴已经溜到旷野之中了。

30 狼会来吗

刺杀“世界三巨头”的德国王牌

险境同样会吸引救援。

弗里德里克·荷尔德林（Friedrich Hölderlin）
《帕特莫斯》（*Patmos*）

太阳刚刚升起，一旦能看清地面，克里斯和我就开始搜寻帕迪当年逃跑的路线。我们天一亮就从伊拉克利翁乘公共汽车出发,在海边的某处下车。根据克里斯的推算，当年帕迪就在那里丢弃了将军的座驾。克里斯检查了他的方位：艾达山就在正前方，后面是海滩上的碎石。是的，我们发现了那块草甸。但没有任何迹象显示这里有路可走，除了一丛乱糟糟的荆棘直通向无法攀爬的悬崖。

“太棒了，不是吗，”克里斯说，“当年帕迪来这儿的时候一定也看到了这样的荒野。你可以想象一下德国人看到这里时会怎么想，‘好吧，他们肯定没往那边走’。”

在过去两年，克里斯和他的兄弟皮特一起徒步探索，与他追捕逃犯的侦探朋友交换心得笔记，包括阿伦、克里斯托弗和蒂姆，所以他几乎可以肯定，现在他已经连接上逃生路线里的每个小圆点了，除了这第一个地点。皮特本来可以帮上大忙，多年来他一直在新福里斯特地区（New Forest）工作，他在野外寻找方向的才华完全来自经验，并且在我们以往的远足中也多次得到验证。但是这次他没有来，只有克里斯和我，而我们两个还没出发就开始迷路了。

克里斯对此一点都不担忧。他仔细检查荆棘丛，尽可能往深处走，实在走不了了就用爬行的方式继续前进。就这样，克里斯用他的方式来回工作，直到他向天空伸高双手，招呼我过去，继续前进。我们跟踪山羊走过的浅浅的痕迹，顺着沟壑进进出出，渐渐爬上了一座小山。大约正午 12 点前，我们来到一个悬崖，俯瞰着一片奇怪的绿洲：下方远处有一小簇石头建筑物，被整洁的花园包围着。

我们想办法爬下山，来到安静的鹅卵石庭院。克里斯在入口处刚要伸手拉绳子摇铃，一扇霍比特人的小门就“吱吱”地打开了。

“欢迎！”黑暗中的某处传来声音。

我们低头钻进门内，发现身处一个石头地板的小厨房里。一个留着长长黑胡子的修士用手按在胸口，微微鞠躬。他是蒂莫西·斯塔夫罗斯（Timothy Stavros）神父，小小的沃萨克修道院（Vossakou Monastery）的院长。他用结结巴巴的英语问，他可以如何帮助我们。克里斯掏出他的那份希腊文和英文的介绍信，解释我们对克莱佩将军绑架事件的兴趣。

斯塔夫罗斯神父点了点头，说道：“是的，他们以前来过这里。”

他带领我们穿过厨房，来到能俯瞰山谷的门廊。陶碗盛满作为粮食的植物，一个靠墙的架子上放满了菠菜。高高的横梁上吊着一网袋蜗牛，这样挂几天，等蜗牛排完便变干净后，就可以煮着吃了。

> 蜗牛是游击战士的绝佳食物：你可以在逃跑的时候捡起它们，它们将会在你口袋里休眠，到你安全逃脱后再把它煮来吃。德国人不吃蜗牛，所以村民可以大量收集，无需担心蜗牛会被德军没收，同时还可以偷偷地提供给游击队，不用担心他们的食品供应不足。蜗牛粥（Kohli me stari）是我在克里特岛上最喜欢的一道美食：用大蒜、西红柿、橄榄油与蜗牛一起炖汤，然后可能再加洋葱和一些撕碎的薄荷，最后再加一把粗糙的碎小麦，勾芡成像西班牙海鲜饭一样的稠稠的粥。

我们坐下来，另一个修士静悄悄地出现，带来一罐冷水和一盘撒了芝麻的硬邦邦的小饼干。斯塔夫罗斯神父解释道，沃萨克修道院落成于400多年前，曾被历代入侵者多次摧毁。他指着几米远的花园里的一处地方说：“土耳其军队曾杀了我们18个人。德国人在这里处决了我们的两个人，因为有人过来找食物，我们提供了帮助，但德国人不喜欢。”斯塔夫罗斯神父当时还不在这里，他现在只有50岁左右，原来是雷西姆农的一个花匠。在过去的8年里，他大多是独自一个人在沃萨克修道院。老一代的修士都死了，只留下斯塔夫罗斯神父守护着修道院历史里的这段风风雨雨。

斯塔夫罗斯神父说：“那天晚上，将军在这里逗留了大约一个小时。”他的话让我们困惑了好一会儿，后来才突然恍然大悟。比利和他的囚犯早就已经下车，远离了沃萨克修道院，所以修士们看到的那个德军将军肯定是身着德军制服的帕迪。帕迪和乔治·泰拉基斯在午夜后到达这里时，已经又渴又饿，他们从傍晚开始就不停战斗和逃跑，中途没有吃喝。修道院是他们最有可能获得一些补给的地方，于是乔治·泰拉基斯上前用力地敲门，同时帕迪潜伏在暗处。逗留一小时的确很长，但是帕迪和乔治·泰拉基斯必须聪明一点。他们需要恢复体力，才有机会继续翻山越岭，长途跋涉到达阿诺吉亚，而且如果在路上不幸被抓住，他们不想让身上带的东西牵连到修道院。所以，他们宁可多花些时间，吃完饼干和羊肉再走。

我们起来准备走的时候，斯塔夫罗斯神父装了一袋自制的硬饼干塞到我们手里。克里斯和我顺着河的两岸，沿着长坡进入一个峡谷。溪流把山麓劈开，形成了这个峡谷。将近黄昏的时候，我们把修士给的饼干都吃完了，我的水壶也即将清空，发出不祥的唰唰声。我们所在的峡谷一侧越来越陡峭，像是被削尖了的悬崖。穿过溪流之后，我们面临一个选择，是爬上山一侧高高的梯田，还是顺着这条泥泞的土路赌一把，如果它不是一条通向牧场的死路，也许会把我们带到阿诺吉亚。太阳已经沉到山后，还有大约一个小时左右天就全黑了。不过，梯田和土路都是好兆头，阿诺吉亚肯定就在附近了。

克里斯背后的悬崖高耸着，可能只有日本的画家才会喜欢这样的风景。橡树在山崖上乱糟糟地缠作一团，山势陡峭险峻，好像是被砍刀劈开的。克里斯说：“第一天晚上，比利就是在这乱糟糟的某个地方，把将军藏了起来。”他和皮特在上次寻找洞穴的过程中大吃苦头，我能理解为什么他们当时一无所获。因为，即使你知道要去哪里，你也没有办法解决攀登的问题，面对扎手的山崖，你简直无从下手。比利口中描述的山洞非常狭小，难以到达，那是他们实在无处可逃时的退路。

一个游击战士警告说：“德国人正在搜查村子，他们正在往这边来！”当时，比利和他的同伴刚好在溪岸的开阔地稍作喘息，因为帕迪告诉他们阿诺吉亚是安全的。现在，他们只能赶快背起包，顺着小溪再次出发。不久后，他们来到陡峭的岩壁前，开始往上攀爬。他们把将军又是拉又是推，一直来到一个小得可笑的山洞入口处。山洞的空间本来仅够容纳两个人，但现在 4 个人全挤了进去。接着，他们再用树枝伪装山洞的入口。他们挤在一起，彼此都能听见其他人急促的呼吸声。当德军侦察机低飞掠过时，比利甚至可以清楚地看到坐在飞机后排的德国侦查员正在用双筒望远镜搜索山谷。

到了晚上,比利和他的伙伴带着将军下到河边和帕迪会合。会合的地点就在这里,大致是克里斯和我现在所站的位置。帕迪和比利发现，他们指望的汤姆·邓巴宾可能已经被捕了。

“怎么样,”帕迪问,“将军麻烦吗?”

比利向他保证说:“一切还算顺利，原来以为会比现在更糟。”

“你听到有关汤姆的消息了吗?”帕迪接着问。

“什么也没有。”比利回答说。他的信使从汤姆的藏身之处回来了。信使吓呆了，他完全找不到汤姆的任何踪迹，那个地区也没有任何人知道他的下落。这个消息实在是糟透了。汤姆的无线电报务员出现了，但他携带的电台是坏的，任何人都不知道他的上司发生了什么。汤姆不仅是他们与外界的联络员，他还是岛上所有秘密行动的先头部队。这意味着，只有一个人知道剩下的两个无线电报务员的秘密藏身地点，这个人就是汤姆。

帕迪意识到:“汤姆是找到其他两个发报站的唯一钥匙。”如果没有他，他们只能把邮件通过一系列的人手动传递，每个游击队队员只知道情报链中的下一个人。赞在克里特岛上深受信赖，就像汤姆一样，他可能可以重新建立通信渠道，但赞还没从埃及回来。难道德国人这么快就收紧圈套，汤姆不得不躲藏起来吗?或者是他已经落入德军的手中?帕迪和比利只好很小心地使用其他人，不断将绑架的信息传送到另一个无线电报务员那里，但是很明显，信息在传递过程中被无意间歪曲了。这样的后果很严重，当时，BBC的新闻报道中提到，克莱佩将军即将离开克里特岛，而不是已经离开。

“我们的传单呢?”帕迪问。

比利回答说:“被取消了。云层太厚，我们的飞机无法穿过。”

比利和帕迪还在消化各种坏消息，更糟糕的消息又来了。押送将军司机的游击队队员出现了，但是司机没有跟着来。游击队队员报告说:“到处都是德军。”德军已经全体出动了。其他克里特人也告诉帕迪，每个方向都有德军，他们自己也是刚刚逃过抓捕。

“好吧，但是司机在哪里?”

安东尼回应了一个手指切过喉咙的动作。

帕迪感到闷闷不乐，他们逃生的机会因此而骤然降低。他梦想中不流血、像魔术表演一样的凯旋也不复存在了。司机的尸体一旦被发现，“屠夫”肯定会发狂。他可能会假定克莱佩将军已经死了，这就意味着，他再也不用担心人质是否能活着回来。这样，德军不再是发起一次救援行动，而是发动全面战争。对“屠夫”来说，将只有唯一的目标，那就是为他的司令官兄弟报仇。

是时候继续移动了。前面横亘着艾达山脉，它占据了整个岛的四分之一，最高峰的海拔超过 2 438 米。将军仍旧在抱怨他的腿受伤了，于是他们把将军扶上驴，跟随着一条几乎看不见的山羊小道进入树林，继续前进。“进入山区就意味着身处朋友们之中，这对我们来说很重要，”帕迪明白，“离开敌人横行的平原地区，往海上逃生才是前进的正确方向，而且我们的速度要快。”

为什么要从海上逃生？游击队员感到疑惑。为什么不用飞机，不用“狼”的方式行动呢？

呃，情况已经这么险恶了，为什么还要雪上加霜再提那个名字吗？“希特勒的狼”奥托·斯科尔兹内（Otto Skorzeny），这个邪恶天才的脸颊上有一道决斗留下的疤痕。他擅长暗杀，不管在哪里完成刺杀任务后，都可以消失得无影无踪。“狼”专门被派去完成棘手的任务，他率领的特种部队叫“狩猎勇士”（Jagdkommandos），这支特种部队被评价为“善用地形，思想灵活，身处险境而不畏惧”。早在一年前，斯科尔兹内和他的猎人们潜入一座意大利高度戒备的山间城堡，帮助墨索里尼越狱。墨索里尼曾在一场政变中被推翻，但是希特勒决心拯救“意大利伟大的儿子，我们亲爱的朋友和亲密的盟友”，并帮助他重新掌权。斯科尔兹内奉命带领一支突击小队，乘滑翔机在晚上降落，然后将负责看守的 200 人卫队各个击破，迫使他们先后投降。斯科尔兹内将墨索里尼带到附近，搭乘接应的飞机逃生，不久之后，领袖墨索里尼就重新掌权了。还有一次，为了防止匈牙利摄政王霍尔蒂·米克洛什（Horthy Miklós）向苏联红军投降，斯科尔兹内绑架了霍尔蒂的儿子，把他用毯子卷起来扔到集中营，他在那里被扣作人质，直到战争结束。

几个月后，“狼”空降到伊朗，意图一锅端地把斯大林、罗斯福和丘吉尔三巨头都暗杀掉。盟军三巨头在德黑兰开会讨论战争策略的时候，“狼”带着他的猎人们悄悄地接近。只不过，刚好有一个苏联间谍揭发了这次“跳远行动”，导致许多猎人被俘。但是，斯科尔兹内却逃走了，他穿着美军制服，开着美军吉普车深入盟军后方，连续几天在不同的地方神出鬼没地搞破坏，不断逼近盟军最高司令部，艾森豪威尔将军不得不躲起来接受保护。斯科尔兹内是“全欧洲最危险的人”，艾森豪威尔生气地说，“他是头号公敌”。

“我们不能用斯科尔兹内的方式，乘飞机带走我们的囚犯，”帕迪告诉失望的克里特人，“德国人强制劳工在山里的高地上，到处乱丢石头，所有的远程飞机都无法直接在山地高原上降落。”但是目前火烧眉毛的问题不是他们是否可以跟随“狼”的脚步，而是“狼”是否追着他们。与其追着绑匪跑，“屠夫”为什么不把斯科尔兹内叫来，让猎人追踪他们的足迹呢？这么做非常合情合理。斯科尔兹内自己就是亡命之徒，他完全会猜到帕迪如何计划。而且，他还会多想十步，他不需要追着绑匪跑，而是在前面布好埋伏。

所以，帕迪和他的队员跑得越快，他们可能就离“狼”越近。

31 最危险的障碍

奔跑在群山之巅

令人惊讶的是，这个国家的人以个性独立、罔顾法律和喜欢反抗闻名；不过，一旦有需要，所有人就会和谐地团结在一起。事实的确就是如此。

帕特里克·利·弗莫尔

克里斯和我到达阿诺吉亚的时间，与当天帕迪溜走的时间差不多。我们刚刚爬上最后一层梯田，太阳就下山了。在小镇的入口处有一块铁制路标，但看上去更像一个警告牌，而不是欢迎的告示。当我们走近时，才发现："屠夫"一旦证实他对阿诺吉亚的怀疑，就会爆发希特勒式的愤怒，于是他把下一步将做的事情刻在那块冷酷的纪念碑上。

来自克里特岛驻军司令的命令

由于阿诺吉亚镇是克里特岛上英国间谍活动的中心；由于阿诺吉亚人对德军实施谋杀；由于阿诺吉亚人对达玛斯塔地区（Damasta）的破坏行动；由于阿诺吉亚人对叛军战士的收留和庇护；由于绑架克莱佩将军的绑匪经过阿诺吉亚，使用阿诺吉亚作为中转站，我命令将此处夷为平地，枪决村里和方圆一公里内的每个阿诺吉亚男性。

克里特岛驻军司令缪勒

哈尼亚，1944 年 8 月 13 日

"屠夫"的部队包围了这个村子，把每个人都监禁起来。有 100 多人被拖到镇中心的广场上杀害。幸存者逃入山中，但是他们拥有的一切都在身后的大火中被焚毁，包括家园、食物、衣服和毛毯。有一对年老的姐妹太害怕以致无法离开自己的家，结果被烧死在家里。“屠夫”是冷酷无情的，他的部队连续三个星期不断轰炸小镇，在山上搜捕逃脱的阿诺吉亚人。等到“屠夫”的怒火平息的时候，这座有900年历史的小城除了腐烂的尸体和闷燃的瓦砾，什么也没有剩下。

克里斯和我离开小镇广场后，在一个酒馆里，瞥见了那场浩劫的后果。那里有一幅占整面墙的壁画，上面描绘着克里斯和我刚刚爬上来的山谷。两名德国士兵的手举在空中，第三个跪在地上，他们被准备开枪的阿诺吉亚的抵抗战士包围着。这是一幅奇怪而可怕的画面，特别是它就在餐桌上的葡萄酒和希腊菠菜派的后面，但它解释了为什么阿诺吉亚在今天依然能够存在。在战争后期，游击队对德军的狙击变成家常便饭，阿诺吉亚周围的区域被称为“魔鬼三角”。一个阿诺吉亚人回忆说：“我看到德国人在哭，他们拖着脚步掉进我们的埋伏圈里，像等着被屠宰的绵羊一样，一丁点生还机会都没有。”

战略上，“屠夫”的大屠杀是一个可怕的错误。当阿诺吉亚人赖以生存的东西都被剥夺后，他们只能战斗到死。阿诺吉亚人背水一战，决心和侵略者拼命到底。他们的确做到了，阿诺吉亚最终凭着这种自豪感和魅力得以重建，这个小镇感觉就像从未消失过。它的街道陡峭而狭窄，斜坡自然地靠着山边。粉刷得雪白的小房子聚集在舒适的小镇广场周围，广场周围一圈是成荫的树木和家庭咖啡馆。在头顶，白雪皑皑的艾达山在日光和月光中若隐若现，那里是象征着反叛之神的宙斯的出生地，也是进入强盗的领地和奔向自由大海的关口。

但是，关口之后的路让人大吃苦头。如果徒步的话，最快离开阿诺吉亚的路线就是山羊踩出来的小路，但是这条路本来只是给山羊走的。小路一开始就陡峭得需要攀爬，让你的膝盖和手都累得不行；然后你会陷入一片尖锐的火山岩之中，帕迪刚到克里特岛的那天，就是这种石头把他的鞋弄坏的。

克莱佩将军只看了一眼，就果断地说，他的腿伤很严重，必须全程骑着驴子。比利看着将军骑驴的样子，不禁想起落荒而逃的拿破仑，他觉得小分队现在看起来很憔悴，就像打了败仗一样。

到凌晨两点的时候，帕迪他们已经连续徒步超过6小时了。在黑暗中，他们跟随着绵羊身上的铃铛声来到一座小屋，屋顶的洞里飘来木材燃烧的气味。一个白胡子、牙差不多掉光的老牧羊人慷慨热情地出来迎接他们。他没有浪费时间，邀请他们立刻进入自己的小屋烤火取暖。比利说，尽管老人在睡梦中被唤醒，打开门发现一群全副武装的暴徒，还有一个骑驴的德国将军，他还是遵从克里特岛的“希尼亚”待客之道：供应食物，提供避难所，什么也没问。

牧羊人拿出一些奶酪，以及像石头一样硬的面包。等将军暖和起来，饥饿的绑匪们吃完牧羊人提供的简陋食物，就需要马上再次出发。他们互相道别，继续上路。尽管深受恐怖统治之害，这个仁慈的老牧羊人还是给敌人提供吃的，并让他们在火堆旁取暖，这已经充分体现了克里特人的待客之道。然而，比利后来才知道，在他们离开后不久，一支到处掠夺粮食的德军巡逻队对着这个牧羊人的脑袋开了一枪，并赶走了他的羊群。

绑匪们必须要加快步伐了，天就快要亮了，最危险的障碍就在面前。像足球场一样平坦的奈达高地牧场（Nida Plateau）就在面前，将近一公里宽的路程没有任何隐蔽物。

奈达高地在克里特的山脉之中是一处奇景，那里非常平整，没有树木，好像一块高级地毯一直通向艾达山的山麓。如果不考虑死亡陷阱，那里用来做简易机场很理想，非常适合飞机降落，但在周围的山上有很多狙击手伏击的理想地点。奈达高地只适合在夜间通过，因为白天有德军的巡逻飞机从空中监视这片区域。

除非绑匪绕更远的路来避开奈达高地。在阿诺吉亚南边的拉西提（Lasithi）牧场是欺骗性地形的典型代表。陡峭的山一座座紧紧挤在一起，当你从远处看到一座山，可能不会注意到在这其中还有另外三座山。每次你以为爬上一个山顶就能看到奈达高地，却肯定会发现还有另一座山在等着你去翻越。下山的路也不容易找，峡谷被山顶滚下来的石头堵塞，绑匪们只能拖着疲惫的双腿爬上爬下，无法轻快地行走。

当天空变成粉色渐渐发亮的时候，小分队来到了平坦的草地，他们催促将军尽快通过。在灰色的晨曦中，他们看到山顶上到处都是抵抗军守夜哨兵黑漆漆的轮廓。将军被惊呆了，“屠夫”的宣传使他以为抵抗军的人手有限，只有几个被吓坏的英国佬和一小撮土匪。抵抗军战士乔治·潘高里塔基斯（Giorgios Phrangoulitakis）的外号是“快跑的乔治”，他后来说：“克莱佩很惊讶，沿着南部高地的路，处处都有我们游击队的哨岗。哨兵盯着我们，但是不会下来。克莱佩一定以为满山都是我们的游击队。”其中一个绑匪想经过德军哨岗溜进镇里，其他游击队队员给他提供了自己的德军通行证。

“他们每个人都有我们的身份证明文件吗？”克莱佩问帕迪。

帕迪回答说：“有这些人在这里，你是不可能逃跑的。”每当将军回头，他都会发现有个小老头用一双愤怒的小眼睛在盯着他。小老头名叫马诺里斯·西科里特西斯（Manolis Tsikritsis），是个戴着土耳其帽的小个子，看上去像教会执事一样，用“快跑的乔治”的话说就是：“他才不在乎将军有什么感受，在整个旅程中他只管死死地盯着将军。”

他们赶到艾达山脚一个潮湿的山洞，在那里躲了一天。帕迪说起狠话来不太自然，但他需要让将军相信自己已经没有任何机会获救了。因为到了第二天晚上，登上荒凉贫瘠的艾达山顶，他们将完全暴露在月光之下，即使有地方可以隐藏，在雪地里留下的脚印也会暴露他们的行踪。这有点像一个吸血鬼的任务：要么在日出前下山并找到地方躲起来，要么就是死路一条。

如果将军在路上发现他们是在虚张声势，他很容易就能搞破坏。他只需要暗地里从他的口袋中掉落一些小东西，就能给德军追捕队留下追查的线索。他可以假装告诉绑匪，前方有德军哨岗，需要绕道而行，就能扰乱逃跑路线。他还可以简单地抓住胸口跌倒在地。帕迪不能让这种情况发生，他必须让将军相信，绑架他的间谍行动是由熟练的杀手级特工精密策划、精确执行的，他绝不能让将军知道真相。而真相是，行动的策划人没读过军校，是一个花了5年在欧洲流浪，到处占别人小便宜的花花公子诗人；整份行动计划是通宵派对之后，在浴室里拼凑出来的。所以，帕迪要好好把握每个机会。

那天早上，太阳升上艾达山后，将军叹了口气，想起贺拉斯颂歌中有关索拉泰山（Mount Soracte）的篇章，帕迪抓住了这个机会。

> “你看到索拉泰山，耸立在皑皑白雪之中……”将军喃喃地说。
>
> 帕迪脱口而出地接着吟唱：“密林深锁，难承重负，河流也被冰封。”
>
> “这是我能完整背诵下来的几首贺拉斯颂歌之一，”帕迪表示，“我真走运！”然后，他一直把颂歌背诵到结尾。
>
> 将军静静地坐着听。
>
> 最后，他喃喃地说：“你记性真好。”

早上，将军还在山洞里打瞌睡，帕迪和比利坐在外面清晨的阳光中，听到一些坏消息。汤姆还是没找到，这意味着他们与开罗的沟通将越来越难，因为他们逃得越远，离那两个电台报务员就越远。比利意识到，即使用最快的信使，从他们这里出发，也需要辛苦地跑上至少两天，才能到达电台报务员那里；然后，等开罗的回复需要一天，再之后，至少需要再花两天时间在回程上。

传递一个消息就需要5天往返时间。所以，现在协调将军离岛不仅仅需要几天，而是需要几个星期。他们的食物短缺，已经不够吃了。过去的两天，他们每个晚上徒步12个小时，但只吃很少的干面包片，喝一点点水。而现在，他们面临类似的饥饿状况，并且还将要再持续两个星期。“快跑的乔治”告诉大家：“我们的朋友无法提供帮助，能帮我们的村子都被包围了。”

他们又累又饿，但哪怕是休息几小时也不行。每一天，他们停留在相同的位置越久，被困在德军搜捕圈里的风险就越大。如果希特勒的“狼”出现，跟踪到他们藏身处的可能性也会变大。在艾达山的远方，德国军队已经动员起来，切断了他们的退路。游击队队员告诉比利，他们还看到德军在山麓集结，准备开始全面的搜捕。

帕迪只剩最后一招了：行动起来解决问题！比利表示同意。他们必须迅速策划出一条线路，在德国人行动以前，翻过艾达山，从南面的山坡下山。于是，他们等待着夜幕降临，尽力在天亮前翻过艾达山，进入一个新的躲藏点。就算是被抓住，也要在逃跑的路上被抓住。

帕迪和比利倚在洞口凹凸不平的裂缝旁，欣赏着日出的美景。即使在这样的秘密行动中，还是有人溜出来，掏出相机按下快门，用照片捕捉这两个疲惫不堪的家伙的样子。毕竟，这可能是他们活着的最后一天了。

“就是这个石头缝，”克里斯说，“你下来，我指给你看。”

我在地上坐下来，背靠着岩石。克里斯拍了一张照片，然后翻出背包里扫描的1944年的照片，放在一起对比。很多细节清晰可辨，我的头就靠在同一个石头缝上，刚好就是帕迪准备翻越艾达山之前休息的那个地方。克里斯和我刚刚从阿诺吉亚走到这里，而且恰好身处类似的情况。我们在黎明前出发，没带食物，期盼可以在山下的客栈吃一顿饭。但客栈关门了，太阳马上就要下山。那座2 438米高并被白雪覆盖的艾达山，就在我们背后，隐约可见其轮廓。

只有一种方法可以帮助任务顺利完成。帕迪和他的团队可能是找到并打开了能量的古老源头，并凭借这个方法翻过了艾达山。那就是用自己身体里的脂肪，为持续行动提供燃料。这个古老的方法从人类存在以来就一直被使用。在耐力运动中，很多伟大的运动员都在秘密使用它。比如，一位受伤的铁人三项运动员就曾经发现过这个秘密。

32 高级燃料
脂肪让你能量无穷

我认为，使用现代公司的产品往往会导致当今的身体疾病。同时，我们最终还让一个怪诞的观点变成事实，这个观点就是我们的身体根本无关紧要。

丹尼尔·利伯曼博士（Dr. Daniel Lieberman）
哈佛大学生物学家
著有《人体的故事》[①]

1983 年，斯图·米特尔曼（Stu Mittleman）的脚出现了令人头疼的问题。他四处求医，可是每个专家都无计可施。

在他患病之前的那个赛季，斯图正步入自己的职业黄金期。他回忆说：“我当时正进入职业运动生涯的新阶段，跻身世界顶级耐力运动员的行列。”仅仅几个月内，他打破了自己保持的 100 英里（160 公里）跑的美国纪录；在奥特曼世界锦标赛（大铁的双倍距离）以第二名的成绩完赛；在“六日跑”比赛中，创造了平均每天跑 160 公里的全美标杆成绩。

斯图不仅具备完成超长距离跑的英雄气概，还有一副“女性杀手”的灿烂笑容，因此理所当然地受到各大媒体的推崇。泰德·科佩尔（Ted Koppel）每天都在晚间新闻节目里报道他在“六日跑”比赛中的进展，而运动饮料佳得乐也挑选他做全美的头号代言人。

前几年，斯图做梦都不敢想能有今天这番成绩。对极端耐力运动的好手来说，20 世纪 80 年代是一段奇怪的美好时光。沉寂了一个世纪之后，长距离赛事突然重新流行起来，而且电视媒体也一起推波助澜。曾在 19 世纪 70 年代流行的多日比赛，现在不仅仅增加了最后冲刺的戏剧性，而且还具有速度竞赛的残酷性。当你在起点

① 《人体的故事》（*The Story of the Human Body*）中文版已经由湛庐文化策划，于 2017 年 6 月由浙江人民出版社出版发行。——编者注

区开始排队准备出发的时候，你根本不知道接下来要跑多远。当你到达终点的时候，由你来决定接下来再跑多远。如果在两段赛跑之间可以休息，也由你来决定休息多久。

爱德华·培森·维斯顿（Edward Payson Weston）这样的超级明星不断想出新的方法来征服观众，一次又一次地和时间赛跑。1876 年，他的 7 万名支持者到现场观看“六日跑”挑战赛，维斯顿和丹尼尔·欧里瑞（Daniel O’Leary）会在那场比赛中进行巅峰对决。最终，丹尼尔这个爱尔兰图书销售员打败了冠军，创造了 520 英里（837 公里）的新世界纪录。但是，整场比赛就是两个家伙连续一个星期重复相同的动作，这样的比赛不容易吸引现场观众，因此无法持续地卖出门票。最终，长距离慢跑比赛被搁置到一边，取而代之的是更富动感、更适合在大看台上观赏的其他运动项目，比如足球。直到 1982 年，一个名叫朱莉·莫斯（Julie Moss）的大学生因为过度劳累而摔倒在地，才让一切都改变了。

朱莉差一点就赢得她的首次大铁冠军，但是，她在离终点还差几码远的地方精疲力尽摔倒了。尽管另一名女选手超过了她，朱莉还是坚持爬到了终点。“完赛就是胜利”的赞歌随之响起。朱莉不屈不挠的表现来得刚刚好，正是美国人最需要的时候。我们大多数人都会惊叹她坚持到底的毅力，但私底下，又有多少人能做到同样的事情呢？

20 世纪 70 年代，所有美国人的心中都被划上一道道伤口。美国人是否已近忘记普利茅斯岩石和福吉谷，变成一个轻言放弃的民族了？从行动上表现出来的一连串迹象看，结论相当令人沮丧。人们目睹尼克松在一场本可轻松取胜的竞选中作弊，然后逃避和退出，而不是直面困境。尼克松在仓促辞职前还说：“无论个人陷入怎样的痛苦和挣扎，我宁可坚持到终点。我的家庭也一直鼓励我，支持我这样做。”美国人爬上屋顶的直升机，从越南撤离，而越共还坚守在丛林里。再往后，吉米·卡特在伊朗人质危机期间，面对伊朗的领袖霍梅尼时，表现得畏缩和摇摆不定；在一场 9.7 公里的欢乐跑中，他不到半程就晕倒了。新闻秘书乔迪·鲍威尔（Jody Powell）在比赛前曾经提醒总统说：“如果你参加赛跑，那就最好完成它。”

就像在电影《洛奇》（*Rocky Balboa*）的主角所说的，“到远方去”成为美国 20 世纪 70 年代的主旋律。洛奇外号“意大利种马”，他宣称：你不一定要赢，但你一定不能退缩。1976 年，各种“不退缩”的赛事就像蝙蝠侠的标记划过天空，在几年之内蓬勃发展起来，比如阿拉斯加 1 790 公里的雪橇赛、加利福尼亚州 160 公里的西部越野赛，以及夏威夷铁人三项赛。这当然不是巧合，夏威夷铁人三项赛是由一位三年前离开越南的海军军官创造出来的。起初,这些比赛被认为专为“怪胎们”举办，24 岁的朱莉的出现改变了这个看法。这位在读的女大学生就像我们一样，是普通人中的一员，她将我们的目光从前排精心包装的冠军引向后面的其他英雄。电视媒体的镜头很快就开始聚焦于这些坚韧不拔的普通人。1983 年 7 月 4 日，创办纽约马拉松的著名主持人弗雷德·雷柏（Fred Lebow）重新举办了“六日跑”的比赛。这场比赛造就了一位名叫斯图·米特尔曼的明星，他在皇后学院（Queens College）里担任讲师。

几年前，在科罗拉多州博尔德（Boulder）过新年的时候，斯图想试试自己是否能登上弗拉格斯塔夫山（Flagstaff Mountain）的山顶。跑过大约三公里的山路，他成功登顶。这让他很兴奋，马上掉头跑回镇中心，走进弗兰克·索特尔（Frank Shorter）跑步装备店。

他问：“我怎么才能参加今年的波士顿马拉松赛？”

他被告知：“你参加不了！”波士顿马拉松赛还有不到 4 个月就举行了，他必须首先获得参赛资格，在 3 个小时内跑完另一场马拉松。两个星期后，斯图出现在圣迭戈，参加了使命湾马拉松（Mission Bay Marathon），他以平均每公里 4 分钟的超快速度，最终以 2 小时 47 分钟的总成绩完成了这场比赛。显然，斯图的速度已经够快了，之后他开始尝试更长的距离。他发现自己真正的天赋才华在于持久的耐力。没过多久，他开始每周 7 天每天练习半程马拉松或更长的距离，甚至把标准的大铁距离甩在背后，开始尝试两倍于大铁的距离：游泳 8 公里，骑行 393 公里，然后跑步 84 公里。

但是，斯图的右脚却出了状况。刚进入运动巅峰期，斯图的小脚趾后面有一个地方开始感到疼痛，而且越来越严重，肿胀成乒乓球大小，而他的整条腿看上去就像牙龈因发炎而肿胀一样。斯图本来计划不久后飞到法国，作为唯一受邀的美国代表参加几个星期后的另一场“六日跑”国际全明星赛。他拖着脚见过不少专家，可是脚的情况并没有好转。斯图去法国参赛前还有最后一场比赛长岛铁人三项赛，他尽可能地保持参加比赛的可能性，推迟其他的例行事务，甚至在比赛前已经完成参赛选手的注册。可是最后，他实在无法坚持，只能一瘸一拐地走到赛事总监那里，告知他自己将被迫退赛的消息。

赛事总监苦苦哀求说：“首先，请你帮个忙。”长岛铁人三项赛并没有吸引太多电视媒体的关注，它没有外形俊朗、模特般身材的帅哥能上《今日》（*Today*）电视节目，也没有安排长达一周的《夜晚播报》（*Nightline*）作为赛事宣传。赛事总监敦促斯图在决定退赛之前，去找菲尔·马费通博士[①]看一看。

斯图叹着气想：我已经看过十几个医生、按摩师、身体调理师，基本上已放弃治疗伤痛的希望了。但是，他还是决定配合赛事总监，看看菲尔博士怎么说。这样一来，他至少可以问心无愧地退赛，同时也能满足自己的好奇心。斯图很久之前就听说过这位神奇的治疗师了，他简直厉害得让人难以置信。据说他不仅能治疗疑难杂症，还能帮助跑步和铁人三项运动员保持竞技状态不下滑，帮助他们取得令人惊讶的成绩。斯图回忆说："在处理运动损伤、过度训练方面，菲尔声誉卓著。他帮助过很多世界级运动员恢复健康。"

幸运的是，菲尔博士刚好在附近。他来参加一个改造项目的竞标，他同意在海外战争退伍军人协会大厅外的草坪那儿和斯图会面。闲聊一番后，斯图发现菲尔甚至连医学博士的学位都没有。这个按摩治疗师自己患有严重的注意力缺乏症，差点无法高中毕业，直到现在仍然有阅读障碍。姑且承认菲尔是前田径运动员好了，但除此之外，没有其他明显的证据表明他会知道一些其他医生所不知道的东西。也许斯图的朋友们对菲尔深刻印象，是因为菲尔对待他们像对待真正的病人，而不是重度精神病患者。当运动员们描述跑了两个小时后脚后跟感到如何疼痛时，菲尔在回答中不会责备他们"过度训练伤害身体"，也不会耸耸肩回答说"不然呢"，菲尔对长距离跑的大运动量并不吃惊，也不会对正在应付困难的冒险家们强装笑脸。就他来讲，只要正确地给身体提供能量和保养，身体就可以持续运转下去。菲尔会严肃认真地看待运动员们的疼痛以及潜力。

菲尔让斯图平躺在草地上，开始为他按摩胳膊和腿，评估肌肉的抗力和柔韧性。他一边说"放松"，一边握住斯图的脚，猛地一拉。奇迹出现了。

斯图说："突然间，肿块消失了！"他简直无法相信。他小心翼翼地开始慢跑起来，这是他几个月来第一次无痛苦的跑动。他是如此激动，以致整个人变得笨笨的，甚至不顾是否安全，也不管这个奇迹是否可以一直持续到午餐时分。斯图马上决定回归铁人三项赛，飞快地以前 20 名的成绩完赛，同时，他的脚感觉棒极了。

① 菲尔·马费通（Phil Maffetone）与湛庐文化策划、浙江人民出版社出版的《耐力：无伤、燃脂、轻松的 MAF 训练法》的作者菲利普·马费通是同一个人，菲尔是菲利普的简称。——编者注

菲尔警告说，这只是急救措施。他发现斯图的脚里面有骨头移位，并设法完成了复位。但是，除非斯图做一些重大的改变，否则，他的腿仍然有受更严重伤病的风险。

斯图仔细地听，他当然会认真听，然后问道："我的问题在哪里呢，是跑步技术，还是足弓比较弱？"

"糖！"

"糖，真的吗？"

菲尔解释说，给斯图带来麻烦的，并不只是糖果、甜食和汽水，还包括意大利面、能量棒、煎饼、比萨、橘子汁、米饭、面包、麦片、燕麦粥等。那些疯传的"跑者理想食谱"上的食物，吃起来都要慎重。菲尔认为，所有加工过的碳水化合物都是伪装的糖。人类其实是超级耐力运动员，在这个星球上，比任何其他物种都能走得更远。然而，我们之所以能做到这一点，并不是靠佳得乐和面包圈，而是靠一种更丰富和清洁的燃料：**自己体内的脂肪。**

菲尔说："你需要调整训练的重点，不需要关注你的脚步可以移动得多快，而是要让你的身体改变获取能量的途径。你必须更多地燃烧脂肪，而不是燃烧糖。"而现在，斯图的身体是"一个燃烧糖和储存脂肪的怪物"。

斯图感到一头雾水。好吧！可是食物怎么会伤害到他的脚呢？

菲尔解释说，把你的身体想象成一个火炉。如果装满缓慢燃烧的圆木，它可以稳定流畅地连续工作几个小时；如果装满纸张和汽油浸泡过的破布，它自己就会被烧穿，最终无法使用。菲尔说，你就在这么干！用垃圾填满火炉，让自己受到损伤。如果你想要保持健康，发挥巅峰的竞技状态，就需要让身体学会使用脂肪作为燃料，越快学会越好。

斯图面临三大难题。菲尔方案的第一个难题，当然就是菲尔本人。这个家伙是一个冷冰冰的嬉皮士，毫不伪装、毫无修饰。他的长头发、马尾辫，以及说话的遣词用句，都让斯图觉得不舒服。"整体而言"、"激素"，以及"先走再跑"，按字面上的意思就是：走。我的上帝啊，菲尔希望斯图在下一场比赛中用"走"来开始。菲尔方案的第二个难题是斯图。斯图在三个星期后，有重要的国际锦标赛。所有体育项目在比赛时最重要的原则就是，不要到比赛日之前才试验新方法。菲尔甚至都没有提议，给斯图做彻底、全面的身体检查，他要求斯图完全扭转饮食习惯、训练方式以及比赛策略，而且要在不到 20 天内全部做到。

但最大的难题来自其他人。每个人都认为“马费通方法”太疯狂，大家都知道碳水化合物是战士的食物。斯图在训练上是个学术派，从一开始他就像学生做研究一样，研究自己的运动。斯图回忆说：“我削减工作的时间，像苦行僧一样生活，像疯子一样训练，只吃《跑者世界》（*Runner's World*）里建议跑者应该吃的东西。在比赛前的最后几天按照程序，先耗尽碳水化合物，然后再补充它们。”那么，现在到底是怎么回事？《跑者世界》完全错误吗？那些赛前的意粉晚餐都是毒药？碳水化合物在伤害身体，而不是帮助身体吗？

马费通方法甚至挑战最伟大的蒂姆·诺克斯博士（Tim Noakes）的声音；他是全球最受人尊敬的运动科学家，《跑步的学问》（*Lore of Running*）的作者。诺克斯博士是一名医学博士，同时也是开普敦大学的运动科学研究部门主管。他是一位备受信任的权威，曾担任路易斯·皮尤（Lewis Pugh）北极游泳队的随队医生，他引领的改革大大地减少了南非橄榄球运动员的受伤情况。此外，诺克斯拿自己当小白鼠做实验。在 64 岁时，他不仅在南非 7 次完成长达 90 公里的同志超级马拉松（Comrades），还完成了其他 70 个马拉松。他著有 400 余篇科学论文，还一共跑过 3 200 公里的比赛。诺克斯甚至比跑者自己懂得更多，不管是活着的，还是死去的。他写下了 800 多页的巨著《跑步的学问》，而且还不断修正它；每隔几年，诺克斯就会用最新的科学更新他的宝典。世界上最优秀的运动员都听从诺克斯博士的指导，而诺克斯博士的所有秘诀都是关于碳水化合物的。

> “日常进行长时间、高强度训练的运动员，必须补充含高碳水化合物的饮食，”诺克斯博士说，“运动员通过在运动前增加碳水化合物的储备，有可能提升长时间运动时的表现。特别是在疲惫时，要想保持碳水化合物的高利用率，就需要摄取适量的碳水化合物。”这些都写在宝典第三章“供能系统和跑步的表现”里面，这 50 多页的内容总结概括起来就是：吃碳水化合物，不停地吃。

对不起，再问一次，谁是菲尔·马费通？那个从纽约郊区来的梳着马尾辫的家伙。斯图有两个选择：第一，相信写书的那个人；第二，相信可能没读过书的那个人。通常，这个选择很简单，但缓解疼痛的经历实在太有说服力了。所以，斯图决定试试马费通的方法[①]。

“好吧，”他问菲尔，“我们怎样开始？”

菲尔回答说：“很简单！”要想使用脂肪作为燃料，你只需要做两件事，即戒糖和降低心率。菲尔解释说：“我们的身体只会存储非常有限的碳水化合物，相比较而言，脂肪简直就是无限量供应。如果把体内的碳水化合物比作路边的小水坑，那么脂肪就是太平洋。任何时候，你的身体最多能储存 160 000 卡路里的热量：其中大约 2 000 卡路里来自糖，25 000 卡路里来自于蛋白质，其余将近 87% 的 140 000 卡路里来自脂肪。”就算是体脂比例只有 6% 的运动员，也有足够的脂肪作为燃料，来支持长时间的持续运动。

菲尔继续说道：“当你使用脂肪越多，可以生成的能量也越多，而碳水化合物支持供能的时间也越长。当你教导身体要开始依靠脂肪时，碳水化合物燃烧的速度开始下降，你身体对碳水化合物的渴求也会下降。”

但是，你的身体喜欢脂肪，它宁可囤积脂肪也不愿燃烧掉它，所以如果身体感觉到还有任何其他燃料可以使用，就会先使用其他的，同时将剩下的其他燃料转换成更多的脂肪。如果斯图要将自己从燃烧碳水化合物（糖）的循环中解放出来，他就要像瘾君子戒毒一样快速地戒掉饮食的坏习惯。他要一天到晚傻傻地吃，但只能吃肉、鱼、蛋、牛油果、蔬菜和坚果。没有豆子、水果、谷物，也没有酱油、葡萄酒、啤酒。要吃酸奶油和真正的奶酪，不能喝低脂牛奶。

饮食是第一部分，第二部分是更基本的要求：**慢下来**。菲尔解释说，冲刺跑会提升你的心率，你的身体会将心脏的猛烈跳动解读为“紧急情况”！这样，它就会去寻找那些浸泡着汽油的破布。它想要找可以快速燃烧的燃料，也就是糖。但是，只要你的身体重新习惯依靠脂肪，你同样可以快速奔跑，甚至跑得更快。

为了让斯图把心率保持在脂肪燃烧区间，菲尔给出了一个简单的经验公式：**180 减去你的年龄**。斯图 32 岁，所以菲尔给了他一个心率监测器，并将警报心率设置到每分钟 153 次，这是 148 加 5 的结果，这额外加上的 5 是因为斯图是一个接受高水平训练的专业运动员。每当监测器“嘟嘟”叫的时候，就意味着斯图必须放缓速度，甚至需要换成步行，直到心率缓下来。

① 马费通的训练方法也就是《耐力：无伤、燃脂、轻松的 MAF 训练法》中的 MAF 训练法。——编者注

整整三个星期，斯图完全按照菲尔的指导去做。但是到了法国“六日跑”的时候，他觉得自己已经受够了。其他参赛者都在开足马力奔跑的时候，他却在散步，落后于他们，这的确够有羞辱感的。他做了个鬼脸接着说，看着其他人在补给站吃小饼干和糖果这些零食，而他却只有杏仁……这些行为规范已经差不多可以算是“侵犯人权”了。不幸的是，菲尔跟着斯图来到法国，所以斯图不得不在补给站的桌上，偷偷拿小饼干并藏起来，准备待会儿趁菲尔看不到的时候，在远离补给站的地方偷偷吃。

但是，斯图在偷吃之前，注意到了一些变化。他发现这次比赛有些不同。通常在其他比赛中，他会大口地喘气，甚至下巴都要贴到胸口；但这一次他可以高抬着头，同时呼吸也很容易。斯图想起来了，在过去三个星期中，每次跑步时，他都是这样呼吸的。就大多数跑者而言，他们很少会享受风景；一旦开始疲劳，视线就会下降到人行道上，好像只能看到狭窄隧道的另一端。这时候，你不再活在当下，而是关注已经跑了多远和还需要再跑多远。斯图本来认为“痛苦是收获的必然代价”，但是自从他开始使用马费通方法训练之后，他觉得跑步其实是一件乐事。

他认识到：“产生能量的不同情况都基于具体和真实的感觉。身体是通过‘看起来’‘听上去’和‘感觉上’来了解这个世界的。当你在一个舒适的脂肪燃烧状态中移动时，视觉中的三维世界是膨胀的，具备可扩展的广阔边缘，你获得的信息是独特、可辨别的，就好像你身处3D效果的电影院之中。”

这种情况下，你在用一个猎人的眼睛观察世界。但是，如果你的心跳速度攀升，你就变成了被猎杀的对象。“一旦你切换到更具挑战性的燃糖的状态，视觉上获得的信息往往就开始向内崩塌，外围的视觉边缘也趋于消失，你的注意力会聚焦在更窄的视野内。视觉图像也倾向于扁平化，变成二维的图像，你开始感觉到自己好像正在一条隧道里奔跑，而世界就像是画在隧道的墙上一样。”

古代的狩猎–采集者就是这样把羚羊跑死的。他们不像其他的动物试图杀死羚羊，相反，他们安静、优雅、轻松地移动，视觉敏锐，呼吸完全受控，首先使用身体内最基础且无穷尽的脂肪。事实上，斯图现在基本就是这样移动的，他顺利地继续前进，悄悄追上一开始甩掉他的参赛者。三周前，斯图因为受伤而步履蹒跚，无法参与竞争；而现在，他在追赶全世界最优秀的超长距离跑运动员，并且一天下来越跑越快。斯图在整个“六日赛”中都感觉棒极了。他并没有偷吃藏好的小饼干，却刷新了920

公里的全美纪录，超过原纪录半程马拉松的距离。斯图最后荣获这次比赛的亚军，仅比冠军“野兽”慢一点，冠军是“24 小时跑”的世界纪录保持者、法国选手让–吉尔·布西凯（Jean-Gilles Boussiquet）。

试过这个方法，知道它有用之后，斯图成了“燃烧脂肪”的真正信徒。在接下来的 10 年里，他依靠这个秘诀和风格刷新了各种纪录，看起来更具艺术范而不是更辛苦。如同一位记者描述的，斯图展现出“实质上完美无缺的赛跑”。在 1 600 公里跑的比赛中，斯图不仅以 16 小时的优势击败了卫冕世界冠军，而且后 800 公里跑得比前 800 公里还要快。在他的后半生也是如此，他一直跑到 40 多岁都没有变慢，反而更强。他从洛杉矶跑到纽约的过程中，每天奔跑超过 80 公里，从而创造出新的速度纪录。美国超长距离跑名人堂是这样称颂斯图的：“无论男女，在美国没有一位超长距离跑者能在不同距离的全国性赛事中，广泛地取得如此卓越的成就。”

但有趣的是，甚至连斯图都还不算是菲尔最好的学生。相较于马克·艾伦，斯图……好吧！无与伦比的马克·艾伦。在 20 世纪 80 年代末，20 多岁的马克找到菲尔时，看上去已经有些显老了。当时，铁人三项运动对马克来说是一场毫无回报的折磨。马克总是在训练中受伤，在比赛中搞砸，要么是快要接近终点时崩溃，要么直接在中途退赛。像斯图一样，受伤的身体让他的思路更加开放。马克回忆说：“有人警告我，菲尔的方法可能近乎疯狂。”菲尔让马克骑着自行车时，远远地跟在大部队的后面；而在跑步时，则用一半的速度拖拖拉拉地晃在后面，这使马克感到尴尬至极。和马克一起训练的伙伴们认为他被洗脑了……直到 4 个月后，马克像飞一样地超过他们。马克说：“我已经变成一个有氧机器了！”马克解释说：

> 我现在能够高效率地使用脂肪作为燃料，同时维持一年前自己全力以赴才能达到的极限速度。跑步时，我完全不再担心自己处于濒临受伤的边缘。训练后，我感到充满活力，而不是筋疲力尽。

没过多久，马克就疯狂地连续取得一系列冠军。接下来的两年里，他赢下了参加的所有比赛。他一共 6 次赢得夏威夷铁人三项赛冠军，其中一次是在他退役后重返赛场，37 岁时获得的。然而，更令人惊讶的事情发生在他完全退役之后。随着时间推移，科技不断进步，自行车变得更轻，游泳的防寒胶衣变得更柔滑，经实验室测试的训练计划和营养计划变得更加成熟，但仍然没有人能够打破马克的纪录。几乎 20 年之后，才诞生另一个能够和马克相提并论的铁人三项选手。

“马克完全超越了我们的科学研究。”英国伯明翰大学的人类新陈代谢专家阿斯克·耶肯德普（Asker Jeukendrup）博士这么说，他本人也是铁人三项赛的完赛者。即使是耶肯德普跻身于耐力运动的顶尖专家之列，对那个安静的扎马尾辫的家伙在马克运动生涯中的作用也是了解得云里雾里的。迈克·皮格（Mike Pigg）也是如此，他在马克的催促下才找到菲尔。皮格一再坚称：“菲尔·马费通不是疯子。”这表明他一开始也并不确定。“我遇到他的时候，觉得自己很幸运。”皮格后来也使用马费通方法进行训练，此后一共赢得了 4 次全美铁人三项冠军，连续 25 年在比赛中保持足够的竞争力。乔治·希恩（George Sheehan）博士最后也把自己的双腿交给了菲尔博士，他本人是心脏病学家、畅销书作者，以及“马拉松的哲人之王”①。

但是说来奇怪，菲尔后来更多是为摇滚明星提供服务，而不是铁人三项运动员。一名运动员只有在超级确信，或者想在绝望的边缘赌一把时，才会从他原来的知识系统中翻转过来，而仅仅是回到原点就可能会花上他一整个赛季。但摇滚明星就不同了，他们不必面对充满怀疑的教练或企业赞助商，他们只需要在连续几个月的马拉松式音乐表演中坚持下去，在舞台上保证足够的体能。菲尔发现：“音乐家们都在寻找两件同样的事：如何获得更充沛的精力，以及如何变得更有创意。”

音乐家詹姆斯·泰勒（James Taylor）是马费通方法的早期实践者。他曾经在狂欢舞曲里高唱：“我感觉棒极了！”红辣椒乐队曾带上菲尔作为巡回演出的随行医生。数年以后，红辣椒乐队的贝司手菲乐（Flea）在 50 岁的时候，还能在暴雨中跑出 4 小时以内的马拉松成绩。2003 年，录音室里的大胡子哲人里克·鲁宾（Rick Rubin）在约翰尼·卡什临终前找到了菲尔。菲尔帮助拯救了约翰尼，助他恢复了视力，让他从 40 多种药物中脱身。卡什对此非常感激，把自己的一把吉他送给了菲尔。不过最终，卡什还是无法从丧妻之痛和化学治疗的后遗症中恢复。一天下午，卡什回头看着菲尔的眼睛，菲尔把手搭在他的肩膀上。

卡什说：“时候到了！”

在那之后，再也没有人见过菲尔博士在铁人三项赛里出现。除非你是鲁宾，不

① 乔治·希恩所著畅销书《跑步圣经：我跑故我在》已由湛庐文化策划，浙江人民出版社出版。——编者注

然没人知道菲尔身在何处。鲁宾在马里布（Malibu）有一幢与世隔绝的房子，那是香格里拉式的世外桃源。鲍勃·迪伦（Bob Dylan）和他的乐队曾在这里驻扎，他们和埃里克·克莱普顿（Eric Clapton）、范·莫里森（Van Morrison）一起即兴合奏。还有一匹电视里的明星马——艾德先生（TV horse Mr. Ed），也曾一度在这里的马厩驻留。每隔一段时间，菲尔就会出现在这个世外桃源，给鲁宾演奏一些他自己写的歌。然后他会爬回自己的车里，消失在亚利桑那的沙漠之中。菲尔就这样过着与世隔绝的生活，大概 30 年后，他才知道自己赢得了那场辩论，大家的意见已经转换过来：

连“碳水化合物的大祭司”诺克斯博士，也坦承自己错了。

33 碳水之瘾
运动者的“海洛因”

我大错特错，太对不起大家了！

蒂姆·诺克斯博士

在华盛顿特区的酒店大厅里见到诺克斯博士时，我已经饿坏了，所以我觉得我们应该先吃点东西。当时已经快到下午一点了，诺克斯整个早上都在开会，讨论他专业上的最大错误以及其他内容。在他搭乘飞机回南非老家之前，我们刚好有时间享受一顿丰盛的午餐，但诺克斯说他不打算这么做。

他说：“我今天不打算吃东西了，可能明天也不吃。”

“你可以连续两天不吃东西？”

“甚至更长的时间。有时我要停下来，想想上一顿饭是什么时候吃的。”

我难以置信地看着他。诺克斯今年 64 岁，个子很高，像伐木工人一样健壮。他现在还保留着大学赛艇手的瘦长体形，一头乱糟糟的棕色头发几乎从未好好地梳过。诺克斯看上去并不像是那种头脑中不断冒出各种待办事项列表的人。他聆听的时候会锁定重点，似乎一切都需要全神贯注，时而被逗得咧嘴一笑，开心得如同在圣诞节早晨一样。诺克斯向我保证，等我听完他的故事，这一切都会显得很合理。他建议我们去喝杯咖啡，马上开始讨论，他有很多东西想讲。

他是这样开始的：“如果你想到事情发生得如此偶然，就会觉得很有趣。”对诺克斯来说，到了 2010 年，残酷的“圣战”终于走到了尽头。从 1981 年开始，他就怀疑有人欺骗慢跑者大量喝水，并导致死亡。像佳得乐这样的公司不停地推广这种想法：“跑者需要大量饮水以避免脱水。”那些依赖赞助和广告收入的赛事总监们，以及各种跑步杂志，很快就一起加入到鼓吹这种说法的大合唱之中。突然之间，如果在比赛中，没有人给你递上一杯水，你连跑一公里都是个问题。跑者被告知，“要喝到你的眼珠子能浮起来为止”，另外，“不要依赖口渴的感觉”。

但是，从什么时候开始，口渴的感觉突然变得不可靠了？数百万年来，它一直都非常有效呀。事实上，口渴是人类进化过程中最重要的感觉之一。人类的生死存亡取决于在炎热天气里长时间慢跑的能力，我们之所以能够幸存至今，是因为身体告诉我们何时该喝水以及该喝多少。由于人类很耐脱水，所以我们可以把其他动物跑死。

诺克斯说：“在人类的进化中，我们逐渐变得善于长距离奔跑。这很大程度是因为，人类在高温中运动时，具有无与伦比的调节身体温度的能力。大脑进化出‘延迟满足喝水需求’的能力，也同样为人类长距离奔跑提供了必要的保障。如果我们要在中午的高温里追逐潜在食物，那就不会有多少水可饮用，也不会有足够的时间可用来找水。”

诺克斯开始进行调查，人类在没有佳得乐的年代是怎样跑步的。他发现老一代马拉松跑者并没有口渴的困扰。马修·马洛尼（Matthew Maloney）在1908年打破了当时的马拉松世界纪录，他说：“我嚼口香糖，根本不喝水。”迈克·格拉顿（Mike Gratton）赢得了1983年的伦敦马拉松赛，他在比赛时一口水也没有喝。传奇的超长距离跑者阿瑟·牛顿（Arthur Newton）5次获得超长距离的同志超级马拉松赛的冠军，他认为：“即使在英国天气最热的时候，42公里的跑步距离中喝一次水就够了，顶多两次。”时至今日，在非洲卡拉哈里沙漠（Kalahari）中的桑族人（San people）仍然可以在42摄氏度的高温里连续奔跑7个小时，而其间只是咽几口水。

现在，美国运动医学院得到一级赞助商——佳得乐提供的研究资金后，突然宣布说：“不能用口渴当指标，来判断在运动过程中，身体是否需要补充液体。”还有一些其他的事情也不太对劲：距离长达90公里的同志超级马拉松在以前还没有设置补给站的时候，从未有过脱水或高温疾病的问题。诺克斯指出：“这个矛盾无法被忽视，为什么‘频繁补水’成为普遍被接受的标准后，‘脱水和高温疾病’反而在马拉松和超长距离马拉松中成为严重的问题？”

以前的比赛中并不存在更多此类问题，至少不存在更多的死亡事件。诺克斯对运动员比赛后的体重进行研究，发现了一些特别之处：精英跑者比慢速跑者出汗更多。如果缺水真的导致危险，那么精英跑者是怎么完成比赛的呢？从逻辑上讲，跑得快的人应该更容易碰到这个情况。但是相反，他们在这个领域却比其他人更强。当诺克斯去寻找那些因为喝水太少而应该晕倒的马拉松运动员时，他发现……

没有人存在这个情况，一个都没有。诺克斯发现："没有任何一份医学研究文献证明，脱水直接导致了马拉松运动员的死亡。"

但如果你看看那些喝很多水的跑者，情况就完全不同了。死亡事故开始出现。在美国，有三名马拉松跑者在并不算非常热的赛事里死亡。在英国，有一位体形健美的健身教练，他本人精通如何为他的客户提供补水建议，自己却在刚完成伦敦马拉松之后就身亡了。就在同一场比赛里，有一个擅长耐力训练的专业体育科学家，躺在担架上产生了幻觉，他以为自己还在不停地奔跑。还有 8 名徒步客，他们在澳大利亚的热门徒步路线——巴布亚新几内亚（Papua New Guinea）的柯克达徒步径（Kokoda Trail）昏迷，之后再也没有醒过来。所有这些人，并不是没有补充液体，他们肯定都会补充液体。这种情况在 2000 年的休斯敦马拉松赛中也出现过，当时赛道边每 1.6 公里就会有饮料补给站，让参赛者补充液体，但还是有数十人被送进医疗帐篷急救。

这些人不是在逃命，也不是在为了寻找食物而横穿大草原。所以，**如果他们是慢慢地被渴死的，他们到底为什么不去拿一杯水喝呢？**他们怎么可能罔顾自己的生命呢？沉船事故的遇难者在救生筏上尚且能生存几个星期，这些运动员在几个小时内怎么可能会死掉呢？

诺克斯对此感到困惑。他后来发现：**这些人是被淹死的。他们的死亡不是因为喝得太少，而是因为喝得太多。他们喝得太多，以致稀释了血液里钠的浓度，导致大脑膨胀。水中毒**！一切问题的答案突然豁然开朗了。运动饮料巨头极其成功地哄骗人们相信：人类太笨了，不同于地球上其他动物，以致不知道什么时候该喝水。就连牛、小狗和婴儿都知道什么时候该喝水，但你不知道，所以你需要靠别人告知你什么时候该喝。颇具讽刺意味的是，饮料巨头通过发明这个虚假的健康恐吓，创造了一个真正的健康恐吓。他们吓唬人们，让人们误以为自己喝得太少，从而欺骗人们喝得太多。这些营销活动才是导致死亡的原因。

在体育赛事和数以千计的访问个案中，诺克斯发现其中有 12 起被证实的水中毒死亡事件。诺克斯宣称："'科学补水'只是企业想象出来的宣传手法，他们希望通过这样的营销手段，把一系列厨房里的化学品变成一个数十亿美元的产业。全靠他们，这个骗局成功了。更加让人羞愧的是，他们还假装要保护人们的生命，实际上却对生命造成了极大的危害。”

这个诈骗如此荒谬，诺克斯本以为它一旦被揭露，就会产生爆炸性反响。但是相反，他发现自己正和一群被他称为“科学黑手党”的人斗争，包括由企业提供“武器”的医生和研究人员。诺克斯越坚持饮料巨头是一个致命威胁，饮料巨头和它们收买的博士们就越铺天盖地地宣传：人类是脆弱的生物，人不能相信自己的身体。“在你口渴之前就要喝，否则你只是在玩追逐游戏，”佳得乐的营销攻势不断强调，“运动前喝，运动中喝，运动后也要喝。”

阿斯克·耶肯德普曾经发表一项研究结果，表明运动饮料基本上都是安慰剂，你可以用它漱口然后吐掉，得到的好处跟你吞下去是一样的。佳得乐知道自己应该怎么做：它马上雇用了耶肯德普。至于诺克斯，嗯，科学黑手党为此感到遗憾，现在这位受人尊敬的科学家只是一个夸夸其谈、想法古怪的家伙。在长距离跑步方面的生理学研究中，诺克斯的确可能是全世界最顶尖的专家，但他关于“过度补水”的警告只是“个人观点”而已。比如佳得乐运动科学研究所的主任就对此嗤之以鼻，他说：“在有关‘运动过程中补水’主题的广泛研究中，诺克斯的观点并不具代表性。”

诺克斯不为所动，继续为《补水》（*Water Logged*）在全世界搜集证据。《补水》是一份针对运动饮料行业的起诉书，长达400多页。在2010年12月的一个晚上，他写完最后一句，回到床上想：明天，你一定要重新奔跑起来。他专注于工作太久了，以致过去4年都没有跑马拉松，体重也增加了15公斤。他即将被一个令人厌恶的发现惊醒：

他关于碳水化合物的建议正在杀死他自己。

第一次恢复跑步时，他就发现有地方不对劲。诺克斯按计划起床，气喘吁吁地跑了将近10公里，每一步都不愉快。他觉得自己又胖又慢，好像从来没有跑过步。诺克斯的父亲和哥哥都死于糖尿病，他当然知道自己逐渐增厚的腰腹和越来越迟缓的活动能力，暗示着自己也在朝着同一个方向发展。他总是试图说服自己，跑步有助于控制体重。不过，重新开始跑步所遭受的痛苦，让他开始正视这个事实：跑步不会有用，跑步从来就没用。

诺克斯意识到:“在 41 年的跑步生涯中，我了解到锻炼的诸多好处，然而其中并不包括对降低体重的持续影响。”就算回到 20 世纪 70 年代的巅峰时期，他每天跑将近 32 公里，他的体重也只不过减少了几公斤而已，而且很快又反弹回来。他接受的职业医学训练告诉他，通过运动和控制热量摄入，可以达成降低体重的目的。但 40 年来，作为一个认真的饮食者和运动员，他自己就为否定那些医学说法提供了活生生的例证。诺克斯的上一本书已经写完，糖尿病遗传基因的定时炸弹正在嘀嗒计时。于是，他开始查找真相。

他开始像当年调查饮料行业一样，极为细致地研究营养科学，检查饮食指南背后的基础逻辑。但诺克斯的调查发现让自己闷闷不乐。他生气地发现自己被愚弄了，更糟的是：在他自认为代表正义向饮料巨头宣战期间，他自己却被另一些更致命的东西当作工具利用。食品行业使用了和饮料巨头相同的欺诈手法，但是诺克斯不仅没发现它，反而还为它提供担保和背书。几十年来，他一直倡导富含碳水化合物的饮食。他本人的理论拥有巨大的影响力,他自己甚至曾被称为“碳水化合物的大祭司”。不过，他现在终于有所醒悟：**经过加工的碳水化合物有毒。**

他愤怒地说:“巧妙的营销活动使运动员们对摄入碳水化合物拥有宗教般的狂热。他们相信除了碳水化合物，无法从其他地方获得能量。”同样的食物，诺克斯以前保证人们吃了会变得更强、更快，但实际上却是慢性毒药。这些食物让他们更肥胖，更虚弱，更易中风、患心脏病、糖尿病，以及阿尔茨海默病。

就个人而言，诺克斯的极度痛苦还有另一个不为人所知的原因。他的父亲是一个烟草经纪人，并靠此积累了不菲的个人财富。诺克斯在医学院上解剖课的时候，亲眼看见他父亲的职业如何对人类的身体造成伤害。大烟草商努力增加烟草的成瘾性，并向未成年人营销烟草，他对此深感困扰。每次他父亲签下支票来支付他的学费时，他都饱受折磨，这是“以那些吸烟者的健康为代价的，那些香烟里包含着父亲出口的烟草”。最后，诺克斯的父亲恳求他来弥补这个过错。他父亲告诉他:“蒂姆，我没能在有生之年帮助足够多的人，只能靠你了。”

现在，诺克斯发现自己一直在推动一些更易上瘾且更无耻的东西的销售，尤其是针对儿童的营销。如果他细心一点，对大规模生产的碳水化合物以及对它们的营销保持更审慎的态度，那么他本可以救很多人。他的哥哥和父亲很可能就不会受到疾病的困扰。他多么希望自己可以早些意识到以下 4 个关键证据。

人类的历史

它是一个难以忽视的真相，而真相不过是：动物脂肪造就了我们。当我们的祖先第一次在非洲大草原上游荡时，他们不是跟随着收获的农作物移动，而是跟着兽群移动。无论环境如何恶劣，只要能找到肉，他们就待在那里。200 万年以来，我们靠着狩猎得到的肉类和采集得到的根茎为生。鸡蛋、肥美的肉类以及奶酪，都是好东西，因为它们含有丰富的能量，容易保存，可以稳定地供能。只需要几百克，它提供的营养就可以让人维持一整天。

古希腊人切下脂肪最丰富的肉来向神献祭时，他们奉献的是自己最想要的那部分。只是到了最近，祭品才切换成农场种植的谷物。然后，我们看到人类平均身高在下降，肥胖症和营养缺乏症开始激增。最糟糕的一次肥胖症爆发高峰期是从 20 世纪 80 年代美国的一个灾难性试验开始的。1960—1980 年，肥胖症的患病率保持不变。但在 1977 年，美国政府开始推翻过去的传统，大肆贬低肉类，并倡导大众食用更多谷物。不久之后，美国的肥胖率开始上升，并且停不下来。

水管原理

美国的食物结构从蛋白质到谷物的转换是由安塞尔·基斯（Ancel Keys）引发的。安塞尔·基斯是明尼苏达大学的生物化学家，因在第二次世界大战期间，发明了作战部队的即食食物“K 军粮”（K-rations）而闻名遐迩。后来，他在阅读当地报纸的讣告栏时注意到，在明尼苏达州死于心脏病的人数多得异乎寻常。战后的美国和其他国家不同，美国不缺牛羊肉，于是基斯发展出一套听起来很合理的理论：

> 如果你把培根的油脂倒入水槽，水管内壁就会变厚，最终会导致阻塞。基斯假定，动脉硬化和阻塞也是同样的道理。

一个记者解释说：“基斯假设心脏病属于营养失调，与饮食中的脂肪含量直接相关。高脂肪含量的食物会提高血液中的胆固醇含量，相应地，这会增加动脉阻塞和心脏病的风险。”参议员乔治·麦戈文（George McGovern）正在尝试低脂肪的普里特金饮食法（Pritikin Diet），他觉得这个假设听起来很有道理。麦戈文本人不久就放弃了低脂肪饮食的食谱，但是他个人的放弃并不意味着其他人也应该放弃。麦戈文继续在营养方面发挥其重要的影响力。他作为全球饥荒问题的联合国全球首席代表，和参议员鲍勃·多尔（Bob Dole）一起，联手打造了全球校园午餐项目。

就这样，基本上是由于一个有权势的参议员的一时兴起，美国卫生部从1977年开始向大众灌输“脂肪致命”理论。如同《科学》杂志所说，在官方的饮食潮流爱好者的推波助澜下，大众被进一步忽悠。记者加里·陶布斯（Gary Taubes）在后来揭露，安塞尔·基斯假说的基础是他的“七国研究”项目，但他在分析过程中忽略了对这一理论不利的证据，其他国家是美国3倍高的心脏病死亡数据。死亡人数也是一个疑点，如果安塞尔·基斯假说是正确的，新的美国饮食食谱建议应该会导致心脏病发病率下降。但实际上，它反而大涨：肥胖警告生效20年之后，进行心脏病治疗的人数增加到原来的5倍，从每年120万人增加到540万人。

“大魔法师”胰岛素

你是否变得更胖或更瘦，更强或更弱，更警觉或更易昏睡，很大程度上都受胰岛素的影响。这种激素相当于你身体仓库的管理员。当糖和其他碳水化合物转化为葡萄糖并进入血液循环时，胰腺就开始释放胰岛素来想办法找地方存储葡萄糖。当你的身体需要葡萄糖时，胰岛素很棒，它给大脑和肌肉细胞提供能量，同时把葡萄糖转化为脂肪以备将来使用。当你的身体燃烧脂肪提供能量时，它还可以当导火索。

但是，也正是胰岛素容易出问题。胰岛素是在人类进化中用来处理天然的复杂碳水化合物的，比如绿叶蔬菜，而不是用来处理我们创造的简单碳水化合物，如谷物和面包。简单碳水化合物吸收得太快，你的细胞获得了足够的碳水化合物，而胰岛素还未消散，其余的碳水化合物就会被转化成脂肪，同时，在你的血液中仍然活跃着的胰岛素就会去寻找更多的糖，使你产生饥饿感。所以当你咀嚼另一个甜甜圈的时候，整个过程又重新开始。这样的循环反应被滥用多年之后，你的细胞开始停止对胰岛素的响应，它们会厌倦这些吸收葡萄糖的要求。那么，这些葡萄糖会怎么样？它们会径直转变成脂肪。

诺克斯的父亲和哥哥就是这样死亡的：他们的身体系统无法获得所需的燃料，却在储存不需要的脂肪。

脂肪作为燃料

但是诺克斯发现，还有另一条出路。一旦你的身体抛弃燃烧碳水化合物的习惯，就可以转换回燃烧脂肪的模式。诺克斯断定："理论上，如果你适应了燃烧脂肪，你应该能够通过脂肪代谢来提供你需要的所有能量。尤其对长时间的运动来说，当活动强度比较低的时候，就不需要燃烧碳水化合物。"

传奇的南非超级马拉松冠军布鲁斯·福代斯（Bruce Fordyce）对此进行了测试。与诺克斯一样，福代斯的体重在职业巅峰期过去后开始增加。但是，一旦福代斯停止吃谷物和糖，转换到高脂肪低碳水化合物饮食，他的跑步能力就开始恢复了。他在 56 岁的时候，将同志超级马拉松的个人最好成绩提升了两个小时，将 5 公里的个人纪录缩短了 5 分钟，速度从每公里耗时 4 分 36 秒提高到 3 分 30 秒。即使对年轻运动员来说，这样的进步都很了不起，更不用说他是一个将近 60 岁的人了。

尽管如此，福代斯的自我实验仍然落后了几十年。伊利诺伊大学的科学家弗雷德·库默罗（Fred Kummerow）博士从 20 世纪 50 年代开始就坚持说：动脉硬化并不是由低密度脂蛋白引起的，这些所谓的坏胆固醇存在于鸡蛋、红肉和奶酪里。库默罗问，如果低密度脂蛋白是致命的，那么为什么半数的心脏病患者有正常或较低的低密度脂蛋白水平呢？导致死亡的原因一定是其他的东西。同时，库默罗相信，凶手恰恰是美国政府推荐的食品——多不饱和植物油，如大豆油、玉米油和葵花子油。

库默罗博士告诉《纽约时报》："胆固醇与心脏疾病无关，除非是被氧化的胆固醇。"而且，大豆油和玉米油的化学结构天生不稳定，在油炸的高温下会被快速氧化，甚至在正常的消化中也是这样。库默罗用自己的身体来当实验室，他每天吃富含低密度脂蛋白的食物，包括红肉、用黄油炒的鸡蛋，并且每天喝一杯全脂牛奶。这位百岁老人，你没看错，他就是 100 岁了，他平时不吃药，精力也足够管理大学实验室。

我在华盛顿特区见到诺克斯时，他从开普敦飞过来参加为期一天的"糖尿病领域的创新"主题研讨会。那天早上，他吃掉了一大份"农夫早餐"，包括鸡蛋、香肠和培根。这样一顿饭可以支持他一整天，甚至更久。"我只不过是不觉得饿，"他耸了耸肩说，"有时候，我觉得能量逐渐耗尽时，才发现自己已经 48 小时没吃东西了。"

我问道："因此，基本上，我们是在谈论原始人饮食法吗？"原始人饮食法是基于这样的一个前提：当我们以石器时代的祖先为健康榜样时，吃的食物应该包括草饲肉、野生鱼、蔬菜、坚果和种子，同时远离米饭、面包、面条和其他以谷物为基础的农业时代的食品。

诺克斯回答："基本上是这样。"不过为了更精确，他用"班廷"（Banting）取代了"原始人"。诺克斯无法从科学的角度确认到底早期人类都吃什么，但他确切地知道，在一位体重超标的伦敦殓葬师威廉·班廷（William Banting）的菜单上到底有什么。班廷在19世纪60年代为英格兰的明星提供服务，他曾替英国最受尊敬的英雄惠灵顿公爵建造棺材。获此殊荣后，他更加受到追捧。然而，班廷的成功却把自己一步步推向坟墓，他参加了太多奢华的葬礼晚餐，所以到他61岁的时候，他的身材已经"接近球形"。班廷身高只有1米65，体重却超过100公斤。由于肚子太重，他只能倒着下楼梯，也无法自己绑鞋带。班廷的医生用尽各种处方来治疗他的肥胖症，包括节食、土耳其浴、剧烈运动、水疗静修，甚至系统呕吐法，但是他每次减掉一点体重就迅速反弹。奇怪的是，班廷的体重控制问题在他变聋之后取得了突破。一位名叫威廉·哈维（William Harvey）的听力专家断定班廷的问题不是出在他的耳朵上，而是腰围，因为血液循环不良损坏了他的耳道。于是，班廷从8月开始接受哈维医生的饮食指导。

○ 早餐：150克牛肉、羊肉、肾脏、烤鱼、培根或任何一种肉类冷盘，猪肉除外；一块小饼干或30克无黄油烤面包；一大杯茶，不加牛奶或糖。
○ 午餐：150克鱼肉或其他肉类，三文鱼和猪肉除外；除土豆以外的所有蔬菜；30克无黄油烤面包；两杯或三杯优质的波尔多红酒、雪利白葡萄酒或马德拉白葡萄酒。
○ 晚餐：100克肉或鱼，与午餐一样；一杯或两杯波尔多红葡萄酒；如果需要的话，再加上睡前饮料。

就这样，每天的早上、中午和晚上三餐，班廷都饱餐烤肉和肥美的牛排，吃奶油花椰菜作为配菜，饮美味的葡萄酒，睡前再来一口杜松子酒。同样，他充分摄入卡路里，班廷的每日餐饮提供的热量共计将近3 000卡路里，3倍于大多数减肥食谱的许可值。然而，尽管班廷处于60多岁这种减肥最困难的年龄，他还是成功地在前

5 个月减掉了 10 公斤。在一年之内，他减掉了 25 公斤的体重，腰围也缩小了 30 厘米，并且在有生之年一直保持这样的体重没有反弹。

诺克斯解释说："班廷方案是 20 世纪 70 年代阿特金斯饮食法的基础，我们不断重新发现这些相同的营养学基本原理。之后我们会忘记，然后从头再来。"

2012 年，洛杉矶湖人队开始跟随班廷的脚步。洛杉矶湖人队请了一位营养学家做咨询顾问，以便解决德怀特·霍华德（Dwight Howard）的问题。超级巨星霍华德在球队担任中锋，绰号"超人"，有着漂亮的肌肉和炮弹一样的肱二头肌。他年仅 27 岁，体形看上去很棒，体脂只有 6%，但他的双手有一点状况。营养学家回忆说："霍华德的双手看起来像戴着手套。它使我想起那些由于糖对中枢神经系统的影响而出现糖尿病早期症状和神经系统问题的患者。"血液筛查显示，霍华德的血糖水平很高，超过上限。同时，营养学评估发现他基本上"以糖为生"，他的食物满是糖果、汽水和淀粉，他每天相当于要消耗掉 24 个巧克力棒。

于是，整个湖人队，包括特权球员科比·布莱恩特（Kobe Bryant）和经验丰富的老手史蒂夫·纳什（Steve Nash）也和霍华德一起加入班廷式餐饮大改革。"湖人队的球员们不害怕健康的脂肪，不仅不害怕，他们简直像吸可卡因一样，几乎少一点都不行，"一位记者注意到，"球员们在比赛前饮用一种叫'防弹咖啡'的东西，它是用两茶匙的牧场黄油和浓稠的奶油调配而成的咖啡，奶油来自用草喂养的牛。"

科比·布莱恩特说："自从湖人队去年开始控制糖的摄入量，确保吃健康的脂肪，我能见到由此带来的显著好处。你需要在整个系统中找到一个平衡点。这个方法很适合我。"超重 10 公斤的湖人队前锋肖恩·威廉姆斯（Shawne Williams）通过加倍摄入脂肪，减掉糖的摄入，在训练营里减掉了 12.5 公斤。现在，大多数湖人队的球员吃的都是草饲牛肉、生坚果、榛子黄油、羽衣甘蓝薄片，以及草饲牛肉干。德怀特·霍华德甚至在被交易到其他球队后，仍然坚持这个饮食方法。当他加入休斯敦火箭队之后，霍华德说服火箭队的管理层开始采用班廷饮食法。火箭队的总经理达里尔·莫雷（Daryl Morey）告诉记者："我们必须做出改变，早就应该努力推动这件事了。"

对诺克斯博士来说，这是一场为期三年的科学觉醒和个人转化的旅程。他的体重恢复到 87 公斤，回到 20 多岁时的水平，他再次感觉到自己像一个运动员。诺克斯停止吃糖和加工过的碳水化合物8个星期后，前往斯德哥尔摩参加会议。当他到达时天色已暗，温度只有零下2摄氏度，但诺克斯还是出去跑了8公里。他睡了几个小时，然后起床，又再跑了16公里。他回忆说："几个星期前，我只能勉强完成5公里，我以为是因为年龄变大，但其实是碳水化合物的问题。我在两个月里减掉了11公斤的体重，这真是个大翻转。"

我们被洗脑了，以致排斥"脂肪"这个词。诺克斯说，但真正对心脏有威胁的是糖。它是损害动脉壁的腐蚀剂，会制造出凹槽，使血小板附着在上面。所以，诺克斯觉得，真正能解决心血管疾病和全球性肥胖症的方法是彻底的焦土政策。他说："全球最大的10家食品公司制造了全世界80%的加工食品。他们正在靠毒害大众获取几十亿美元的利润，他们应该被高额征税从而无法继续生存。如果不从周围拿走这些让人上瘾的食品，你将永远无法根治嗜毒成瘾的问题。"

有一些诺克斯的科学家同行认为他做得太过火了。心脏协会很快就敦促大家对这样的观点保持谨慎。就在诺克斯倡导饱和脂肪的同一天，心脏协会发出警告说："诺克斯的节食方案是危险的。"诺克斯对这个行动留下了深刻印象，他觉得：在一天内把三个错误塞到这么短的句子里挺不容易的。他反驳说，这不是"诺克斯的"饮食方法，因为这是过去200多万年间人类营养学的基础。这也不是"节食方案"，因为没有食量或卡路里的限制。而且，人类的生存繁衍甚至繁荣兴旺都靠这样的食物，它怎么可能会"危险"呢？如果这样的饮食是危险的，那么人类早就灭绝了。

与其说做得太过火，不如说诺克斯对自己这么晚才开始采取行动感到愤怒。当诺克斯刚刚开始怀疑是否错误认识了碳水化合物的时候，他就仔细研究了铁人三项传奇人物马克·艾伦的数据。马克的饮食习惯被记录得很完整。诺克斯发现马克的食物里几乎没有淀粉，也没有加工过的碳水化合物。那么马克怎么能够用2小时40分钟这么短的时间跑完马拉松呢，而且是在近1.6公里的游泳和193公里的自行车骑行之后紧接着完成的？只有一种解释。诺克斯说："我知道艾伦在完成游泳和自行车后，接着开始跑步时，他的肌肉里肯定已经没有任何糖或糖原了，所以他一定是用燃烧脂肪来支持跑步的。"

诺克斯推测说："菲尔多年前就知道这个道理，我们要用脂肪作为燃料。这正是他早在20世纪80年代说的东西。如果我们一早就开始听他的，现在肯定会很不一样。"

或者说，如果我们知道他在哪里的话。

34 菲氏燃脂
让人脱胎换骨的两周

他们从大腿上切出薄片，上面一层一层地用脂肪包裹着，
然后把生肉放在最上面……年轻人手持五齿叉站在旁边。

荷马
《伊利亚特》

菲尔·马费通曾经常年与运动员和摇滚明星保持密切联系，他知道怎么把自己藏起来。我刚开始用马费通这个名字在网上找他时，只找到一页干巴巴的内容。网页里是一些歌手和词曲作者，没有任何联系方式，也没有提到医疗或体育工作。但在一本旧的平装书里面，我找到了一条线索。

菲尔在 20 世纪 80 年代出版过一本叫《健壮和健康》(*In Fitness and in Health*) 的纤体指南。在那本书里面，我发现了哈尔·沃尔特（Hal Walter）这个熟悉的名字。哈尔是一个职业牵驴跑者，我在科罗拉多每年一次的超级马拉松比赛中见过他。在那个比赛中，运动员要在山里牵着一头帮你驮包的毛驴，一起跑上跑下。牵驴巡回赛的奖金很少，所以，哈尔在赛季结束时是一个自由撰稿人和户外作家。他就是这样认识菲尔的。哈尔为菲尔做编辑，以此交换“燃烧脂肪”的培训。菲尔教给他的东西一定很有价值，哈尔在 15 年里一共赢得 7 次世界冠军。在 53 岁的时候，他仍然能够在海拔 4 000 米的高度，用平均每公里 4 分 22 秒的速度跑 48 公里。他在持续 5 个小时或更长的比赛期间只喝湿润一下口腔的水。

我联系了哈尔，他同意帮我把消息转达给菲尔。大概一周左右，我收到一封发自“pm”的电子邮件。没有署名，只有这两个小写字母。“pm”在邮件里说，如果我有兴趣谈一下，就来亚利桑那州的欧瑞科（Oracle）。

我们家不太容易找。如果你的手机还有信号的话，到了附近就打个电

话，我会在电话里教你怎么走。不过不要指望这一点。

于是，我前往欧瑞科这个孤零零的沙漠小站，它以不明飞行物目击事件和临时地下制毒工厂而著称。离那里不远处是生物圈2号，一个把自己封闭起来的环境实验地，它故意建在那里以避免引人注目。爱德华·阿比（Edward Abbey）也有同样的想法，这个性情暴躁的作家和生态斗士在几十年前，开始使用欧瑞科作为邮寄的地址，这样就没有人会知道他在哪里。无论是在地理上还是心理上，欧瑞科似乎都不存在。

我跟随着pm的指引，穿过一条旧铁路轨道，在尘土飞扬的红土路上一路颠簸，来到一座漂亮的小屋旁，小屋周围环绕着由沙漠植物组成的人造花园。鸡在旁边的院子里刨地，不时散开躲到仙人掌背后。一个身材精瘦的人开门走出来，他相貌英俊，扎着雪白的马尾辫。

“我真的这么难找吗？”菲尔问。

“你的意思是开车的路程吗？那部分还不算坏，不过剩下的……”

菲尔耸了耸肩，带我走进房子，他的妻子卡洛伊·汤普森（Coralee Thompson）博士也在里面。她曾经在费城人类潜能开发学院担任医疗事务的主任医师长达15年之久。她说：“人们觉得我像精灵一样，在一阵烟里就不见了。”

在菲尔看来，从铁人三项博士变为“看不见的菲尔”，他的突然转变是合乎逻辑的。“燃烧脂肪”是一个智力挑战，如同做数学证明题一样，一旦把问题简洁、有效地解决，就轮到下一个挑战了。他说：“我从三岁起，脑袋里就有原创音乐，是时候发挥这个天赋了。”于是，他中止了业务，把客户委托给其他人，将纽约的家租了出去，开始到乡间漫游，直到他找到一个不会被打扰，也不会被引诱回去玩耐力运动的地方。

他太有礼貌，以致没有直接说出他住得这么偏僻的原因。他定居在这里，与狼嚎为伴，有来自卡洛伊和卡什送的吉他作陪，但主要的原因还是为了避开像我这样的人。但我的留言引起了他的兴趣。菲尔明白我来访的目的后，立刻就指出我漏掉的一个关键之处。我一直在想，是否帕迪、赞和他们的克里特同伴能够冒着危险通过山区，完成这么长距离的逃亡，应该归功于他们已经学会了燃烧脂肪来供能。但菲尔知道还有别的因素。

“你知道世界上最健康的饮食是什么？”他问。

“是地中海地区的食物吗？”

“是的。你知道它是从哪里来的吗？”

“希腊吗？”

“很接近了，是克里特。”他说。

在安塞尔·基斯的七国研究中，来自克里特岛的数据最稳定且持续，研究结果也最奇怪。安塞尔·基斯分析数据的目的是，从生活方式的角度给心脏病和中风找原因。所以，1958—1970 年，他的团队在 7 个国家连续 12 年收集生物样本。样本的核心人群是 40 ~ 59 岁的男性，覆盖意大利、日本、南斯拉夫、芬兰、荷兰、美国和希腊 7 个国家。这项研究的确有着崇高使命。安塞尔·基斯试图拯救数百万人的生命，他想通过这个研究告诉大家心血管疾病是每个人的主动选择，而非神的旨意。没有人质疑安塞尔·基斯收集到的数据，他们只是认为安塞尔·基斯进行数据分析时，应该把不符合“饱和脂肪致命”理论的那些地区的数据也包括在分析之内。

基斯大部分的希腊样本采集自克里特岛。这是一个研究过去饮食方式的难得的机会，因为这些山村的生活方式在过去 300 年间并没有改变太多。克里特农民仍然像他们的祖先一样生活：他们使用同样原始粗糙的工具，吃同样的食物，睡在同样的小屋里，放牧的羊、饲养的家禽来自同样畜牧种群的后裔。如果安塞尔·基斯的结论是正确的，心脏病是颓废堕落的现代生活方式的结果，那么这些倒退回中世纪生活的克里特人应该非常健康才对。他们的确非常健康，除了有一个地方说不通。在整体研究之中，克里特人的心脏病比率最低，但是他们血清里的胆固醇含量很高，他们对脂肪的摄入量比研究里的其他国家的人都要高。克里特岛人吃进去的卡路里热量有将近一半来自脂肪。按照安塞尔·基斯的模型，在这些山村里的克里特人应该到处都得心脏病才对。但是结果刚好相反，克里特人不仅长寿，而且体格强健。

那么，为什么克里特人比其他地区的人更健康呢？这些地区包括日本，日本人消耗的脂肪量只有克里特人的四分之一。秘密的一部分可能在于克里特人吃了什么：肉、黄油、鱼、橄榄油、野生蔬菜、核桃；同时，更重要的部分在于他们不吃什么：糖和淀粉。克里特岛不同于工业化世界的其他地区，那里的饮食方式并没有被第二次世界大战颠覆。

大部分欧洲和亚洲地区在战后迫切地需要许多援助，所以养牛的牧场被改变用途，用来种植谷物。在危急时，面包和麦片粥可以填饱更多人的肚子，而且在运输途中不会变质。在安塞尔·基斯和他的团队开始做这项研究之前的20年，芬兰就已经开始将放养畜牧的牧场转化成麦田和甜菜地，农产品再被加工成通用的添加剂，比如高果糖玉米糖浆。一位芬兰的经济分析师指出："在20世纪30年代的大萧条时期，政府鼓励农民从可出口的动物产品转移到生产基本谷物，还制订政策防止农场的收入下降，帮助整个国家更好地自给自足。结果就是：与七国研究的其他地方相比，芬兰人死于心脏疾病的比例更高。

美国的危险来自自己的繁荣。本来填饱军队肚子的巨型工厂现在将注意力转向家庭，将战争技术应用于民间，推出罐装的汤、方便的小吃和包装好的面包。在战前，款待客人的橙汁本来是不寻常的饮品，现在突然变得无处不在。军方供应商已经想出如何解决冷冻、浓缩的问题，不久后，种植者也意识到它可以作为一种"健康食品"来售卖。橙汁的产量从每年不到95万升飙升至每年超过4.35亿升。很快，橙汁进入了四分之三美国人的冰箱。紧接着，另一个轰动性的东西又来了：冷冻电视晚餐，这些包装食物的成分包含大量的糖、盐和氢化植物油。1951年，家乐氏推出了两个令人无法抗拒的爆款产品——霜糖玉米片和甜爆米花；再之后，发明了甚至连牛奶都不需要添加的果塔饼干。美国传统早餐中的培根和鸡蛋、家庭烹饪的晚餐、本地烘烤的面包，以及住宅的后花园，都逐渐消失。蔗糖、果糖、玉米糖浆和漂白面粉被广泛使用，晚餐和甜点之间已经没有差别了。

但是，克里特岛的山区什么都没有改变。大多数村庄还是自给自足，几乎没有道路与外界连通。所以，淀粉和糖的浪潮席卷世界的其他角落时，对克里特并没有影响。克里特仍然食用采摘的野生植物，用粗小米烘烤成有嚼劲的饼，用自家压榨的橄榄油煎鸡蛋。鸡当然是自己家里放养的，羊全身的每个部分都统统被吃掉。土豆在多石的高地是稀罕物，帕迪在岛上从来没听说过土豆。精致的糕点只有偶尔放纵时才有机会吃，而且和当地的面包一样几乎嚼不动。换句话说，克里特人和他们奥林匹克运动员的祖先一样，还在吃高效能的食物。

当我们坐下来和卡洛伊吃午饭时，菲尔说："就像这样！"他们准备了几乎不见血的薄切牛排和手撕蔬菜沙拉，沙拉里有西红柿、黄瓜和自制的羊奶乳酪，再配上亮澄澄的橄榄油，洒上香气浓郁的新鲜香草。从原料组成上看，这些与帕迪、赞在山洞里赖以为生的食物是一样的，适合长时间慢速燃烧。菲尔解释说："那些抵抗战士不会有来自淀粉和糖的热量，因为他们无法得到这些食物。他们在逃跑的时候需要吃一些能全天提供稳定卡路里的食物。"希腊战场上没有佳得乐补给站，逃命的时候也无法绕道去找小吃。他们的生存取决于两件事：选择慢速燃烧的食物，并让身体适应它。

菲尔很晚才弄清楚这一点，至少比毕达哥拉斯要晚一些。那位先驱数学家的业余兴趣是运动科学，他在公元前 6 世纪定居在克罗顿（Croton）之后，这个城市突然开始冒出一大堆冠军。克罗顿的运动员曾经在一次 100 米的场地赛跑中，囊括了前 7 名，同时还赢得了拳击和摔跤的冠军。克罗顿的米洛（Milo）是毕达哥拉斯的女婿，他在徒手肉搏战中勇猛无比，率兵歼灭了锡巴里斯王国（Sybaris）。他还精通摔跤，在奥林匹克摔跤比赛中常胜不衰，在 24 年间一共摘取了 31 次冠军的桂冠。

他们成功的原因是什么呢?

"毕达哥拉斯试验了特别的饮食。"根据记载，由于这套方法非常有效，所以历史学家为了"应该归功于谁"这个问题争吵了好几个世纪。保萨尼亚斯（Pausanias）说，在多缪斯（Dromeus）理解了尽量吃肉的饮食方法之后，他名副其实地统治了长距离跑步比赛，连赢了 4 届比赛，从而使他的名字变成了跑者的代名词。一个反对此观点的学派说，毕达哥拉斯首先发现了这一点，他的学生米洛"以吃肉而闻名，比多缪斯早半个世纪发现吃肉对赢取冠军的功效"。古希腊的教练精通于各种慢速供能食物之间的细微差别，他们可以区分深海鱼和近岸鱼，知道吃何种类型的海藻会带来何种相对的优势。对于猪肉，没有任何异议，他们都同意要坚持选择那些用橡子和山茱萸浆果喂养的猪，而抛弃在河边以垃圾为食的猪。

但故事发展到这里，就开始有些奇怪了。米洛退休以后，毕达哥拉斯在政治上陷入困局，然后搬走了。就这样，克罗顿的辉煌结束了。那以后，他们再也没有获得过短距离速度赛跑的冠军，再也没有诞生力大无比的勇士。无论克罗顿以前做对了什么，显然它再也没有继续那么做。甚至在那以后，再也没有克罗顿人获得任何一项奥林匹克项目的名次。这个城市里不再突然跑出强壮的年轻男子，也不再有用橡子养肥的猪的肉做的火腿。无论以前的成就多么不可思议，这一切都一去不复返了。

菲尔解释说："食物只是方程式的一半，你可以有全世界最好的燃料，但是如果没有适当的引擎，那么还是没用。它们是两个系统。你吃什么是输入系统，如何转换是输出系统。但最有趣的部分是：它真的，真的，很简单。”

“对任何人都简单，还是只对经验丰富的运动员简单？”

“对任何人都简单。”

“要多久才能学会？”

“两个星期。你只要两个星期就可以掌握它。只要两个星期，你就能够靠脂肪来跑步，像抵抗组织的战士一样。”

我隔着桌子，把笔记本推给他。

马费通开始在笔记本上乱涂乱画。为了多给他一点时间，我站起来帮忙收拾桌子，也许还可以和卡洛伊先出去散散步……

“给你。”这么快？他才写了不到10句吧？我重新坐下来，开始读菲尔写的东西。“真的吗？就这么简单？”

菲尔拿起吉他，弹唱他的歌曲给我听。天色渐晚，卡洛伊为我准备了一些特殊的在路上吃的小吃，就是那些“燃烧脂肪”的小吃。然后我上路回家，打算看看马费通方法到底有什么效果。

第一步：两周测试

菲尔在我的笔记本里“测试”两个字下面划了强调线，确保我了解到重点：这绝不是一种节食方法。他认为，节食只是个笑话。它基于一个愚蠢，甚至羞耻的概念：减肥跟意志力和牺牲有关，你太重只是因为你太懒了，把自己饿瘦就可以了。菲尔告诉我：“令人费解的是仍然有人相信节食。哪怕这个道理如此清晰，如此明显，如此不自然，但就是有人相信。”人类是狩猎–采集者，我们天生就整天寻找食物，找到之后狼吞虎咽地吃掉，每天都这样。“让自己饿着肚子”绝对是站在人类进化对立面的做法。

菲尔敦促说：“所以，想吃就吃。”重新启动你的肠胃，用人类一直以来狩猎–采集所得的食物来填饱它，而不是我们现在依赖的那些冒牌货色。他说，一旦你从淀粉食物的循环中脱瘾，把身体带回到自然的新陈代谢，你就解脱了。你会不再受饥饿的折磨，下午没有缺糖的崩溃，可以从夜宵中解脱。这14天里，你只要遵循一条经验：不要高血糖。换句话说，不要抬高你的血糖水平，避免由此导致胰岛素启动储存脂肪的反应。

两个星期后，我应该能焕然一新，从血糖角度来看，不再是一拨又一拨糖分高涨的循环。然后，一旦测试结束，我就可以逐渐把碳水化合物重新添加回食谱，看看会发生什么。如果吃一片面包感觉不错，那很好;但如果它使我感觉胀气、呆滞或者犯困，我就会知道这是因为摄入太多的淀粉，导致身体无法有效地代谢。这就是两周测试要干的事。这个方法的目的是重新激活身体里自然诊断的控制台，所以不需要依靠一些减肥书来告诉你应该吃什么，你从自己的身体就能得到即时的准确反馈。菲尔解释说："实际上，你会感觉到有正常胰岛素水平和最优血糖水平是什么样子。"

于是，我回家去购物。我将购物车里装满牛排、鱼、西兰花、牛油果、罐头鱿鱼、金枪鱼、番茄汁、圆生菜、酸奶油和腰果。腰果论桶买，在我受到诱惑时就吃腰果。在"可以吃"的列表中还有：鸡蛋、奶酪、全脂奶油、干白葡萄酒、苏格兰威士忌和洋葱调味汁。

但没有水果、面包、米饭、土豆、面食或蜂蜜；没有豆类，这意味着没有豆腐或任何豆角。没有薯片，没有啤酒，没有牛奶或酸奶；也没有火腿熟食或烤牛肉，因为它们往往已经添加了糖。如果是你自己煮的火鸡也可以，但即使如此，你还是要小心。我本以为自己准备了好几顿饭的完美搭配方案，在冰冻食品区拿了一堆小黄油球，事后检查标签时，才发现它们都添加了糖。

"鹰嘴豆对血糖是相当温和的，"我自己做了一点研究之后，给菲尔发送电子邮件时说，"所以，我想为鹰嘴豆泥做说客。"

"第一步的第一条规则：没有说客。"他回答说。

我不久就发现了秘诀，那就是一次解决一顿饭。早餐很容易：我兴致勃勃地发现，从墨西哥食品区拿的那些每罐 1.98 美元的鱿鱼用来煎蛋很好，所以我会炒一些，浇上莎莎酱，然后整个上午都开开心心的。我留着腰果和辣味肉棒当作全天的零食，还学会将全脂奶油添加到咖啡里，而不是脱脂奶油。到感觉非常饿的时候才去计划吃什么，这样做能让午餐和晚餐不过界。

到第二天结束的时候，我觉得一切尽在掌握，于是我走出家门。

第二步：180 公式

我几乎连轻松跑 800 米都无法完成。天哪！我为什么感到头晕？我走了一会儿，再度开始小步跑。第二个 800 米之后，我感到气喘，疲惫不堪。我不是觉得累，实际上，当我停止跑动时，我觉得自己很强壮，可以再度开始。但是只要稍微启动，我的精力就很快耗尽，脑袋里该死的蜂鸣声又再响起。

菲尔让我在第二步时戴上跑步用的心率监测仪。一套基本的心率监测仪包括一条戴在胸部的心率带和一块显示心率的手表。根据马费通简单快捷的公式进行计算，然后设定心率监测仪在超过燃脂心率门槛时发出警告提示。要想找出你的燃脂心率范围，你只需要**用 180 减去你的年龄，然后再微调：**

1. 如果你由于受伤或患病已经停止锻炼一段时间，减去 5。
2. 如果你已经停止锻炼很久，比如刚从心脏病发作中恢复，减去 10。
3. 如果过去两年你一直在锻炼，每星期至少 4 次，数据无需再增减。
4. 如果过去两年你一直努力训练，参加比赛且有进步，加上 5。

以我自己为例：

我今年 50 岁，所以 180 − 50 = 130。

我定期跑步，没受过伤，可以把我放在第 3 类中，加 0。

所以，我燃脂的最大心率是每分钟 130 次。

这意味着只要我喜欢，就可以连续锻炼。保持快速，玩命练！不过，一旦我的心率达到每分钟 130 次，手表上的报警器开始发出蜂鸣音，我就必须缓下来，直到我的脉搏回落到燃脂的阈值以下。菲尔认为，你的身体只要不进入无氧运动区域，就会一直燃烧脂肪。当你需要更多的空气，心脏就开始砰砰地猛跳；当心跳很快时，身体会要求能快速燃烧的燃料。所以为了摆脱糖的恶性循环，你必须同时改变供给和需求，即从饮食中降低糖分，同时运动时保持在心率较低的燃脂区间。

菲尔找到这个公式完全是由于一个快乐的意外。菲尔解释说：“有氧功能强大的运动员的心率可以低至 30 ~ 40，而年轻的运动员在竭尽全力时，心率有可能达到 220 或更高。”他打算通过让客户进行大量的生理测试，得出数据来界定心率范围，从而精确地监测他们的新陈代谢从消耗脂肪到消耗糖的临界值。经过几年的数据分析，他意识到只需要将 180 减去他们的年龄，就能得到相同的结果，就好像他做了测试一样。菲尔也说不出这样的数学公式为什么会有效，它反正就是有效。

他说："180减去年龄这个公式本身并没有意义，它和最大摄氧量（VO_2 max）、乳酸阈值或其他传统方法的测量值都没有关联。"它只是刚好是一个计算最大有氧心率的捷径。菲尔很高兴，因为这个神奇的方程式允许他不再充当运动员和他们身体之间的中间人。菲尔认为，你越了解自己身体内在的信号，就越不需要再去听包括菲尔在内的其他人的话，并且你会越来越健康。那是180公式的美丽动人之处。它是如此简单，任何人只要愿意投资50美元买一套心率监测仪，他就拥有了自己的运动科学实验室。

菲尔已经在数百名运动员身上做过测试，其中包括皮格和马克这样的铁人三项运动的传奇，都得到了相同的结果：他们锻炼后恢复得更快，在竞技比赛中打破了自己过去的纪录，并且不再有慢性伤痛。他们很少受伤的原因之一是，他们不需要在身体疲劳时咬牙坚持。如果供氧不足，身体就会看上去好像要崩溃了，头低垂，双脚重击地面，膝盖歪向一边，身体也变得倾斜，你将为此付出代价。菲尔解释说："很明显，不同强度的训练会影响姿势和步态。无氧程度越高，人体力学的失真就越大。"

"但如果你总是慢慢来，"我问，"又怎么能变快呢？"

"每次训练，你都会有一点提升。"菲尔说。

你会适应的。在燃脂心率区间的锻炼越多，身体就越容易获得能量；身体越容易获得能量，你就可以跑得越快。菲尔预测我在最初几周的训练会慢得离谱。他说，如果你习惯于每公里5分钟的配速，为了不让你的心率报警器发出蜂鸣声，你可能不得不减速到每公里6分15秒，上坡时只能走路。但你会变得习惯于以每公里6分15秒的速度奔跑，并最终能够在保持心率低于130的同时一路小跑上山。过不了多久，和以往相比，我应该就能够跑得更快，而且跑得更远，同时不会到达心率阈值，也不会出现燃料供给不足。

菲尔补充说："哦，还有另一件事。如果感觉有点，嗯……糟糕，你不要吃惊！"当你的身体一开始没有糖的供能时，它可能会闹别扭。

我第一次连续跑了约4分钟的时候，就开始明白他是什么意思了。疲劳感一拨拨袭来。我调整到轻松一些的节奏，然后突然就觉得好像患上感冒一样。头晕眼花地走了几分钟之后，这感觉就会过去，然后我重新开始奔跑，这感觉又会卷土重来。这种感觉很怪诞，就像在我的消化系统里面，正在进行一场来来回回的拔河比赛。

我们需要糖！

闭上你的嘴，我们还不错。继续前进。

菲尔曾经警告过我会有这种状况，即使如此，我还是步履沉重地回家，准备未来几天可能会承受同样的辛苦。

但相反，我在第二天晨跑时却迎来了惊喜：没有头晕，只有蜂鸣声。我轻松地爬升了几百米，心率监测仪才开始报警。天色开始发亮的时候，我还没感觉头晕。暴风雨过去了，我的身体好像已经放弃挣扎，打算交出它囤积的秘密燃料储备了。我现在的挑战是，让这该死的手表警报器保持安静。每次我陷进山沟里，开始要爬出来的时候，"嘟、嘟、嘟"。爬山是最糟糕的，我试着采用腹式呼吸，希望用禅修的呼吸方法来让脉搏下降几个点，但它帮助并不大。这一整天，以及第二天、第三天，我都像骑着一辆老爷自行车一样吱吱作响。

荷兰的滑冰选手也有过类似的经历。荷兰国家速滑队在20世纪90年代初开始尝试低心率训练。这是一次勇敢的探索，因为竞争对手与他们一样爱滑冰。荷兰人面临的竞争越来越令人生畏，这些滑冰强国对手包括美国、挪威和加拿大。但不管竞争如何激烈，荷兰安心地往后退，用较为轻松的训练替换辛苦的训练。在20世纪70年代，他们有80%的训练是高强度的训练课目，到1992年，高强度训练的数量减少到50%，到2010年只剩下30%。而且，他们在冰上的时间好像也没有投入更多。一个研究小组在2014年分析了荷兰速滑队在过去38年的训练日志之后，总结说："我们在开始时假设，荷兰队多年来训练的时间总量有所增加。但分析表明，情况并非如此，他们的净训练时间并没有增加。然而，他们的成绩在持续提升。"

这值得我们深思。文雅的说法是，荷兰滑冰选手打了一场歼灭战，他们在2014年冬季奥运会上无情地碾压了赛场，甚至连现场直播的电视评论员都抱怨说，这样并不利于这项运动。荷兰男子和女子运动员加起来，将一共36块奖牌中的23块带回了家。在奥运会的历史上，从未有过一个国家能在一个项目中获得这么多的金牌。英国的《卫报》总结说："荷兰全面统治了速度滑冰运动，彻底羞辱了美国、加拿大、挪威这几个传统的竞争对手。"

荷兰人的秘诀就跟奥林匹克运动会本身一样古老。希腊人相信："跑得快"的关键是"长时间的慢"。他们称之为"疲劳训练"，古希腊运动员在20岁之前几乎没有任何其他训练。疲劳训练很原始，有点像《洛奇》的风格，也就是，徒步爬山；背着沉重的石头上山下山；把绳子挂在树枝上，然后爬绳；300 米折返跑，每一个来回少跑一步的距离，直到跑步距离减为零。疲劳训练法的教父当然是克罗顿的米洛，他的方法是：把初生的牛犊吊在肩上，每天背着它绕体育场跑，小牛在变大的同时，人也在逐渐变得强大。

两周测试的最后一天，我尝试了自己的米洛实验。是时候总结一下我坚持马费通方法的成果了。对我来说，归根到底就是一个问题："燃烧脂肪"真的有用吗？它是否容易，是否可持续，是否有效呢？如果我现在不能靠更少的食物获得更多的运动能力，而且这些食物必须能在逃命的途中很容易找到；那么，马费通方法就无法解释帕迪、赞以及其他克里特兄弟的变化：他们生活变得更困难时，身体却反而变得更强壮。

我已经知道，马费通方法在三分之二的选项中得分较高。我两周内减掉了超过 5 公斤体重，这让我的体重回到 30 年前当大学赛艇运动员时的水平。我感觉自己好像变回了青少年运动员，不仅身体更苗条了，而且身轻如燕，更容易启动和变速。有一天下午，我准备去跑步的时候，突然想起那天早上已经做了一个小时的厄万式训练。而此时，我已经彻底恢复体能，充满活力，可以再做一遍。于是，我就真的再做了一遍。让我更吃惊的是对食物的需求变化：我现在觉得像比萨饼、奶酪烤牛排和甜甜圈这些食物似乎太油腻，不再有吸引力。不久之后，这些食物可以重新进入我的菜单，但是很难想象我为什么还想选择它们。

然而，最后的考验在山上，也就是第一天让我眩晕的那个地方，同时也是后面 5 天都让我的心率监测仪不停报警的地方。之后，我一直躲着那座山，那太令人生气了。甚至当我自以为已经适应了，足以慢跑到山顶时，报警声却总是在半路上把我打败。这是最后一天了，我得成功一次。我先向上跑一段，再向下跑，以此热身，尽量轻松地开始爬升。当我经过第一天被警报的地方时，甚至都没有低头检查心率表。我上山时保持眼睛向前看，全身尽量放松，试图让脉搏慢一些，保持在燃脂心率区间。我在心中一遍遍地对自己重复一位智者朋友曾经说过的话。"首先通过专注让自己放松，"迈卡·图雷（Micah Ture）过去常常这么说，"因为就算你得不到其他结果，那么能够让自己放松也不是太糟糕。"

路程过半了，警报还未响起，我知道自己能成功。为什么不呢？如果米洛用他的方式能解决 500 公斤重的牛，我应该也能应付这 800 米的山路。离山顶只有几步之遥了，我只需要记住……

哔哔，哔哔，哔哔……

呼吸。呼吸，你这个傻瓜！就差这么一点，我由于太兴奋而屏住了呼吸，自己毁掉了这次机会。尽管如此，仅仅 14 天后，我就能通过燃脂走到这里，那么几个月后，我究竟能走多远？也许，能爬上并翻越克里特岛上最高的山峰？

35 克里特岛的弹跳

大雪纷飞中的下山之途

> 如果你真的要灭火，就扑灭它。但如果过于谨慎、心怀恐惧，你就会被烧伤。
>
> **狄奥·克里索斯托**（Dio Chrysostom）
> 古希腊哲学家
> 《金句》（*Golden-Tongued*）

我并不指望下雪会帮我解决问题。

大约在 5 月初，也就是当年帕迪逃跑的季节，我和克里斯开始追寻帕迪的撤退线路。克里特岛的春天就像其他地方的盛夏一样热。在烈日下，人们很快就会大汗淋漓。我们穿过拉西提牧场的时候，偶然发现一条天然的溪水。天气太热了，于是，我们扯下衣服，裸着跳进去泡澡。那天余下的时间，我们一边找路，一边找这种天赐的泳池。

艾达山是另一种状况。天亮时，我们站在山脚，发现通往山顶的峡谷仍然被皑皑白雪封堵。因为没有办法绕过它，所以克里斯和我唯一能走的路就是先下到溪谷，希望积雪坚固得足以承受我们的体重，然后踩着雪爬上山。如果我们想用这个方法，就必须马上出发。因为一旦太阳高升之后，积雪表面的硬壳就会疏松，我们很容易就会陷入积雪中。

"我们要爬多高？"我问克里斯。

"爬多高？"他说，"大概 3 000 米吧。"克里斯向后瞟了一眼，太阳正在我们背后照耀着山顶。我们要从大约海平面的高度出发，所以在日落前还有很长的垂直高度需要爬升。"我们出发吧！"

我们背起背包开始往山上爬，沿着碎石堆的边缘，向着峡谷的方向按照对角线迂回地前进。石头的向上坡度突然变得陡峭险峻，我们不得不用双手抓着岩石往上爬，并且使胸口尽可能贴在石头上面，以防止背包使人失重，落入山涧。我们立足处的石头既薄又易碎，两个小时后，走到手指深的积雪处时，我们终于可以松一口气了。我们顺着峡谷继续往里走，高兴地看到峡谷里结冰了，所以心想着走起来会容易些！可是没高兴多久，我们就撞穿了冰壳，臀部以下都陷进了冰里。

把自己弄出来的唯一办法是先保住腹部。我们用双手抓紧地面，一点点把自己的躯体挪出雪坑；然后，整个人平躺在雪地上用踢和游的动作，逐渐把脚完全拔出来。但是没走几步，我们再次掉了进去。我们一路不停地陷进雪坑，直到遇到一个冻成玻璃状的陡峭冰面。这个状况更加棘手，如果站不稳，可能会滑倒并向后滑，以火箭一般的速度一路往下冲，直到撞上岩石。我庆幸自己之前有几个月跟着厄万训练，可以依靠腰以下的力量，而克里斯一如既往地凭直觉就知道要怎么做。他弯下腰，四肢落地，我也在后面模仿他的动作，用脚趾踢着地面缓慢地一点点前行，同时双手尽力抓住地面。

克里斯喘着气说："现在，尝试一下在黑暗中这么做。"

当帕迪和比利从躲藏的山洞里看着艾达山的时候，他们更担心的是太阳，而不是雪。他们没有办法在一夜之间带着将军穿过艾达山，这意味着他们无论几点开始翻越艾达山，整个过程中总会遇见天亮，然后被卡在那里。最糟糕的地方是没有树的高海拔地区，比利管这种地形叫"秃头"。如果遇到巡逻飞机和追兵，他们将无处可躲。

所以他们拼命快跑。中午侦察飞机飞过后，帕迪和他的伙伴们溜出山洞继续前进。他们立即冲向低处的山坡，在黄昏前，寻找掩护的地方躲避盘旋回来的飞机。等到飞机引擎的轰鸣声消散之后，他们才再度启程。最后在黑暗中穿越雪地，努力在黎明前冲到山下。这是一场赌博，特别是考虑到将军要靠他自己的双脚行走。

帕迪发现，"斜坡对驴子来说太陡峭，路也不平顺，将军只好下来靠自己的双脚前进。将军和我们都感到很绝望，因为坡道很滑，还有很多松散的鹅卵石和页岩会随时崩塌下来"。但是，如果他们能准确地拿捏好时间，他们生存下来的机会就会增大。

乔治五兄弟在山脚下等着帕迪他们的到来，这 5 个牧羊人都叫乔治，当地抵抗军的领导派他们来做向导和保镖。乔治五兄弟迅速散开，有的在前面踩点，有的殿后监视犯人。他们领着帕迪和他的伙伴们沿着山羊小径曲折前行，爬过陡峭的岩石，在天黑前爬升到雪线的高度。帕迪说："最后，连发育不全的高山雪松都看不见了，只剩下一片贫瘠的土地。这里寸草不生，刺骨的寒风几乎能把人吹跑，深深的积雪让前进的每一步都备受煎熬。我们被浓雾包围着，接着开始下雨。我们深深地弯下腰对抗强风，东倒西歪地继续前进，连骂人的力气都没有了。"

他们浑身湿透，几乎冻僵，在 2 400 米的高山上和风雪搏斗，一方面矛盾地渴望温暖的太阳，但另一方面如果太阳出来，他们就必死无疑。他们都意识到帕迪的计划失败了，他们没办法在日出前下山。于是，在日出之前，乔治五兄弟临时准备了一份后备方案。

乔治五兄弟领着伙伴们来到一个老牧人的小屋，这是一个屋顶坍塌的石头废墟，他们至少能在风中有一个小小的躲避之处。这地方从空中看起来像一堆瓦砾，这正好能提供足够的掩护，好让他们可以等待夜晚再度降临。帕迪和比利偷偷溜到外面，收集可以速食的野菜。他们在冰冷的岩石之间找到一些灰色叶子的野菜，英国人已经开始接受并享受蒲公英的苦涩味道了。

两名英国人把早餐带回小屋时发现，乔治五兄弟正瞪着将军低声抱怨。比利意识到："我想将军一定感觉到了紧张的气氛，因为他一直很安静地独自坐在角落里，不说话。"

乔治五兄弟告诉帕迪："你有手枪，现在就使用它。"

他们怀疑将军故意在拖拖拉拉。将军知道他们在山上很容易受到攻击，所以尽可能磨磨蹭蹭地玩"拖时间"的花招。乔治五兄弟可不打算配合帕迪做老好人，他们不想被德军抓住。他们认为，应该把枪口对准将军的脑袋，让他自己选择，"要么动起来，要么死"。

帕迪表示同意，他说："你们说得对，但是这方法只能用一次。我们需要保留它作为最后的手段。"

结果后来他们发现，只不过几个小时后，他们就不得不动用最后的手段了。

夜幕降临，小分队溜出小屋开始下山。比利很快就发觉，上山难，下山更难。月亮躲在乌云里，他们被迫在黑暗中摸索着前进。如果有人摔倒，其他人也会像保龄球一样被撞倒，一直滑到满是冰砾的卵石上。他们花了两个小时才离开雪地，接下来的情况更糟。

帕迪后来回忆说："山陡峭得像一副倾斜的梯子，山上到处是水渠，下雨的时候很滑，每一步都有可能踩到松动的石块造成滑坡。我们在风中手脚并用地下山，在黑暗里好像还穿过了一片茂密的树林，越过各种形状的树枝和树叶的障碍。"他们踏出的每一步都靠信心，如果乔治五兄弟不小心把他们带上了一条绝路，就算帕迪和比利掉下山，他们也不会知道。抵抗组织本应该在山下点起火堆，清楚地发出信号。帕迪和伙伴们紧张地瞪大双眼，搜索远处的火焰。同时，比利必须向自己问一个最重要的问题：为什么？

> 为什么他们明知这个前进的方向有德军，仍然要冲向海岸边？英国会知道他们还活着吗？他们原来指望有人可以协调他们逃出克里特岛，如果找不到这个协调员，他们该怎么办？

汤姆·邓巴宾神秘失踪后，到现在还是没有任何新消息。帕迪临时想出的与开罗联系的后备通信方式也宣告失败：帕迪派了一个克里特信使携带消息到山的另一边，联系那里的电台报务员，但是那个信使被德国人拦截杀害了，还有另外两名信使几乎连出发都成问题。抵抗组织的战士斯库特·乔治（Scuttle George）回忆说："他们带回一些坏消息，德军沿着海岸在每个山村大肆进行搜捕，现在进村子就是自投罗网。他们还说，英国的舰船也不可能靠岸，等着我们登船。"

> 那么，翻过高山的意义何在呢？如果他们不知道在山的另一边是否可以上船，那么为什么还要翻过这座山呢？

但是，就算乔治五兄弟感到怀疑，他们也不会放慢前进的速度。他们飞快地冲下艾达山，在摇摇欲坠的步道上确认落脚点，路的宽度比脚还窄，周围的巨石随时会在黑暗中突然出现。要想真正成为一个英雄、一个保护者，比利和帕迪必须通过考验，而只有一个方法能完成这个考验，那就是用克里特人的办法。他们生来就能跑得更远，适应得更快，能在杀手人数比他们还多的生存条件下活下去。他们只需要帮将军找一头驴，然后就可以不停地前进，消失在荒野中。

但首先，他们必须成功下山。

克里斯和我从艾达山的山顶往下看，考虑接下来的行动方案。

我们面前没有路了。有一条细细的路看上去没有雪，但其中有一段太陡了，其余部分也有很多鹅卵石障碍物，在山边还会突然冒出小小的悬崖。也许，我们可以一直走到这条路的转弯处，期待后面的路被积雪覆盖，这样我们就可以不断地沿45度角踩上冻结的小路边沿。

“我有个办法，”我对克里斯说，“但你可能不太喜欢。”

我给他讲起跑酷，以及我在药店停车场和伦敦施工地的求学经历。我向他介绍雪莉如何弹跳着翻越过墙，以及雅玛卡什的理论，他们相信在都市的钢筋水泥森林里，不费力移动的秘密就在于掌握弹性反冲力。我曾经特意问过丹，像赞、帕迪和比利这些刚到克里特岛的新人，他们怎么能学会这种方法并迅速适应，丹对此并不感到惊讶，他回答说：“我们在城市里做的和他们在山里做的，其实是同一回事。你说起的‘克里特反弹’是一个精确的动作，你碰到一块岩石后弹开，是因为你的身体和岩石将要正面碰撞，你不能刹车，不能怀疑，你必须相信身体。”

我问克里斯：“那么，你想尝试一下吗？”

“什么，顺着山跑下去？”

“更像弹跳下去。”

克里斯踢了一下积雪，系紧背包说：“好，你先来！”

我拉紧腰带，检查鞋带。我回忆起一个跑酷学徒曾强调：“抛开外界的限制，回到先天的不费力的移动方式，利用整个身体。”这就是难以捉摸的“流动的状态”。我跳进碎石堆里，侧身滑落到斜坡中最陡峭的那一段，在滑落过程中找回身体平衡，用比大脑处理速度还要快的步法开始磕磕碰碰地奔跑起来。我跑到那个小悬崖的边缘跳下去，用深蹲的姿势落地，屁股几乎要撞到地面，然后再斜着开始冲刺。

“太棒了，”克里斯在我身后大喊，“实在是……”

我一脚没站住，摔了出去，后面的话就听不见了。

36 不思考的方式
让动作流动起来

绑架发生后的第 8 天，“屠夫”说：

克里特人，当心了！
德国的军刀将砍倒所有罪犯，
包括每一个土匪，以及英国人的每一个帮凶和雇工。

克里特牧羊人对帕迪说：

他最好小心一点，不然我们可能连他一块儿抓走。

我在岩石上失控，一直磕磕碰碰地往下滑，直到用脚跟刹住身体。我还来不及弄清楚到底发生了什么，以及自己撞得有多严重，就有隆隆的脚步声向我的头部靠近。

“你没事吧？”克里斯飞奔过来。

“是的，还好！停不下来！”我说。

克里斯看上去像第一次上溜冰场的孩子一样紧张，整个背部都很僵硬，双臂张开略微拍动，准备迎接即将到来的摔跤。我刚想喊“放松”，但还是决定闭嘴。我不想干扰他，并且一个趴在地上的家伙真的不适合给建议。在我看来，克里斯也一样尴尬。但可能对筋膜研究专家施莱普博士来说，克里斯看上去还好。施莱普就是那位将钥匙和橡皮筋甩来甩去，以演示人类回弹能力的专家。

人的身体用同样的方式工作：你只要做有节奏的运动，从头、肩、髋部到膝盖，你的核心在积累动量，你就可以无限地反弹下去，就像在拳击场内的拳击手或者玩弹簧高跷的姑娘一样。但是，当你打破节奏或失去平衡的时候，橡皮筋一样的肌腱和结缔组织就会释放出所有自由的能量。我身上就发生了这样的情况，我已经用上了一点跑酷和丛林训练中的技巧来跳跃和释放力量。不同的是，我刻意去做，而克里斯则很流畅自然。

我想，克里斯太神奇了。不过，很快我就意识到自己错了：我应该能预料到他本来就是那个样子。克里斯正是我在寻找的那种天生英雄，那个潜伏在我们中间的赫伯特、罗斯福或者“天堂双胞胎”，所以当我还在拙劣地犯错的时候，克里斯就已经能够熟练掌握这些技能了。

我在过去三年的课程中，试图把这些数据转移并存储到自己的系统之中，而克里斯在过去的 60 年里，一直在用他本能的方式来吸收这些英雄技能。和所有真正的英雄一样，他的出发点是同情心和好奇心。他有自己的混血营地，不需要到伦敦的建筑工地或者亚利桑那荒凉的前哨小站去寻找指导老师，他自己到处徒步、航海，学到的东西都放在脑袋里，随时可以再次使用。克里斯的后院小屋里塞满了地图和研究笔记，那是他尝试理解其他头脑的一扇窗口。作为一个心理学家，克里斯听活着的人倾述；在他的冒险经历中，他同样专心聆听一个老农夫讲述流传下来的故事，哪怕他不会讲那种语言。他有勇气和好奇心去品尝从未听说过的美味佳肴，他敢于钻进其他历史学家从未听说过、从未找到过的山洞。克里斯用自己的方式，自然而然地把所有东西连接起来，包括厄万、普鲁塔克、菲尔、帕迪、诺瑞娜，以及“天堂双胞胎”。无论走到哪里，他都是一个很有用的人。

我努力让自己达到那个境界，我已经做了很多正确的事。我没有做负重半蹲的力量训练，而是练习爬绳。我在家里后院的树上吊起一根 7.6 米长的绳索，作为练习工具。我遵循史蒂夫·马克斯韦尔发明的“极限旅行训练法”（Traveling Maxercist），这个功能性健身练习只需要三分钟，就几乎能挑战你可以想象到的每一个身体动作。我还跟从厄万和雪莉的教导，经常在下午练习障碍跑。我不太关注速度和距离训练，而是更多关注挑战性，比如：手脚并用地爬山，从一棵树冲刺到另一棵树，在篱笆下翻滚，在围墙上跳跃……总之，就是练习那些有用的东西。

这一切的关键在于，就像克里斯下山时候所做的疯狂转体动作，你要忘掉一切，心中只有那座山。我必须承认，自己摔倒的原因是，我一直在想着如何比克里斯更快地下山。我想要赢，而不是心怀学习的态度，但克里斯不在乎他看起来是什么样子。如同马克接受菲尔那一套慢得让人头痛的燃脂方法那样，在停止把每次训练都当作竞争之后，他才真正开始征服铁人三项。克里斯从英雄榜样那里学到很多，他了解要“放下”才能收获回报。你需要不停地学习技能，做好准备，等待时机成熟。

现在看着克里斯用克里特人的弹跳方式，从高山上飞下来，就像是看着帕迪、赞和彭德尔伯里在行动一样。克里斯不是英国特工，他本来不用去完成这个不可能的任务，可到目前为止，他干得很成功、很出色。克里斯和当年帕迪所做的几乎一模一样，尽管我们是从 2 400 米的高山上出发，但他下山时看起来跑得比风还快。

我催促自己在克里斯消失之前也赶紧动身。当我撒开腿开始奔跑时，我看到一小簇屋顶出现在下方，那是尼瓦瑞斯村（Nivathris）。

安东尼·左达基斯在艾达山脚下的尼瓦瑞斯附近看到帕迪和他的伙伴，忍不住惊呼："孩子们，你们在这里干什么？我以为你们已经死了！"安东尼一遍又一遍地感谢上帝，在前额和腹部画十字。

然后，他困惑地停顿下来问："你们为什么不顾我的警告呢？"

安东尼帮助帕迪绑架将军并杀死将军的司机后，在小分队的前面穿过艾达山，侦察逃生路线。他发现情况非常可怕。德军横向连成一字长蛇阵，沿着山坡慢慢地层层推进，进行彻底的地毯式搜索。从四面八方赶往艾达山方向的德军增援部队，扬起阵阵尘土。空中不断有侦查飞机盘旋在村庄上空，用传单提醒村民在现金奖励和血腥复仇之间谨慎选择。

安东尼给帕迪潦草地写了一封急信，交给一个知道他们藏身之处的信使。在狭窄黑暗的山洞里，帕迪借助手电筒的微光匆匆看了一眼：

> 以上帝的名义，今晚过来！

今晚？这时候周围都是德军，安东尼到底为什么要让他们离开山洞？这里是一个极好的藏身处，又深又黑，厚厚的荆棘遮盖着薄缝入口。就算你在它几厘米外通过，也看不到任何东西，"屠夫"的军队就是这样错过了他们。洞外到处是德军的叫喊声和靴子跺脚的声音。

斯库特·乔治推测说："我认为，是侦查飞机在没有树的空地那里发现了我们。搜索部队仔细搜查着村庄的每寸土地，发射照明弹，还开枪。他们大声喊'克莱佩，大声喊，别害怕'。"

将军听到他的部队接近时暗暗得意。他告诉帕迪："也许，你和你的伙伴很快就将变成我的囚犯了。"

斯库特看到帕迪低下头紧紧盯着将军，这时，他终于能认清这个领导人是否值得依靠了。帕迪故意慢吞吞地说:“你休想从这些人手里逃走,他们准备现在就杀了你。无论你的部队靠得多近，开口求救这件事你最好连做梦都不要想。”

将军没有作声。夜深后，帕迪决定不顾自己的疑虑，相信安东尼的判断。离开山洞似乎有点愚蠢，但帕迪和马诺利·帕特拉基斯都受到了这封信的影响，认为它“紧急而精确”。安东尼没有建议他们马上来，他只是确信他们如果不来就会死掉。当小分队爬出山洞时，天上开始下雨，然后是雨夹雪。他们小心翼翼地摸索着通过黑暗、冰冷的树林，想办法到达和安东尼约定会合的地点。在一小丛橡树林中，有个水槽藏在一堆圆木里。

但是，安东尼不在那里。

他们颤抖着在黑暗中等了两个小时，天慢慢变亮，他们也越来越紧张。最后，他们决定不再等下去了。克里特人带着帕迪和比利下山，来到安东尼家所在的村子旁边。他们爬进一条沟壑，里面覆盖着厚厚的百里香和桃金娘。帕迪想：可怜的安东尼，先是汤姆不见了，现在是他。帕迪知道，只需要一颗子弹就能让安东尼停下来。只需要一颗子弹，或者……

帕迪又拿出那封急信。他和马诺利扯着一件外套盖在头上，用来隐藏手电筒的光束。他们脑袋凑在一起，重读这封邮件。

“以上帝的名义，今晚过来！”对啊。这正是他们做的……

那是什么？在“今晚”后面，信纸有点皱巴巴，有点潮湿。帕迪把纸条摊平，理顺皱纹，出现了“不要”两个字。不知为什么，他们漏掉了整份邮件中最重要的词：

以上帝的名义，今晚**不要**过来！

老天啊！安东尼一定是看到德军肩并肩向帕迪的山洞方向移动，所以他恳求帕迪在德军通过前保持隐蔽；但相反，小分队近距离与德军擦身而过，到达了山的另一侧。

最后，在那天早上，乔治五兄弟中的一个在村子里找到安东尼，并把他带到了小分队的藏身处。安东尼大喊：“上帝真的存在！你们都应该修建教堂感谢他，而且是大教堂！你们是怎么通过搜捕网的？整个地区到处都是德军，成百上千的德军，你们是从哪里下山的？”

帕迪一下子就明白了：“德国人聚集在大道上，因为太分散就容易导致迷路。前方的旷野看上去都是一片朦胧的山峰和峡谷，大部队在荒野中很难一直保持队形，甚至无法保持相互之间的联系。除非慢慢地蠕动，否则在几公里之内，无法相互听见和看到相邻的部队。”在漆黑的夜晚里，路面还结冰，“屠夫”的部队出于本能不断聚拢到大路上，防止有人掉队。因为土匪喜欢隐藏在黑暗中，对落单的士兵下手。显然，这也给帕迪的小分队留下了一条狭窄的走廊，让他们有机会溜走。

“德国人现在在哪里？”帕迪问。

“全都跑到艾达山里去追捕你和将军了。”安东尼高兴地说。

帕迪欣喜若狂，但是没能高兴太久。安东尼说，帕迪原指望用来撤离的那两个秘密海湾，现在都不能用了，“屠夫”派了队伍在那里昼夜守护。甚至在小岛最边缘的普雷维利修道院也被监视了，盖世太保正在审问修士。帕迪发现：“德军封锁了我们离岛的出路，我们不得不从头开始。”他们逃出了“屠夫”的搜捕，但还得想办法逃出克里特岛。

不过，他们还有最后的希望。帕迪最欣赏的“逃犯”正在前来与他们会合，那就是挡不住的乔治·塞科达克斯。乔治猜测帕迪可能需要他的帮助，所以就穿过北部的山区，跑来寻找他的藏身之处。除了乔治，他的追随者雅尼·凯西亚斯（Yanni Katsias）也来了。帕迪称凯西亚斯是“一个韧劲十足的赤足巨人”，如果谁敢挡他的路，就会被割开喉咙。凯西亚斯是一个被悬赏通缉的偷羊贼，有 20 条人命被算在他的头上。帕迪知道他为什么愿意跟乔治一起来。乔治曾经背着一个小女孩狂奔，从而躲过了德军的屠杀，而凯西亚斯就是那个小女孩的父亲。自从那天乔治冒着生命危险，从德军的手里救出他的孩子后，他就打算以命相抵了。

有了乔治和他结拜兄弟的帮助，帕迪开始重新构思一个全新的计划。距离藏身处 5 小时路程有一个村子，帕迪曾在那里藏了一套女式克里特民族服装。乔治能找到这套服装，并且马上返回吗？

“不必担心！”乔治说。

太好了！接下来，帕迪就伪装成一个牧羊人，和乔治一起去侦察海岸线。在走私者熟悉的乱石嶙峋的海岸线上，英国的舰船一定可以从某些被遗忘的角落溜进来。比利留在后方负责看管并隐藏好将军。尽管比利不懂希腊语和德语，同时也不清楚自己到底在哪里，但却能在这里附近渺无人烟的峡谷迷宫里躲起来。周边的帕特索斯村庄（Patsos）里有个好心人给他们带来了一头驴，还陪他们一起逃跑。这个年轻的乡下男孩叫约戈斯·佩塔克斯（Yiorgos Pattakos），其他游击队队员叫他“坚定无畏的帕里卡里（Palikari）”，“帕里卡里”的意思就是“真正的英雄”。

“约戈斯·佩塔克斯？”有声音问，“你们在找约戈斯·佩塔克斯？”

克里斯和我走进帕特索斯村，村民在村咖啡馆的前门廊帮我们卸下被汗水浸透的背包。这个所谓的村子其实就是不多的几所房屋，在山谷底下紧紧挤在一起。在外人看来，这个村子的最强烈的愿望似乎就是永远不要被注意到。天气对此有所帮助，我们穿过漫无边际的潮湿的高原沼泽，徒步前往帕特索斯时，就在大雾中迷路了。我们绕着马蹄形的河谷打转，感觉就像在安第斯山脉的高地上，最后不得不沿着自己的足迹绕回去，直到最后太阳透过浓雾，我们才看到远处闪烁着窗户反射的微光。

克里斯在咖啡馆里向一位老妇人出示了介绍信。她举起一根手指说：“等等。”接着，她拨通了挂在墙上的电话，把话筒递给克里斯。

一个沙哑的声音问：“是你有兴趣找约戈斯先生吗？”

“是的，我们希望到……”

“我离你那儿大概 2 小时的车程，等我 90 分钟。”

克里斯和我坐下来，对着一份超大份希腊沙拉和一盘奶酪狼吞虎咽。还没吃完，一辆黑色的越野车就已沿着窄窄的路呼啸而至！快到我们面前时，它急刹车停了下来。一个彪形大汉下了车，他胳膊粗壮，胸部厚实，下巴看起来也很有力，感觉能咬碎核桃。大汉脱下外套，皱起眉头盯着咖啡馆，脑袋像坦克炮筒一样慢慢转动，一桌一桌地扫描着，直到目光锁定在我们身上。这时，他的脸上露出了笑容。

“克里斯多夫！”他带着口音叫着克里斯的名字。

“很高兴见到你，瓦西利奥斯（Vasilios）。”

“你真是个说话算数的人，你回来了。在电话里我没听出你的声音。”

克里斯是几年前遇到瓦西利奥斯的。当时他和皮特一起寻找绑架小分队的一个藏身之处，尽管一开始毫无头绪，但最终找到了。比利曾描述说，那是悬崖下面的一个小裂缝，靠近这个山洞附近还有一个隐秘、诱人的瀑布，甚至连将军都忍不住脱衣服下去游泳。一个牧羊人把他们带到瀑布之后，克里斯和皮特找到了前往帕特索斯的路，在那里他们认识了瓦西利奥斯。瓦西里奥斯是希腊特种部队的潜水战斗员和伞兵，他的母亲就是村咖啡馆的老板娘。瓦西利奥斯和怀特兄弟相见恨晚，很愿意告诉他们关于这个小村子当年支持抵抗力量的故事。克里斯答应他以后会再回来，但从瓦西利奥斯的反应来看，应该很少有游客愿意重返帕特索斯。

克里斯问："约戈斯先生还健在吗？"

"健在，"瓦西利奥斯困惑地说，"他就在这里啊。"

我们转过身，才第一次注意到有一位戴着灰色贝雷帽的老绅士靠墙坐着，握着手杖，凝望着小山。瓦西利奥斯蹲在他身边，安静地和他说了几句，然后招手示意我们过去。我们把椅子拉到这位了不起的幸存者身边，开始听他讲故事。他把我们带回那场持久的噩梦中，当时，他被要求在家人和国家之间做一个选择。

瓦西利奥斯给我们做翻译："村里只有一头骡子，是属于考克拉斯（Kour Koulas）家的……"

当德军伞兵最早出现在克里特岛上空时，约戈斯还是一个少年。他和考克拉斯家的四条腿牲口不晓得怎么都幸存下来，逃过了爆炸、焚烧、大屠杀，还避开了德军抢人做劳工的搜捕行动。帕特索斯这样的山村里，一头骡子可以用来救命。紧急情况中，人们就靠骡子把受伤的孩子带去看医生，把粮食带给被困在山上挨饿的人。整个村庄都需要依靠这头牲口。所以，当山上传来小道消息说，有英国士兵受伤了、需要一头骡子来帮助他们躲过德军搜捕的时候，最聪明的回应应该是低下头，闭上嘴。

然而，骡子的主人却抓着挽具，把骡子交给了约戈斯。约戈斯解释说："他们说那个军官是英国人，因为他们知道我们绝对不会把骡子交给一个德国人。"他带着他妹妹拎了一篮子食物，走到小分队的藏身地点。有 10 个游击队队员等在那里，还有一个魁梧的老男人身披黑色大衣。约戈斯说："我的妹妹递给大家一瓶葡萄酒和一些奶酪。有一个人说'别忘了我们的警察表哥'，这是他们给将军起的外号，出自他的长大衣。将军脱掉大衣撒尿时，有一个和我们一起的男孩亲眼看到他胸前的德军勋章，害怕得逃跑了。直到亲眼看到，我们都无法相信他们真的俘虏了一个德国将军。"

出发的时候，约戈斯帮助将军骑上骡子。约戈斯手指着咖啡馆门前的路，告诉我们："当年我们领着小分队走的就是这条道。每位帕特索斯的居民都看到他了，但我们什么都不会说，连告诉鬼魂都不会告诉。"

"我们绝对不会出卖秘密！"瓦西利奥斯拍着桌子大声说。

“绝不会，”约戈斯表示同意，“所以德国人永远不可能烧死我们。没有人是叛徒，所以他们根本不会知道。”

出了村子后，小分队开始爬坡进山。约戈斯说：“突然间，骡子跳起来把将军抛下来，弄伤了他的肩膀。”约戈斯帮将军再骑上去，但骡子又再次把他抛落。这次将军伤得更重，他需要用绑带吊着胳膊。约戈斯耸了耸肩说：“看来它不喜欢德国人。”从那天起，克里特岛上多了一句谚语，以纪念帕特索斯骡子的午夜报复。

“将军会掉到你的磨盘上”，意思是即使大人物也会被干掉。

接下来的三天，在小分队爬山逃跑时，约戈斯成了将军的私人护卫。就在绑匪们离开帕特索斯的同一天晚上，“屠夫”的军队包围了村子。“他们挨家挨户地搜查，但是什么也没发现，于是抓走了40个村民当作人质，”约戈斯的表弟乔治·哈洛寇波斯（George Harokopos）回忆说，“幸运的是，经过彻底但毫无结果的审讯，他们全部在5周后被释放了。”

太危险了，德国人正在一步步靠近，但更令人担忧的是，德军正在变得越来越聪明。自从战争爆发，克里特人晚上一直睡在树林里，以此避免在黎明前被德军包围在村庄里面。这种策略曾几乎万无一失，直到德国人急于找回将军，开始变得越来越狡猾。

哈洛寇波斯解释说：“入侵者用了一套新的办法。德国人开始躲藏在树林和田地里的关键位置，早上，他们让毫无猜疑的村民带着自己的牲畜离开村庄到田间干活。等到村民们走近时，德军才突然跳出来。”每当小分队以为终于可以稍作喘息时，就会有探子带来新的警告。一天晚上，当绑匪们躲在茂密树丛里吃东西的时候，一个牧羊人冲了进来。

“我的朋友们，快起来！”他喘着气说。

有100多名德军正乘卡车顺着土路，朝他们扑过来。约戈斯和哈洛寇波斯带着比利和将军，匆匆躲进山沟旁的一个狭窄山洞里，其他小分队的成员则在树林里散开。几分钟后，就在他们躲藏点的西边，开始传来机枪扫射和手榴弹爆炸的声音。约戈斯和他的表弟准备好武器，但还没有来得及开火，德军的射击声就消散了。原来是当地的抵抗组织的战士在悄悄地掩护绑匪们。当德军车队靠近时，他们开火把德军吸引到了错误的方向。

从躲藏处出来后，一行人就到了约戈斯不熟悉的地方。于是，约戈斯把比利和将军交给新的向导。不过，他的表弟仍然和绑匪们在一起。他的表弟后来回忆说："约戈斯后来带着考克拉斯家的骡子回去了。不过在将军受伤的情况下还能走得这么快，全靠那头好骡子。"约戈斯偷偷地穿越德军的巡逻网，几天后平安回到家里。

我说："我可以问一个问题吗？如果现在让您重新选择，您还会那么做吗？现在，您已经 91 岁了，回过头看，德军可能会杀害整个村子的人。让你的家人置身险境是一个明智的决定吗？"

瓦西利奥斯开始翻译，但他还没译完就爆发了。他忍着愤怒说："这村子里的人全都是爱国者！"但是，约戈斯平静地举起手。

约戈斯说："这个问题问得好！"之后，他给出了让我思索很久的答案。约戈斯回答说："你从小就生活在这样一个小地方，一直被教导要给予别人帮助，而不是等着别人帮你。当你的邻居有需要帮助的时候，他需要他认识的那个你，不是军人，不是警察，而是你。如果你没有出来帮助他，你就需要有一天看着他的眼睛当面给他解释。"

瓦西利奥斯专心致志地倾听，克里斯不得不提示他接着翻译。"德国人不懂我们，他们以为自己不会输，"约戈斯继续说，"他们认为不需要看着别人的眼睛当面解释。他们认为自己的所作所为不会得到报应。我相信，这就是我们能够打败德国人的原因。因为我们必须对其他人一一回应，而德国人不这么做。"

哪怕差点无法从苏联前线生还，哪怕仍被囚禁在荒野中，克莱佩依然相信希特勒会获得最终的胜利。约戈斯的表弟开玩笑说，因为盟军即将胜利，所以克莱佩是他们能绑架的最后一个德国将军。克莱佩真诚地回应说，德国是不可战胜的。他说："'大西洋防线'是牢不可破的。如果盟军试图在法国或其他低地国家登陆，他们会被迎头痛击。"德国可能会暂时被压制，但盟军最终将会精疲力尽，只能求和。就像现在这一刻，"屠夫"让帕迪和他的绑架团伙疲于奔命。

当然，帕迪和他的克里特朋友喜欢通过游戏来享受自己的荣耀时刻，克莱佩称它为"炫耀的恶作剧"。不过，游戏时间即将结束。每过去一天，"屠夫"的军队就接近一点。德军从山上扑下来，遍布海岸线。他们在过去几天里，连续两次错过拯救克莱佩将军的大好机会。克莱佩也能够看得出帕迪已经精疲力尽了，就连帕迪自己也知道。帕迪发现：“我的右胳膊感觉越来越奇怪，不是感到疼痛，而是既无法伸直，也不能抬高。”绑匪们寡不敌众，还缺少武器，他们早晚会无计可施。克莱佩知道，这个小小的英雄幻想即将面临一个无法避免的痛苦结局。

约戈斯继续说，大概是 1944 年 5 月 10 日，帕迪完成乔装侦察任务回来了。约戈斯的表弟当时也在现场，他一眼就知道有事要发生。哈洛寇波斯回忆说：“夜已深，帕迪回来了！尽管他在过去三天走了超过 100 公里，但仍然保持着惊人的活力。”帕迪总能找到切入点，而且这一次，他有足够的理由。

“我们回来了，弟兄们，我们可能有机会。”

37 胆大妄为

英雄的逃离

苏联人在莫斯科的大门前，用疲倦的身躯成功阻挡了德国大军的洪流，但他们应将自己的胜利归功于希腊人民……克里特岛上的巨人之战是希腊对世界人民的卓越贡献。

格奥尔吉·朱可夫

苏联将军

巨人之战：

奥林匹亚众神与冥界恶魔之战。

克里斯和我把背包递放到铁丝网的另一边，然后腹部贴着地，爬了过去，开始进入“逃避追捕”的最后一段旅程。

当帕迪和比利来到橄榄树林时，几公里之外还枪声不断。在一个方向上，帕迪能听到很多村庄传来爆炸声，“听起来像一场海战”。在另一个方向，盖世太保的审讯人员正在挨家挨户搜寻，他们迟早会发现有人说了不该说的话。还有一个德军要塞在山的那边，距离绑匪不到一个小时的路程。同时，帕迪手臂上奇怪的半麻痹症状扩散到整个右侧身体，他自己也不知道到底能跑多远。

在他侦察的过程中，帕迪发现每个方向都有麻烦。“屠夫”在做沙盘推演时已经知道，绑匪们只有一条路可走：他们只能沿着南部海岸，从东向西迅速找到一个安全的海滩。不幸的是，英国的行动命令实际上帮助“屠夫”确认了他的怀疑。

有一天晚上，开罗派出搜救船前往一个英国人以前用过的登陆点附近，盲目地期望帕迪会在那里等待。当船长谨慎地向岸边发出闪亮的信号时，岸上却以机枪扫射回应。之后，附近相邻的两个村庄立即被摧毁。帕迪被告知：“那个地方已经被烧毁了，还有大量侦察兵在周围窥探。很多德国人沿着整条海岸线来回巡查，那里非常凶险。”现在，“屠夫”已经确认了绑匪们逃跑的方向，除了追击，他还可以拦截。德军开始冲向海岸，确保西部海岸线的安全。帕迪发现：“不仅在普雷维利修道院的德国驻军翻了一番，而且他们还派出一支强悍的特遣队从海上登陆。”

“屠夫”已经布好天罗地网，而且正在一步步把网收紧。帕迪和比利不得不面对事实：是时候停止向远离德国人的方向逃跑了。

现在，需要朝着德军跑过去。这看上去很疯狂。帕迪和“屠夫”正面对决时，已经侥幸逃脱好几次了。他知道，最糟糕的策略往往能收到最好的效果。当赞走进哈尼亚的市长办公室时，他预计会遇到德军军官，但德军从没想过会遇到他。帕迪在偏僻的高山上差点被抓住，这使他意识到，在“屠夫”后院的行动反而会相对容易一些。他曾在那里从一个上士的卧室里偷取一堆文件；护送一位意大利将军离开克里特首府；在岛上繁忙的公路上，上演了伏击汽车和绑架的好戏，还用游行的速度开车在盖世太保总部的大门前经过。这个计谋成功的诀窍在于：如果足够接近，敌人就会视而不见。

所以，在普定努村子（Photeinou）下面的橄榄园里，帕迪和比利知道，这里就是他们最糟糕，但也是最好的机会。这是海滩上的一片暴露的开阔地，就在德军据点的眼皮底下，帕迪他们在这里的任何行动都无异于自杀。这非常危险，但也可能会是一个完美的计划。帕迪请信使给电台报务员传送消息，然后小分队爬进普定努，准备做最后一搏。

我和克里斯压低身体，用膝盖和双手做最后的冲刺，沿着驴走的路，在小树丛里弯弯曲曲地向普定努方向前进。去年克里斯两兄弟来这里时，他们在村庄喷泉边向一位路过的老妇人展示了介绍信，那是他们遇到的第一个人。她读完介绍信后，指了指自己。她叫德斯皮娜·佩罗斯（Despina Perros），当年遇到绑匪时还是个年轻的新娘，她给比利留下难以忘记的深刻印象。

在帕迪和比利偷偷溜进树林前，德斯皮娜度过了她一生中最疯狂的一周。她的家族和佩罗斯家族本是世仇，在相安无事 80 年之后，两个家族之间的冲突再次爆发，起因是德斯皮娜的父亲杀死了一名佩罗斯家族的成员。报复性袭击你来我往，7 人丧生后，有人想出一个阻止流血事件继续发生的方法，那就是联姻。德斯皮娜被许配给佩罗斯家族最年轻的男孩安东尼。她用德军降落伞上的丝绸给自己缝制了一件婚纱，就这样，两个家族之间恢复了和平。

比利高兴地发现：“他们从订婚到结婚的速度非常快，打破了克里特岛的纪录。尽管他们订婚前的序曲有些猛烈，但在我看来，新郎和新娘都非常喜欢对方。”两个家族在没有互相掐架内讧的时候，都是忠实的抵抗力量战士。他们一听到帕迪的小分队接近的消息，就赶紧来到橄榄园。佩罗斯家族的男孩们在周边站岗放哨，同时，德斯皮娜给大家煮鹰嘴豆和小扁豆吃。帕迪和比利都饿坏了，他们立刻开动。但是将军对全副武装的佩罗斯家族心存怀疑。

克里斯和我到达普定努之后，遇到德斯皮娜的侄子斯特凡诺斯·佩罗斯（Stephanos Perros）。普定努村比帕特索斯村更小，只有不到 10 幢房子，没有咖啡馆。德斯皮娜这次刚好外出不在，所以我们拜访了她的侄子斯特凡诺斯，他家就在喷泉旁边，与怀特兄弟上次遇见德斯皮娜的地方只有几步之遥。他告诉我们：“将军以为他们会下毒，所以我的父亲特意给他煮了鸡蛋。但是克莱佩连鸡蛋也不肯碰，所以我父亲说‘将军，你得吃点东西’。”

克莱佩回答说：“我本来是将军，现在却狗屁不是。”

斯特凡诺斯把我们请到他家后花园，一边喝着自家酿制的酒，吃着一盘盘坚果和橄榄，一边给我们讲述将军在克里特岛上的最后时光。随着他的讲述，我们看向一座绿色的山丘，它从普定努一直绵延至蓝色大海。近在咫尺的希腊海洋展示着无穷的诱惑力，自古就有无数人为此葬身鱼腹。

帕迪知道，如果他们一直往西逃就会掉入圈套，被德军包围；如果他们爬回山上，就必将碰到正在下山的搜捕部队。所以他给开罗传话：就是这个地方了，他们决定赌一把。“屠夫”正全神贯注地监视着远处的海滩，而这个离德军哨所只有 1.6 公里的海滩，很可能成为他眼皮子底下的那块盲区。

开罗是否会同意他的计划，帕迪心里也没有底。开罗很可能会否定这个军校退学生的高风险计划，认为“需要交由‘公司’来处理”。不管如何，帕迪已经开始幻想，救援船上会有什么美酒，苦味杜松子酒、威士忌、白兰地，也可能是香槟……当帕迪突然听到一声“可怕的尖叫”时，他的幻想结束了。

在他们下方大约 6 米的地方，有一团东西软软地躺在地上。小分队刚从普定努村出发前往一个新的躲藏点，将军就被岩石绊了一跤，摔下了悬崖。比利觉得这件事情简直难以置信。他们一路饥寒交迫，边战边逃，坚持了大半个月，努力保证将军能活下来；但现在到了最后一步，将军却要死于他自己的意外一摔吗？绑匪们在慌乱中滑下悬崖，发现将军摔落在一堆厚厚的树叶上。他没有受伤，但仍然在愤怒地大声咒骂。比利明白："这个不幸的将军经过了 17 天的奔波，似乎已经到达他的极限了。"他们想办法让将军安静下来，继续前进。

小分队来到一个温暖舒适的山洞，在那里等待开罗的答复。这次的回复速度快得令人惊讶，他们几乎在发出信息后立即就收到了信息。开罗终于与绑匪们联系上了，他们不打算浪费这次机会。克里特岛上的每个英国电台都收到了这样的指令：

> 确认请求。接应船只会在 5 月 14 日晚上 10 点到达接应点。接头暗号是：S.B.。

"明天晚上 10 点，"帕迪收到消息后吃了一惊，"我们一定要想办法做到。"很快，帕迪把小分队一分为二。他派出比利、"活宝"乔治的结拜兄弟雅尼·凯西亚斯及其两个儿子充当诱饵，因为他们 4 个最有希望能够冲出埋伏圈。然后，帕迪和马诺利把将军从驴上面拉下来，靠双脚来走这段长路。他们在月光下走在帕迪口中的"像镰刀和匕首一样的石灰石"上面，这里属于柯里昂利提斯山脉（Krioneritis），山上的岩石能把靴子撕碎。

帕迪知道："这不是克里特岛最高的山脉，却是最陡峭的，当然也是最难走的。"他们度过了一个漫漫长夜，但仍然觉得夜晚不够长：两支小分队必须靠日出前的掩护，尽量同时靠近岸边，以便晚上上船。比利所在的"逃犯护送队"早就在运输违禁物品时习惯这种挑战，他们知道应该怎么做。在他的带领下，这一队在陡峭的斜坡上跑上跑下，他们爬山时就跟跑步一样快。

拂晓时分，他们到达海滩上方的一个瞭望台。比利掏出望远镜，发现灰绿色制服的德军无处不在。他们就处于一个德军沿岸瞭望台的上方，那里有电话可以联系到 1.6 公里外的岗哨。这一刻，比利最担忧的是他的搭档。帕迪的步态很僵硬，同时，他的痉挛反应似乎越来越糟糕。帕迪不知道自己的身体出了什么问题，以前从没有过这种感觉。

但不久之后，比利一队人高兴地看到帕迪和将军偷偷地挪进了营地。他们才花了不到 13 个小时，这让比利觉得是个奇迹。这个花花公子诗人本来几乎无法在军官训练中生存下来，在他第一次冒险时以为自己在敌后只能活三个星期，但现在他已经设法变得强大，有足够的适应能力了。他甚至可以用右手抓住囚犯翻山越岭穿过锋利的岩石，彻夜急行。如果没有克里特岛的地下英雄们的教导，帕迪和比利可能永远不能跨过最后的沙滩，安全抵达目的地。

事实上，最后反而是英国人自己军队里的训练让他们失望至极。

"用摩尔斯密码怎么拼写 S.B.?"那天晚上在沙滩上，比利低声地问。

"不知道，"帕迪低声回答，"我以为你懂摩尔斯密码。"

"我不懂。"

"你真的不懂吗？"

"我知道怎么打 SOS。"

"你在开玩笑吧！"

低沉的引擎声透过浓雾笼罩的大海慢慢靠近。比利和帕迪知道至少一个字母，也许他们可以胡乱拼写另一个字母。他们干脆利索地闪动了三次，拼出字母"S"，然后胡乱闪了几下，接着再干脆利索地闪动三次，然后又是胡乱闪了几下……船的发动机声音靠近，速度放慢，然后渐行渐远。帕迪和比利凝视着浓雾，沮丧又无奈。这时，有人在岩石后喊他们的名字。原来是被派来替换赞的英国特工丹尼斯·希克利泰那（Dennis Ciclitira），他和一个德国逃兵一起押解着两名囚犯翻过山，想和将军一起上船逃走。

"你懂摩尔斯密码吗？"帕迪和比利小声地问他。

丹尼斯抓起手电筒，开始发信号。

S……B……

S……B……

丹尼斯不停地用手电筒发信号，希望光可以穿过浓雾到达那艘逐渐远离的船，同时又希望海滩上的德国人看不到。半小时过去了，只有澎湃的海浪声在回答。比利努力地尝试，希望船能掉头回来，他甚至能听到自己围绕在耳边的心跳声。忽然，他意识有声音从海里传来，一条黑影从黑暗中穿行而来，漂到岸边。

雅尼他们和比利激动地紧紧拥抱，亲吻他的脸颊道别。比利和帕迪脱下脚上破烂的靴子，送给这几个偷羊贼、牧羊人、“活宝”和杀手作为报答，这些人会留在克里特岛上继续战斗。比利和帕迪帮将军登上小艇，接着自己也爬了上去。他们很快就没入黑暗之中。帕迪一直盯着海滩的方向，那些让他改变的人慢慢地消失不见了。

帕迪叹着气说：“离开克里特总是很不容易，于今为烈。”

如何使自己成为英雄

突然之间，我听到叫喊声、音乐声和欢呼声，意识到部队开始进城了，我朝着叫喊声竭尽全力地跑过去。

乔治·赛科达克斯

在克里特岛解放的那天所说的话

比利很享受绑架将军这件事，所以他准备回去再干一次。

把“猎物”克莱佩将军送到开罗 6 周之后，比利回到克里特岛去绑架克莱佩的继任者。这一次行动显然必须克服更多的困难，埋伏在路边再来一次，这种机会是不会再有了。现在，每位德国军官都配有全副武装的护卫队。所以，比利计划偷偷溜进将军的卧室，再用武力把他强行带走。

比利带着一小队克里特人悄悄地接近阿诺阿卡奈斯（Ano Arkhanais）村子的边缘，这个偏远的小村庄如今被新上任的将军改造成了自己的据点。快要动手的时候，他们收到警报，有 800 名德军正在快速朝他们扑来。当地其他势力对英国在希腊的影响力感到不满，于是他们向德军走漏了风声。

比利成功逃脱后，决定不再纠缠这位将军，转而把注意力投向其他人。比利开始在全岛范围内策划伏击，只要他能找到的德军，都在他的目标范围之内。在一次战斗中，他从交叉火力下匍匐前进，最终打开德军坦克的舱盖，往里面扔了一颗手雷，将它炸毁。

第二次世界大战结束后，比利选择定居埃及。在那里，他享受了一个英雄应得的待遇，迎娶了美丽的波兰女伯爵塔诺克斯莎，也就是那个在开罗管理“塔拉”的女人。他后来写了两本回忆录，讲述自己在克里特岛的冒险。不过，危险和冒险仍在诱惑他。没过多久，他丢下家庭和派对，乘船去征服太平洋的波涛。比利酗酒的毛病越来越严重，这使他 44 岁时就在牙买加去世了。

帕迪和比利押送克莱佩将军抵达开罗之后，才解开了汤姆·邓巴宾的失踪谜团。原来，当帕迪和比利穿着德军制服到会合点附近时，汤姆的疟疾不巧复发。当时的情况很可怕：汤姆身体太弱，无法摆脱德军的追捕，而他知道所有名字、地点，以及岛上支持英国特工的抵抗军网络。所以，与其冒险危及整个抵抗组织，汤姆宁愿选择让自己消失。他派遣无线电报务员去帮助帕迪，然后自己躲在一个秘密的地方。他不让任何人知道自己在哪里，也不让其他人知道他发生了什么。

汤姆后来恢复健康并重返战场。有一次，他和勇猛、忠诚的安东尼·左达基斯一起，在徒步翻山越岭的途中被德军巡逻队包围。汤姆在枪战中杀出一条血路，但安东尼受伤倒地，德国人活抓了他，给他的脚戴上镣铐，把他拖到卡车后面并开枪杀害了他。他的尸体在崎岖不平的山路上被拖行了好几公里。最后，德军把残缺不全的尸体抛弃在郊外的一个村庄，用这种黑暗时代的警告威胁其他抵抗战士。

帕迪沮丧地感叹：“当时，我本来试图说服安东尼跟我们一起走，但他犹豫了一下，然后决定留下来。我真希望他当时能决定跟我走。”

乔治·塞科达克斯也留在了克里特岛上。多年以来，乔治一直为祖国浴血奋战，但他最后得到的回报却是坐牢。

乔治被授予了大英帝国勋章，但现实总是既残忍又讽刺意味十足。由于抵抗组织的保密性，所以乔治在希腊官方那里没有参军记录。乔治后来由于当逃兵被逮捕，他告诉帕迪：“我当时被锁在小房间里，与各类人渣在一起。”乔治在狱中开始创作战争回忆录，被释放后依然笔耕不辍。他白天是修路工人，晚上回到睡觉的山洞，就在烛光下继续写作。

当帕迪多年后返回克里特岛时，乔治已经写了整整 5 本笔记本。帕迪吃惊地发现，虽然这个贫困山区的牧羊人只接受过零星的教育，但他对“抵抗力量”的回忆绝对卓尔不群。帕迪亲自把这些回忆录翻译成英文，并且说服他的出版商出版了这本英文版《克里特跑步者》(*The Cretan Runner*)。

乔治听到回忆录出版的喜讯时，正和妻子一起坐在家中的葡萄架下。他跑回屋里拿出枪，向空中鸣枪表达喜悦之情。然后，他继续下一项工作，专心把《伊利亚特》和《奥德赛》翻译成克里特的双行押韵长诗。帕迪惊叹地说："这是一项了不起且让人难以置信的成就。"

乔治耸了耸肩说，很多时候他感觉自己像独眼巨人。他说："我和波吕斐摩斯（一个独眼巨人）都是牧羊人，所以这些事情我全都知道。"

赞·菲尔丁本不愿意错过绑架，但他要去执行其他秘密行动，并且差点被枪毙。

赞没有返回克里特岛，他在1944年盟军诺曼底登陆前，被空降到法国执行一项破坏任务。他和两名经验丰富的地下情报员一起，第一次开车通过敌占区的乡间时，就被盖世太保的路障拦住了。赞并不担心，因为他的法语说得非常好，假身份证也无可挑剔，而且还和著名的逃脱大师弗朗西斯·卡默茨（Francis Cammaerts）在一起。另外，赞还有一个漂亮的故事能帮他打掩护，他准备假称自己正在为年迈的父母找一个新家，而另外两个陌生的绅士同意捎上他，让他搭顺风车。

"你说你不认识这些人吗？"盖世太保的特工问。

赞回答说："从来没见过。"

"那么，你能解释这些纸币是怎么回事吗？你们各自带的钱为什么都是连号的？"

赞和卡默茨一直以来都太幸运，以致这次有些掉以轻心。他们犯了一个大错误，他们瓜分完一叠连号的现金钞票后，每个人都随手塞到了各自的口袋里。被盖世太保当场拆穿后，他们实在无法狡辩说这仅仅是一个巧合。于是，赞和他的两个间谍同伴被拖到迪尼监狱（Digne prison），准备被枪毙。

在执行枪决的那天，这三名男子被带到监狱中庭的院子里，然后从院子的另一边走出去。有一辆指挥车在院子外等候着，三人听从命令上车后，车门"砰"地关上，然后就呼啸着离开了。原来是波兰女伯爵克里斯汀·格兰维尔（Christine Glanville）加入了自由战士的行列，她接到命令后火速前来救援，阻止了枪决。她流着泪恳求，并且彬彬有礼地行贿，这个微妙的组合说服了来自维希（Vichy）的警卫，让他们相信盖世太保犯了一个可怕的错误。她把间谍们领出门口的时候，离他们被枪毙只差三个小时了。

赞依然感到有点困惑，他说："克里斯汀从来没有告诉过我们，她到底用了什么方法来救我们。但有一点可以肯定，她是自愿冒着生命危险来拯救我们的。”赞在安定下来写回忆录之前，还前往柬埔寨冒险参加了一个秘密行动。他在那里认识了志趣相投的法国秘密特工皮埃尔·布尔（Pierre Boulle），这位法国特工曾经在越南的苦役营地里幸存下来。后来，赞把两本布尔最著名的作品翻译成英文，即《桂河大桥》（*The Bridge over the River Kwai*）和《人猿星球》（*Planet of the Apes*）。与比利一样，赞和帕迪在后来一直保持着联系。

赞于 1991 年去世，帕迪用 4 个字概括他的生平：一生豪杰。

我们也得说一说“屠夫”的故事。弗里德里克－威廉·缪勒将军在战争后期被调到前线，在那里被苏联红军俘虏。他和另一位克里特岛的继任司令官布罗依尔将军（Bruno Bräuer）一直被关押，直到希腊对他们的战争暴行做出判决。帕迪到狱中拜访“屠夫”，很惊奇地发现“屠夫”呈现出一副完全接受的心态。帕迪向他透露说，自己就是当年绑架克莱佩将军的人，缪勒听完就笑了。

缪勒反驳说：“如果是俘虏我，你可不会这么轻易成功！”没过多久，他和布罗依尔就被拉出去枪毙了。

很长一段时间，帕迪对克里特岛的秘密一直守口如瓶。

帕迪在完成绑架行动抵达埃及的时候，身体正发着烧，而且右手臂的麻痹已经蔓延到双腿。他回忆说：“一周之内，我就住进了医院，身体如木板般僵硬。”医生对此也束手无策。这是小儿麻痹症、风湿热，还是如一名医生推测的那样是创伤后应激综合征？医生告诉帕迪：“有时候，一个人的焦虑程度会比他意识到的还要严重。如果潜意识里的焦虑在一定程度上有所放松，症状可能会自然缓解。”

帕迪在医院里度过了三个月，期间用他活动自如的左手从冰桶里拿香槟喝。后来，这个麻痹症状神秘地自愈了。这病来得奇怪，去得也奇怪。

战争结束后，帕迪的故事还在继续。他又经历了好几段浪漫的恋情，还曾为了成为一名作家而尝试远离朋友们。还有一次，他想去拜访萨默塞特·毛姆（Somerset Maugham），却很快被赶了出来，毛姆称他为“服务上流社会女性的中产阶级小白脸”。与比利一样，帕迪努力在世界上寻找自己的位置，这无可厚非；但与比利不同的是，他拒绝把他亲自参与的两场伟大冒险写下来。从来没有人绑架过一位将军，也没有人在目睹希特勒崛起的同时，从荷兰一路走到君士坦丁堡，路上还抽时间做了一些其他事情，包括向女伯爵求爱、与吉卜赛人交朋友、与老公爵一起浅酌陈年白兰地。帕迪善于讲述故事，但是他拒绝述说这两个大家最想了解的故事。

但是，帕迪是怎么做到这一切的呢？在克里特岛知道了真正的英雄是什么之后，帕迪是如何使自己成为英雄的呢？帕迪应该是一个保护者、一个真正的伙伴，他的技能和力量，不会与他的意愿失衡。绑架将军后，村庄被焚烧，妇女、儿童被杀害。帕迪自己的好朋友雅尼死在帕迪的枪口之下，这的确是一个意外，帕迪的内心却无法获得平静。特别是死者的侄子在之后的 30 年里，一直发誓要替他叔叔报仇，要给帕迪的脑袋也来上一枪。有一次，他甚至已经用望远镜和猎枪将帕迪锁定。帕迪真的是克里特岛上的保护者吗，还是只是一个冒险家呢？毕竟，决定他们是否为英雄的关键之处，不是看他们自己如何讲故事，而是看他们做了什么事情。

后来，帕迪写了一篇可以被忽略的小说，还写了几本相当不错的游记，这些都是他将口头讲述故事的魔力转化到白纸黑字上的努力。后来，他找到并迎娶了自己的灵魂伴侣，一起在寂寥的希腊海岸线上建立自己的家园。在那一片英雄的土地上，他被一个宏伟的想法影响，那就是，神乎其神的技艺只存在于和其他人连接的时候。换句话说就是，英雄需要朋友……

“亲爱的赞！”当帕迪键入这几个字的时候，他的记忆像洪水一样喷涌而来。吉卜赛人和船夫、马蹄声和小提琴，以及用被遗忘的语言蹦出的若干诗歌片段；还有那个在布达佩斯舞会上的漂亮女孩，她唱了一首关于小鸟的歌。那首歌让帕迪如此着迷，以致他在后半生都用它作为签名，那是代表自由和幻想的翅膀形草书。他仿佛不是坐在打字机后，而是回到了克里特岛的山洞里，与朋友一起分享他的冒险经历。

帕迪写给赞的信后来被集结成了两本书，成为文学史上的奇迹。这两本集冒险、历史、学识于一身的书就是《时间的礼物》（*A Time of Gifts*）与《山林与水泽之间》（*Between the Woods and the Water*）。

但 40 年来，克里特岛在帕迪的心中依然是一个黑洞。在他 60 岁的时候，他接到一条来自乔治·塞科达克斯的紧急电话留言：“到克里特岛来，快！”

几十年来，乔治一直在恳求约格·曾卡拉基斯（Yorgo Tsangarakis）原谅帕迪，取消因为他叔叔的死而采取的仇杀行动。最后，约格回复乔治：“我的女儿需要一个教父。帕迪将是我的教兄，由他来给我女儿命名吧。”帕迪闻讯立即赶往机场，不久之后，他就怀抱着女婴伊奥安娜（Ioanna），这个名字是用来纪念去世已久的雅尼和帕迪的妻子琼的。当晚，在热烈的舞蹈和拥抱中，按照克里特岛的习俗，约格把帕迪拉到一旁达成了和解。

约格说：“我还有双筒望远镜和步枪，你想杀谁？”

帕迪兴高采烈地说：“这宣告了一个悲惨时代的结束，所有克里特岛的战争都在欢乐中结束了。”

2011 年，已经 96 岁的帕迪回到英国，死在了家乡。在他的悼念仪式上，有人宣读了他最后的遗言：“我爱你们，祝福你们，谢谢大家给了我一生喜乐。”

克里斯·怀特当然也在场。

致谢

在写这本书的时候，我曾在两个主题之间徘徊。一个主题是自然训练，另一个则是第二次世界大战期间，克里特岛上的一次疯狂冒险。当我和女儿谈及雷克·莱尔顿的“波西·杰克逊”系列时，突然意识到这两个主题其实是一回事，因为英雄的技艺就是自然训练的成果。所以，谢谢你们，苏菲（Sophie）和玛雅（Maya）。如果没有你们，这本书就只会剩下一半了。

当我开始研究时，我曾不断写信给帕迪，却从未收到回复，最后我几乎准备硬着头皮直接登门采访了。不过，我最终做了一个幸运的决定，先拜访了他的毕生好友、历史学家阿尔忒弥斯·库珀和安东尼·比弗夫妇。帕迪后来死于癌症，打扰他其实是一个糟糕的错误。阿尔忒弥斯和安东尼不仅热烈欢迎我，还非常慷慨地分享他们个人的见解和无与伦比的专业知识，更不用提美酒和美食了。显然，我不是唯一有这样感觉的人，我见过的每个“帕迪迷”都被这对夫妇的宽厚和蔼所感动和折服。

克里斯和皮特始终在引导我，我对帕迪的大部分了解均来自他们。我仍然不知道，为什么这对怀特好兄弟肯让笨拙的我跟随他们的脚步，不过说实在的，我很高兴他们这么做。好心的阿伦·戴维斯和克里斯托弗·保罗不仅分享了他们所知的故事，而且还带我去帕迪最喜欢的俱乐部喝酒。在俱乐部的壁炉上，我有幸看见帕迪手绘的地图。它展示出帕迪横跨欧洲时走过的路，上面还有帕迪飞鸟形状的草书签名。阿伦甚至还仁慈地帮我付清晚餐账单，因为我忘了换钱。4 年过去了，我仍然感谢他的好意。

一旦发现这本书中有任何差错，我的编辑爱德华·卡斯腾迈耶（Edward Kastenmeier）都竭尽全力让我做出修改。我敢肯定，有人会感到困惑，为什么像爱德华这么有耐心的人需要管理像我这么顽固的人。幸运的是，我还有另一位编辑的协助，埃米莉·吉莱拉诺（Emily Giglierano）妙笔生花的修改使很多段落更精彩、更闪亮。通常，我工作时总是尽量避免听到外界的评价，所以我特别感谢来自德布·纽迈耶（Deb Newmyer）对这本书预读本的正确评论。我的这位好朋友也是法外影业公司（Outlaw Productions）的负责人。如果这本书能变成第二部《纳瓦隆大炮》（*The Guns of Navarone*，一部以第二次世界大战为背景的敢死队电影），就一定要感谢德布。

最后，感谢玛丽亚·帕纳里提斯（Maria Panaritis）在早期我打算要销毁《天生就会跑》（*Born to Run*）的初稿时，火速赶到我家，帮助我回到正轨上，她给我提供了两服希腊的灵丹妙药：美食和自信心。那很管用，她绝对是英雄。

帕特里克·利·弗莫尔因精彩的回忆录而声名遐迩，他会在你最意想不到的时候讲述一个诡异得不太准确的故事。有时，他是有意识地胡说八道。例如，为了给无穷无尽的长途跋涉增添一些趣味，他会说自己骑在马上奔驰；有时候，他会错过一些连贯的细节，因为当时的冒险实在太刺激了，事后写回忆时太入迷了。这当然说得通。如果像帕迪那样生活，就不可能每天都保持实事求是地忠实记录每一件事，按部就班地做计划，并把每天日常琐事都记录到日记里。所以，在帕迪逗留克里特岛那段时间的所有记录中，他自己的版本最有诗意，同时也最令人困惑。几十年后，帕迪可以准确地告诉你，他和乔治·塞科达克斯在绑架克莱佩将军的某个确切时刻躲藏在哪里，比如，第 10 天在卓博巴西里（Zourbobasili）的山羊栅栏里。但是，他却时不时地无法确定岛上最高的山脉到底是在他前面还是在他背后；“屠夫”到底是正带着追兵紧跟着他的后脚跟，还是已经被调离了克里特岛。但是，这正是帕迪的天才之处，而且也是他成为现代历史上唯一一位成功绑架将军的特工的原因。

帕迪永远用开放的态度来迎接生活中接踵而至的刺激，如果他嗅到一些比原计划更诱人的刺激之处，他会立刻改变心意，着手进行新的安排。这种态度给他带来瑰丽诡异的故事，比如，他原本试图渗透到海地巫术邪教仪式中，结果由于原计划脱轨，他幸运地闯入一个恶名昭著的德军战俘营。同样的态度使他在接下来的冒险经历也没有按原计划进行。就像历史学家阿尔忒弥斯·库珀指出的那样，在让人精疲力竭的山区考察中，每当遇到一些似曾相识的情景，比如出现一个落单的牧羊人，一般人会心生恐惧；而帕迪却总是会和这个陌生人打招呼，和他搭讪，并聊上很长一段时间，同时让所有人都在附近停下来，踢着石头等上个 20 分钟。

他多年的山区攀爬经历中，往往不使用指南针，这意味着有些事实和他的旅途记忆偶尔会在混乱中遗失。幸运的是，有一些可靠的外部资源可以帮助帕迪重组记忆。首先，也是最重要的资源就是帕迪的传记作者阿尔忒弥斯·库珀，以及她的丈夫、军事史学家安东尼·比弗。在帕迪生命的最后几十年里，没有人比他们和帕迪更亲近了。我根本不相信帕迪本人能够比他们更好地讲述他自己的故事。当我第一次联系阿尔忒弥斯和安东尼时，他们立即邀请我到他们位于乡间的家中，回答我的每一个问题，并提出了许多我还没想到的问题。他们同样慷慨地向我介绍他们的朋友，帮我联系帕迪的社交圈，找到仍然在世的人口的一位，即赞·菲尔丁的前妻马高切（Magouche）。他们讲述的内容不仅有这本书里面的故事，还超越了故事本身，帮我塑造出比人物更加立体化的精气神。比如：年近九十的帕迪连喝 26 杯香槟之后，仍然可以口齿清晰地和你聊天；或者赞在战后多年偶遇一位德国军官，赞告诉对方，实际上他们以前曾经见过，在德军占领克里特岛期间，那个克里特岛小酒馆里跳舞的漂亮女孩就是赞乔装打扮的。

在阿尔忒弥斯研究帕迪保密许久的绑架事件的过程中，她获得了克里斯·怀特的帮助。克里斯·怀特亲临实地进行调查，发现了连帕迪都不了解的若干事情。克里斯和他的弟弟皮特追踪到一些最晦涩不清的参考资料，比如，一位年轻的克里特新娘有一天晚上给将军和他的绑架者送食物。帕迪和比利·莫斯并没有讲过她的名字，只是提及她被迫和一名男子结婚，以便用婚姻平息两个敌对家族之间的血战。克里斯找到了这位新娘，并给她看比利·莫斯的书《月光下再见》（*Ill Met By Moonlight*）。“她坚持让我们把描述她的那些段落标记出来，并且在旁边标注上她的名字：德斯皮娜·佩罗斯，”后来怀特能够把她的名字加入帕迪的故事中去，“她显然非常爱她的丈夫，现在仍然为她丈夫的去世而难过，所以我们假定这是一桩被安排的婚姻，但是有着幸福圆满的结局。”

蒂姆·托德、克里斯托弗·保罗和阿伦·戴维斯也分享了他们在追寻帕迪足迹过程中的发现。特别是阿伦，他让我大开眼界，帮助我用一个职业军人才会明白的方式来了解德军入侵和随后的抵抗运动的细节。他们带我找到许许多多的写作参考文献，我的后院办公室终于看起来像克里斯·怀特的小屋了：褪色的地图贴满墙壁，成排的出版物堆满办公室的各处地板，挤在一起。以下是一些最有用的参考书籍。

01（逃亡路上）

Ill Met By Moonlight, by W. Stanley Moss. London: George G. Harrap & Co., 1950.
比利·莫斯这本书的最佳版本是由保罗·德瑞出版社（Paul Dry Books）在费城发行的 2010 年限量版，因为那一版包含了帕迪撰写的简短后记。那是帕迪第一次在出版物上对有关绑架事件做评论。

Abducting a General: The Kreipe Operation and SOE in Crete, by Patrick Leigh Fermor. London: John Murray, 2014.
我只拿到出版前的手稿，上面还附有克里斯·怀特的评论笔记。此后，这本书就出版了，军事史学家和抵抗运动专家罗德里克·贝利（Roderick Bailey）为其撰写了优秀的前言。

The Abduction of General Kreipe, by George Harokopos. Heraklion, Crete: V. Kouvidis-V. Manouros, 1973.
乔治·哈洛寇波斯是克里特岛抵抗运动成员之一，他和帕迪一起押送克莱佩将军，由艾达山南面侧翼往下抵达海岸线。

Patrick Leigh Fermor: An Adventure, by Artemis Cooper. London: John Murray, 2012.
这是阿尔忒弥斯对帕迪一生的记述，文笔精湛，是准确的细节和个人感情的完美结合。

02（被占领的克里特岛）

The Fortress Crete, 1941—1944, by George Harokopos. Athens: B. Giannikos & Co., 1971.

Inside Hitler's Greece: The Experience of Occupation, 1941—1944, by Mark Mazower. New Haven and London: Yale University Press, 1993.
马祖尔对当年德国军事命令档案的研究，为我们提供了一个从占领者角度出发的独特视角，特别是关于德国士兵被命令，将任何希腊抵抗行为看作“拒绝承认他们国家合法权威的低等人类犯罪行为”。

Crete: The Battle and the Resistance, by Antony Beevor. London: John Murray, 1991.

On the Run: Anzac Escape and Evasion in Enemy-occupied Crete, by Seán Damer and Ian Frazer. New Zealand: Penguin Group (NZ), 2006.

Dare to be Free: One of greatest true stories of World War II, by W. B. “Sandy” Thomas. London: Allen Wingate, 1951.

03（英雄的技艺）

Justice at Nuremberg, by Robert E. Conot. New York: HarperCollins, 1983.

The Nuremberg Trial, by Ann Tusa and John Tusa. New York: Scribner, 1984.

The Cretan Runner, by George Psychoundakis. Translated by Patrick Leigh Fermor. London: John Murray, 1955.

Escape to Live, by Wing Commander Edward Howell, OBE, DFC. London: Grosvenor Books, 1947.

Greek Gods, Human Lives: What We Can Learn from Myths, by Mary Lefkowitz. New Haven: Yale University Press, 2003.

The World of Odysseus, by M. I. Finley. New York: Viking Press, 1954.

04（丘吉尔的计划）

Franklin and Winston: An Intimate Portrait of an Epic Friendship, by Jon Meacham. New York: Random House, 2003.

Churchill: A Life, by Martin Gilbert. New York: Henry Holt and Co., 1991.

The Last Lion: Winston Spencer Churchill: Visions of Glory, 1874—1932, by William Manchester. New York: Bantam Doubleday, 1983.

Inferno: The World at War, 1939—1945, by Max Hastings. New York: Alfred A. Knopf, 2011.

Adolf Hitler, by John Toland. New York: Anchor Books, 1976.

Undercover: The Men and Women of the S.O.E., by Patrick Howarth. London: Arrow Books, 1980.

SOE: The Special Operations Executive 1940—46, by M. R. D. Foot. London: British Broadcasting Corporation, 1984.

A Prince of Our Disorder: The Life of T. E. Lawrence, by John E. Mack. Cambridge: Harvard University Press, 1976.

05（诺瑞娜·班希尔和英雄的奥秘）

除了有关袭击和随后审判的新闻报道外，我还对诺瑞娜·班希尔本人、负责这起案件的警官，以及诺瑞娜学校的同事进行了访谈。

06～09（入侵和抵抗）

Hide and Seek: The Story of a Wartime Agent, by Xan Fielding. London: Martin Secker & Warburg Ltd., 1954.

Ten Days to Destiny: The Battle for Crete, 1941, by G. C. Kiriakopoulos. New York: Avon Books, 1985.

Greece and Crete, 1941, by Christopher Buckley. Athens: Efstathiadis Group S.A., 1977.

Hunters from the Sky: The German Parachute Corps 1940—1945, by Charles Whiting. New York: Stein and Day, 1974.

Greek Women in Resistance: Journals, Oral Histories, by Eleni Fourtoni. New Haven: Thelphini Press, 1978.
福通尼用第一人称的叙事手法，收集了参与抵抗运动的女性的故事，她们展现出德国军队未曾见识过的最勇敢和坚决的决心，并进行针锋相对的正面战斗。

Crete, 1941: Eyewitnesses, by Costas N. Hadjipateras and Maria S. Fafalios (with a foreword by the British special agent, C. M. Woodhouse). Athens: Efstathiadis Group S.A., 1989.

10～12（摇摆的力量）

Forgotten Voices of the Secret War: An Inside History of Special Operations During the Second World War, by Roderick Bailey. London: Ebury Press, 2008.

S.O.E. Assignment: The Story of the Special Operations Executive by Its Second-in-Command, by Donald Hamilton Hill. London: William Kimbler and Co. Ltd, 1973.

Secret War Heroes: Men of the Special Operations Executive, by Marcus Binney. London: Hodder & Stoughton, 2006.

How to Be a Spy: The World War II SOE Training Manual. Toronto: Dundurn Group, 2001.
这本书由费尔贝恩、赛克斯和其他教练编撰，是供战时特战部队的特工们实际使用的培训教学大纲和方法指导。

《游击战争的艺术》（*The Art of Guerrilla Warfare*），由科林·格宾斯撰写的 23 页的培训材料，他就是丘吉尔的特工部队的设计者和培养者。

Shooting to Live with the One-Hand Gun, by W. E. Fairbairn and E. A. Sykes. Boulder, Colorado: Paladin Press reprint, 2008.

Get Tough! How to Win in Hand-to-Hand Fighting, as Taught to the British Commandos, and the U.S. Armed Forces, by W. E. Fairbairn. Boulder, Colorado: Paladin Press, 1974.

The Close-Combat Files of Colonel Rex Applegate, by Rex Applegate and Chuck Melson. Boulder, Colorado: Paladin Press, 1998.

Wing Chun Kung Fu: Traditional Chinese Kung Fu for Self-Defense and Health, by Grandmaster Ip Chun, with Michael Tse. New York: St. Martin's Griffin, 1998.

13～17（赞·菲尔丁和约翰·彭德尔伯里）

Inside Hitler's Greece: The Experience of Occupation, 1941—1944, by Mark Mazower. New Haven and London: Yale University Press, 1993.

Auden and Isherwood: The Berlin Years, by Norman Page. Palgrave Macmillan, 1998.
这本书是佩奇深入挖掘出的一个诡异、悲剧性的传奇故事。主角是赞·菲尔丁的第一个，也许也是最重要

的导师弗朗西斯·特维尔·彼得，即“德·弗朗尼”。

The Stronghold: An Account of Four Seasons in the White Mountains of Crete, by Xan Fielding. London: Secker & Warburg, 1953.
赞在战后回到了克里特岛，在幅员辽阔的山脉之间穿行。这本书是在此期间产生的对自己、对这个岛屿和对这场战争的深刻、偶尔讽刺的反思。

Something Ventured: The Autobiography of C. M. Woodhouse. London: Granada Publishing Ltd. 1982.
蒙蒂后来继续把自己伪装成国会议员和两位首相的秘书。他对特工在克里特岛秘密工作的看法，比赞和帕迪的观点更加鲜明。作为一名外交官，他的勇敢行为并不太被人重视，相较而言，他更关心行动后果的持久影响。

Classical Spies: American Archeologists with the OSS in World War II Greece, by Susan Heuck Allen. Ann Arbor: University of Michigan Press, 2011.

The Bull of Minos, by Leonard Cottrell. London: Evans Brothers Ltd, 1953.
科特雷尔出色地描述了一个比玄幻小说更诡异的传奇冒险故事。书中的两个主人公是阿瑟·埃文斯和海因里希·谢里曼。他们终其一生都在尝试解答 “关于荷马史诗的问题”：如果《伊利亚特》和《奥德赛》只是虚构的故事，那么怎么可能有如此详尽的细节描述，而且还那么真实?

The Will of Zeus: A History of Greece from the Origins of Hellenic Culture to the Death of Alexander, by Stringfellow Barr. New York: Barnes & Noble, Inc., 1961.

The Civilization of Ancient Crete, by R. F. Willets. New York: Barnes & Noble, Inc., 1976.
这是威莱特斯不可或缺的研究成果。本书说明了英雄形象如何扎根于克里特岛，从米诺斯文明中崛起，并创造出这样的概念：每个克里特岛公民都是“跑步者”，需要同时兼备力量、技能和同情心，这样才能照顾好自己的同胞。威莱特斯还填补了许多约翰·彭德尔伯里在克里特岛上探险的细节。

The Villa Ariadne, by Dilys Powell. London: RC&C, 1973.
鲍威尔的丈夫曾经指导过年轻的约翰·彭德尔伯里，她的回忆录精彩得令人不禁屏住呼吸，书中描述了彭德尔伯里如何与他们一起漫游克里特的群山。

The Archeology of Crete, by J. D. S. Pendlebury. London: Methuen, 1939.
就考古学家而言，没有比彭德尔伯里更有想象力和学识、更大胆的了。

The Rash Adventurer: A Life of John Pendlebury, by Imogen Grundon. With a foreword by Patrick Leigh Fermor. London: Libri Publications, 2007.
古伦德创造了一本惊险刺激和充满透彻细节的传记，包括彭德尔伯里和 T. E. 劳伦斯都喜欢同一本书这样的细节，就是那本可怕的《模棱两可的理查一世》。她也为帕特里克·利·弗莫尔提供了一个机会，让他在去世之前，回忆起当年第一次抵达克里特岛时令他着迷的奇男子彭德尔伯里。

The Secret of Crete, Hans George Wunderlich. New York: Macmillan Publishing, 1974.

18～22（赞和帕迪）

Hide and Seek: The Story of a Wartime Agent, by Xan Fielding. London: Martin Secker & Warburg Ltd., 1954.

The Nearest Way Home, by Daphne Fielding. London: Eyre & Spottiswoode, 1970.

Xenia: A Memoir. Greece 1919—1949, by Mary Henderson. London: Weidenfield and Nicholson, 1988.
这本书讲述了在德国占领之前和期间，帕迪对希腊生活的多姿多彩的回忆。

A Time of Gifts, by Patrick Leigh Fermor. London: John Murray, 1977.

Between the Woods and the Water, by Patrick Leigh Fermor. London: John Murray, 1986.

A Time to Keep Silence, by Patrick Leigh Fermor. London: John Murray, 1957.

Roumeli: Travels in Northern Greece, by Patrick Leigh Fermor. London: John Murray, 1966.

Mani: Travels in the Southern Peloponnese, by Patrick Leigh Fermor. London: John Murray, 1958.

Vasili, the Lion of Crete: the Heroic Story of a New Zealand Special Agent Behind Enemy Lines During World War II, by Murray Elliott. Auckland: Century Hutchinson, 1987.

Botany, Ballet, & Dinner from Scratch: A Memoir with Recipes, by Leda Meredith. New York: Heliotrope Books LLC, 2008.

Jump Westminster: Parkour in Schools. A documentary film by Julie Angel. May 2007.

Ciné Parkour: A Cinematic and Theoretical Contribution to the Understanding of the Practice of Parkour, by Julie Angel, Ph.D. Self- published doctoral dissertation, 2011.

The Cretan Runner, by George Psychoundakis. Translated by Patrick Leigh Fermor. London: John Murray, 1955.

23～31（用自然训练法逃脱）

《艾达山的雄鹰》（*Eagles of Mount Ida*），乔治·潘高里塔基斯未出版的手稿。作者又名斯库特·乔治。本书由帕特里克·利·弗莫尔翻译，存放在苏格兰国家图书馆的帕特里克·利·弗莫尔爵士档案馆。

The Nazi Occupation of Crete, 1941—1945, by G. C. Kiriakopoulos. Westport, Connecticut: Praeger, 1995.

The Cretan Resistance, 1941—1945. The official British report of 1945 together with comments by British officers who took part in the Resistance, compiled by N. A. Kokonas, M.D. Forewords by Jack Smith-Hughes, Patrick Leigh Fermor, and Ralph Stockbridge. Rethymnon: 1991.
1955 年汤姆·邓巴宾未出版的回忆录手稿。汤姆·邓巴宾在 1955 年去世后，他的儿子约翰·邓巴宾把手稿交给帕特里克·利·弗莫尔收藏。

The War Magician, by David Fisher. New York: Coward-McCann, 1983.

The Last Days of St. Pierre: the Volcanic Disaster that Claimed Thirty Thousand Lives, by Ernest Zebrowski, Jr. New Brunswick: Rutgers University Press, 2002.

The Violins of Saint-Jacques: A Tale of the Antilles, by Patrick Leigh Fermor. London: John Murray, 1953.

Natural Method of Physical Culture, by Paul C. Bragg, Ph.D., and Patricia Bragg, Ph.D. Santa Barbara: Health Science, 1975.

A Natural Method of Physical Training: making muscle and reducing flesh without dieting or apparatus, by Edwin Checkley. New York: W.C. Bryant & Co., 1892.

Building Strength: Alan Calvert, the Milo Bar-Bell Company, and the Modernization of American Weight Training, by Kimberly Ayn Beckwith. Ann Arbor: Proquest, 2006.

L'éducation physique, ou l'entrainement complet par la méthode naturelle, by Georges Hébert. Paris: Librairie Vuibert, 1912.

La Culture Virile et les Devoirs Physiques de L'Officier Combattant, by Georges Hébert. Paris: Librairie Vuilbert, 1913.

The Rise of Theodore Roosevelt, by Edmund Morris. New York: Coward, McCann & Geoghegan, 1979.

Ill Met By Moonlight, by W. Stanley Moss. London: George G. Harrap & Co., 1950.

Abducting a General: The Kreipe Operation and SOE in Crete, by Patrick Leigh Fermor. London: John Murray, 2014.

A War of Shadows, by W. Stanley Moss. New York: MacMillan, 1952.

The Abduction of General Kreipe, by George Harokopos. Heraklion, Crete: V. Kouvidis-V. Manouros, 1973.

32～36（靠脂肪补给和筋膜逃生）

Slow Burn, by Stu Mittleman. New York: Harper Collins, 2000.

Training for Endurance, by Phil Maffetone. Stamford, New York: David Barmore Productions, 1996.

In Fitness and In Health, Phil Maffetone. Stamford, New York: David Barmore Productions, 1997.

Cheng Hsin: the Principles of Effortless Power, by Peter Ralston. Berkeley: Blue Snake Books, 1989.

Why We Get Fat: And What to Do About It, by Gary Taubes. New York: Anchor Books, 2010.

The Lore of Running, by Tim Noakes, M.D. London: Oxford University Press, 1985.

Challenging Beliefs: Memoir of a Career, by Tim Noakes, M.D. Cape Town: Zebra Press, 2012.

The Real Meal Revolution, by Sally Ann Creed, Tim Noakes, Jonno Proudfoot and David Grier. Cape Town: Quivertree Publications, 2014.

The Way They Ate: Origins of the Mediterranean Diet, by Dario Gugliano, Michael Sedge, and Joseph Sepe. Naples: Idelson Gnocchi Publishers, 2001.

《艾达山的雄鹰》（*Eagles of Mount Ida*），乔治·潘高里塔基斯未出版的手稿。作者又名斯库特·乔治。本书由帕特里克·利·弗莫尔翻译，存放在苏格兰国家图书馆的帕特里克·利·弗莫尔爵士档案馆。

Ill Met By Moonlight, by W. Stanley Moss. London: George G. Harrap & Co., 1950.

Abducting a General: The Kreipe Operation and SOE in Crete, by Patrick Leigh Fermor. London: John Murray,

2014.

A War of Shadows, by W. Stanley Moss. New York: MacMillan, 1952.

The Abduction of General Kreipe, by George Harokopos. Heraklion, Crete: V. Kouvidis– V. Manouros, 1973.

未来，属于终身学习者

我这辈子遇到的聪明人（来自各行各业的聪明人）没有不每天阅读的——没有，一个都没有。巴菲特读书之多，我读书之多，可能会让你感到吃惊。孩子们都笑话我。他们觉得我是一本长了两条腿的书。

——查理·芒格

互联网改变了信息连接的方式；指数型技术在迅速颠覆着现有的商业世界；人工智能已经开始抢占人类的工作岗位……

未来，到底需要什么样的人才？

改变命运唯一的策略是你要变成终身学习者。未来世界将不再需要单一的技能型人才，而是需要具备完善的知识结构、极强逻辑思考力和高感知力的复合型人才。优秀的人往往通过阅读建立足够强大的抽象思维能力，获得异于众人的思考和整合能力。未来，将属于终身学习者！而阅读必定和终身学习形影不离。

很多人读书，追求的是干货，寻求的是立刻行之有效的解决方案。其实这是一种留在舒适区的阅读方法。在这个充满不确定性的年代，答案不会简单地出现在书里，因为生活根本就没有标准确切的答案，你也不能期望过去的经验能解决未来的问题。

湛庐阅读APP：与最聪明的人共同进化

有人常常把成本支出的焦点放在书价上，把读完一本书当做阅读的终结。其实不然。

时间是读者付出的最大阅读成本

怎么读是读者面临的最大阅读障碍

“读书破万卷”不仅仅在“万”，更重要的是在“破”！

现在，我们构建了全新的“湛庐阅读”APP。它将成为你“破万卷”的新居所。在这里：

- 不用考虑读什么，你可以便捷找到纸书、有声书和各种声音产品；
- 你可以学会怎么读，你将发现集泛读、通读、精读于一体的阅读解决方案；
- 你会与作者、译者、专家、推荐人和阅读教练相遇，他们是优质思想的发源地；
- 你会与优秀的读者和终身学习者为伍，他们对阅读和学习有着持久的热情和源源不绝的内驱力。

从单一到复合，从知道到精通，从理解到创造，湛庐希望建立一个“与最聪明的人共同进化”的社区，成为人类先进思想交汇的聚集地，共同迎接未来。

与此同时，我们希望能够重新定义你的学习场景，让你随时随地收获有内容、有价值的思想，通过阅读实现终身学习。这是我们的使命和价值。

湛庐阅读APP玩转指南

湛庐阅读APP结构图：

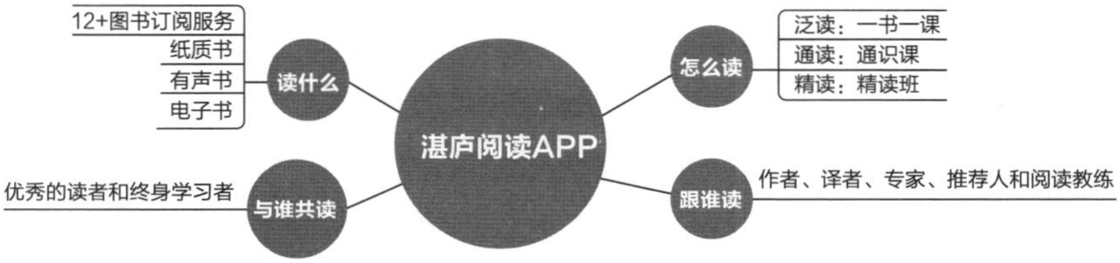

三步玩转湛庐阅读APP：

读一读 ▼

湛庐纸书一站买，
全年好书打包订

听一听 ▼

泛读、通读、精读，
选取适合你的阅读方式

扫一扫 ▼

买书、听书、讲书、
拆书服务，一键获取

APP获取方式：
安卓用户前往各大应用市场、苹果用户前往APP Store
直接下载“湛庐阅读”APP，与最聪明的人共同进化！

使用APP扫一扫功能，
遇见书里书外更大的世界！

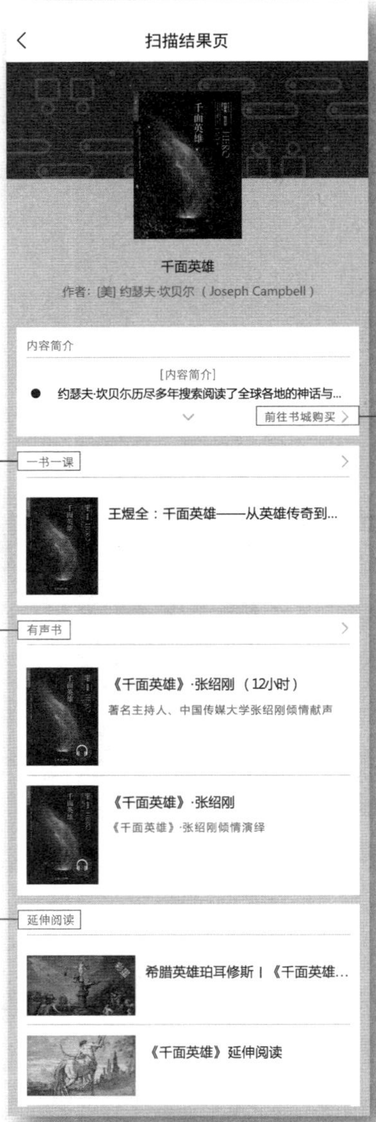

快速了解本书内容，
湛庐千册图书一键购买！

大咖优质课、
献声朗读全本一键了解，
为你读书、讲书、拆书！

你想知道的彩蛋
和本书更多知识、资讯，
尽在延伸阅读！

Natural born heroes：how a daring band of misfits mastered the lost secrets of strength and endurance by Christopher McDougall.

图书在版编目（CIP）数据

浙江省版权局
著作权合同登记章
图字：11-2017-184 号

天生是英雄 /（美）麦克杜格尔著；麦敏烽译 . — 杭州：浙江人民出版社，2017.10

ISBN 978-7-213-08343-3

Ⅰ . 天…　Ⅱ . ①麦…　②麦…　Ⅲ . ①跑－健身运动　Ⅳ . ① G822

中国版本图书馆 CIP 数据核字（2017）第 196487 号

上架指导：运动健身 / 马拉松

本书法律顾问　北京市盈科律师事务所　崔爽律师
张雅琴律师

天生是英雄

［美］克里斯托弗·麦克杜格尔　著
麦敏烽　译

出版发行：浙江人民出版社（杭州体育场路 347 号　邮编　310006）
市场部电话：（0571）85061682　85176516
集团网址：浙江出版联合集团　http://www.zjcb.com
责任编辑：朱丽芳　陈　源
责任校对：姚建国　徐永明
印　　刷：河北鹏润印刷有限公司
开　　本：720mm × 965mm　1/16　　印　　张：22.5
字　　数：368 千字　　插　　页：2
版　　次：2017 年 10 月第 1 版　　印　　次：2017 年 10 月第 1 次印刷
书　　号：ISBN 978-7-213-08343-3
定　　价：82.90 元

如发现印装质量问题，影响阅读，请与市场部联系调换。